옥대신영 1

玉臺新詠

고대 중국의 여성 독자를 위한 사랑노래

New Songs from a Jade Terrace

편자 서릉(徐陵, 507~583)은 자가 효목(孝穆)이며, 동해(東海) 담(郯) 사람이다. 남조(南朝) 양(梁)나라 때 태자좌위솔(太子左衛率)을 역임한 서리(徐摛)의 아들로서, 소명태자(昭明太子) 소통(蕭統)이 죽은 후 소강(蕭綱)이 태자가 되었을 때 동궁학사(東宮學士)에 뽑혔으며, 이 무렵 소강(蕭綱)의 취지를 받들어 이 선집『옥대신영(玉臺新詠)』을 편찬하였다. 벼슬은 진(陳)나라 때까지 산기상시(散騎常侍)·오병상서(五兵尙書)·어사중승(御史中丞)·상서우복야(尙書右僕射)·좌광록대부(左光祿大夫) 등을 역임하였다. 그는 당시 유신(庾信)과 이름을 나란히 하여 그의 글을 '서유체(徐庾體)'라고 했으며, 궁체시(宮體詩)의 대표 작가이기도 하였다. 현존하는 그의 작품은 부(賦) 1수, 악부(樂府) 18수, 오칠언체시 22수, 실용문 79편,「옥대신영서(玉臺新詠序)」1편이 있다.

역자 권혁석(權赫錫)은 1960년 경주 출생으로 자호가 유경(由敬)이다. 경북대학교 중어중문학과와 동 대학원(석사) 및 서울대학교 중어중문학과 대학원(박사)을 졸업했으며, 현재는 충주대학교 중국어과에 재직중이다. 역서로는『國譯梅窩實紀』등이 있으며, 논문으로는「『玉臺新詠』硏究」,「采桑 詩歌의 審美意識 小考」,「中國 古代童謠의 言語的 特色」,「'尙書·堯典'을 단초로 삼아 고찰한 孔子의 '敬'사상」등이 있다.

옥대신영 1

1판 1쇄 인쇄 2006년 12월 01일
1판 1쇄 발행 2006년 12월 10일

엮은이 / 서릉
옮긴이 / 권혁석
펴낸이 / 박성모
펴낸곳 / 소명출판
출판고문 / 김호영
등록 / 제13-522호
주소 / 137-878 서울시 서초구 서초동 1621-18 (란빌딩 1층)
대표전화 / (02) 585-7840
팩시밀리 / (02) 585-7848
somyong@korea.com / www.somyong.com

값 25,000원

ISBN 89-5626-231-4 93820
ISBN 89-5626-230-6 93820 (전3권)

옥대신영 1

玉臺新詠

고대 중국의 여성 독자를 위한 사랑노래

New Songs from a Jade Terrace

서릉(徐陵) 엮음 / 권혁석(權赫錫) 옮김

소명출판

일러두기

1. 이 원문의 저본은 목극굉(穆克宏) 점교(點校) 『옥대신영전주(玉臺新詠箋注)』(北京 : 中華書局, 1985.6, 초판)이다. 그러나 원본에 가깝다고 볼 수 있는 송각본(宋刻本)을 기준으로 하였기 때문에 각권의 말미에 "宋刻不收"라고 되어 있는 작품은 제외하였다.
2. 주요 참고서적은 기용서(紀容舒)의 『옥대신영고이(玉臺新詠考異)』(文淵閣 四庫全書), (日) 영목호웅(鈴木虎雄) 역해(譯解) 『옥대신영집(玉臺新詠集)』 上 · 中 · 下(東京 : 岩波書店, 1953년 초판, 1994년 제8쇄), (日) 내전천지조(內田泉之助) 『옥대신영(玉臺新詠)』 上 · 下(東京 : 明治書院, 1974년 초판, 1984년 6판), (英) Anne Birrell 『*New Songs from a Jade Terrace*』(London, 1982), 부승주(傅承洲) 등 주(注), 『옥대신영(玉臺新詠)』 上 · 下(北京 : 華夏出版社, 1998년 초판) 등이다.
3. 각 작품 번역의 체계는 작가에 대한 설명을 포함하여 원문 · 역문 · 각주 · 설명 등으로 구성하였다.
4. 각 작품 제목 앞에 병기된 숫자는 전체 작품 667수의 일련번호이며, 각주나 설명 등에서 작품을 언급할 때는 제목 옆에 '(숫자)'를 병기하여 참고의 편리를 도모하였다.
5. 작가에 대한 설명 부분은 주로 『중국문학가대사전(中國文學家大辭典)』 上 · 下(臺灣 : 世界書局, 1981년 5판)과 『중국역대작가소전(中國歷代作家小傳)』 上 · 中 · 下(長沙 : 湖南人民出版社, 1979~1985)을 중심으로 하고 기타 여러 전적들을 참고하였다.
6. 번역 원칙은 가능하면 원문의 모든 글자의 존재 의미를 살리려고 노력하였으며, 그로 인해 의미 파악이 어렵게 된 것은 설명을 통해 보완하였다.
7. 원문은 한글맞춤법의 구두점을 적용하여 명기하였으며, 역문은 시적 느낌을 살리기 위해 대부분 구두점을 생략하였다. 다만 복잡한 대화체를 사용한 일부 시는 의미 전달을 명확히 하기 위해 인용 부호를 쓴 경우도 있다.
8. 각주의 표제자는 두음법칙을 무시한 한글 독음을 병기하였다. 다만 동일 각주에서 재차 출현하는 표제자는 한글 독음의 병기를 생략하였다.
9. 독자의 편의를 위해 목차를 간단히 하고, 작가 작품 목록과 기타 작품 목록의 해당 페이지수를 함께 작성하여 기재하였다.

역자 서문

본 역서는 한국학술진흥재단의 2002년 동서양명저번역지원사업에 의한 번역이다.

『옥대신영(玉臺新詠)』과 인연을 맺은 지 벌써 20년이 넘었다. 1985년 대학원에서 이장우(李章佑) 선생님의 수업을 통해 『옥대신영』 서문을 접한 후부터 박사학위논문을 쓰기까지 10년이 넘었는데, 그때까지의 초역에다 다시금 원문 입력과 주석까지 곁들여 재번역한 시간이 다시 10년 가까이 되었다. 그렇게 오랜 세월을 소요하게 된 까닭은 무엇보다도 어려운 고전번역이 천학비재의 나와는 본래 어울리지 않은 때문이요, 둘째는 나태한 학문적 태도 때문이기도 하다. 그간 주변에서 저에게 격려와 질책을 베풀어 주신 분들, 그리고 혹시나 계실지 모를 『옥대신영』의 번역본 출간을 기다려온 분들에게 이 분야 연구자로서 감사와 송구스런 마음을 함께 전한다. 아울러 이 책과 관련하여 저의 석사논문을 지도해주신 이홍진(李鴻鎭) 선생님, 그리고 박사논문을 지도해주신 최완식

(崔完植) 선생님께 머리 숙여 감사드린다. 또한 박사논문의 심사에서부터 번역에 대한 질책과 격려를 베풀어주신 이종진(李鍾振) 선생님께도 깊이 감사드린다.

번역을 해본 경험이 있는 사람은 누구나 느꼈으리라 생각하지만 번역을 경시하는 우리의 학계 풍토에서 번역일에 시간을 투자하기란 여의치가 않다. 번역가 대부분은 그 성과를 인정받기 위해서라기보다는 반드시 번역이 필요하다는 소명의식에서 스스로 선택한 것일 것이다. 외국어를 우리말로 옮기는 것, 그 중에서도 고대 중국어를 현대의 우리말로 옮기기란 그렇게 용이한 일은 아니었다. 특히 장르상에 있어서 시를 번역한다는 일은 거의 불가능에 도전하는 무모함이 아닐까 생각한다. 그런 점에서 『옥대신영』의 번역은 앞뒤를 살피지 않은 차라리 막무가내식의 작업이었다. 그렇기에 책장마다에는 애매하고 모호한 표현들이 가득할 것이며, 그로 인해 오히려 원작에 대한 오해를 살 여지도 충분하다. 지면을 빌려 오역 투성이인 번역의 출간을 결정하는 데 있어서 적잖은 용기가 필요했음을 밝힌다. 그 용기란 바로 제현들의 질책을 받을 좋은 기회라는 위안에서 나온 것으로, 독자들의 질정을 간곡히 바란다.

다음으로 이 번역본에 실린 작품의 내용에 대해 한 가지 언급하고자 한다. 육백여 수의 작품들의 주제는 한 마디로 사랑이다. 그러나 그 사랑이란 대부분 사랑하는 사람과의 이별로 인한 그리움이다. 이별 없는 기쁜 사랑, 어쩌면 인류의 영원한 존재 이유이자 과제가 아닌가 한다. 사랑이 굳건한 사회, 이별과 미움이 드문 사회, 그것이 바로 이상향일 것이다. 바라건대 천여 년 전의 중국 사랑시를 읽으면서 한 번쯤 그런 마음을 먹어볼 수 있다면 역자로서는 더없는 보람이라고 생각한다.

끝으로 형식이 다른 원고를 일정한 꼴을 갖춘 책으로 만들어준 소명출판 편집부의 노고에 지면을 빌려 감사를 표하며, 자신밖에 모르던 역자로 하여금 사랑에 대한 이해를 보다 깊게 해준, 그래서 번역상의 오류를 좀 더 줄게 해준 아내 영심(英心)께도 부끄러움을 무릅쓰고 감사를 드린다.

2006년 10월
역자 삼가 씀

해제

고대 중국의 여성 독자를 위한 사랑노래 모음

1. 개요

『玉臺新詠』 10권은 南朝 梁나라 武帝 때 태자 蕭綱의 취지에 따라 徐陵이 편찬한 시가선집으로, 『詩經』·『楚辭』를 제외하면 가장 오래된 시가선집이다. 수록된 작품은 宋刻本 기준, 漢代부터 편찬 당시 梁代까지의 민가 포함 115명의 實名 작가의 시가로서 오언체(417수), 오언사구이운체(157수), 칠언체(44수), 사언체·육언체 및 잡언체(49수) 등 총 667수에 달한다. 이 시가선집은 漢代부터 南朝 말엽에 해당하는 梁代까지의 시가 중에서 여성과 관련된 시가를 총괄하는 성격을 지니고 있다. 작가와 작품의 수량에 있어서도 당시에 편찬된(520~526) 시문선집인 『文選』에 수록된 시가(65명 작가, 444수)를 훨씬 능가한다.

2. 『옥대신영』의 편찬 경위

『玉臺新詠』의 편찬 경위에 관한 구체적 내용은 그 서문에서조차 언급이 거의 없으며, 간접적으로 편찬에 영향을 끼친 인물로 알려진 蕭綱에 대한 전기인 『梁書』와 『南史』의 「簡文帝紀」 및 실재 편찬자로 알려진 徐陵의 사적을 기록한 『南史』와 『陳書』 「徐陵傳」 등의 자료에도 관련된 기록이 전혀 없으며, 이후 『隋書』 「經籍志」에서 처음으로 겨우 '『玉臺新詠』 十卷 : 徐陵撰'이란 목록 형식이 보인다. 이런 사정으로 인해 이 시가집의 명확한 편찬 경위는 지금까지도 정확히 규명되지 않고 있다.

이 시가집의 편찬 경위에 관한 후대 기록 대부분은 唐나라 때의 『大唐新語』란 책의 내용에 근거한 것인데, 그것은 바로 唐 太宗과 그 신하 虞世南 사이의 일화로서 다음과 같다.

> 太宗이 侍臣들에게 말하기를 "짐이 장난삼아 염정시를 지었노라"고 하니, 虞世南이 곧바로 간언하기를 "임금님의 작품은 비록 훌륭하지만 격조는 고상하지 않습니다. 주상께서 애호하시는 것은 아랫사람들이 반드시 따르게 마련입니다. 이런 문장이 전파된다면 아마도 세상에 풍미할 것 같으니, 이후 임금님의 조서를 받들지 않도록 해주십시오"라고 하였다. 이에 太宗이 말하기를 "그대의 간절한 충정이 이와 같으니 짐이 그대를 기특히 여기노라. 모든 신하들이 다 世南과 같다면야 세상이 잘 다스려지지 않음을 어찌 근심하겠는가"라고 하고 이에 비단 50필을 하사하였다. 옛날 梁나라 簡文帝가 태자였을 때, 염정시 짓기를 좋아해 東宮이 모두 그렇게 변하여 차츰 유행하게 되었는데, 그것을 '宮體'라고 했다. 만년에는 작풍을 고치고자 했지만 되지 않자, 이에 徐陵으로 하여금 『玉臺集』을 편찬케 하여 그 체제를 확대시켰다. 永興公의 간언은 자못 고사 때문이었다(太宗謂侍臣曰, 朕戱作艶詩. 虞世南便諫曰, '聖作雖工, 體制非雅. 上之所好, 下必隨之, 此文一行, 恐致風靡, 而今而後, 請不奉詔.' 太宗曰, '卿懇誠若此, 朕用嘉之. 群臣皆若世南, 天下何憂不理.' 乃賜絹五十疋. 先是,

梁簡文爲太子, 好作艶詩, 境内化之, 浸以成俗, 謂之宮體. 晩年改作, 追之不及, 乃令徐陵撰『玉臺集』, 以大其體. 永興之諫, 頗因故事).

―『大唐新語』「公直」

기존 연구들 대부분은 이 자료를 기본 전제로 삼아 편찬 경위를 연역해낸 것이다. 하지만 『大唐新語』란 책의 성격이 정사가 아닌 소설가류에 속한다는 점과 그 편찬 시기가 몇 조대를 지난 대략 3백 년 후라는 점 등으로 인해 그 내용을 완전히 믿을 수는 없다. 따라서 보다 정확한 편찬 경위를 밝히기 위해서는 편찬 당시와 보다 근접한 시기의 신빙성 높은 관련 자료를 우선으로 해야 함은 물론이며, 시가의 발전이란 흐름 속에서 통시적·공시적 측면의 고찰을 통해 편찬 경위의 내적 동인을 밝혀내야 할 것이다.

1) 편찬 배경

시가사의 흐름에서 볼 때, 이 선집이 편찬된 南朝 梁나라 때는 여기에 실린 작품으로 대표되는 宮體詩류의 염정적인 시가가 주류를 이룬 시기다. 이에 앞서 문인들의 문학에 대한 관심의 표출은 後漢 말 建安 시기를 계기로 본격화되었다. 建安 시기 曹操·曹丕·曹植이 앞장을 서고 수많은 문인들이 뒤를 따르며 민가의 청신한 체제를 모방하기 시작하면서부터 중국의 문인시가는 꽃을 피우기 시작한다. 이러한 建安 문학은 일면 통속적인 민가로부터 내용·형식·제재 등에 있어서 차츰 雅化되어 가는 초기 과정이라고 볼 수 있다. 일단 문인들의 수중으로 전이된 시가는 정치의 혼란과 귀족사회라는 南朝의 특징과 맞물려 정치에 실의하여 가문과 일신의 안녕에만 관심을 가졌던 귀족문인들의 오락적 수요에 부응해 내용보다는 형식, 公利보다는 개인적 쾌락을 추구하는 쪽으로 발전하게 된다.

좀 더 구체적으로 살펴보면 宋을 이은 齊나라는, 초기 약 10여 년 간 정치가 안정되어 어느 정도의 치세기를 맞는다. 이로 말미암아 문학 또한 흥성하였다. 당시의 시가는 武帝의 연호를 딴 '永明體'로 불리는데, 王融·謝朓·范雲·任昉·沈約·陸倕·蕭琛·蕭衍 등 '竟陵八友'가 창작 활동의 중심이 되었다. 작품의 길이는 짧아졌으며, 수사와 성률이 더욱 강구되었는데, 이는 문인의 수중에서 차츰 소실되어 가던 음악성을 언어문자의 측면에서 되살리고자 노력한 결과로 볼 수 있다. 음악성이란 외재율 탐색에 대한 노력은 이후 율시 탄생의 중대한 계기를 제공하게 된다. 시의 공간적 측면에서 볼 때 산수시의 경우 전 시대의 玄理와 유람의 공간에서 탈피하여 일상생활의 공간으로 나아가면서 좀 더 사람과 밀착하게 된다.

齊를 이어 蕭衍이 세운 梁(502~557)나라는 남북조 역사 중 가장 평화로운 치세라고 불릴 만큼 정치적 안정을 이루었으며, 문학도 따라서 매우 흥성였다. 이 시기는 특히 '竟陵八友'의 한 사람이었던 武帝 蕭衍을 비롯하여 그의 아들 蕭統·蕭綱·蕭繹 등 蕭氏 부자를 중심으로 한 미증유의 거대한 문학 집단이 형성되어 활발한 창작 활동이 이루어진다. 이 시기의 두드러진 시가 양식은 '宮體詩'라고 할 수 있다. 宮體詩에 관한 기록 중 가장 직접적인 자료를 보면 다음과 같다.

> 簡文帝는 시 짓기를 매우 좋아하였다. "그의 시집 서문에 이르기를 '나는 일곱 살 때부터 시벽이 있었는데, 커서도 싫증이 나지 않았다'라고 하였다. 그러나 경박하고 기염한 것이 병폐였는데, 당시에 그것을 '宮體'라고 하였다(雅好題詩. 其序云, '余七歲有詩癖, 長而不倦.' 然傷於輕艶, 當時號曰'宮體')."
>
> —『梁書』「簡文帝紀」

'宮體'라는 명칭은 본래 徐陵의 아버지인 徐摛(472~549)에게서 비롯된 것으로, 그 근원은 전대의 '永明體'라고 할 수 있다. 즉 蕭衍 등 '竟

陵八友'의 시가에서 진일보하여 염정적인 내용에다 형식이 더욱 정제된 시가로서, 蕭綱이 태자였을 때 東宮에서 유행하였던 新體詩가 바로 그것이다. 이를 '新變'의 관점에서 본다면, 전대의 '新變'한 新體詩인 '永明體'에서 다시 한번 '新變'한 新體詩라고 할 수 있을 것이다.

漢代부터 梁代까지의 중국 중고 시기 시가의 흐름은 雅俗의 관념이 서로 대립·부정·복고·新變하는 과정의 연속선상에서 파악될 수 있다. 이를 다시 『玉臺新詠』이 편찬된 梁代만을 두고 본다면 일면 漢代 유가사상의 영향으로 대두된 詩教說로부터 시가가 탈피하는 과정의 종점에 해당하는 시기로 시가의 독립이 완성된 시기란 긍정적 의의를 지니고 있다. 『玉臺新詠』은 바로 이러한 梁代 시풍의 직접적인 반영이자, 중고 시기 시가의 발전과 독립을 총결하는 의미를 지니고 있다.

『玉臺新詠』 탄생의 보다 직접적인 배경은 이러한 시가사적 배경보다 梁代 문단에 있어서 전후기로 양분된 두 문단의 대립이라고 할 수 있다. 梁代의 蕭氏 부자는 魏나라 曹氏 부자처럼 문단을 활발하게 영도한 영수였다. 『玉臺新詠』과 『文選』은 바로 그들 문학 활동의 주요한 결실이다.

梁代 문단을 蕭衍의 두 아들, 蕭統과 蕭綱을 중심으로 한 성격이 상이한 두 문단으로 나누어 그 상황을 살펴보면 다음과 같다. 梁代 전기와 후기는 각각 蕭統과 蕭綱이 중심이 되어 문단을 형성하였다. 두 사람은 모두 일찍부터 문학을 애호하였으며, 상당수의 작품 창작과 나름대로의 문학관을 피력하여, 창작과 이론면에서 모두 높은 성취를 보였다.

梁代 전기, 즉 蕭統(501~531)이 태자로 東宮에 거처하고 있을 동안(502~531)에는 『文心雕龍』의 관점같이 유가의 詩教說에서 어느 정도는 벗어나 문학의 독자적 심미 특성을 인정한 蕭統 일파가 문단의 주류를 이루고 있었다. 그들은 당시 문단의 추세인 시가의 俗化에 대해 그 형식면에서는 긍정하면서도 綺艷한 내용으로의 俗化는 반대하였다. 蕭統의 문학관은 『文選』의 서문에 잘 나타나 있듯이, 유가사상에 기초하여

문학의 실용성을 강조하면서도 일면 문학의 독자적인 성격과 위치를 긍정하는 것이었다. 즉 그는 명백히 '姬公之籍'과 '孔父之書' 같은 유가의 경전을 모두 문학의 범주에서 제외시켰으며, 오로지 '내용이 깊은 생각에서 나온 것과 의미가 아름다운 문채로 귀속되는(事出於沈思, 義歸乎翰藻)' 작품만을 수록한다고 했다. 그리하여 그는 다음과 같이 雅俗 절충의 관점을 보였다.

> 대개 문장이란 법식을 따르면 투박하게 되기 쉽고, 화려함을 추구하면 허황한 병폐를 지니게 마련이니, 화려하면서도 허황하지 않고 법식을 따르면서도 투박하지 않은 문채와 내용이 함께 빛나야만 군자의 경지에 이른다(夫文典則累野, 麗亦傷浮, 能麗而不浮, 典而不野, 文質彬彬, 有君子之致).
>
> —「答湘東王求文集及詩苑英華書」

아울러 문학의 진화를 긍정하여 당시의 '新變' 시풍을 일면 수긍하였지만, 문학의 효용이란 측면에서는 오락적 효용보다 교화적 효용을 우위에 두어, 남녀간의 애정을 다룬 시가와 여성을 소재로 한 시가에 대해서는 반대하는 입장이었으며, 나아가 이러한 시가의 근원인 樂府와 당시의 민가를 매우 경시하였다. 이 점은 『文選』에 잘 반영되어 있는데, 즉 『文選』에는 古樂府만 단지 3수 수록되어 있을 뿐이며, 漢代의 많은 樂府와 南朝의 吳聲·西曲의 민가, 나아가 이것을 모방한 五言四句二韻體의 시는 수록하지 않았다. 또한 그가 쓴 「陶淵明集序」에 따르면, 陶淵明의 작품 중 여성을 소재로 다룬 「閑情賦」를 구슬의 흠이라고 평하고 있다. 이러한 관점은 蕭綱 일파의 문학관과는 정면으로 배치되는 점이다. 이 일파는 蕭統이 죽기 전까지, 즉 梁代 전기를 대표하는 문단이었다.

이와 더불어 梁代 후기 시풍을 대표하는 일파로서, 문학의 공용성을 배제하고 극단적인 개인의 오락성을 주장한 蕭綱 일파를 들 수 있다. 그들은 문학창작 활동을 인격과 분리하여 당시의 이른바 '宮體詩' 창작의 이론적 기틀을 제공해 주었다.

다음은 蕭綱의 문학관을 그의 글을 통해 귀납해 낸 것이다.

첫째, 문학의 창작 활동에 금기와 구속을 받지 말고 최대한 상상력을 발휘해야 한다. 이는 蕭綱의 문학관의 가장 독특한 부분으로, 열 살인 자신의 둘째 아들 蕭大心에게 학문과 입신의 근엄함을 강조하기 위해 준 「誡當陽公大心書」에 보인다.

> 입신의 도리는 문장과는 다른데, 입신은 우선적으로 신중해야 하고, 문장은 그 다음으로 방탕해야 한다(立身之道, 與文章異, 立身先須謹重, 文章且須放蕩).

이 글에서 '문장'은 곧 현대적 의미의 문학 곧 시가를 말하며, 이는 실용적, 학술적 산문과 구별되는 것이다. 그리고 '방탕'이란 현대적 의미의 생활상의 방탕함이 아니라, 정서의 발로가 아무런 구애를 받지 않는 것을 말하는 것으로, 그 구애란 대표적인 예로 전통적 유가의 詩敎인 '止乎禮義'와 같은 도덕적 규범을 말한다. 즉 문학 창작은 입신과 학문과는 달리 정서 활동에 구속을 받지 않아야 한다는 주장이다.

둘째, 公利的인 실용문과는 다른 시가의 독자성 인정 및 지위를 제고시켰다. 중국의 경우 문학은 일체의 문장으로 파악되어 漢代까지는 주로 유가의 부속적인 載道의 수단으로 여겨져 왔다. 魏의 曹丕에 이르러 문학 자체의 독립적인 지위가 어느 정도 인정되었으며, 나아가 시가가 다른 문장과는 다르다는 인식이 싹트기 시작했다. 이후 西晉 때의 陸機는 시가가 다른 문장과는 달리 정감과 밀접한 관계를 가진 것이라고 파악하기에 이르렀으며, 다시 蕭綱에 이르러서 그는 시가가 지니고 있는 경전과는 다른 독자성을 명확히 인식하게 되었다. 따라서 曹丕에서부터 시작된 시가의 독자성에 대한 인식은 蕭綱에 이르러 완성되었다고 말할 수 있다. 다음은 蕭綱의 「與湘東王書」 중의 일부분이다.

무릇 六典·三禮의 시행에도 그 장소가 있으며, 五禮를 적용함에도 그 장소가 있다. 생각이나 감정을 노래함에 오히려 「內則」편을 모방하고, 붓을 잡고 뜻을 써내려감에 오히려 「酒誥」를 모방하고, 더디게 가는 봄날에 오히려 『歸藏』을 학습하고, 맑은 강물을 보면서 오히려 『大傳』을 모방하는 예를 아직 듣지 못했다(若夫六典三禮, 所施則有地, 吉凶嘉賓, 用之則有所. 未聞吟詠情性, 反擬內則之篇, 操筆寫志, 更摹酒誥之作, 遲遲春日, 翻學歸藏, 湛湛江水, 遂同大傳).

이 글을 보면 그는 확실히 감정을 노래하는 시가와 경전의 차이를 파악하였으며, 아울러 시가의 가치를 경전과 동등한 위치에서 서로 비교하여 시가의 위치를 제고시켰음을 알 수 있다. 또한 역대 제왕에 비해 두드러지게 많은 시가 창작과 儒·道·佛에 관한 저술은 그가 경서와 시가를 동일한 범주에서 비교 파악한 것이 아니라, '경서(교화) ↔ 시가(오락)'이란 각각의 독자성을 인정한 결과라고 할 수 있다.

셋째, 형식미를 강구하였다. 중고 시단에 있어서 형식미를 강구한 대표적인 시체는 바로 謝朓·沈約 등의 永明體다. 이는 언어의 성률을 통해 시가의 음악성을 강구하려는 시도로 볼 수 있다. 이러한 永明 시인들의 작품에 대해서 그는 다음가 같이 높이 평가하였다.

근세의 謝朓와 沈約의 시와 任昉과 陸倕의 산문은 실로 문장 중의 으뜸이며, 저술 중의 모범이다(近世謝朓沈約之詩, 任昉陸倕之筆, 斯實文章之冠冕, 述作之楷模).

—「與湘東王書」

그리고 謝靈運의 천재성으로 인한 형식적으로 세련되지 못한 투박함에 대해서 다음과 같이 언급하면서 시를 배우는 자는 세련된 형식미를 강구해야 한다고 하였다.

謝靈運은 말을 토해냄이 하늘에서 뽑아낸 듯 자연스럽게 나오므로, 간혹 구속되지 않은 면이 있는데, 이것은 그의 투박함이다. …… 이 때문에 謝靈運을 모방하게 되면 그 진수에 이르지 못하고 단지 쓸데없이 길어지게 될 따름이다(謝客吐言天拔, 出於自然, 時有不拘, 是其糟粕. …… 是爲學謝則不屆其精華, 但得其冗長).

—「與湘東王書」

이러한 형식미에 대한 강조는 그의 작품 속에 그대로 나타나는데, 『玉臺新詠』에 수록된 그의 작품 76수 중 대부분이 齊言體이며, 권9에 수록된 칠언체 및 잡언체 12수 중에도 실제 잡언체는 단지 3수에 불과할 정도로 그 구법의 정제화를 이루었다.

넷째, 음악을 애호하였다.

유미주의 문학은 문학의 기능을 교화적인 것으로 보기를 거부하고 오락적인 것으로 보기를 주장한다. 따라서 오락적 기능에 수반되는 것은 자연히 가무 등의 음악이다. 蕭綱은 스스로 다음과 같이 말한 것으로 보아 음악을 애호하였음을 알 수 있다.

성격이 본래 문학을 좋아한데다, 게다가 때때로 짧은 노래를 읊으니, 비록 보잘것없는 소리이지만 붓을 놓을 수가 없었다(性旣好文, 時復短詠, 雖是庸音, 不能閣筆).

—「與湘東王書」

그가 애호한 음악이란 주로 민간의 음악이었다. 이는 일찍이 藩王으로서의 성장 배경과 관련이 있다. 즉 태자로 책봉되기 전의 지방관으로서의 생활은 그로 하여금 비교적 쉽게 민간 정서에 접근할 수 있도록 하였다. 이로 인해 그는 민가 모방에 힘을 썼으며, 작품의 내용 또한 대개는 민가의 주요 내용인 남녀의 애정과 이별인데, 민가 또는 민가의 영향을 받은 작품을 수록한 권9와 권10에 그의 작품이 33수나 수록되어 있음을 통해 그 사실을 알 수 있다. 아울러 그의 작품 중 상당수가 연회

석상에서 창화한 작품으로, 이는 음악과 같은 오락적 수요에 부응한 성격을 띠고 있으니 그의 음악 애호와 무관하지 않다.

蕭統·蕭綱을 중심으로 한 두 문학관은 문학의 심미적 속성에 대한 긍정에서 출발하여 구체적 내용상으로는 차이를 보인다. 梁代 초기 즉 蕭統(501~531)이 죽기 전까지는 당시의 창작 추세에도 불구하고 전자가 우세하였으며, 蕭統 사후 蕭綱이 태자가 된 532년 이후는 창작과 이론에 있어서 모두 후자가 우세하였다.

이러한 두 문학관의 대립은 당시 梁朝에서의 성격이 상이한 두 문학 집단의 정치적 역학구도와 관련이 깊은데, 이는 나아가 『文選』과 『玉臺新詠』 탄생의 직접적인 배경이 된다. 梁代 초에는 蕭統이 태자로서 권력의 핵심부에 있음으로 인해 당시 문단의 주류를 형성할 수 있었다. 정치적 지위의 우위를 힘으로 삼아 전대부터 유행하기 시작해 당시 한창 풍미하고 있던 綺艶한 내용의 宮體詩를 반대하였다. 그와 함께 자신의 문학관을 실현하기 위해 그에 부합하는 작품집인 『文選』을 편찬하게(520~526) 하였으며, 나아가 그것을 통해 당시 문단의 계도적 역할을 수행하고자 하였다.

한편 蕭綱은 자신의 문하에 있던 문인들과 함께 문단을 이루어 蕭統을 중심으로 한 궁정 문학파와 대립하여 당시 문단의 주류를 다투었다. 그 노력의 하나로 동생 蕭繹의 문학적인 재능을 극찬하면서 자신의 세력으로 끌어들였다. 후에 蕭統이 죽고 자신이 태자가 되자, 徐陵·庾信은 물론이요, 원래 蕭統의 문하에 있던 蕭子顯 등까지 끌어들여, 당시의 서로 다른 문학관의 두 문단을 자신의 문학관 중심으로 통일하고, 그들 문학관 및 작품에 정통성을 부여하기 위해 『文選』과는 성격이 다른 『玉臺新詠』을 편찬하게 되었던 것이다. 그리하여 당시 그들의 宮體詩야말로 『詩經』의 風의 정신을 계승한 시가의 전형이라고 하여 漢代부터 당시까지의 '緣情'의 시가만을 수록하였다. 다시 말하면 『玉臺新詠』은 蕭綱을 중심으로 한 당시의 오락 문학관의 결산물이자, 蕭統 및

『文選』과의 대립에서 탄생한 산물이라고 할 수 있다.

2) 편찬자

『玉臺新詠』의 편찬자가 徐陵이라는 사실은 옛부터 모두 인정하고 있어 이론의 여지가 없다. 다만 『大唐新語』의 기록대로 蕭綱의 명에 의해 徐陵이 편찬한 것인지, 아니면 시가집 자체에 명기된 기록 '陳나라의 尙書左僕射 太子少傅인 東海人 徐陵이 편찬함(陳尙書左僕射太子少傅東海徐陵撰)'이란 구절과 시가집 서문 등에 따라 徐陵이 독자적으로 편찬한 것인지가 문제이다. 이에 대해 비록 『大唐新語』의 기록을 무시한다 할지라도 전술한 편찬 배경을 통해 볼 때, 徐陵은 단지 명목상의 편찬자이며 배후의 주도적 인물은 바로 蕭綱이란 것을 알 수 있다. 이는 동시대에 편찬된 『文選』이 실재로는 서문을 쓴 蕭統의 취지하에 그의 親臣이었던 劉孝綽 · 殷藝 · 陸倕 · 王筠 · 到洽 등에 의해 편찬되었다는 사실과 마찬가지다.

이러한 추론을 더욱 신빙성 있게 하는 증거로 다음 몇 가지 사항을 들 수 있다.

첫째, 이 시가집의 작가의 명칭, 특히 왕족의 명칭을 통해 蕭綱이 이 시가집의 주체였음을 쉽게 알 수 있다. 즉 본서의 저본인 宋刻本 작품에 국한시켜 볼 때, 권7 · 권9 · 권10 등에 수록된 왕족 작가에 대한 명칭을 보면 그 사실이 명확하다. '梁武帝'는 편찬 당시의 명칭이 아닌 시호인 점으로 보아, 왕족의 명칭에 대해서는 후인들의 가필이 있었을 것으로 볼 수 있다. 蕭綱 역시 太淸 3년(549)에 즉위했으며, 이어 蕭繹 또한 大寶 3년(552)에 즉위하여, 후에 각각 簡文帝 · 元帝라고 시호되었는데도, 宋刻本의 작품에 한해서 이들의 시호를 쓰지 않은 점으로 보아, 후인의 가필은 武帝 蕭衍 한 사람에게만 국한되었을 것으로 볼 수 있다. 그렇다면 편찬 당시 원서에서의 蕭衍의 명칭은 아마도 '御製'라고 하였을 것이며, 후인들이 작가를 명확하게 하기 위해 시호를 썼을 것이 분명하다. 이러한 관점에서 왕족 작가의 명칭을 볼 때, 蕭衍·蕭綸(제6자)·蕭繹(제7자)·蕭紀(제8자) 등은 단순히 梁武帝·邵陵王·湘東王·武陵王 등으로 명기하고 있음에 반해, 蕭綱에 대해서만은 '皇太子 聖製'라고 높이 받들고 있음을 알 수 있다. 단지 지위상의 고하로 말한 것이라면 당연히 武帝 蕭衍을 더 높여야만 되며, 蕭綱만을 극도로 떠받들 수 없는 것이다.

둘째, 수록된 작품의 수로 볼 때, 蕭綱의 작품이 가장 많다는 점이다(宋刻本 기준 총 115인 667수 중 76수). 이 점 또한 이 시가집이 그의 주도하에 편찬된 것임을 보여주는 방증이라고 할 수 있다.

셋째, 수록된 梁代의 작품 중 蕭綱의 작품에 응대한 창화시가 많다는 사실이다. 즉 蕭繹의 「寒宵三韻」·「詠秋夜」 두 편은 蕭綱의 「和湘東王三韻」인 「春宵」·「冬曉」와 창화한 것이며, 劉遵의 「從頓還城應令」은 蕭綱의 「頓暫還城」에 응한 것이며, 庾信 및 徐陵의 「奉和詠舞」는 蕭綱의 「詠舞」에 응한 것이며, 王訓의 「奉和率爾有詠」은 蕭綱의 「率爾爲詠」에 응한 것이며, 庾肩吾의 「詠美人自看畵應令」은 蕭綱의 「詠美人觀畵」에 응한 것 등이 그 예다. 이 또한 이 시가집이 蕭綱의 주도하에 그의 문하에서 편찬되었다고 볼 수 있게 하는 부분이다.

이상의 여러 사실로 보아 『玉臺新詠』은 蕭綱의 취지하에 그의 문하에 있던 徐陵에 의해 편찬되었다고 할 수 있다.

3) 편찬 시기

『玉臺新詠』의 편찬 경위에 관한 연구 중에 가장 논의가 분분하면서도 아직 정확한 결론에 이르지 못한 부분이 바로 편찬 시기에 관한 부분이다. 이는 곧 이 시가집 자체 혹은 다른 어느 문헌에도 그에 관련된 정확한 기록이 전해오지 않는 까닭이다. 단지 앞에서 인용한 『大唐新語』 중에서 유일하게 그 직접적인 단서를 제공하고 있는데, 그 또한 책의 성격상 전적으로 의거할 수는 없을뿐더러 표현 또한 모호하다.

이와 달리 시가집 자체에 편찬 시기를 암시하는 단서를 발견할 수 있는데, 즉 작품의 배열 순서이다. 이는 시가집 서두의 목록 부분을 통해 일목요연하게 살펴볼 수 있다. 아울러 목록에 명기된 작가의 명칭 또한 중요한 단서를 제공해 주고 있다. 이러한 추론을 가능하게 하는 것은 다름 아닌 『玉臺新詠』의 편찬 방법이 기존의 책과는 다른 점에 있다. 즉 『詩品』이나 『文心雕龍』·『文選』 등은 편찬 당시의 조대 또는 편찬 당시에 생존한 사람에 대한 비평이나 작품을 범위에서 제외했던 반면에, 이 시가집에 수록된 작품은 오히려 편찬자인 徐陵 및 그와 동시대에 생존했던 사람의 작품이 중심을 이루는데, 이는 편찬 시기 고증에 중요한 단서를 제공해 준다.

먼저 권1에서 권6까지의 무명씨의 작품 및 民歌를 제외한 작품의 작가별 배열 순서를 그 생졸 연대와 함께 살펴보면 졸년이 확실한 작가들 중 세 곳의 예외, 즉 권2의 曹丕와 甄皇后, 권3의 王微와 謝惠連, 권4의 王僧達과 顔延之를 제외하고는 전체적으로 작가의 졸년순으로 배열되어 있음을 볼 수 있다. 이 배열 순서를 편찬 원칙과 결부시켜 본다면, 위의 예외 중 첫 번째의 예외는 왕과 그 왕비라는 관점에서 순서를 바꾼 것으로 볼 수 있고, 나머지 예외에 속하는 작가 중 일부는 그 졸년이 현존하는 전적의 기록이 잘못되었거나, 아니면 편찬자가 잘못된 자료를 근거하였을 수도 있겠으며, 또는 책이 전해오는 과정에서 원본과는 다르게 잘못 배열되어졌을 가능성도 있다.

다음으로 권7은 모두 梁朝 왕족의 작품을 수록하고 있는데, 그 순서는 蕭衍·蕭綱·蕭綸·蕭繹·蕭紀 등의 순으로, 졸년을 기준으로 한 것이 아니라 왕족의 長幼順으로 배열하고 있다. 여기서는 우선 명기된 작가의 명칭을 통하여, 蕭衍의 재위 기간(502~549), 蕭綱이 태자로 있을 때(531~549), 蕭繹이 제위(552~554)에 오르기 전의 공통된 시기(531~549)에 이 시가집이 편찬되었다는 것을 알 수 있다. 이로써 『大唐新語』에서 편찬 시기를 蕭綱의 만년이라고 한 기록은 잘못된 것이라고 할 수 있다.

편찬 가능 시기는 다시금 편찬자 徐陵의 사적을 살펴봄으로써 범위를 더욱 좁힐 수가 있다. 즉 그는 太淸 2년(548)에 通直散騎常侍를 겸직하여 北朝 東魏(534~550)에 사신으로 갔으며, 그 이후 梁의 도읍인 建康에 侯景이 침입하여 武帝가 피살되고, 蕭繹이 江陵에서 제위에 오를 동안은 억류되어 梁朝에 돌아올 수 없었으니, 이로써 편찬 가능 시기는 531년에서 548년 사이로 좁혀진다.

다음은 권8의 편집 순서를 보기로 하겠다.

권8

蕭子顯(489~537)	王筠(481~549)	劉孝綽(481~539)
劉遵(?~535)	王訓(511~536)	庾肩吾(487~550)
劉孝威(496~548)	徐君倩(550?재세)	鮑泉(?~552)
劉緩(549?재세)	鄧鏗(?)	甄固(?)
庾信(513~581)	劉邈(?)	紀少瑜(535?재세)
聞人倩(?)	徐陵(507~583)	吳孜(?)
湯僧濟(?)	劉令嫺(525?재세)	王叔英妻劉氏(?)

이상 권8의 배열 순서는 권7까지의 배열 순서와는 전혀 다르며, 위에서 추론한 편찬 가능 시기 이후에 죽은 사람도 있는 것으로 보아 졸년순이 아닌 것은 확실하다. 그렇다면 여기에는 어떤 배열 원칙이 존재하는가? 이에 대하여 日人 興膳宏은 독특한 방법으로 중요한 단서를 제공하였다. 즉 그는 이 시가집과 거의 비슷한 시기(534년 1월)에 편찬된 불교의 백과전서격인 『法寶聯璧』 중의 蕭繹이 쓴 서문을 제시하였다. 그 책은 서문에 의하면 모두 220권에 달하는 것으로, 蕭綱이 태자로 있을 때 東

宮의 문인 · 학자 38명을 동원하여 편찬한 책이다. 서문 말미에 '삼가 작위를 초록하여 왼쪽에 열거한다(謹抄纂爵位, 陳諸左方)'라고 하면서 편찬에 참여한 38명을 관직의 고하 순서에 따라 그 관직 · 지역 · 성명 · 나이 · 자 등을 기록하고 있다. 그 중 蕭繹 · 蕭子顯 · 劉遵 · 王訓 · 庾肩吾 · 劉孝威 등 6인이 『玉臺新詠』에 수록된 작가라는 점과 그 배열 순서가 서로 일치한다는 점을 알 수 있다. 이러한 사실로 하나의 가설을 세울 수 있는데, 즉 권8의 배열 원칙은 곧 편찬 당시에 생존해 있던 작가의 관직의 고하순이라는 것이다. 당시가 고대 봉건왕조 체제였다는 사실을 감안하면 그 가능성은 더욱 높다고 하겠다.

이러한 가설과 함께 다시 七言體 및 雜言體를 수록한 권9와 五言四句二韻體를 수록한 권10의 배열 순서를 살펴보면 다음과 같이 각각 그 전반부는 권6까지의 배열순이며, 후반부는 권7~권8의 배열순으로 이루어졌음을 알 수 있다.

권9

司馬相如(B.C.179~B.C.117) 劉細君(B.C.110재세) 張衡 秦嘉 曹丕
曹植 傅玄 張載(289재세) 陸機 鮑照 釋寶月(490재세)
陸闕 沈約 吳均 張率 費昶 蕭綱 蕭繹 蕭子顯 王筠
劉孝綽 劉孝威 徐君蒨 王叔英妻劉氏

권10

賈充(217~282) 孫綽(320~377) 王獻之(344~388) 桃葉(?) 謝靈運(385~433)
劉駿(430~464) 許瑤之(?) 鮑令暉 王融 謝朓 虞炎(488재세) 沈約
施榮泰 高爽 吳興妖神(?) 江洪 沈滿願 何遜 吳均 王僧孺 劉令嫺
姚翻 王環(?) 蕭衍 蕭綱 蕭子顯 劉孝綽 庾肩吾 王臺卿(?)
劉孝儀(484~550) 劉孝威 江伯搖(?) 劉泓(?) 何曼才(?) 蕭驎(?) 紀少瑜
王叔英妻有氏 戴暠(?) 劉孝威

이상 권9~권10의 배열 순서는 곧 권9의 司馬相如로부터 費昶까지와 권10의 賈充으로부터 王環까지는 권1부터 권6까지의 배열순에 따른 것이며, 그 후반부는 권7~권8의 배열순에 따른 것임을 볼 수 있다. 이러한 배열 순서를 종합하면, 권1에서 권6까지 및 권9~권10의 전반부는 편찬 당시 졸한 사람의 졸년순 배열이며, 권7~권8 및 권9~권10의 후반부는 편찬 당시 생존해 있던 사람의 梁朝에서의 관직 고하순 배열이라는 사실을 추론할 수 있다. 권10 마지막의 劉孝威는 권10에 거듭 수록되어 있는데, 마지막의 그의 시 2수는 五雲溪館活字本에는 앞부분에 함께 수록되어 있다. 아마도 傳寫되는 과정에 탈락되어 후인들이 덧붙였을 가능성이 있다.

이로써 그 편찬 시기는 권1에서 권6까지 및 권9~권10의 전반부에 수록된 졸년이 명확한 작가 중 가장 최후에 졸한 張率의 졸년(527)과 권6의 최후에 수록된 何思澄의 졸년 범위가 梁武帝 中大通 4년(532) 이후라고 한 것과, 권7~권8 및 권9~권10의 후반부에 수록된 작가 중 그 졸년이 가장 이른 劉遵의 졸년(535) 사이라고 볼 수 있다. 여기서 사적이 명확하지 않은 작가들의 졸년이 좀 더 많이 밝혀지게 되면 편찬 시기의 범위 또한 더욱 좁힐 수 있지만, 우선 이상의 자료를 종합하여 편찬 가능 시기의 범위를 蕭綱이 태자가 된 이후 何思澄이 죽은 해(532)부터 劉遵이 죽은 해인 535년 사이라고 추론할 수 있다.

3. 『옥대신영』의 작품 개황

『玉臺新詠』은 서두의 徐陵의 서문과 함께 모두 10권으로 구성되어 있다. 이 시가집에는 漢代의 무명씨의 고시·악부·동요 등과 枚乘의 시를 비롯하여, 梁代의 徐陵 등의 시에 이르기까지 오언체를 위주로 사언체·육언체·칠언체·잡언체 등의 시를 수록하고 있는데, 권1에서 권6까지는 시대순이란 원칙에 따라 작품을 수록하였고, 권7에는 梁代 왕족, 권8에는 梁朝에 벼슬하던 사람을 중심으로 한 편찬 당시 생존 작가들의 작품을 수록하였고, 권9에는 전적으로 오언체를 수록한 다른 권과는 달리 칠언체를 위주로 하고 사언체·육언체·잡언체 등을 수록하고 있으며, 마지막 권10은 絶句의 남상인 五言四句二韻體를 수록하고 있다. 각 권마다의 수록 순서를 보면, 대체로 편찬 당시 이미 죽은 작가는 졸년순이며, 생존 작가는 관직의 고하순 또는 생년순을 원칙으로 하고 있다. 이를 도표로 나타내면 다음 표와 같다.

宋刻本『玉臺新詠』의 작가와 작품 수

	작가 수	작품 수
권1	枚乘·繁欽 등 漢代 작가 13인	五言詩 45수
권2	曹丕·左思 등 魏晉간 작가 11인	五言詩 39수
권3	陸機·劉鑠 등 晉宋간 작가 12인	五言詩 39수
권4	王僧達·施榮泰 등 宋齊간 작가 11인	五言詩 44수
권5	江淹·庾丹 등 齊梁간 작가 12인	五言詩 69수
권6	吳均·劉令嫻 등 梁代 작가 9인	五言詩 60수
권7	梁武帝 蕭衍 등 梁代 왕족 작가 5인	五言詩 71수
권8	蕭子顯·王叔英妻 劉氏 등 梁代 생존 작가 21인	五言詩 56수
권9	司馬相如·沈約 등 漢代－梁代 작가 25인	四言·六言·七言·雜言詩 89수
권10	賈充·劉孝威 등 漢代－梁代 작가 38인	五言四句二韻詩 155수
전체	漢代－梁代 작가 115인	四言·五言·六言·七言·雜言詩 667수

이상의 宋刻本에 수록된 작가와 작품의 수에 대해 紀容舒의『玉臺新詠考異』에서는 작품의 총 편수는 위와 같지만, 작가에 대해서는 약간의 이견이 있다. 四庫全書本 역시 수록된 작품은 위와 같은데, 다만 권4의 顔延之의「秋胡詩」1수(9章)를 9수로 본 차이가 있다.

그러나 陳玉父本과는 다른 別本 宋刻本을 저본으로 삼은 五雲溪館活字本(현재 四部叢刊本)은 약간 차이가 있는데, 특히 작가에 대해서는 책이 전체적으로 조판 과정에서 탈락되고 잘못 들어간 부분이 많아 고찰할 가치가 별로 없다. 수록된 작품에 대해서도 宋刻本과 비교하였을 때 추가된 시와 누락된 시가 일부 있는데, 먼저 추가된 시는 권6의 吳均의 시에 「梅花落」 1수가 있으며, 탈락된 시는 권6의 吳均의 시 「和蕭洗馬子顯古意」 6수 중 제2·3·4·5 등의 4수, 王僧孺의 시 「爲人述夢」 1수, 費昶의 10수 중 마지막 시 「長門后怨」 1수(이는 목록에는 10수로 되어 있는 걸로 보아 조판 과정에서 누락된 것 같음)와 권7의 蕭綱의 시 중 마지막 시 「孌童」 1수와 권8의 庾肩吾의 시 7수 중 마지막 「和湘東王應令冬曉」 1수, 庾信의 「雜詩」 3수 중 두 번째 시 「七夕」 1수 등 모두 9수이다. 이로써 이 판본에 수록된 시가는 宋刻本보다 8수 적은 총 159수(권4의 顔延之의 「秋胡詩」를 9수로 보고 있지만 1수로 계산함)이다.

다음은 『文選』의 詩卷 부분과 비교하여 작가와 작품을 살펴보기로 하겠다. 먼저 『文選』에 수록된 작가와 작품의 수는 漢代 李陵으로부터 齊梁代 徐悱에 이르기까지 모두 65인의 시와 무명씨의 古詩 19수를 포함하여 총 444수가 된다. 이것은 제32~33권의 屈原·宋玉·劉安 등의 楚辭를 뺀 것이다. 『玉臺新詠』과 비교하여 특징으로 들 수 있는 것은 첫째, 『玉臺新詠』이 편찬 당시 생존하고 있던 작가의 작품을 중심으로 수록하고 있는 반면, 『文選』은 생존 작가의 작품을 제외시켰다. 둘째, 『玉臺新詠』이 空前絶後할 정도로 많은 여성 작가의 작품을 수록하고 있는데 비해, 『文選』은 전체를 통해 班昭의 「東征賦」와 班婕妤의 「怨歌行」 1수만을 수록하고 있으며, 시가로 볼 때는 단지 1인 1수에 한하고 있음을 볼 수 있다. 셋째, 『玉臺新詠』이 악부와 민가를 대량으로 수록하고 있음에 비해 『文選』은 단지 「古樂府」 3수 등 극히 일부분만 수록하고 있다. 이러한 차이점은 두 선집의 특징을 여러 가지 측면에서 비교해볼 수 있게 하는 좋은 자료가 된다.

4. 『옥대신영』의 선시(選詩) 기준

『玉臺新詠』이란 제명과 그 서문은 편찬자의 선시 기준을 말해주는 부분이다. 무릇 모든 저작의 제목은 그 저작의 내용을 총괄하는 의미를 가지기 때문에 먼저 '玉臺新詠'이란 제명이 가지고 있는 의미에 대해서 살펴보기로 한다.

이 선집의 제목에 대해서는, '玉臺'(趙均) · '玉臺集'(『大唐新語』 · 『滄浪詩話』) · '玉臺新詠集'(沈逢春) 등의 이명이 있는데 모두 별칭이다. 우선 '玉臺'란 옥으로 장식한 누대 혹은 아름다운 누대를 가리키니, 모두 궁중 여인들의 거처, 넓게는 여인들의 거처를 가리키는 미칭으로 볼 수 있다. 이와는 달리 옥으로 장식된 경대란 뜻으로 쓰인 경우도 있다. 어쨌든 '玉臺'의 뜻은 좁은 의미로는 궁중 여인들의 거처를 말하며, 나아가 여인들의 거처, 또는 여인들의 생활공간을 가리킨다고 할 수 있다. 그러므로 '玉臺'는 곧 이 시가집에 수록된 시가의 내용적인 측면을 가리키는 말로, 여성과 관계가 있음을 뜻한다.

다음으로 제목에 쓰인 '新詠'이란 의미에 대해 살펴보면, '新'은 '舊'에 대한 말로서, 이전과는 다른 새로운 것이란 의미이며, '詠'은 시가라는 의미로 쓰였다고 할 수 있다. 따라서 '전대와는 다른 새로운 시가'라는 의미로 파악할 수 있다. 그렇다면 그 새로운 시가는 무엇을 가리키는 것일까? 이 점을 밝히기 위해 우선 '新詠'과 유사한 용어, 즉 '新聲' · '新變'의 의미를 살펴보기로 하겠다. 그 중 먼저 편찬자 徐陵의 '新聲'에 대한 관점을 보면 다음과 같다.

> 그렇지만 이미 新聲은 없어지고 모두 옛날의 음악과 같아져, 정작에는 대부분이 음률에 맞추는 것을 부끄럽게 여기어, 魏文侯를 졸리게 하게 될까 겁이 날 뿐이다(但旣乏新聲, 全同古樂, 正恐多慙於協律, 致睡於文侯耳).
>
> —「荅族人梁東海太守長孺書」

여기서의 '新聲'은 전대와 다른 새로운 음악이란 의미로 볼 수 있다. 아울러 다른 용례에 있어서도 모두 음악과 관련하여 각 시대마다의 새로운 음악·악곡·곡조란 뜻으로 사용되고 있다. 다시 말하면 전대부터 전해오던 舊曲인 전통음악이 아니라 당시에 새로이 유행하게 된 新曲이란 의미로 파악할 수 있다. 그러나 이러한 의미로 쓰인 '新聲'을 漢代부터 梁代까지 몇 조대를 걸친 다양한 종류의 시가들을 수록하고 있는 『玉臺新詠』의 작품을 개괄하는 명칭인 '新詠'으로 파악할 수는 없다.

南朝 시가사의 가장 큰 의의는 '新變'에 있다고 할 수 있다. 그 중 永明體의 '新變' 내용은 주로 형식상의 聲律 강구와 그를 위해 필요했던 구수의 제한(4·8·10구) 등이며, 이러한 永明體가 다시 '新變'하여 梁代의 宮體詩가 되었다고 할 수 있다. 宮體詩는 永明體에서 다시 新變하여 聲律을 더욱 정밀하게 강구하였고, 내용면에서는 더욱 편협하게 되어 여성과 관련된 艷詩가 되었던 것이다. 齊梁시대에 국한시켜 '新變'을 말하자면, 주로 형식적 측면에서 일변하여 齊 永明體가 되었고, 내용적 측면에서 再變하여 梁 宮體詩가 되었다고 볼 수 있다. 이와 같이 내용면에서 여성과 관련된 시가로서의 '新變'의 의미를 지니고 있는 宮體詩는 바로 『玉臺新詠』에 수록된 작품의 주류를 차지하고 있다. 이로 본다면 '新詠'의 의미는 漢代로부터 梁代까지의 한 가지로 개괄할 수 없는 형식적 측면에서의 시가를 말한 것이 아니라, 내용적 측면에서의 宮體詩와 같은 종류로 볼 수 있는 여성과 관련된 시가를 의미한 것이라고 볼 수 있다.

이상을 종합하면, 『玉臺新詠』이란 제목의 의미는 곧 '玉臺의 새로운 시가'라고 할 수 있으며, 나아가 '여성과 관계 있는 새로운 시가'라는 뜻으로 볼 수 있다.

다음으로 서문에 나타난 선시 기준을 살펴보겠다. 『玉臺新詠』의 서문은 이 시가집의 편찬자인 徐陵이 썼다. 고금을 막론하고 서문의 성격은 저작이나 詩文 등의 저작·편찬 경위나 요지, 작가·작품에 대한 평론 또는 그와 관계된 기타 사항에 대해 밝히는 글이다. 따라서 『玉臺新詠』의 내용과 편찬 동기 및 선시 기준 등을 살펴보는데 있어서, 그 서문이 가장 일차적이면서도 직접적인 자료임은 분명하다.

서문의 요지는 '후궁들을 위해 각지에 흩어져 있는 명편과 가작들을 편집하였다'는 것이다. 그러나 이 글의 성격은 기존의 다른 저작 또는 선집의 서문과는 전혀 다르다. 즉 옛부터 서문이란 실용문에 속하는 글로서, 사실의 전달을 목적으로 편저자의 취지를 서술한 글이다. 하지만 徐陵의 이 서문은 후궁이라는 한 여성 형상의 창조를 통한 허구를 기초로 하고 있어, 구체적인 편찬 경위와 선시 기준이 명확하게 밝혀져 있지 않다.

다만 마지막 제8장에서 '전대의 이름난 작품과 현재의 가작들(往世名篇, 當今巧製)'을 수집하여 편집한다고 했으며, 나아가 좀 더 구체적으로 수록된 작품의 성격을 밝히고 있다.

> 사랑 노래를 편찬하고 수록하여, 모두 열 권으로 만들었다(撰錄豔歌, 凡爲十卷).

> 일찍이 雅와 頌에는 끼이지 못하지만, 역시 國風 작가들에게는 외람되지 않을 것이다(曾無忝(일작 '參')於雅頌, 亦靡濫於風人).

이를 통해 본다면 수록된 시가가 『詩經』의 國風에 견줄 수 있는 사랑노래라고 했음을 알 수 있다.

다음으로 수록된 시가의 효용에 대해서 다음과 같이 비교적 길게 언급하고 있다.

> 다시금 옥녀와 투호를 한다 해도 즐거움은 백 번 던지는 데서 끝나고, 齊나라 여인처럼 육박으로 다투어도 마음의 즐거움은 여섯 대젓가락에서 끝이 나며, 한가로운 경치에도 별로 즐겁지 않으니, 오직 새로운 시에 뜻을 맡겨서, 무

릇 저 원추리와 차조기를 대신하여 조금이나마 근심을 든다(雖復投壺玉女, 爲觀盡於百驍, 爭博齊姬, 心賞窮於六箸, 無怡神於暇景, 惟屬意於新詩, 庶得代彼皐蘇, 微蠲愁疾).

이를 통해 알 수 있는 것은 독자로 설정된 후궁들은 적막하고 수심에 찬 기다림의 연속인 나날을 지내는데, 그들의 근심을 덜어주기 위해 이 시가집을 편찬하였으며, 그 시가의 효용은 투호・육박 등의 오락에 비해 더욱 높으며, 또 원추리・차조기와 같은 근심 해소용 약제와 같은 성격을 지닌다고 하였다. 이는 수록된 작품의 성격과 이 시가집 편찬의 취지가 명백히 오락적 기능에 있음을 강조한 것이라고 하겠다. 여기에서 말하는 '新詩' 또한 제명의 '新詠'과 같은 의미로 당시 새로이 유행하던 新體詩인 宮體詩를 가리킨다고 볼 수 있다.

서문은 이어서 다음과 같이 그러한 시가의 효용이 유가와 도가 등의 사상을 습득하는 것보다 더 나으며, 또한 歌功頌德을 위주로 왕실의 수요에 부응하였던 漢代의 賦보다 더 낫다고 했다.

어찌 鄧 황후가 『春秋』를 배웠지만 유가의 업적을 이루기 어려웠던 것과, 竇 태후가 오로지 黃老에 심취했지만 금단의 술법을 이루지 못했던 것과 같겠는가? 이 때문에 西蜀의 호걸집에서 감정 기탁하는 것을 모두 「魯靈光殿賦」에서만 하고, 東宮의 甲觀에서 음영을 단지 「洞簫頌」에만 그치던 것보다는 나을 것이다(豈如鄧學春秋, 儒者之功難習, 竇專黃老, 金丹之術不成? 因勝西蜀豪家, 託情窮於魯殿, 東儲甲觀, 流詠止于洞簫).

漢代의 賦가 비록 제왕의 오락적 수요에 부응한 일면도 있으며, 사물에 대한 심미의식의 표현으로 볼 수도 있지만 『玉臺新詠』에 수록된 작품과는 성격이 다르며, 또한 오락적 효용이 뒤진다고 편찬자는 파악하였던 것이다.

종합하면, 서문에 나타난 이 시가집의 편찬 목적과 선시 기준은 후궁들의 오락적 수요에 부응하기 위한 시가라는 것이다. 즉 『詩經』의 國風에 견줄 수 있는 전대부터 당시까지의 사랑노래를 편집하였다는 것이다. 서문에 나타난 편찬 목적은 독자를 염두에 둔 것으로, 그 독자란 좁게는 당시 궁중 내의 여성들, 즉 后妃 및 궁녀들을 의미한다고 할 수 있다. 나아가 넓게는 바로 고대 식자층에 속하는 여성들을 의미한다고 볼 수 있다.

5. 『옥대신영』과 여성문학

『玉臺新詠』은 여성 독자를 위해 여성과 관련된 작품을 수록한 시가집이다. 그 중에는 여성 작가의 작품도 있고, 남녀의 애정을 노래한 작품도 있고, 여성의 미덕·미모 및 규방의 주변 사물을 노래한 작품도 있고, 남성 동성애에 있어서의 여성 역으로 볼 수 있는 남성을 노래한 작품도 있고, 여성을 단지 오락의 상대 또는 소유물로 본 작품도 있다. 그러나 극히 일부 부정적 관점에서 나온 작품을 제외하고는 대부분이 긍정적 관점의 여성 관련 작품이다. 고대 중국 문학, 특히 시가사가 남성 위주로 전개되어 왔다는 점을 감안한다면 이 시가집은 여성문학으로서의 매우 큰 의의를 지니고 있다. 작품의 내용적 측면뿐만 아니라 외형적인 여러 측면에서도 『玉臺新詠』은 여성문학적 특징이 농후하다.

첫째, 다른 선집에 비해 여성 작가의 작품이 매우 많이 수록되어 있는데, 즉 班婕妤, 吳孫公主 劉細君, 秦嘉妻 徐淑, 魏 甄皇后, 劉勳妻 王宋, 桃葉, 蘇伯玉妻, 鮑令暉, 范靖妻 沈滿願, 徐悱妻 劉令嫺, 王叔英妻 劉氏, 吳興妖神 등이다.

둘째, 남성 작가의 작품일지라도 모두 여성과 관계된 작품이며, 아울러 작품의 시점이 대부분 여성이라는 특징을 지니고 있다.

셋째, 수록된 작품에 사용된 어휘가 대부분 여성과 밀접한 관련성을 지니고 있다. 즉 여성의 외모·화장·복식 등에 관한 어휘가 거의 매편마다 다량으로 사용되고 있다. 또한 당시 여성들의 노동에 관계된 어휘들이 많이 사용되고 있는데, 주로 양잠·베짜기·다듬이질·다림질·薰衣·재봉·빨래 등 가족의 의복을 준비하는 일과 마름·연밥·궁궁이 등의 식물을 채취하여 가족에게 음식을 제공하는 일이 일상적인 일이었음을 보여 준다. 그리고 여성의 생활공간으로서의 처소와 관련된 어휘들이 많이 사용되고 있다. 처소와 관련된 어휘는 일찍이 漢代의 賦에도 많이 등장하는데, 차이점은 漢賦에 사용된 처소들은 대부분 궁정을 중심으로 한 제왕 위주의 것임에 반해, 이 시가집에 수록된 작품들에서는 영역이 궁궐 밖 민간으로까지 확대되어 범위의 제한이 없어졌다는 점이다. 아울러 그것은 일반 여성을 포함하여 후비 혹은 기녀 등 여성의 생활공간으로 등장한다는 점이 다르다.

넷째, 애정과 이별에 관한 전고와 상징어가 많이 사용되고 있다. 입신양명에 뜻을 둔 남성과는 달리 여성의 주된 관심은 애정에 집중되어 있었으므로 이 또한 여성과 밀접한 관계를 지닌 어휘이자 여성문학적 요소라고 할 수 있다.

다섯째, 가족 관계에 관련된 호칭 및 애정 상대로서의 남녀에 관한 호칭 등이 많이 사용되고 있다. 이 또한 여성과 밀접한 관계를 지닌 어휘이자 여성문학적 요소라고 할 수 있다.

여섯째, 순전히 여성의 전유물이라고 볼 수는 없지만 애정과 관련된 각종의 감정과 심리에 관련된 어휘들이 많이 사용되고 있다. 이 또한 대부분은 여성의 심리에 관한 어휘들이다. 아울러 기쁜 감정보다 슬픈 감정에 대한 표현이 압도적으로 많은 것 또한 이 시가집이 여성의 슬픔을 내용으로 한 작품을 위주로 하고 있음을 말한다.

마지막으로 『文選』과 비교하였을 때 『玉臺新詠』에 쓰인 글자 중 『文

選』에 출현하지 않는 글자들을 살펴보면, 대략 2백 자 정도가 된다. 그 글자 중 상당수가 여성의 외모·복식·화장과 관계 있는 글자이다. 이는 바로 그 사용 빈도와는 무관하게 또 다른 측면에서 『玉臺新詠』의 여성문학적 특징을 보여주는 부분이다.

종합하면 『玉臺新詠』은 수록된 개개의 작품은 물론 시가집 자체의 성격으로 보아, 남성 위주의 고대 역사의 흐름 속에서 초기 인류의 여성주의의 원형을 소리 높여 외친 여성문학으로서의 의의를 지니고 있다고 할 수 있다.

6. 『옥대신영』과 『화간집(花間集)』

『花間集』은 後蜀人 趙崇祚가 편찬(540)하고 歐陽炯이 서문을 쓴 최초의 문인 詞選集으로, 晩唐 溫庭筠을 중심으로 한 五代 詞人의 작품 500수를 수록하고 있다. 『玉臺新詠』과 『花間集』은 모두 음악과 관련된 가사집이라는 공통점이 있다. 차이점은 작품에 적용된 음악의 성격과 결합 방식을 들 수 있는데, 즉 전자의 작품은 모두 漢代 및 南朝의 樂府와 민간 음악임에 비해 후자에 수록된 작품의 음악은 燕樂이며, 또한 전자의 작품은 대부분 가사가 있은 연후에 入樂된 것으로 인식되고 있는데 비해, 후자의 작품은 악보에 맞추어 지은 가사라는 점이다.

음악 형식의 차이를 무시하고, '塡詞'라는 음악과의 결합 방식만을 놓고 본다면, 그 연원은 隋代 이전으로 거슬러 올라갈 수 있다. 즉 漢代 악부의 음악을 建安시대 曹氏 부자를 중심으로 한 문인 집단이 대대적으로 채용하여 가사를 지었으며, 이후 西晉의 陸機, 南渡 후인 宋의 鮑照 등이 모두 악부에 의해 가사를 지었다. 비록 東晉 이후 漢魏의 음악이 많은 변화를 일으켰다 할지라도 악부의 음악을 제명으로 한 많은 擬樂府 창작은 단순히 그 뜻만을 모방한 것이라는 관점은 무리가 있다. 후대 학자들은 이것들을 모두 '擬樂府'라고 하여 음악성을 상실한 시라고 보지만, 그것은 문헌에 악보가 남아 있지 않다는 점에서 나온 추측일 따름이지, 결코 당시 상황을 정확히 파악한 것이라고는 할 수 없다.

이 점을 수긍한다면 당시의 악부 모방 작품은 악보가 먼저 있은 연후에 그 가사를 지은 것으로도 볼 수 있다. 그 외에 문인이 직접 작곡과 작사를 겸했던 일도 있었는데, 현존하는 문헌상 梁 武帝 蕭衍이 이미 새로이 음악을 지어 가사를 전사하였음을 알 수 있다. 이러한 사실로 볼 때, 『玉臺新詠』의 작품이 후대의 詞와도 유사함을 알 수 있다. 『玉臺新詠』은 시가 음악과 분화되는 과정의 산물이고, 『花間集』은 음악과 분화된 시의 음악과의 재결합 과정의 산물이니, 결국 그 頂點에서는 같은 성격을 띤다고 할 것이다.

『花間集』의 성격을 좀 더 구체적으로 살펴보면 『玉臺新詠』과 관련된 몇 가지 특징을 발견할 수 있다.

첫째, 晚唐 五代에 확립된 詞는 바로 시가 음악과 분리된 후, 음악에 대한 회귀의 결과라고 볼 수 있다. 그것은 곧 『玉臺新詠』에 수록된 작품과 같은 음악성이 짙은 시가로의 회귀이다.

둘째, 여성과 애정을 내용의 특징으로 하는 詞는 바로 『玉臺新詠』과 내용상의 동일성에 의해 밀접한 관계를 가지는데, 이는 비록 직접적이고 의식적인 계승은 아닐지라도 그 음악 정신의 계승이라고 볼 수 있다.

셋째, 유가의 교화성을 배제한 내용적인 측면은 심미의식에 있어서 唐代 시가에 대한 부정에서 출발하여 『玉臺新詠』 편찬 시기인 南朝의 유미주의 심미의식에 대한 긍정의 결과라고 볼 수 있다.

이상의 詞와의 관계를 통해 알 수 있는 것은 음악적 측면에서 『玉臺新詠』의 작품이 시가 음악과 분리되기 시작할 무렵의 초기 단계에 속하는 까닭에 내용면에서 편협한 점이 존재하는데, 이는 詞에도 마찬가지로 적용시킬 수 있다. 즉 『花間集』의 詞 역시 시에서 분리되어 음악성과 결합하기 시작할 무렵의 초기 단계로서의 내용면의 편협성이 존재한다고 할 수 있을 것이다. 이 두 시대의 시와 음악은 모두 후대로 가면서 형식과 내용면에 있어서 발전을 가져와 전자는 唐代 律詩라는 황금기를 맞게 되고 후자는 宋代에 이르러 황금기를 맞게 되는 공통점이 있다.

7. 『옥대신영』의 가치

우선 해당 시기 시가의 교감과 여성 관련 풍속사를 연구하는 자료로서의 가치를 지니고 있다.

이 시가집은 비록 내용면의 편협성을 인정한다고 하더라도 漢代 이후 梁代까지의 시가선집으로서, 다음과 같은 점에서 중고 시기 시가를 연구하는 데 있어서 결코 빠트릴 수 없는 귀중한 자료 역할을 한다.

첫째, 「日出東南隅行」·「孔雀東南飛」 등 민가 및 무명씨의 작품은 물론이요, 曹植의 「棄婦詩」, 左思의 「嬌女詩」, 庾信의 「七夕」 등 유명 문인의 작품조차도 이 선집을 통해 후세에 전해질 수 있었다.

둘째, 『文選』 또는 기타 전적 및 작가의 문집에 수록된 작품과 중복되는 경우에 일부 작가 또는 작품의 자구에 있어서 차이를 보이는 부분이 있는데, 이 선집을 통해 그 진위를 교감하는 자료로 삼을 수 있다. 예를 든다면, 『文選』에 수록된 '古詩十九首' 중 8수는 이 선집에서 枚乘의 작품으로 수록하고 있는데, 이것을 徐陵의 단순한 실수로 볼 수는 없다. 이에 대해 故 李徽教 교수는 일찍이 『文選』에 수록된 古詩 19수와 기타 전적에서 찾아낸 5수를 포함한 24수의 古詩와 『玉臺新詠』에 수록된 古詩 8수, 枚乘의 「雜詩」 9수 및 『文選』과 『玉臺新詠』에 수록된 陸機의 「擬古詩」를 서로 비교하여 枚乘의 「雜詩」 9수에 해당하는 작품이 하나의 묶음으로 전해지고 있었다고 추론하였다.

淸初의 朱彝尊 역시 서로 차이를 보이는 부분은 두 책을 함께 살펴야 한다고 인식하였다. 다음은 원서에 수록된 그의 跋文의 끝 부분이다.

> 그렇기 때문에 시를 외우고 세상을 논하는 사람들은 마땅히 『玉臺新詠』을 취해서 함께 살필 것이지, 『文選』만을 오로지 믿지는 말아야 될 것이다(然則誦詩論世者, 宜取『玉臺』並觀, 毋偏信『文選』可爾).

이렇게 볼 때 『玉臺新詠』에 수록된 작가와 작품의 관계의 진실성을 단순히 『文選』 및 기타 전적과의 다르기 때문에 잘못이라고 무시해버릴 수만은 없다. 그것은 작품의 내용이 염정적이라서 읽을 가치가 없다고 여겨 나아가 시가집 자체의 진실성마저 무시해버리는 잘못된 태도라고 할 수 있다.

아울러 이 시가집 권9에 수록되어 있는 「盤中詩」는 종래 어느 시대 누구의 작품인지 불분명하다고 알려져 왔지만, 이 선집에서는 西晉 때 蘇伯玉의 처의 작품이라고 밝혀져 있는 것도 그 한 예에 속한다. 이와 같이 다른 전적과 비교할 때 작품의 자구나 작가에 있어서 차이를 보이는 작품이 상당히 많다. 이 선집이 조기에 편찬된 자료라는 이유 하나만으로도 중고 시기 문학을 연구하는 사람들에게 있어서 결코 빼 놓을 수 없는 귀중한 자료가 된다.

셋째, 이 선집은 내용적인 측면에서 중고 시기의 여성 관련 풍속사를 연구하는 데 있어서도 귀중한 자료 역할을 한다. 즉 변경으로 출정한 남편을 그리워하는 작품을 통해, 당시의 군대·부역의 제도를 어느 정도 파악할 수 있으며, 남녀의 연애와 결혼을 소재로 한 작품을 통해 당시의 연애와 혼인제도의 여러 측면을 파악할 수 있으며, 또한 기녀를 소재로 한 작품을 통해 중국 妓女史의 일면을 이해할 수 있으며, 또한

采桑·擣衣 등 여성의 노동을 소재로 한 작품 및 여성과 관련된 각종 시구를 통해 당시의 여성 생활사의 일면을 파악할 수도 있다. 이 밖에도 남성 동성애·侍童·買妾 등과 관련된 당시 귀족층의 잡다한 생활풍속을 파악할 수 있는 귀중한 자료 역할을 한다.

8. 『옥대신영』의 판본

『文選』은 편찬된 직후부터 사대부들의 관심의 대상이 되어, 隋代의 蕭該의 『文選音義』로부터 지금까지 그 연구가 지속되어 와 판본의 진위에 대해서는 의심이 없었다. 이와는 달리 『玉臺新詠』은 그 성격상 사대부들의 존중을 받지 못하여 일찍부터 온전한 판본이 망실되었으며, 그로 인해 서로 다른 여러 가지 판본이 출현하였다. 따라서 『玉臺新詠』의 판본 연구는 중국 고전문학 연구에 있어서 중요한 부분이라고 할 수 있다. 특히 편찬되어 장서각에 보관된 이후, 2차에 걸친 화재로 장서들이 불타게 되었다고 하니, 그런 재난 속에서도 지금 그 책이 남아 있다는 것은 판본의 善不善을 따지기에 앞서 그나마 다행스런 일이라고 할 수 있다.

『玉臺新詠』의 판본에 대해서 살펴보면, 南朝 梁나라 때 徐陵이 편찬한 이 시가집은 사대부들의 경시를 받은 나머지 원본의 모습이 망실된다. 현존하는 최고의 판본은 비록 殘卷이지만 敦煌에서 발견된 唐寫本인데, 그것을 통해 적어도 唐代에는 그 원형이 남아 있었을 것이라고 추측해 볼 수 있다. 나아가 현존하는 다른 여러 판본들을 가지고 이 唐寫本의 체제를 따라 원본의 체제 정도는 재구성해 볼 수 있을 것이다. 이후 北宋 시기에 國子監 등에서 판각하였는데, 그때는 이미 온전한 형태가 아니었으며, 南宋시대 陳玉父가 복원시킬 때부터도 여러 가지 서로 다른 판본이 존재하고 있었으며, 그에 따라 明淸을 거치면서 諸家들이 저마다 교정·보충하고 箋注하여 지금까지 여러 모습으로 전해져 온다.

따라서 지금 가장 善本이라고 치는 明 趙均 覆刻本 역시 五雲溪館活字本 등 다른 판본들과 마찬가지로 원본의 모습과 완전히 일치한다고는 볼 수 없다. 그러나 옛부터 諸家들이 殘卷인 唐寫本 이외에는 南宋 때의 陳玉父本을 가장 완전한 최초의 善本으로 여겼으니, 이 판본을 覆刻한 趙均本을 또한 가장 善本으로 칠 수밖에 없는 것이다. 다만 현존하는 五雲溪館活字本 또한 비록 版刻 시기는 明代이지만 陳玉父本과는 또 다른 宋刻本을 저본으로 한 것이니, 이 두 가지 판본을 함께 살펴야 할 것이다. 따라서 역자는 明淸 이후 宋刻本이라고 말하는 陳玉父本을 저본으로 삼고 五雲溪館活字本 및 기타 다른 판본도 함께 참고하였다.

아울러 현재 우리가 볼 수 있는 책들이 저본으로 삼은 판본을 살펴보면, 먼저 본 역서의 기본 텍스트인 1986년판 穆克宏 點校本은 程琰 刪補本이며(그 중 '宋刻不收'의 작품은 후인들의 보충으로 보고 번역에서 제외시켰다), 四部備要本과 1967년판 廣文書局本(臺北) 또한 程琰 刪補本이며, 四庫全書本은 馮班 校正趙均本이며, 四部叢刊本은 五雲溪館活字本이며, 中國書店(北京, 1986)과 中州書局(鄭州, 1991)에서 영인한 것은 1935년판 世界書局本으로, 이는 또한 趙均 覆刻宋本을 저본으로 한 것이며, 臺北 世界書局에서 1972년 재판한 영인본은 비록 趙均 覆刻宋本을 저본으로 하고 있지만 字版의 차이와 『續玉臺新詠』이 수록되어 있지 않은 차이점이 있다. 1993년 上海書店에서 영인한 것은 四庫全書本이다. 일본 번역본의 경우 岩波文庫에서 1953·1955·1956년에 걸쳐 상·중·하 세 권으로 출판된 것은 '官版'이라고도 하는 日本 文化翻刻本을 저본으로 한 것이며, 이것을 주석상에서 약간의 수정을 거쳐 출판한 것이 明治書院에서 1974년과 1975년에 걸쳐 상하권으로 출판한 新釋漢文大系本이다.

『玉臺新詠』의 版本

順番	版本名	時期	底本	備考
1	敦煌 唐寫本	唐代	唐代 版本	2卷의 51行 殘存
2	陳玉父本	嘉定 乙亥(1215)	舊京本· 石氏所藏本	麻沙本·宋刻本· 祖本
3	五雲溪館 活字本	1514년 以前	別本 宋刻本	四部叢刊本
4	華允剛蘭雪堂 活字本	1514년	五雲溪館活字本	趙均 所藏本
5	徐學謨海曙樓刻本	嘉靖(1522~1566)	別本 宋刻本	日本에 전해짐
6	鄭玄 撫刻本	嘉靖 己亥(1539)	通行本·陳隋外集	續玉臺新詠
7	張嗣修·茅國縉本	萬曆(1573~1619)	別本 宋刻本	
8	華亭楊元鑰本	萬曆(1573~1619)	華允剛蘭雪堂活字本	
9	歸安茅元禎 重刻本	1579년(?)	華亭楊元鑰本	歸安茅氏重刻本
10	李維楨 跋本	萬曆 32년(1604)	別本 宋刻本	
11	袁宏道 評本	1622년 以前	華亭楊元鑰本	陶周望 所藏本
12	沈逢春刻本	1622년	袁宏道 評本	
13	馮氏兄弟 抄宋刻本	崇禎 2년(1629)	趙均所藏 陳玉父本	馮舒 跋本
14	趙均 覆刻宋本	崇禎 6년(1633)	陳玉父本	善本으로 알려짐
15	馮班 校正趙均本	永曆 己丑(1649)	趙均 覆刻陳玉父本	四庫全書本
16	南陵徐氏覆小宛堂 影宋本	1675년 前後	趙均 覆刻陳玉父本	
17	吳兆宜 箋注本	康熙 乙卯(1675)	徐乾學所藏 趙均本	總 870章
18	清初抄本·清影明 抄本	清代	趙均本(?)	北京圖書館 所藏
19	紀容舒 考異本	乾隆 丁丑(1757)	趙均 覆刻陳玉父本	四庫全書本
20	紀均 校正稿本	乾隆 癸巳(1773)	趙均本(?)	評點, 校正
21	程琰 刪補本	乾隆 甲午(1774)	吳兆宜 箋注本	四部備要本
22	日本 文化 翻刻本	文化 3년(1806)	趙均 覆刻陳玉父本	官版
23	穆克宏 點校本	1985년	程琰 刪補本	北京 中華書局本

차례

옥대신영 1

옥대신영 2 · 3

차례

『옥대신영』 서문[1)]

「玉臺新詠序」

序

진나라 상서좌복야·태자소부, 동해 사람 효목 서릉이 짓다

陳尙書左僕射太子少傅東海徐陵孝穆撰

1.

夫淩雲槪日,[2)] 아 구름 위로 치솟은 듯 해와 맞닿은 듯 저 궁궐

1) 역주에 참고한 자료는 ①梁容若 主編, 『中國文學史參考文選』(臺北 : 國語日報社, 1967)(「玉臺新詠序」는 鍾露昇의 주석임)과 ②彭鐸 編著, 『群書序跋擧要』(濟南 : 山東敎育出版社, 1985)와 ③(日) 內田泉之助 譯, 『玉臺新詠上』(東京 : 明治書院, 1974)과 ④淸 吳兆宜 箋注, 『徐孝穆集箋4』(臺北 : 世界書局, 1963) 등 크게 4종이다. 이하 주석에 인용한 것 또한 대체로 여기에 근거하여 수정 보충한 것이다. 따라서 간혹 참고서에 인용된 자료를 직접 살펴보지 못하고 그대로 인용한 것도 있음을 밝혀 둔다. 원문 저본은 본고의 텍스트인 穆克宏 點校本(吳兆宜의 주석은 생략되어 있음)이다. 아울러 본고에서 全文을 모두 8장으로 나눈 것은 역자가 의미 구분상의 편의에 따른 것이다.

2) '夫'(부) : 『徐孝穆集』에는 없다. '淩雲'(릉운) : 구름 위로 치솟다. '槪日'(개일) : 해를

	들은
由余之所未窺.[3)]	유여조차도 본 적이 없었던 것이며
千門萬戶,[4)]	수천 수만의 집들은
張衡之所曾賦.[5)]	장형이 일찍이 읊은 적 있었다네
周王璧臺之上,[6)]	주나라 왕의 벽대 위와
漢帝金屋之中,[7)]	한나라 임금의 황금옥 안과 같이
玉樹以珊瑚作枝,	옥나무에는 산호 가지를 만들었고
珠簾以玳瑁爲押,[8)]	구슬발에는 대모 추를 달았는데

가리다. 둘 다 매우 높음을 뜻한다. 宋 葉廷珪의 『海錄碎事』에, 魏 文帝 黃初 2년(221)에 凌雲臺를 지었다고 하며, 燕나라 昭王이 신선을 좋아하여, 甘宙라는 仙人과 함께 握日臺에 올랐다고 했다. 『周書』 6 「武帝紀下」에 "혹은 연못을 파고 돌을 날라다, 산을 만들고 바다를 흉내내었으며, 혹은 층층대와 고층 건물로서 해를 가리듯, 구름 위로 치솟듯 하게 하여, 난폭한 마음으로 온갖 사치스런 짓을 다했다(或穿池運石, 爲山學海, 或層臺累構, 概日凌雲, 以暴亂之心, 極奢侈之事)"라고 했다.

3) '由余'(유여): 春秋시대 戎나라 사람. 후에 秦나라 穆公을 도와 戎王을 쳐, 秦나라가 西戎의 패자가 되게 했다. 『史記』 5 「秦本紀」에 "(戎王이) 秦나라 穆公이 어질다는 소문을 듣고서 由余에게 秦나라를 살펴보고 오도록 하였는데, 秦나라 穆公이 그에게 궁실이 가득 모여 있는 곳을 보여 주자, 由余는 '귀신들을 시켜 저것들을 지었다면 귀신을 수고롭게 한 것이고, 사람들을 시켜 지었다고 해도 백성들을 고생시킨 것이지요' 라고 하였다(聞穆公賢, 故使由余觀秦, 秦穆公示以宮室積聚, 由余曰, '使鬼爲之則勞神矣, 使人爲之亦苦民矣')"라고 했다.

4) '千門萬戶'(천문만호): 『徐孝穆集』 등에는 '萬戶千門'이라고 되어 있는데, 건물이 많음을 뜻한다.

5) 張衡의 「西京賦」에 "기이한 담장과 뜰, 수천 수만의 집(閈庭詭異, 門千戶萬)"이라고 했다.

6) '璧臺'(벽대): 周나라 때의 누대 이름. 『穆天子傳』에 "盛姬는 盛柏의 자식이었는데, 周 穆王이 그들에게 姬姓의 어른으로 격상시켰으니, 그 집안을 盛門이라 하였고, 그녀를 위해 누대를 지어 주었는데, 그것을 重璧之臺라고 하였다(盛姬, 盛柏之子也, 天子賜之上姬之長, 是曰盛門, 天子乃爲之臺, 是曰重璧之臺)"라고 했다.

7) 『漢武故事』에 漢 武帝가 어려서 膠東王으로 있을 때, 고모 館陶 長公主가 그를 무릎에 안고 부인을 맞고 싶은지를 묻고, 또 맞고 싶다면 阿嬌가 어떤지를 물었는데, 武帝가 대답하기를 "阿嬌를 맞을 수만 있다면 당연히 금으로 된 집을 지어 데리고 있을 것입니다(若得阿嬌, 當作金屋貯之)"라고 했다 하는데, 후일 제위에 오르자 阿嬌를 왕후로 삼았으니, 그가 바로 陳 왕후이다.

8) '玉樹'(옥수) 두 구: '押'은 五雲溪館活字本과 『徐孝穆集』에는 '柙'자로 되어 있다. 『漢武故事』에 "임금이 사당을 지었는데, 그 앞뜰에는 옥으로 된 나무를 심고 산호로

其中有麗人焉. 그 속에 미인들이 있다네

2.

其人也,[9]	그 여인들은
五陵豪族,[10]	오릉 주위의 호족 중에서
充選掖庭.[11]	후궁으로 간택된 사람도 있고
四姓良家,[12]	귀한 네 성의 양반집 출신으로
馳名永巷.[13]	후궁에 이름을 떨친 사람도 있으며

가지를 만들었으며, 碧玉으로 잎을 달았고, 푸르고 붉은 꽃들은 珠玉으로써 만들어 그 가운데를 비워서, 작은 방울처럼 댕댕거리는 소리가 났다(上起神屋, 前庭植玉樹, 以珊瑚爲枝, 碧玉爲葉, 花子靑赤, 以珠玉爲之, 空其中, 如小鈴, 鎗鎗有聲)"라고 했으며, 또 "白珠로 발을 만들고, 玳瑁로 발을 눌렀다(以白珠爲簾, 玳瑁押之)"라고 하였다.

9) '也'(야) : 五雲溪館活字本에는 없다.

10) '五陵'(오릉) : 漢나라 다섯 임금의 능묘. 漢 班固의 「西都賦」에 "그러면 남쪽으로는 宣帝의 능인 杜陵과 文帝의 능인 覇陵이 바라보이며, 북쪽으로는 五陵이 보인다(則南望杜覇, 北眺五陵)"라고 했다. 五陵이란 長陵(漢 高祖의 능), 安陵(惠帝의 능), 陽陵(景帝의 능), 茂陵(武帝의 능), 平陵(昭帝의 능)을 가리키는데, 모두 渭水 북쪽 長安 부근에 있으며, 漢나라 때 호족들은 대부분 이 五陵 부근에 거주하였다고 한다.

11) '掖庭'(액정) : 궁전 내의 妃嬪들이 거처하던 곳. 『後漢書』 10上 「后紀序」에 "漢나라 법에 통상 8월에 호구조사를 했기 때문에, 中大夫를 掖庭丞 및 相工과 함께 洛陽의 각 고을로 파견하여 양가의 처녀들을 살펴보고, 그 중 나이 13세 이상 20세 이하로 용모 단정하고 법에 맞는 인물들은 싣고 후궁으로 돌아와, 합당한지 않은지를 가려서, 이에 어전에 나아가게 했다(漢法常因八月算人, 遣中大夫, 與掖庭丞及相工, 於洛陽鄕中, 閱視良家童女, 年十三以上, 二十以下, 姿色端麗, 合法相者, 載還後宮, 擇視可否, 乃用登御)"라고 했다.

12) '四姓'(사성) : 漢나라 때의 네 성씨의 호족. 『北史』에 "魏 文帝는 도량이 크고 고상하며 문족을 중히 여겨서, 范陽의 盧敏, 淸河의 崔宗伯, 滎陽의 鄭羲, 太原의 王瓊 등 네 성씨의 벼슬아치를 높이 떠받들었는데, 그들은 모두 딸들을 후궁으로 바쳤다(魏文帝宏雅, 重門族, 以范陽盧敏, 淸河崔宗伯, 滎陽鄭羲, 太原王瓊, 四姓衣冠所推, 咸納其女, 以充後宮)"라고 하였다. 또 鄭樵는 『後漢書』에 의거하여, "後漢 明帝 때의 외척으로, 樊氏·郭氏·殷氏·馬氏 등이 네 성씨의 작은 諸侯였다(後漢明帝時, 外戚樊氏郭氏殷氏馬氏, 是爲四姓小侯)"라고 하였다.

亦有潁川新市, 또한 영천 신시
河間觀津,[14] 하간 관진 등지의 여인도 있는데
本號嬌娥, 본래 아리따움으로 소문이 났으며
曾名巧笑.[15] 일찍이 아름다운 미소로 이름이 났다네
楚王宮裏, 초나라 왕의 궁궐 안에는
無不推其細腰.[16] 가는 허리를 추구하지 않는 여인이 없었고
衛國佳人,[17] 위나라 미인들의
俱言訝其纖手.[18] 섬섬옥수는 모두가 경탄할 정도였다네
閱詩敦禮,[19] 시를 읽고 예절을 소중히 여겼으니
豈東隣之自媒.[20] 어찌 동쪽 이웃 여인이 스스로 청혼한 것과 같을

---

13) '永巷'(영항): 후궁. 궁녀들의 거처. 『漢書』 19上 「百官公卿表上」에 "武帝 太初 원년에 명칭을 고쳤는데, …… 永巷을 掖庭이라 하였다(武帝太初元年更名, …… 永巷爲掖庭)"라고 했다.

14) '亦有'(역유) 두 구: '潁川'은 晉 明帝의 穆庾皇后의 본적이며, '新市'는 南陽 땅에 속하는데, 南陽은 漢 光武帝 陰皇后의 본적이다. '河間'은 漢 武帝 鉤弋夫人 趙氏의 본적이며, '觀津'은 漢 文帝 竇皇后의 본적인 淸河 觀津이다.

15) '本號'(본호) 두 구: 『玉臺新詠』 권2의 左思의 「嬌女詩」(84)에 "우리 집 귀염둥이 딸, 맑디맑은 피부가 백옥 같다네(吾家有嬌女, 皎皎頗白晳)"라고 하였다. 『詩經』 「衛風」 「碩人」에 "생긋 웃는 예쁜 보조개, 맑기 그지없는 아름다운 눈(巧笑倩兮, 美目盼兮)"이라고 했다. 『中華古今注』에 "段巧笑는 魏 文帝의 궁인이었는데, 처음으로 자주색 분을 얼굴에 칠했다(段巧笑魏文帝宮人, 始作紫粉拂面)"라고 했다. '嬌'·'娥'·'巧笑' 등은 모두 여인의 아름다움을 일컫는 말이다.

16) '楚王'(초왕) 두 구: '裏'자는 『徐孝穆集』에는 '內'자로 되어 있다. 『後漢書』 54 「馬廖傳」에 "吳나라 왕이 검객을 좋아하니, 백성들은 칼에 다친 상처가 많았고, 楚나라 靈王이 여인의 가는 허리를 좋아하니, 궁중에는 굶어 죽는 여인이 많았다(吳王好劍客, 百姓多創瘢, 楚王好細腰, 宮中多餓死)"고 했는데, 이 내용은 『墨子』 「兼愛」와 『韓非子』 「二柄」 등에도 보인다.

17) '衛'(위): 『徐孝穆集』에는 '魏'자로 되어 있다.

18) '言'(언): 어조사. '訝'(아): 놀라다. 경탄하다. 『詩經』 「魏風」 「葛屨」에 "가늘고 긴 여인의 손, 옷을 꿰매 줄 수 있다네(摻摻女手, 可以縫裳)"라고 했는데, '摻摻'은 '纖纖'과 같다.

19) '敦禮'(돈례): 禮敎를 숭상하다.

20) '豈'(기): 『徐孝穆集』에는 '非直'으로 되어 있다. 宋玉의 『登徒子好色賦』에 "저의 마을의 미인으로서는 동쪽 이웃집 여인만한 사람이 없습니다. 동쪽 이웃집 여인은, …… 한 번 생긋 웃으면 陽城땅 공자들을 홀리고, 下蔡땅 공자들을 넋나가게 할 정도

	것이며
婉約風流,[21]	유순하고 공손한 성품은
異西施之被教.[22]	서시가 배웠던 것과 다르겠는가

3.

弟兄協律,[23]	협률도위 형제처럼
生小學歌.[24]	어려서부터 노래를 배웠으며
少長河陽,[25]	어려서부터 양아에서 자란 것처럼

입니다. 그러나 이 여인이 담장에 올라 저를 엿보는 것이 삼 년이나 되었으나, 지금까지 마음을 주지 않았습니다(臣里之美子, 莫若臣東家之子. 東家之子, …… 嫣然一笑, 惑陽城, 迷下蔡. 然此女登牆闚臣三年, 至今未許也)"라고 하였다. 또 司馬相如의 「美人賦」에는 "신이 사는 동쪽 이웃에 한 여인이 살고 있는데, 구름 같은 머릿결에 풍만한 육체, 초승달 같은 눈썹에 하얀 치아로 신을 유혹하고자 했으나, 여의치 않자 담장에 올라 신을 바라보기를 지금까지 삼 년이나 되었지만, 신은 거들떠보지 않고 마음을 주지 않았습니다(臣之東隣, 有一女子, 雲髮豊艷, 蛾眉皓齒, 欲留臣而其止, 登垣而望臣, 三年於玆矣, 臣棄而不許)"라고 했다.

21) '婉約'(완약) : 유순하고 공손하다. '風流'(풍류) : 성품. 품격.

22) '異'(이) : 『徐孝穆集』에는 '無異'로 되어 있다. '西施'(서시) : 越나라의 미인. 『吳越春秋』에 의하면 '西施'는 春秋시대 越나라 苧蘿山 출신의 미인으로, 越王 句踐이 吳나라에 패해 후퇴하여 會稽에 주둔할 때, 吳王 夫差가 여색을 좋아함을 알고, 西施와 鄭旦에게 복장과 걸음걸이 등을 삼 년 동안 가르친 후, 范蠡로 하여금 吳王에게 바치게 하니, 吳王이 크게 좋아하였다고 한다.

23) '協律'(협률) : 樂府의 관직 이름인 協律都尉. 여기에서는 漢 武帝 때 協律都尉를 지냈던 李延年을 가리킨다.

24) '生'(생) : 五雲溪館活字本에는 '少'자로, 『徐孝穆集』에는 '自'자로 되어 있다. '生小'(생소) : 나이가 어리다. 『漢書』 97上 「外戚傳」에 "漢 武帝의 李夫人은 본래 배우로 궁중에 들어왔는데, 애초에 부인의 형인 延年이 천성적으로 음악에 밝고 가무에 능하여, 武帝가 그를 아꼈는데, 그가 신곡과 변주곡을 지을 때마다 듣는 사람은 감동하지 않는 사람이 없었다. ……武帝의 누이 平陽공주가 延年에게 누이동생이 있다는 말을 하여 武帝가 불러들여 보니, 과연 아름답고 춤을 잘 추어 이로 인해 총애하게 되었다(孝武李夫人, 本以倡進, 初夫人兄延年, 性知音, 善歌舞, 武帝愛之, 每爲新聲變曲, 聞者莫不感動. …… 平陽主因言延年有女弟, 上乃召見之, 實妙麗善舞, 由是得幸)"라고 했다.

由來能舞.[26] 본래 춤도 잘 춘다네
琵琶新曲,[27] 비파의 새 곡조는
無待石崇.[28] 석숭을 기다릴 것도 없고
箜篌雜引,[29] 공후의 여러 가락도
非關曹植.[30] 조식과는 무관하다네
傳鼓瑟於楊家,[31] 양씨집에서 거문고 연주를 전수받은 듯
得吹簫於秦女.[32] 진 목공의 딸에게서 퉁소 불기를 터득한 듯

---

25) '河陽'(하양): 지명. 陽阿. 『淮南子』「俶眞訓」에 "발로 陽阿의 춤을 춘다(足蹀陽阿之舞)"라고 하였고, 曹植의 「箜篌引」에 "陽阿에서는 기이한 춤을 추고(陽阿奏奇舞)"라 하였다. 이에 근거한 王念孫 등의 설에 따라 鍾露昇은 '河陽'은 '陽阿'의 잘못이라고 보았는데, 이를 따랐다. 참고로 『漢書』 27 「五行志」에는 "成帝가 변장하고 궁성 밖으로 놀러갈 때는 항상 富平侯 張放과 함께 갔는데, 모두 富平侯의 家人이라 했다. 河陽공주가 음악을 짓는 데를 지나가다가, 음악에 따라 춤추는 趙飛燕을 보고서 총애하게 되었다(成帝爲微行出遊, 常與富平侯張放, 俱稱富平侯家人. 過河陽主作樂, 見舞者趙飛燕而幸之)"라고 하였다.

26) '由來'(유래): 처음부터. 본래.

27) '琵琶'(비파): 현악기의 하나. 몸통은 둥글고 긴 타원형이며, 자루는 곧으며, 4현으로 되어 있다.

28) '石崇'(석숭): 西晉 문인. 『玉臺新詠』 권2의 石崇의 「王昭君辭」(83)의 서문에 "옛날 공주를 烏孫國에 시집보낼 때, 비파를 가지고 말 위에서 음악을 짓게 하여 그녀의 여로의 사념을 달래 주었었는데, 明君을 전송 할 때도 역시 꼭 그렇게 하였었다. 그때의 새로 지은 곡조는 대부분 애절한 소리를 띠고 있으므로, 그것을 종이에다 펼쳐 쓴다(昔公主嫁烏孫, 令琵琶馬上作樂, 以慰其道路之思, 其送明君亦必爾也. 其新造之曲, 多哀聲, 故敍之於紙云爾)"라고 하였다.

29) '箜篌'(공후): 현악기의 하나. 23현의 竪箜篌, 4~6현의 臥箜篌, 10여 현의 鳳首箜篌 등이 있다. '雜引'(잡인): 현악기의 여러 곡조.

30) '非關'(비관): 무관하다. '關'자는 『徐孝穆集』에는 '因'자로 되어 있다. 漢 武帝 때, 古朝鮮의 霍里子高의 처 麗玉이 「公無渡河歌」라고 하는 「箜篌引」을 지었으며, 曹植에게도 악부시 「箜篌引」이 있는데, 여기에서는 曹植의 작품을 말한다.

31) '瑟'(슬): 큰거문고. 모양은 거문고와 비슷하나 좀 더 크다. 옛날에는 50현, 25현, 15현 등이 있었으나, 지금은 25현과 16현 두 종류가 있다. '楊家'(양가): 楊惲의 집안. 楊惲은 자가 子幼이며, 漢 宣帝 때 사람이다. 그의 어머니는 司馬遷의 딸이다. 『漢書』 66 「楊惲傳」에 楊惲이 孫會宗에게 답장하는 글이 실려 있는데, "집안이 본래 秦나라에 속하기 때문에 秦나라 노래를 잘 지을 수 있으며, 아내는 趙나라 여자로서 거문고를 고상하게 잘 탑니다(家本秦也, 能爲秦聲, 婦趙女也, 雅善鼓瑟)"라고 했다.

32) '簫'(소): 퉁소. 竹管을 나란히 묶어 만든 취주악기. 큰 것은 23관, 작은 것은 16관으

至若寵聞長樂,[33]	또한 장락궁에서 새로 은총 입었다는 소문에
陳后知而不平.[34]	진 왕후가 이를 알고 마음 편치 못했던 것처럼
畫出天仙,	그림으로 그린 선녀를
閼氏覽而遙妬.[35]	염지가 보고서 멀리서도 질투했던 것처럼 아름답고
至如東隣巧笑,[36]	게다가 동쪽 이웃 여인의 아리따운 미소로
來侍寢于更衣.[37]	옷 갈아입는 곳으로 와 잠자리를 모신 것처럼

로 이루어져 있다. '秦女'(진녀) : 秦 穆公의 딸 弄玉. 『列仙傳』에 "簫史라는 사람은 秦穆公 때의 사람이다. 퉁소를 잘 불어 공작·학 등을 뜰에 불러 올 수 있었는데, 穆公의 딸 弄玉이 그를 좋아하니, 穆公이 마침내 딸을 그와 혼인시켰다. 매일 弄玉에게 봉황의 울음을 내도록 가르쳤는데, 몇 년 뒤에 봉황 소리 비슷하게 불 수 있게 되어, 봉황이 그의 집에 와 머무르니, 穆公이 봉황대를 지어 주자, 부부는 그 위에 올라가서 몇 년 동안 내려오지 않다가, 어느 날 둘 다 봉황을 따라 날아가 버렸다(簫史者, 秦穆公時人也, 善吹簫, 能致孔雀白鶴於庭, 穆公有女, 字弄玉, 好之, 公遂以女妻焉. 日教弄玉作鳳鳴, 居數年, 吹似鳳聲, 鳳凰來止其屋, 公爲作鳳臺, 夫婦止其上不下數年, 一日皆隨鳳凰飛去)"라고 했다.

33) '至若'(지약) : 그리고. 또. 또 다른 것을 제시할 때 사용되는 접속사. '長樂'(장락) : 漢나라 때의 궁궐 이름.

34) 『漢書』 97上 「外戚傳」에 의하면, 衛子夫는 平陽공주의 노래하는 사람이었는데, 武帝가 覇水가에서 제사를 지내고 돌아오다가 平陽공주에게 들러서, 술을 마신 후 노래하는 사람들이 안으로 들자, 武帝는 오직 衛子夫만 좋아했으며, 옷을 갈아입을 때에도 衛子夫가 武帝를 모시는 일을 맡았으며, 수레 속에서 총애를 얻어 후일 왕후가 되었다고 한다. 또 衛子夫가 입궁하여 武帝의 총애를 받자, 陳皇后가 몇 번이나 자살을 기도했다고도 한다.

35) '畫出'(화출) 두 구 : '閼氏'는 匈奴 왕후의 칭호. 吳注에 따르면, 桓譚의 『新論』에 "陳平이 漢 高祖가 匈奴에 의해 平城에서 포위된 것을 풀기 위해 말하기를 '漢나라에는 아름다운 미인이 있는데, 그 용모를 말하자면 천하에 다시 없습니다. 지금 곤경과 위급함이 이미 극에 달했으니, 사신을 보내어 맞이해 와서 單于에게 바치고자 한다면, 單于는 이 여자를 보고 반드시 매우 총애할 것이며, 그렇게 되면 閼氏는 날로 소원해질 것이니, 그 여자를 데려오느니 漢나라의 포위를 풀어서 떠나보내어, 그 여자를 데려오지 않는 편이 낫다고 여길 것입니다. 閼氏 여자는 질투의 성격이 있으니, 반드시 그녀를 미워하며 애써 내치려고 할 것입니다'라고 했다(陳平爲高帝, 解平城之圍, 言漢有好麗美女, 爲道其容貌, 天下無有. 今困急已馳, 使歸迎取, 欲進與單于, 單于見此人, 必大好愛之, 愛之則閼氏日以遠疎, 不如及其未到, 令漢得脫去, 去亦不持女來矣. 閼氏婦女有妬媚之性, 必憎惡而事去之)"고 했다.

36) '至如'(지여) : 그리고. 또. 게다가. '至若'과 같다. '東隣巧笑'(동린교소) : 주 15와 주 20을 참조할 것.

37) 漢 武帝의 衛皇后를 가리킨다. 주 34를 참조할 것.

西子微顰,[38]	서시가 약간 찡그려
得横陳於甲帳.[39]	진귀한 장막에 누울 수 있던 것처럼 아름답다네
陪遊馺娑,[40]	삽사전에 모시고 나들이하며
騁纖腰於結風.[41]	가는 허리를 '결풍곡'에 내흔들고
長樂鴛鴦,[42]	원앙전에서 오래 즐기며
奏新聲於度曲.[43]	곡조에 맞춰 새노래를 연주한다네

4.

妝鳴蟬之薄鬢,[44]	우는 매미 날개 같은 얇은 살쩍 꾸몄으며

---

38) '西子'(서자) : 越나라 미인 西施. '微顰'(미빈) : 살짝 찡그리는 것.

39) '横陳'(횡진) : 옆으로 눕다. '甲帳'(갑장) : 최고의 장막. 『莊子』「天運」에 "그러므로 西施가 근심으로 미간을 찡그리고 마을을 다니자, 이웃 마을의 못생긴 여자들이 그 모습을 보고 아름답다고 여겨 자기 마을로 돌아가서도 그대로 따라서 찡그리고 마을을 다니니, 그 마을의 부자들은 그 꼴을 보고 문을 처닫고 나오지 않았으며, 가난한 사람들은 처자식을 데리고 그 마을을 떠나가 버렸다(故西施病心而矉其里, 其里之醜人見之而美之, 歸亦捧心而矉其里. 其里之富人見之, 堅閉門而不出, 貧人見之, 挈妻子而去走)"라고 했다. 司馬相如의 「好色賦」에 "꽃 같은 얼굴로 스스로 나아가, 아름다운 몸 옆으로 누인다네(花容自獻, 玉體横陳)"라고 했다. 또 『漢武故事』에는 "琉璃·珠玉·명월주·야광주 등 세상의 진귀한 보석들을 섞어서 꾸며 만든 휘장이 甲帳이며, 그 아래 등급의 보석으로는 乙帳을 만들어, 甲帳에는 귀신이 살게 하고, 乙帳은 자신이 사용했다(以琉璃珠玉明月夜光, 雜錯天下珍寶爲甲帳, 其次爲乙帳, 甲以居神, 乙以自御)"라고 했다.

40) '陪遊'(배유) : 임금을 모시고 놀다. '馺娑'(삽사) : 漢나라 때의 궁전 이름. 『三輔黃圖』에 "(漢) 建章宮 안에 馺娑殿이 있었다(建章宮中, 有馺娑殿)"라고 했다.

41) '結風'(결풍) : 곡조 이름. 빠르게 도는 춤의 곡조 이름. 傅毅의 「舞賦」「序」에 "「激楚」와 「結風」, 陽阿 지방의 춤(激楚結風, 陽阿之舞)"이라 했다.

42) '長樂'(장락) : 오래도록 즐기다. 윗구의 '陪遊'와 대응하는 어휘로 본다. '鴛鴦'(원앙) : 漢 成帝 때 趙飛燕이 거처하던 궁전인 鴛鴦殿.

43) '奏'(주) : 日本文化翻刻本에는 '秦'자로 되어 있다. '度曲'(도곡) : 악보에 따라 연주하거나 노래하는 것. 漢 張衡의 「西京賦」에 "가곡 연주를 채 다 끝내지도 않았는데, 구름이 일고 눈발이 날리더니, 처음에는 약간씩 나부끼는 듯하다가, 나중에는 마침내 펑펑 내렸다(度曲未終, 雲起雪飛, 初若飄飄, 後遂霏霏)"라고 했다.

照墮馬之垂鬟.[45]	흘러내린 말갈기처럼 한 쪽으로 드리워진 쪽을 비춰도 보고
反揷金鈿,[46]	위로 향해 금비녀를 꽂았으며
橫抽寶樹.[47]	옆으로는 칠보 수식을 빼내었고
南都石黛,[48]	남쪽 도시에서 난 눈썹먹으로
最發雙蛾.[49]	한결같이 두 눈썹을 그렸으며
北地燕脂,[50]	북방의 연지로

---

44) '鬢'(빈) : 살쩍. 귀밑머리. 五代 馬鎬의 『中華古今注』에 "魏 文帝의 궁인 중에 매우 총애를 받던 궁인으로 莫瓊樹가 있었다. 그녀가 처음으로 매미날개 같은 살쩍을 꾸몄는데, 떨어져서 바라보면 매미날개 모양 파르스름하게 보일 듯 말 듯 하였으므로 '매미날개 살쩍'이라 했다(魏文帝宮人, 絶所愛者, 有莫瓊樹. 始製爲蟬鬢, 望之縹緲如蟬翼, 故曰'蟬鬢')" 한다. 또 梁 元帝 蕭繹의 시 「登顔園故閣」에는 "화장 다한 뒤 매미날개 살쩍 꾸미며, 웃음 그친 뒤 초승달 같은 눈썹 움츠리네(妝成理蟬鬢, 笑罷斂蛾眉)"라고 했다.

45) '照'(조) : 거울에 비춰보다. '墮馬'(타마) : '墮馬髻'의 준말로, 고대 여인들의 머리 형태의 하나. 한 편으로 흘러내릴 듯이 쪽진 머리를 가리킨다. '鬟'(환) : 쪽. 쪽진 머리. 『後漢書』 64 「梁冀傳」에 "(梁冀의 처) 孫壽는 용모가 아름다웠고 요염한 자태를 잘 지었으니, 근심스러운 듯한 눈매, 우는 듯한 화장, 흘러내린 말갈기 모양의 쪽, 허리가 꺾인 듯한 걸음걸이, 충치 때문에 즐겁지 않은 듯한 웃음 등을 지어서 유혹하는 듯 했다(壽色美而善爲妖態, 作愁眉, 啼粧墮馬髻, 折腰步, 齲齒笑, 以爲媚惑)"라고 했다.

46) '反揷'(반삽) : 위로 향하게 꽂다. '金鈿'(금전) : 금으로 된 꽃을 새긴 여인들의 首飾의 한 가지. 『玉臺新詠』 권6에 수록된 吳筠의 시 「和蕭洗馬子顯古意」 6수 중 두 번째 시(238)에 "연꽃무늬 아로새긴 콩새 모양의 수식, 알알이 보석 수놓은 황금벌레 수식(蓮花銜靑雀, 寶粟鈿金蟲)"이라고 했다.

47) '寶樹'(보수) : 떨잠. 여인들의 首飾의 한 가지.

48) '南都'(남도) : 남방 도시. '石黛'(석대) : 고대 여인들의 화장품인 검푸른 색의 눈썹먹. 『梁書』에 "天監 연간에 궁중에 조서를 내려, 흰 화장에 검푸른 눈썹을 그리도록 했다(天監中詔宮中, 作白粧靑黛眉)"라고 했다. 唐 劉長卿의 시 「楊州雨中張十宅觀妓」에는 "지워져가는 화장은 눈썹먹으로 더 진하게 그렸고, 농염하게 추는 춤은 금비녀를 떨어트리네(殘粧添石黛, 艶舞落金鈿)"라고 했다. 또 明 田藝衡의 『留靑日札』에는 "지금의 廣東省 始興縣 계곡에 돌먹이 나는데, 부녀자들이 가져다가 눈썹을 그렸기에 畵眉石이라고 한다(今廣東始興縣, 溪中出石墨, 婦女取以畵眉, 名畵眉石)"라고 했다 한다.

49) '最'(최) : 모두. 모조리. '蛾'(아) : 나방의 더듬이같이 둥글게 굽은 여인의 눈썹. 미인의 눈썹.

50) '燕脂'(연지) : 연지. 붉은 색 화장품. 晉 崔豹의 『古今注』에 "紂王은 잇꽃의 꽃즙을

偏開兩靨.[51]　　특별히 두 보조개를 그렸다네

5.

亦有嶺上仙童,　　또한 산꼭대기의 동자 신선이
分丸魏帝.[52]　　위나라 임금에게 환약을 나누어주는 듯한 여인과
腰中寶鳳,[53]　　허리춤에 봉황 장식을 차고
授曆軒轅.[54]　　황제에게 역법을 주는 듯한 여인도 있는데

응고시켜 연지를 만들었는데, 그것이 燕나라에서 생산되었기 때문에 연지라고 하며, 그것을 얼굴에 칠해서 복숭아꽃 화장을 했다(紂以紅藍花汁, 凝作燕脂, 以燕國所生, 故曰燕脂, 塗之作桃花粧)"라고 했다.

51) '偏'(편) : 특별히. '靨'(엽) : 보조개. 曹植의 「洛神賦」에 "반짝이는 눈동자로 예쁘게 곁눈질, 아름다운 보조개는 두 뺨에 걸린 듯(明眸善睞, 靨輔承權)"이라고 했다.

52) '亦有'(역유) 두 구 : 『顔脩內傳』에 의하면, 橋順의 두 아들 璋과 瑞는 隆盧山의 棲霞谷에서 신선 盧子基에게 사사받았는데, 飛龍 환약 한 알을 먹으면 천 년 동안 배고프지 않아 아무 것도 먹지 않아도 된다고 했다. 魏 文帝 曹丕의 시 「折楊柳行」에 "서산은 어찌 그리도 높은지, 높디높아서 아득히 끝이 없구나. 꼭대기에는 동자 신선 둘 있는데, 배고파하지도 않고 먹지도 않는다네. 내게 환약 한 알 주는데, 그 광채는 오색으로 영롱하네. 약 먹은 지 이삼 일에, 몸 가벼워지고 날개가 돋았네(西山一何高, 高高殊無極. 上有兩仙童, 不饑亦不食. 與我一丸藥, 光耀有五色. 服藥兩三日, 身輕生羽翼)"라고 했다. 이 두 구는 궁녀가 너울너울 춤을 추는 모습이 마치 선녀의 모습처럼 보인다는 뜻이다.

53) '寶鳳'(보봉) : 봉황 모양의 장식품.

54) '軒轅'(헌원) : 三皇五帝 중의 한 사람인 黃帝의 이름. 『漢書』 21上 「律曆志上」에 "黃帝의 명에 의하여, 伶綸이 大夏國 서쪽 곤륜산 북쪽에 있는 嶰谷의 대나무를 가져와, 구멍이 고르게 자란 대나무의 두 마디 사이를 자른 후 그것을 불어 黃鐘의 宮調로 삼았으며, 다시 열두 개의 통을 만들어서 봉황이 우는 소리를 들어 보고, 수컷 울음소리를 여섯으로, 또 암컷 울음소리를 여섯으로 분류하여 黃鍾의 宮調와 비교하여 맞추었으니, 모든 음이 그것으로부터 나올 수 있었으며, 이것이 바로 12律의 근본이 되었다(黃帝使伶綸, 自大夏之西, 昆侖之陰, 取竹之嶰谷, 生其竅厚均者, 斷兩節間而吹之, 以爲黃鐘之宮, 制十二筒, 以聽鳳之鳴, 其雄鳴爲六, 雌鳴亦六, 比黃鍾之宮, 而皆可以生之, 是爲律本)"라고 했으며, 曆法 또한 黃帝가 처음으로 만들었다고 한다. 또한 옛날에는 12律로 12月에 안배하였으니, 이상 두 구는 곧 黃帝가 봉황의 울음소리를 듣고서 12律을 정했으며, 그 12律에 의거하여 曆法을 제정했다는 뜻이다. 또한 옛

金星將婺女爭華,[55] 샛별 같은 얼굴 화장은 무녀성과 화려함을 다투고
麝月與嫦娥競爽.[56] 사향 그윽한 초승달 눈썹은 항아와 밝음을 다투며
驚鸞冶袖,[57] 놀란 난새처럼 춤을 추는 고운 소매는
時飄韓掾之香.[58] 때때로 아전 한수의 향기를 날리고

날 사람들은 봉황이 때를 안다고 여겼으므로, 少皞가 鳳鳥氏에게 曆法을 담당하는 관직을 맡겼다고 한다. 이상 두 구는 앞 두 구와 마찬가지로 후궁들의 모습을 찬미한 부분으로 볼 수 있는데, 아마도 후궁의 퉁소 부는 모습을 보고 연상한 것이 아닐까 한다.

55) '金星'(금성) : 샛별. 啓明星. 太白星. 태양계의 행성 중의 하나. 여기에서는 샛별 모양의 얼굴 화장을 가리킨다. '將'(장) : '與(……와)'자와 같다. 『徐孝穆集』 등에는 '與'자로 되어 있다. '婺女'(무녀) : 별자리 이름. '須女' 또는 '女宿'라고도 한다. 『史記』 27 「天官書」에 "南斗星은 사당이 되며, 그 북쪽에는 建星이 있는데, 建星은 깃발이다. 牽牛星은 제사의 희생물이 되는데, 그 북쪽에는 河鼓星이 있으며, 河鼓 3星 중 큰 별은 대장이고, 좌우의 별은 각각 좌우 장군이다. 婺女星 그 북쪽에 織女星이 있는데, 織女星은 천제의 손녀이다(南斗爲廟, 其北建星, 建星者旗也. 牽牛爲犧牲, 其北河鼓, 河鼓大星上將, 左右左右將. 婺女其北織女, 織女天女孫也)"라고 했는데, 그 주석에 따르면, 婺女星은 "하늘의 작은 관청으로, 포백 재단과 혼사를 주관하는 별(婺女, 天小府也, 主布帛裁製嫁娶)"이라고 했다. 梁 簡文帝 蕭綱의 「美女篇」(『玉臺新詠』 권7에 부록된 '宋刻不收'의 시)에는 "노란 분을 발라 달을 흉내낼 수 있었고, 황금을 마름질해 붙여서 교묘히 별 모양을 만들었네(約黃能效月, 裁金巧作星)"라고 했다. 또 陳 張正見의 「艷歌行」(『續玉臺新詠』)에는 "황금 마름질해 작은 보조개 만들고, 사향 흩뿌려 연노랑색 일게 하였네(裁金作小靨, 散麝起微黃)"라고 했다.

56) '麝月'(사월) : 초승달 모양의 여인들의 눈썹. '麝'는 그 눈썹에서 향기가 난다는 뜻의 형용사로 쓰였다. '與'(여) : 『徐孝穆集』 등에는 '共'자로 되어 있다. '嫦娥'(항아) : '姮娥'라고도 쓴다. 신화에 나오는 羿의 부인으로, 羿가 西王母에게서 얻은 불사약을 훔쳐 달로 달아났다고 한다. 여기에서는 달을 가리키는 말로 쓰였다.

57) '驚鸞'(경란) : 가볍고 아름다운 춤의 자태를 형용하는 말. '冶袖'(야수) : 아름다운 소매.

58) '韓掾'(한연) : 晉나라 韓壽를 가리킨다. 그는 미모로 인에 賈充에 의해 司空의 아전이 되었다. '掾' : 관청의 보조관리. 하급관리. 아전. 『世說新語』 「惑溺」에 "韓壽는 몸매와 얼굴이 아름다웠는데, 賈充이 불러다 아전을 시켰다. 賈充이 회의를 열 때마다, 그의 딸이 문 안에서 구경을 하였는데, 韓壽를 발견하고 좋아하여 늘 가슴에 두고 그리워하며 그리움을 노래로 나타내었다. 후에 시녀가 韓壽의 집에 가서 이와 같은 사실을 모두 말하였으며, 아울러 주인아씨가 아름답다는 말까지 했다. 韓壽는 그 말을 듣고 마음이 움직이어, 마침내 시녀에게 몰래 편지를 전달하게 하여, 약속한 때가 되어 그 집에 가서 정을 통했다. 韓壽는 날래기가 그 누구도 못 당할 정도여서 담을 넘어 들어갔으니, 집안에서는 아무도 그 사실을 몰랐었다. 이때부터 賈充은 딸이 꾸미고 손수 씻어 대고, 말도 보통 때보다 다르게 명랑하다는 것을 느끼게 되었다. 후에 여러 속관들을 모이게 했는데, 韓壽에게 기이한 향기가 난다는 소문이 있었으니, 이것은 외국에서 공물로 바친 향으로, 한 번 사람에게 뿌리면 한 달이 지나도 향기가 없어지지 않

飛燕長裾,[59]	나는 제비 같은 긴 치맛자락은
宜結陳王之珮.[60]	진사왕의 패옥을 매어볼 만하다네
雖非圖畵,	비록 그림으로 그린 것은 아니지만
入甘泉而不分.[61]	감천궁에 들어가면 구분이 안 되고
言異神仙,	신선과는 다르다고 하지만
戱陽臺而無別.[62]	양대에서 노닌다면 구별할 수 없을 정도이니

는 것이었다. 賈充은 武帝가 자신과 陳騫에게만 하사한 것으로, 다른 집에는 이 향이 없다고 생각하고, 韓壽와 자기 딸이 정을 통한다고 의심했지만, 담장이 겹겹이며 여러 문들이 삼엄한데, 어떻게 정을 통할 수 있을 것인가라고 생각했다. 이에 도둑이 있다는 핑계를 대고, 사람을 시켜 담장을 보수하게 했다. 그러자 하인이 돌아와서 말하기를 '다른 데는 이상한 점이 없으며, 단지 동북쪽 모퉁이에 인적은 있었지만, 담이 높아서 사람이 뛰어넘을 정도는 아니었습니다'라고 했다. 賈充은 이에 주위의 시녀들을 불러들여 닦달하니 사실을 자세하게 대답했다. 賈充은 그 사실을 비밀에 부치고 딸을 韓壽와 혼인시켰다(韓壽美姿容, 賈充辟以爲掾, 充每聚會, 賈女於青瑣中看, 見壽說之, 恒懷存想, 發於吟詠. 後婢往壽家, 具述如此, 幷言女光麗. 壽聞之心動, 遂請婢潛修音問, 及期往宿. 壽蹻捷絶人, 踰牆而入, 家中莫知. 自是充覺女盛自拂拭, 說暢有異於常. 後會諸吏, 聞壽有奇香之氣, 是外國所貢, 一著人則, 歷月不歇. 充計武帝唯賜己及陳騫, 餘家無此香, 疑壽與女通, 而垣牆重密, 門閤急竣, 何由得爾. 乃託言有盜, 令人修牆. 使反曰, '其餘無異, 唯東北角如有人跡, 而牆高非人所踰' 充乃取女左右婢考問, 卽以狀對. 充秘之, 以女妻壽)"라고 했다.

59) '飛燕'(비연) : 옷자락이 가볍게 날리는 모양을 나타낸다.

60) 『西京雜記』에 "趙飛燕이 왕후가 되자, 그 동생 合德이 임금이 주신 베로 치마를 만들었다(趙飛燕立爲皇后, 其弟合德上遺織成裾)"라고 했다. 曹植의 「洛神賦」에는 "간절한 마음을 먼저 전달하고자, 패옥을 풀어 주면서 언약하네(願誠素之先達兮, 解玉佩以要之)"라고 했다.

61) '甘泉'(감천) : 漢나라 때의 궁전 이름. 『漢書』 97上 「外戚傳上」에 "李夫人이 젊어서 일찍 죽자, 武帝가 가련하게 생각하여, 그 초상화를 그려 甘泉宮에 두었다(李夫人少而早卒, 上憐閔焉, 圖畫其形於甘泉宮)"라고 했다.

62) '言異'(언이) 두 구 : 宋玉의 「高唐賦」에 "옛날 선왕께서 高唐에 놀러 간 적이 있었는데, 무료하여 낮잠을 자다가 꿈에 한 여인을 보았다. 그 여인은 '저는 巫山의 여자인데, 高唐에 왔다가 임금님이 高唐에서 노신다기에 잠자리를 깔아 드리고자 합니다'라고 말하여, 왕은 그녀를 받아들였다. 떠나면서 작별하며 '저는 巫山 남쪽 높은 언덕의 돌산에 사는데, 아침에는 구름이 되었다가 저녁이면 내리는 비가 되어, 아침 저녁으로 陽臺 아래에 있습니다'라고 말했다(昔者先王, 嘗遊高唐, 怠而晝寢, 夢見一婦人. 曰, '妾, 巫山之女也, 爲高唐之客, 聞君遊高唐, 願薦枕席.' 王因幸之. 去而辭曰, '妾在巫山之陽, 高丘之阻, 旦爲朝雲, 暮爲行雨, 朝朝暮暮, 陽臺之下.')"라고 했다. '言'은 어조사로 보기도 한다.

眞可謂傾國傾城,	정말로 나라와 성을 기울게 할 정도의 미인이며
無對無雙者也.[63]	상대할 사람 없고 짝을 이룰 여인 없다고 할 수 있다네

6.

加以天時開朗,[64]	게다가 천성이 맑고 밝으며
逸思雕華,[65]	빼어난 사고는 아름답게 빛나고
妙解文章,	문장을 잘 이해하며
尤工詩賦.	시부도 매우 잘 지으니
琉璃硯匣,[66]	유리 벼룻집은
終日隨身.	종일토록 몸에 붙어 다니고
翡翠筆牀,[67]	비취옥 붓대롱은
無時離手.	손을 떠날 적이 없다네
淸文滿篋,[68]	맑은 문장들이 상자에 가득하니
非惟芍藥之花.[69]	단지 '작약화송'뿐이 아니며

63) '眞可'(진가) 두 구: 漢 李延年의 시에 "북방에 한 미인, 세상에 둘도 없네. 한 번 눈길 주면 성을 망치게 하고, 다시 눈길 주면 나라를 망하게 하는데, 어찌 성을 망치고 나라를 망하게 하는 미인을 모르시는지. 미인은 다시 얻기 어려운데(北方有佳人, 絶世而獨立. 一顧傾人城, 再顧傾人國, 寧不知傾城與傾國, 佳人難再得)"라고 했다.

64) '天時'(천시): 『徐孝穆集』 등에는 '天情(천성)'으로 되어 있는데, 이를 따랐다.

65) '雕華'(조화): 아름답다. 화려하다.

66) '硯匣'(연갑): 벼룻집. 王羲之의 『筆經』에 "세상에는 간혹 유리와 비취로 붓대롱을 만든다(世或以琉璃翡翠爲筆管)"라고 했다. 또 陸雲의 「與兄平原書」에 "항상 책상에서 曹公의 기물인 書刀 다섯 자루와 유리붓 한 자루를 사용하며 또 본답니다(常案用并視曹公器物, 書刀五枚, 琉璃筆一枚)"라고 했다.

67) '筆牀'(필상): 붓대롱. 『樹萱錄』에 "南朝에서는 붓대롱을 '牀'이라고 불렀다(南朝呼筆管爲牀)"라고 했다.

68) '淸文'(청문): 맑고 고상한 문장. '篋'(협): 책이나 옷가지 등을 담는 네모난 상자.

69) '芍藥之花'(작약지화): 傅統의 처의 「芍藥花頌」을 가리키는데, 이 작품은 실전되어

新製連篇,	새로 지은 많은 작품들은
寧止蒲萄之樹?[70]	어찌 '포도주부'에만 그치랴
九日登高,[71]	9일 날 높은 곳에 올라갔을 때
時有緣情之作.[72]	때로는 서정의 작품도 있으며
萬年公主,[73]	만년공주를 위한
非無累德之辭.[74]	덕을 기리는 뇌사 같은 작품도 없지 않으니
其佳麗也如彼,[75]	그들의 아름답기는 저와 같고
其才情也如此.[76]	그들의 재주와 정감은 이와 같다네

단지 "빛나도다 작약이여, 앞뜰에다 심었더니, 새벽에는 이슬로 젖었다가, 낮에는 햇빛으로 마른다네(曄曄芍藥, 植此前庭. 晨潤甘露, 晝晞陽靈)"라는 네 구만 전한다.

70) '葡萄之樹'(포도지수) : 前涼의 張洪茂의 「葡萄酒賦」가 있지만, 어떤 작품을 가리키는지는 확실하지 않다.

71) '九日'(구일) : 重陽節을 가리킨다. 음력 9월 9일로, 中九節이라고도 한다. 명절의 하나로, 이때는 높은 산에 올라 국화주를 마시면서 시를 짓는 풍습이 있었다고 한다. 魏文帝의 「與鍾繇九日送菊書」에 "세월이 흘러 어느 덧 9월 9일을 맞았는데, 9는 양수로, 해와 달이 모두 상응하여 조화로우니, 세속에서는 그 이름을 좋아하고, 길이 화목할 것이라 생각하며, 이에 고상한 모임을 가지며 즐긴다오(歲往月來, 忽逢九月九日, 九爲陽數, 而日月竝應, 俗嘉其名, 以爲宜於長久, 故以享宴高會)"라고 했다.

72) '緣情'(연정) : 정감을 따르다. 晉 陸機의 「文賦」에 "시는 정감을 따라 짓는 것이기 때문에 아름답고 화려하다(詩緣情而綺靡)"라고 했다.

73) '萬年公主'(만년공주) : 西晉 武帝의 딸.

74) '累德'(루덕) : 『徐孝穆集』에는 '誄德(誄辭를 지어 덕을 기리다)'으로 되어 있는데, 여기에서도 이를 따랐다. 『晉書』 31 「后妃傳」에 "晉 武帝의 左貴嬪은 이름이 芬이며, 오빠는 左思로 따로 전기가 있다. 어려서부터 학문을 좋아하고 글을 잘 지어 文名이 左思에 버금갔는데, 武帝가 그 소문을 듣고 후궁으로 받아들였다. …… 武帝의 딸 萬年공주가 죽자, 武帝는 애통함을 금할 수 없어, 그녀에게 誄를 짓게 하였는데, 그 문장이 매우 빼어났다. 武帝는 그녀의 문장을 소중히 여겨, 지방의 물품이나 기이한 보물이 생기면, 그때마다 그녀에게 賦와 頌을 짓게 하였으니, 이것으로 여러 번 은총을 입었다(左貴嬪, 名芬, 兄思, 別有傳. 芬少好學善綴, 文名亞於思, 武帝聞而納之. …… 及帝女萬年公主薨, 帝痛悼不已, 詔芬爲誄, 其文甚麗, 帝重芬詞藻, 每有方物異寶, 必詔爲賦頌, 以是屢獲恩賜焉)"라고 했다.

75) 2~5장의 내용을 가리킨다.

76) 6장의 내용을 가리킨다.

7.

旣而椒宮宛轉,[77]	이윽고 초궁은 구비구비 둘러져 있고
柘館陰岑,[78]	자관은 깊고 적막하며
絳鶴晨嚴,[79]	구리학 자물쇠는 새벽에도 굳게 잠겨져 있고
銅蠡晝靜.[80]	청동소라 문고리는 낮에도 조용하기만 하며
三星未夕,[81]	삼성 아직 저녁때 아니라서
不事懷衾.[82]	이불 안고 가서 임 모시지 못하고
五日猶賖,[83]	5일도 오히려 더디기만 하니

---

77) '椒宮'(초궁) : 왕후 또는 후궁의 거처. 『徐孝穆集』에는 '椒房'이라고 되어 있는데, 뜻은 같다. 『漢官儀』(일명 『漢舊儀』, 또는 『漢官舊儀』라 함)에 "왕후가 거처하는 궁전을 '椒房'이라 하는데, 산초나무와 진흙을 벽에 발랐기 때문에 그렇게 말한다. 따뜻하고 향기가 나서 악기를 방비하며, 또 산초나무의 열매가 번성한 의미를 따서 자식이 번성하기를 바란 것이다(皇后所居殿曰椒房, 以椒和泥塗壁, 故名, 溫暖而香, 辟除惡氣, 又取蕃實之義)"라고 했다. '宛轉'(완전) : 구비진 모양.

78) '柘館'(자관) : 漢나라 上林苑 안의 妃嬪들의 거처. 『三輔黃圖』에 "柘館은 上林苑에 있다(柘館在上林苑)"라고 했다. '陰岑'(음잠) : 깊고 조용한 모양. 唐 駱賓王의 「上吏部侍郎帝京篇」에 "계수나무 궁전은 깊고 조용하게 주옥으로 된 누각과 마주 보고 있고, 산초나무 궁전은 그윽하게 황금으로 된 집과 이어져 있네(桂殿陰岑對玉樓, 椒房窈窕連金屋)"라고 했다.

79) '絳鶴'(강학) : 학 모양의 구리 자물쇠. 隋나라 江總의 「爲陳六宮謝表」에 "학 자물쇠를 새벽에 여니, 참새 모양의 비녀가 밝게 빛납니다(鶴籥晨開, 雀釵曉映)"라는 말이 있다.

80) '銅蠡'(동려) : 소라 모양의 구리 문고리. 東漢 應劭의 『風俗通義』에 "公輸班이 물속에 있는 소라[고둥]를 보았는데, 당겨서 그 입인 덮개를 닫으니, 마침내는 열 수 없었기에, 드디어 그것을 본떠 문에 설치했다(公輸班見水中蠡, 引閉其戶, 終不可開, 遂像之立於門戶)"라고 했다.

81) '三星'(삼성) : 28수의 하나인 '參宿'. 나란한 세 개의 별로서, 음력 3월 황혼 무렵에 동쪽 하늘에 뜬다. 『詩經』 「唐風」 「綢繆」에 "三星이 하늘에 떠 있네(三星在天)"라고 했다.

82) 『詩經』 「召南」 「小星」편에 "급하게 밤길 걸어가네, 이불과 장막을 안고(肅肅宵征, 抱衾與裯)"라 했다.

83) 『詩經』 「小雅」 「采綠」에 "5일 만에 온다고 해 놓고, 6일이 되어도 오시지 않네(五日爲期, 六日不詹)"라고 했는데, 毛傳에 따르면 궁녀는 5일에 한 번씩 임금을 모시기 때문이라고 했다.

誰能理曲?[84]　뉘라서 곡조나 연습할 수 있으랴
優游少託,[85]　느긋하게 지내며 뜻을 맡길 데도 거의 없고
寂寞多閑.　적막하여 한가롭기 그지없으니
厭長樂之疎鐘,[86]　장락궁의 드문드문한 종소리도 싫고
勞中宮之緩箭.[87]　내전 물시계의 느린 화살 보는 것도 싫증이 난다네
纖腰無力,　가는 허리는 힘이 없어
怯南陽之擣衣.[88]　남양의 다듬이질도 겁나고
生長深宮,　구중궁궐에서 나고 자라서
笑扶風之織錦.[89]　부풍의 비단 짜는 일도 우습게 보인다네

---

84) 『玉臺新詠』 권1에 수록되어 있는 枚乘의 「雜詩」(16)에는 "녹의홍상 비단옷 차려 입고서, 창가에 앉아 맑은 곡조 연습하네(被服羅裳衣, 當戶理淸曲)"라고 했는데, 『文選』의 李善의 注에 의하면, "如淳이 『漢書』에 주석하기를 '오늘날 음악가들은 5일에 한 번씩 음악을 연습하는데, 이것을 '理樂'이라 한다'고 했다(如淳『漢書』注曰, '今樂家, 五日一習樂, 爲理樂也')" 하였다. 역시 枚乘의 「雜詩」(15)에 "뉘라서 이 곡을 지을 수 있으랴? 다름 아닌 杞梁의 아내라네(誰能爲此曲, 無乃杞梁妻)"라고 하였으니, 여기서 '理曲'은 넓게 음악을 짓고 연습하는 행위 모두를 가리킨다.

85) '優游'(우유) : 느긋하게[한가롭게] 지내는 모양. 옛날의 구전되던 말에 "孔子가 魯나라를 떠나면서 노래하기를 '대개 한가로이 지내면서, 그럭저럭 한 해를 마치네'라고 했다(孔子去魯歌曰, '蓋優哉游哉, 聊以卒歲')"고 한다.

86) '長樂'(장락) : 漢나라 때 太后가 거처하던 궁전 이름. 未央宮의 동쪽에 있었다고 한다. 『三輔黃圖』에 "종을 달아 놓은 방이 長樂宮 안에 있었다(鐘室在長樂中)"라고 했다.

87) '勞'(로) : 귀찮다. 번거롭다. '中宮'(중궁) : 왕후 또는 후비들의 거처. 내전. 옛날 시각을 측정하던 방법의 하나로, 항아리 안에다 가에 눈금을 새긴, 물이 샐 수 있는 대롱 같은 화살을 꽂아 두고, 급수 항아리로부터 천천히 한 방울씩 물받이 항아리의 그 화살로 떨어트리면, 물이 차는 만큼 화살이 떠오르는데, 그 떠오른 화살의 눈금으로 시각을 측정했다고 한다. 이상 두 구의 의미는 재미있는 일이 없으니 시간이 지겹게 느껴진다는 뜻이다.

88) '南陽'(남양) : 秦漢시대의 郡 이름. 지금의 河南省 서남부 및 湖北省 서북부 일대에 해당한다. 庾仲雍의 『荊州記』에, 漢나라의 南郡에 속하던 秭歸縣에는 屈原의 집이 있는데, 屈原의 누이 女須의 사당과 다듬잇돌이 아직 남아 있다고 했다. 또 北魏 酈道元의 『水經注』에는, 漢水의 남쪽에 女郎山이 있는데, 그 위에 張魯의 딸 女郎의 무덤이 있으며, 그 아래에는 女郎의 사당과 다듬잇돌이 있다고 했다. '擣衣'(도의) : '擣衣'와 같다. 다듬이질하다.

89) '扶風'(부풍) : 魏晉시대의 郡 이름. 지금의 陝西省 중부에 해당한다. 『晉書』 96 「烈女傳」에 "竇滔의 처 蘇氏는 始平 사람으로, 이름은 蕙요, 字는 若蘭이며, 글을 잘 지

雖復投壺玉女,[90] 다시금 옥녀와 투호를 한다 해도
爲觀盡於百驍.[91] 즐거움은 백 번 던지는 데서 끝나고
爭博齊姬, 제나라 여인처럼 육박으로 다투어도
心賞窮於六箸.[92] 마음의 즐거움은 여섯 대젓가락에서 끝나며

었다. 苻堅 때 竇滔가 秦州刺史가 되어 고비사막으로 혼자 이사하게 되자, 蘇氏는 그를 그리워하여 비단으로 廻文旋圖詩를 짜서 竇滔에게 주었는데, 이쪽저쪽 사방에서 돌아가며 아무 곳에서나 읽어도 되었으며, 글이 매우 슬펐다. 모두 840자로 분량이 많아서 수록하지는 않는다(竇滔妻蘇氏, 始平人也, 名蕙字若蘭, 善屬文, 滔苻堅時, 爲秦州刺史, 被徙流沙, 蘇氏思之, 織錦爲廻文旋圖詩以贈滔, 循環宛轉以讀之, 詞甚悽惋. 凡八百四十字, 文多不錄)"라고 했다. 唐 武后의 「璇璣圖序」에도 이러한 내용이 있는데 윤색되어 이것과는 차이가 있다고 한다.

90) '投壺'(투호) : 옛날, 술자리에서 즐기던 놀이의 하나. 『禮記』 「投壺」에 그 자세한 내용이 있다. '玉女'(옥녀) : 선녀. 또는 선녀의 이름. 漢 東方朔이 지었다고 하는 『神異經』 「東荒經」에 "東王公과 玉女가 투호를 했는데, 화살이 항아리를 벗어나 잘못하여 잡지 못하면, 하늘이 그것을 비웃으며 입을 벌리고 빛을 흘리는데, 지금의 번개가 그것이다(東王公與玉女投壺, 梟而脫誤, 不接者, 天爲之笑, 開口流光, 今電是也)"라고 했다.

91) '觀'(관) : 五雲溪館活字本과 『徐孝穆集』 등에는 모두 '歡(즐거움)'자로 되어 있는데, 이를 따랐다. '驍'(효) : 鍾露昇의 注에 의하면, '驍'는 화살을 항아리에 세게 던져서 다시 튀어나와 되돌아오면 떨어트리지 않고 손으로 잡아 다시 던지는 것을 말한다고 했다. 東晉 葛洪의 『西京雜記』에 "郭舍人은 투호를 잘하였는데, 대나무로 화살을 만들어 그 화살을 세게 던져서 (항아리에 튀어서) 다시 되돌아오게 하여 (손으로 잡아) 한 개의 화살로 백여 차례 되돌아오게 하였으니, 그리하여 그것을 '驍'라고 했다(郭舍人善投壺, 以竹爲矢, 激矢令還, 一矢百餘反, 謂之爲'驍')"라고 했다.

92) '爭博'(쟁박) 두 구 : '博'은 六博[簙]·雙六·雙陸 등으로 불리는 놀이의 하나. 놀이 방법은 쌍륙판에 흑백의 돌을 12개씩 형식에 따라 벌여 놓고, 2개의 주사위[采]를 竹筒에 넣어 흔들어서 빼내, 나온 수만큼 돌을 전진시켜 먼저 적진에 들어가면 승리한다. '齊姬'(제희) : 齊나라의 미인. 구체적으로 누구를 지칭하는지는 미상이나, 枚乘의 「七發」에 "越나라 미인은 앞에서 모시고, 齊나라 미인은 뒤에서 받드는데, 오가며 노닐며 구석진 방 눈에 띄지 않는 곳에서 마음대로 논다네(越女侍前, 齊姬奉後, 往來游醼, 縱恣于曲房隱間之中)"라 하였으니, 미인향으로 이름난 齊나라 출신 미인의 통칭인 듯하다. 『晉書』 31 「后妃傳」에 "胡貴嬪은 이름이 芳이며, 아버지는 胡奮이다. …… 武帝는 일찍이 그녀와 함께 가죽나무와 부들의 열매로 만든 주사위로 雙六을 하며 승패를 다투었다(胡貴嬪, 名芳, 父奮. …… 帝嘗與之, 樗蒱爭矢)"라고 했다. 鍾注에 의하면, 『西京雜記』에 "許博昌은 陸博을 잘하였는데, 竇嬰이 그를 좋아하여 항상 함께 거처하였다. 법칙은 여섯 개의 젓가락을 사용하였는데, 어떤 사람은 '究'라고도 하였으며, 대나무로 그것을 만들었고, 길이는 6푼이었다(許博昌善陸博, 竇嬰好之, 常與居處. 法用六箸, 或謂之究, 以竹爲之, 長六分)"라고 했다. 또 『說文解字』에는 "六博은 국면놀이이며, 六箸는 열두 개의 말이다(六博, 局戲也. 六箸, 十二棊也)"라고 했다. 鮑宏

無怡神於暇景, 한가로운 경치에도 마음은 즐겁지 않으니
惟屬意於新詩. 오직 새로운 시에 뜻을 맡겨서
庶得代彼皐蘇, 무릇 저 원추리와 차조기를 대신하여
微蠲愁疾.93) 조금이나마 근심을 덜었으면 한다네

8.

但往世名篇, 그러나 전대의 이름난 작품과
當今巧製, 현재의 가작들이
分諸麟閣, 기린각에 나누어져 있고
散在鴻都.94) 홍도문에 흩어져 있으니

의 『博塞經』에는 "각각 여섯 개의 대젓가락을 던지며, 여섯 개의 말을 쓰니, 그래서 주사위를 사용하고 열두 개의 말을 쓰는데, 여섯 개는 흰 말이고, 여섯 개는 검은 말이며, 던지는 주사위를 '瓊'이라고 하는데, 이것은 다섯 가지 색이 있으니, 때문에 '五塞'이라 한다(各投六箸, 行六棊, 故用博陸, 用十二棊, 六棊白, 六棊黑, 所擲骰謂之瓊, 瓊有五彩色, 故謂之五塞)"라고 했다.

93) '庶得'(서득) 두 구: 바라다. '皐'(고): 『徐孝穆集』에는 '萱(원추리)'으로 되어 있는데, 이를 따랐다. '蘇'(소): 차조기. 蘇葉이라고도 하며, 중국이 원산지이다. 줄기는 곧게 서고 높이가 20~80cm이며 단면이 사각형이고 자줏빛이 돌며 향기가 있다. 魏 王朗의 「與魏太子書」에 "원추리는 근심을 잊게 하고, 차조기는 피로를 푸는 데, 더할 나위가 없습니다(萱草忘憂, 皐蘇釋勞, 無以加也)"라고 했다. 『山海經』「南山經」「南次山經」에 "다시 동쪽으로 370리를 가면 侖者山이라는 곳인데, 산 위에서는 금과 옥이, 기슭에는 靑雘이 많이 난다. 이곳의 어떤 나무는 생김새가 닥나무 같은데, 결이 붉고 수액이 옻 같으며 맛은 엿과 같이 달아서, 이것을 먹으면 배가 고프지 않고 피로를 풀 수 있는데, 그 이름을 '白䓘'라 하며, 이것으로 옥을 물들여 붉은 광채가 나게 할 수 있다(又東三百七十里, 曰侖者之山, 其上多金玉, 其下多靑雘. 有木焉, 其狀如穀而赤理, 其汗如漆, 其味如飴, 食者不飢, 可以釋勞, 其名曰白䓘, 可以血玉)"라고 했는데, '白䓘'는 어떤 판본에는 '皐蘇'라고 되어 있다 한다.

94) '分諸'(분저) 두 구: '諸'는 '之於'의 뜻. '麟閣'과 '鴻都'는 모두 책을 보관하던 곳을 말한다. 『三輔黃圖』에 "麒麟閣은 未央宮 왼쪽에 있는데, 漢나라 때 蕭何가 건축한 것으로 비본들을 간수했다(麒麟閣在未央宮左, 漢蕭何建, 以藏秘書)"라고 했다. 『後漢書』 8「靈帝紀」에 "光和 원년(178)에, …… 처음으로 鴻都門 학사를 두었다(光和元年, …… 始置鴻都門學生)"라고 했으며, 『後漢書』 109上「儒林傳上」에 "辟雍·東

不籍篇章,[95]	편집하지는 않고는
無由披覽.[96]	읽어볼 방법이 없다
於是燃脂瞑寫,[97]	이에 기름을 태우며 밤새도록 베끼고
弄筆晨書,[98]	붓을 놀려 새벽까지 써서
撰錄艷歌,[99]	사랑 노래를 찬록하여
凡爲十卷.	모두 열 권으로 만들었다
曾無忝於雅頌,[100]	일찍이 아와 송에 끼지는 못하지만
亦靡濫於風人,[101]	또한 국풍의 작가들보다 지나치지는 않을 것이니
涇渭之間,[102]	맑고 흐린 경수와 위수 사이가

觀·蘭臺·石室·宣明·鴻都 등에서 전적과 문장들을 간수한 것으로부터, 서로 경쟁하듯 모두 분산하여 간수하였다(自辟雍東觀蘭臺石室宣明鴻都, 諸藏典策文章, 競共剖散)"라고 했다.

95) '籍'(적): 의지하다. '藉'자와 통한다. 『徐孝穆集』 등에는 '藉'자로 되어 있다. '篇章'(편장): 읽기 쉽도록 문장을 수집하여 엮어서 책으로 만드는 것을 가리킨다.

96) '披覽'(피람): 펼쳐서 읽다.

97) 『三國志』 15 「魏志」 「劉馥傳」에 "孫權이 십만 대군을 이끌고 合肥城을 공격하여 백여 일 동안 포위했는데, 이때는 연일 비가 와서 성이 무너지려고 하여, 이에 거적과 도롱이로 덮고, 밤에 기름에 불을 붙여 태우니, 성 밖까지 비추어 적이 움직이는 것을 보고 방비하였는데, 적은 이로써 퇴패하여 도망갔다(孫權率十萬衆, 攻圍合肥城百餘日, 時天連雨, 城欲崩, 於是以苫蓑覆之, 夜然脂, 照城外, 視賊所作而爲備, 賊以破走)"라고 했다.

98) '筆'(필): 『徐孝穆集』에는 '墨'자로 되어 있다.

99) '艷歌'(염가): 남녀의 애정을 노래한 시가. 『漢語大詞典』(上海: 漢語大詞典出版社, 1992)에 '艷'자가 이와 같은 뜻으로 쓰인 용례를 보면, '艷歌'를 비롯하여, '艷史'(남녀 애정에 관한 고사), '艷曲'(애정 가곡), '艷唱'(애정 가창), '艷情'(남녀의 애정), '艷詩'(남녀 애정을 제재로 한 시가) 등이 있다.

100) '忝'(첨): 더럽히다. 욕되게 하다. 『徐孝穆集』 등에는 '參(참여하다)'자로 되어 있는데, 이를 따랐다. '雅頌'(아송): 『詩經』의 雅와 頌.

101) '靡濫'(미람): 지나치지 않다. '風人'(풍인): 『詩經』의 風의 작가.

102) '涇渭'(경위): 지금의 陝西省 지역을 흐르는 두 강. 『詩經』 「邶風」 「谷風」에 "涇水는 渭水를 흐리게 하지만, 그 고인 물은 그지없이 맑다네(涇以渭濁, 湜湜其沚)"라고 했다. 또 『三秦記』에 "涇水는 升頭山에서 발원하여 高陵縣에 이르러 渭水로 흘러들어 渭水와 합류하여 삼백 리에 이르기까지 맑고 흐림이 서로 섞이지 않는다(涇水出升頭山, 至高陵縣而入渭, 與渭水合流, 三百里淸濁不相雜)"라고 했다. 옛날에는 渭水가 맑고 涇水가 흐리다고 여겼으나, 淸代에 와서는 그 반대라고 생각했으며, 아울러 두

若斯而已.[103] 이와 같을 따름일 것이다

於是麗以金箱,[104] 이에 황금으로 꾸민 상자에 담아

裝之寶軸.[105] 그것을 보배로운 권축으로 꾸몄으며

三臺妙迹, 삼대의 뛰어난 필적 같은

龍伸蠖屈之書.[106] 용이 몸을 펴듯 자벌레가 몸을 굽히듯 한 필체로

五色花箋, 오색 꽃무늬 종이 같은

河北膠東之紙.[107] 하북과 교동의 종이에 베껴서

高樓紅粉,[108] 높은 누각의 붉은 분단장한 미인에게

仍定魚魯之文.[109] 또한 문장을 교정보게 하고

강의 맑고 흐림이 불변한 것은 아니라고 보았다.

103) 이 선집의 성격을 『詩經』에 비유하면, 雅頌에 대한 國風에 비유될 수 있으며, 이것은 다시 맑고 흐린 강인 涇水와 渭水에 비교될 수 있다는 뜻이다.

104) '麗'(려): 부착하다. 매다. 간수하다. 『北史』에 "齊나라 衡陽의 王鈞은 일찍이 五經을 손수 작은 글씨로 베껴서 명주를 바른 상자 안에 넣어 두었다(齊衡陽王鈞, 嘗手自細書五經, 置巾箱中)"라고 했다.

105) '寶軸'(보축): 서책의 券軸을 옥으로 장식한 것.

106) '三臺'(삼대) 두 구: 『漢官儀』에 "尙書를 '中臺'라고 하였으며, 謁者를 '外臺'라고 하였으며, 御史를 '憲臺'라고 하였는데, 이를 '三臺'라고 한다(尙書爲中臺, 謁者爲外臺, 御史爲憲臺, 謂之'三臺')"라고 했다. 『後漢書』 90下 「蔡邕傳」에 따르면, 蔡邕이 董卓의 부름을 받고서 侍御史로부터 尙書를 제수 받았는데, 삼 일 만에 三臺를 두루 다 지냈다고 하며, 또 같은 책에서 "蔡邕은 이에 스스로 비석에다 책을 베껴서, 잘 새기어 太學의 문 밖에 세우게 했다(邕乃自書冊於碑, 使工鐫刻, 立於太學門外)"라고 했다. 이 두 구는 곧 三臺의 벼슬을 지낸 蔡邕이 쓴 石經의 글씨처럼 용이 몸을 펴듯, 자벌레가 몸을 굽히듯 한 뛰어난 글씨를 말한다.

107) '五色'(오색) 두 구: 東晉 陸翽의 『鄴中記』에 "後趙의 石虎는 오색의 종이에 조서를 써서, 봉황의 입 속에 넣어서 그것을 물고 대궐 문으로 날아가게 하였다(石虎詔書以五色紙, 著鳳凰口中, 令銜之飛下端門)"라고 했다. '河北'은 지금의 河北省 일대이며, '膠東'은 지금의 山東省 平度縣 지역으로, 모두 옛날의 종이의 명산지였다.

108) '紅粉'(홍분): 붉은 분을 바른 여인을 가리킨다. 『玉臺新詠』 권1에 수록되어 있는 枚乘의 「雜詩」(19) 가운데에 "누각 위의 아리따운 여인, 희디 흰 모습으로 창가에 있네. 어여쁘게 붉은 분 화장하고, 섬섬옥수 하얀 손 드러내네(盈盈樓上女, 皎皎當窓牖, 娥娥紅粉粧, 纖纖出素手)"라고 했다.

109) '仍'(잉): 이에. 또한. 『抱朴子』 「遐覽」에 "속담에 '세 번 글씨를 베끼면, 魚자는 魯자가 되고, 虛자(혹은 帝자)는 虎자가 된다'라고 한다(諺曰, '書三寫, 魚成魯, 虛(一作帝)成虎')"라고 했다. 이 구는 문장에 대한 교정을 의미한다.

辟惡生香,110)	악기를 물리치는 운향으로
聊防羽陵之蠹.111)	모름지기 우릉의 좀을 방지하고
靈飛太甲,112)	영비와 육갑을
高擅玉函.113)	옥상자에 넣어 높은 곳에 모셔 두듯
鴻烈仙方,114)	'회남자'란 신선서를
長推丹枕.115)	오래도록 붉은 베개 속에 간수하던 것처럼 하여
至如青牛帳裏,116)	푸른 소가 그려진 장막 안에서
餘曲既終.117)	나머지 곡조가 이미 끝났을 때
朱鳥窓前,118)	붉은 새가 수놓인 창 앞에서

---

110) '生香'(생향) : 운향. 운향과에 속하는 다년초로, 잎에 향기가 많이 나며, 이것을 책 속에 넣으면 좀이 먹지 않는다고 한다.

111) '羽陵'(우릉) : 옛날의 지명. 옛날, 秘籍을 간수하던 장소로 알려져 있다. 『穆天子傳』에는 "仲秋 甲戌일에 천자가 동쪽으로 순행하다가 雀梁에 머물렀었는데, 그로 인해 羽陵 땅에서 책에 좀벌레가 생겼다(天子東游, 次雀梁, 因蠹書於羽陵)"라고 했다.

112) '靈飛'(령비) : 도교의 경전인 『靈飛經』의 약칭. '太甲'(태갑) : 『徐孝穆集』 등에는 '六甲'(도교의 秘典)으로 되어 있는데 이를 따랐다.

113) 『漢武內傳』에 "武帝가 西王母에게서 원본인 道家의 경전 六甲과 靈飛 등 열두 가지를 받았는데, 武帝는 그것을 황금 궤에 담아서 백옥으로 된 함에 넣어 봉했다(帝受西王母眞形六甲靈飛十二事, 帝盛以黃金机, 封以白玉函)"라고 했다.

114) '鴻烈仙方'(홍렬선방) : '『鴻烈』 21篇'이라고도 하는 『淮南子』를 가리키는데, 즉 그 책에서 주장하는 도가 학설을 말한다.

115) '長推'(장추) : 오래 간수하다. 西晉 張華의 『博物志』에 의하면, 漢 武帝 때 淮南王 劉安에게 모반의 혐의가 있어서, 劉德이 그 조사를 맡아 그의 베개 속에서 『鴻寶秘書』를 찾았는데, 劉德의 아들인 劉向과 劉咸이 그것을 읽고서 丹砂로 황금을 제련할 수 있다고 믿게 되었으며, 아울러 신선이 되는 길도 가능하다고 여기게 되었다고 한다.

116) '至如'(지여) : 그리고. 또. 주 36에 나왔다. 晉 王嘉의 『拾遺記』에 의하면, 魏 文帝는 금빛 수를 놓은 휘장의 수레를 타고 푸른 소를 몰며 미인 薛靈芸을 맞았다고 한다. 또 『錄異傳』에는 "武都郡에 큰 사당을 세우고 여기에 소의 신을 크게 새겼는데, 오늘날 풍속화의 푸른 소가 그려진 휘장 그림이 이것이다(武都郡立大特祠, 是大梓牛神也, 今俗畵青牛障是)"라고 했다. 또 唐 駱賓王의 시 「上吏部侍郎帝京篇」에는 "붉은 봉황이 내려앉았다는 서울 붉은 성에 흰 해가 저물고, 푸른 소가 끄는 검푸른 수레의 휘장에 붉은 먼지가 스쳐간다(丹鳳朱城白日暮, 青牛紺幰紅塵度)"라고 했다.

117) '既'(기) : 『徐孝穆集』 등에는 '未'자로 되어 있다.

118) '朱鳥'(주조) : 남방의 신 朱雀. '朱鳥窓'(주조창) : '朱鳥牖'와 같다. 남향의 창문. 西晉 張華의 『博物志』에 "西王母가 九華殿에 강림하였는데, 西王母는 일곱 개의 복숭

新妝已竟,	새로운 화장이 이미 끝났을 때
方當開玆縹帙,119)	바야흐로 이 하늘색 책갑을 열고
散此緗繩,120)	이 책끈을 풀어서
永對翫于書帷,121)	영원토록 서재 안에서 마주하고 완독하며
長循環於纖手.122)	오래도록 고운 손에서 돌려 읽힌다면
豈如鄧學春秋,	어찌 등 왕후가 춘추를 배웠지만
儒者之功難習.123)	유가의 업적을 이루기 어려웠던 것과

아를 끄집어내어 다섯 개는 武帝에게 주고 두 개는 자신이 먹었다. 이때 東方朔이 九華殿 남쪽 곁채의 朱鳥窓을 통해 西王母를 엿보았는데, 西王母는 武帝에게 '창문을 엿보는 저 아이는 일찍이 세 번이나 저의 복숭아를 훔치러 왔었습니다'라고 말했다(王母降於九華殿, 王母索七桃, 以五枚與帝, 母食二枚. 時東方朔竊從殿南廂朱鳥牖中窺母, 母謂帝曰, 此窺牖小兒, 常三來盜我桃)"라고 했다.

119) '縹帙'(표질) : 담청색의 書帙. 책싸개.

120) '緗繩'(도승) : 책을 묶는 끈. 『晉中經簿』에 "책을 쌀 때는 검고 옥색을 띤 자루를 사용하는데, 베 속의 책 상자에는 모두 향주머니가 있다(盛書用皁縹囊, 布裏書函中, 皆有香囊)"라고 했다.

121) '書帷'(서유) : 서재(의 휘장). '于'는 다른 판본에는 모두 '於'자로 되어 있다. 『漢書』 56 「董仲舒傳」에 "董仲舒는 廣川人으로 어려서부터 『春秋』를 익혔으며, 景帝 때는 박사가 되어 장막을 치고 강론하고 낭송하였다(董仲舒廣川人也, 少治春秋, 孝景時爲博士, 下帷講誦)"라고 했다.

122) 『史記』 8 「高祖本紀」 중에 "왕도는 마치 순환하는 것 같아서 끝나면 다시 시작된다(王之道若循環, 終而復始)"라고 했다.

123) '豈如'(기여) 두 구 : '鄧'은 後漢 和帝의 왕후를 가리킨다. 『後漢書』 10 「和熹鄧皇后紀」에 "和熹 鄧皇后는 이름이 綏이며, 太傅 鄧禹의 손녀이다. …… 여섯 살 때 史書에 능했고, 열두 살 때에는 『詩經』과 『論語』에 통달했는데, 여러 형들이 경전을 읽으면서 매번 동생에게 묻고 싶었지만 묻기를 어려워하였다. …… 후궁에 들어오고부터는 曹大家 班昭에게 경서 및 천문·수학 등에 관한 책을 받아서 낮에는 왕정을 살피고 밤에는 책을 읽었는데, 책의 잘못된 부분을 걱정했고, 제도와 문물을 어긋나게 할까 봐 두려워하여, 이에 劉珍 등 여러 유학자 및 박사, 議郎, 四府의 속관 등 50여 명을 두루 뽑아서 서고인 東觀에 가서 경전과 기록들을 교감하였다(和熹鄧皇后, 諱綏, 太傅禹之孫也. …… 六歲能史書, 十二通詩論語, 諸兄每讀經傳, 輒下意難問. …… 太后自入宮掖, 從曹大家, 受經書兼天文算數, 晝省王政, 夜則誦讀, 而患其謬誤, 懼乖典章, 乃博選諸儒劉珍等, 及博士議郎四府掾史五十餘人, 詣東觀, 讎校傳記)"라고 했다. 또 『史記』 130 「太史公自序」에는 "유학자들은 넓게 알지만 요점은 잘 이해하지 못하며, 힘을 들여 공부를 하지만 공적은 별로 없으니, 이로 인하여 유학은 다 이루기가 어렵다(儒者博而寡要, 勞而少功, 是以其事難盡)"라고 했다.

竇專黃老,[124]	두태후가 오로지 황로에 심취했지만
金丹之術不成?[125]	금단의 술법을 이루지 못했던 것과 같겠는가
因勝西蜀豪家,	이 때문에 서촉의 부잣집에서
託情窮於魯殿.[126]	감정 기탁을 '노영광전부'에서만 하고
東儲甲觀,[127]	동궁의 갑관에서
流詠止于洞簫.[128]	음영을 단지 '퉁소송'에만 그치던 것보다는 나을

124) '竇'(두) : 前漢 文帝의 왕후. '專'(전) : 『徐孝穆集』에는 '傳(전수하다)'자로 되어 있다. '黃老'(황로) : 도가의 시조라고 하는 黃帝와 老子. 『漢書』 97上 「外戚傳上」에 "竇皇后는 형이 長君이며, 동생은 廣國이고, 字가 少君이었다. 나이 네댓 살 때 집이 가난하여 남에게 침탈당하여 집을 팔고 어디에서 살아야 할지 몰랐다. …… 竇太后는 黃帝와 老子의 말을 애호하였는데, 景帝 및 여러 竇氏들도 老子를 읽고서 그 술법을 높이 여기지 않을 수 없었다(竇后兄長君, 弟廣國, 字少君, 年四五歲時, 家貧爲人所略, 賣其家不知處. …… 竇太后好黃帝老子言, 景帝及諸竇不得不讀老子, 尊其術)"라고 했다.

125) '金丹之術'(금단지술) : 도가에서 丹砂를 제련하여, 먹으면 늙지 않고 죽지 않는 약인 황금을 만드는 술법을 말한다.

126) '因勝'(인승) 두 구 : '因'은 다른 판본에는 모두 '固'자로 되어 있다. 『三國志』 40 「蜀志10」 「劉琰傳」에 "劉琰은 字가 威碩이며, 魯國 사람으로, 劉備가 豫州에 있을 때 부름을 받아 일을 맡아보게 되었는데, 왕실과 종성이라 하여 풍류가 있었고 담론을 잘하였다. …… 後主 劉禪이 즉위하자 都鄕侯에 봉해졌는데, 서열은 늘 李嚴 다음이었으며, 衛尉中軍師後將軍이 되었다가 車騎將軍으로 직책을 옮겼는데, 그러나 국정에는 간여치 않으면서 천여 명의 병사를 거느리고 승상 諸葛亮의 의견만을 따를 뿐이었다. 거마 · 복식 · 음식은 사치스럽기로 이름이 났으며 거느린 하녀들도 수십 명에 달했는데, 모두 음악을 잘하였으며 게다가 그들에게 모두 王延壽의 「魯靈光殿賦」를 가르치어 낭송하게 하였다(劉琰字威碩, 魯國人也, 先主在豫州, 辟爲從事, 以其宗姓, 有風流, 善談論. …… 後主立, 封都鄕侯, 班位每亞李嚴, 爲衛尉中軍師後將軍, 遷車騎將軍, 然不豫國政, 但領兵千餘, 隨丞相亮諷議而已. 車服飮食, 號爲侈靡, 侍婢數十, 皆能爲聲樂, 又悉教誦讀魯靈光殿賦)"라고 했다.

127) '東儲'(동저) : 동궁의 태자. '甲觀'(갑관) : 漢나라 때의 樓觀 이름. 『漢書』 10 「成帝紀」에 "成帝는 元帝의 태자로, 그 어머니는 王皇后라고 하는데, 元帝가 太子宮에 있을 때, 甲觀의 畵堂에서 그를 낳았다(孝成皇帝, 元帝太子也, 母曰王皇后, 元帝在太子宮, 生甲觀畵堂)"라고 했는데, 應劭는 '甲觀'은 太子宮 중에서 가장 좋은 지점으로, 주로 아기를 젖 먹여 기르는 곳이며, '畵堂'은 아홉 모자를 그린 집이라고 했으며, 顔師古는 이와는 다르게 '甲觀'은 단순한 甲乙丙丁 등의 순서일 뿐이며, '畵堂' 또한 단지 그림을 그려 꾸민 집일 뿐이라고 풀이했다.

128) 『漢書』 64下 「王褒傳」에 "元帝가 태자였을 때, 王褒가 지은 「甘泉賦」와 「洞簫頌」을 좋아하여, 후궁의 귀인들과 주위 사람들에게 모두 그것을 낭송하여 읽게 하였다(太子喜褒所爲甘泉及洞簫頌, 令後宮貴人左右, 皆誦讀之)"라고 했다.

	것이다
孌彼諸姬,[129]	아리따운 저 여인들
聊同棄日,[130]	이 책으로 함께 시간을 보낼 수 있으니
猗歟彤管,[131]	아 붉은 붓의 여사관이여
無或譏焉.[132]	혹 나무라지는 마시기를

해설 『玉臺新詠』의 서문은 이 시가집의 편찬자 徐陵이 쓴 騈文體로 된 글이다. 고금을 막론하고 서문의 성격은 저작이나 詩文 등의 편찬 경위나 요지, 작가·작품에 대한 평론 또는 그와 관계된 기타 사항에 대해 밝히는 글이다. 따라서 이 글은 『玉臺新詠』의 내용과 편찬 동기 및 선시 기준 등을 살펴보는데 있어서 가장 중요한 자료가 된다. 그러나 『玉臺新詠』의 서문은 옛부터 騈文 중의 대표적인 문장으로 알려져 왔으며, 騈文의 특징을 집약적으로 보여 주는데, 따라서 자자구구 전고를 쓰지 않음이 없어 내용을 파악하기가 쉽지 않다.

서문의 요지는 한 마디로 말해, 후궁들을 위해 각지에 흩어져 있는

---

129) '孌'(련) : 아름답다. 『詩經』 「邶風」 「泉水」에 "아리따운 저 자매들, 친정으로 돌아가는 것을 잠시 그들과 상의하네(孌彼諸姬, 聊與之謀)"라고 했다.

130) '聊'(료) : 의지하다. 여기에서는 '이 책에 의지해'라는 뜻이다. '同'(동) : 함께. '棄日'(기일) : 시간을 보내다. 소일하다. 『南史』 60 「徐勉傳」 중에 수록된 「戒子書」에서 "너는 마땅히 스스로 힘쓰며 어진 사람을 보면 그와 같이 되려고 생각하고, 소홀하게 시간을 보내서는 안 된다. 시간을 허비하는 것은 바로 일신을 버리는 것과 같으며, 일신의 명예와 오명이 어찌 크지 않겠으며, 어찌 조심스럽지 않을 수 있겠는가(汝當自勖, 見賢思齊, 不宜忽略, 以棄日也. 棄日乃是棄身, 身名美惡, 豈不大哉, 可不愼歟)"라고 했다.

131) '猗歟'(이여) : 감탄사. '彤管'(동관) : 붉은 관의 붓. 女史가 그것을 가지고서 궁중 여인들의 일을 기록했기 때문에 女史를 가리키는 말로 쓰였다. 『詩經』 「周頌」 「潛」에 "아아! 漆水와 沮水여, 깊은 물 속에는 고기도 많구나(猗與漆沮, 潛有多魚)"라고 했다. 漢 班固의 「東都賦」에 "아아! 밝게 빛나네, 진실로 많은 복을 품었네(猗歟緝熙, 允懷多福)"라고 했다. 『詩經』 「邶風」 「靜女」에 "아리따운 저 얌전한 아가씨, 나에게 붉은 붓을 선물하네(靜女其孌, 貽我彤管)"라고 했다.

132) '無或譏焉'(무혹기언) : 『徐孝穆集』에는 '麗以香奩'으로 되어 있다.

명편 가작의 사랑노래를 편집했다고 한 것이다. 그러나 이 글의 성격은 기존의 다른 저작 또는 선집의 서문과는 전혀 다르다. 즉 옛부터 서문이란 실용문에 속하는 글로서, 사실의 전달을 목적으로 편저자의 생각을 서술한 글이다. 하지만 이 문장은 전통적인 서문의 성격과는 달리 후궁이라는 한 여성 형상의 창조를 통한 허구를 기초로 하고 있으며, 마지막 부분에서 간략하게 책의 성격과 편찬의 동기를 언급하고 있다. 이는 바로 편찬자 徐陵의 반전통적인 '新變' 문학관을 잘 나타내주는 것으로, 우리는 이 글을 통해 형상적으로 『玉臺新詠』의 성격을 파악할 수 있다.

서문의 내용을 앞에서와 같이 임의대로 나눈 여덟 단락의 순서에 따라 다시 요약하면 다음과 같다.

1장에서는 화려한 궁전이 있는데, 그 속에 궁녀들이 있다고 했으며, 2장에서는 그 후궁들이 모두 훌륭한 가문의 빼어난 미모를 갖춘 여인들이라고 했으며, 3장에서는 그 후궁들이 모두 음률에 밝아 노래 · 춤 · 연주 등에 뛰어나다고 했으며, 4~5장에서는 그 후궁들의 화장술과 옷맵시 등이 뛰어남을 말했으며, 6장에서는 그 후궁들이 정감이 가득하여 詩文에 대한 이해와 창작 능력이 있음을 말했고, 7장에서는 후궁들이 쉽게 은총을 입기 어려워 근심으로 지내는 적막한 궁궐 생활에 도움을 주고자 책을 편찬한다고 했으며, 마지막 8장에서는 여러 곳에 흩어져 있는 前代와 當代의 가작들을 편집하여 베끼고 교정하여 총 10권의 책으로 만든 과정을 말하고 있다.

『옥대신영』 권1

卷1

고시(古詩)[1] 8수

1. 산에 올라가 궁궁이를 캐고

其一「上山採蘼蕪」[2]

上山采蘼蕪, 산에 올라가 궁궁이를 캐고

1) 漢代 말에 많은 오언시가 출현하였는데, 작자의 성명을 고찰할 수 없는 작품들을 晉代 이래로 '古詩'라고 불러 왔다. 그 중 대표적인 것이 『文選』에 수록되어 있는 '古詩 19首'로, 이 총집에 수록된 작품과 다소간의 이동이 있다. 이러한 고시들은 대부분 문인들이 악부민가를 모방하여 지은 것으로, 특징은 모두 제목이 따로 없는데, 본 역주에서는 편의상 첫 구를 제목으로 달았다.

2) 이 작품은 『文選』과 『樂府詩集』 등에는 수록되어 있지 않으며, 이 총집을 통해 후대에 전해온다. '蘼蕪'(미무) : 궁궁이. 향초의 일종으로 잎을 말려 향료로 쓰는데, 옛사람들은 여인이 이것을 몸에 차고 있으면 아들을 많이 낳는다고 여겼다 한다.

下山逢故夫. 산을 내려오다 옛 남편을 만났다네
長跪問故夫,[3] 무릎 꿇고 옛 남편에게 묻기를
"新人復何如?"[4] 새사람은 또 어떠합니까
"新人雖言好, 새사람 비록 좋다고는 하지만
未若故人姝.[5] 옛사람만큼 곱지는 않다오
顏色類相似, 얼굴이야 서로 비슷하지만
手爪不相如."[6] 솜씨는 서로 같지 않다오
"新人從門入, 새사람은 대문으로 들어오고
故人從閤去."[7] 옛사람은 쪽문으로 나갔지요
"新人工織縑,[8] 새사람은 누런 비단을 잘 짜고
故人工織素.[9] 옛사람은 흰 비단을 잘 짰다오
織縑日一匹,[10] 누런 비단은 하루에 한 필 짜지만
織素五丈餘. 흰 비단은 한 필이 넘었다오
將縑來比素, 누런 비단을 흰 비단과 비교해 봐도
新人不如故." 새사람은 옛사람만 못하다오

해설 이 작품은 시집에서 쫓겨난 한 여인이 산에 올라가 궁궁이를 캔 후 내려오다 만난 옛 남편과 대화하는 내용을 포착한 것이다. 여인이 버림받은 이유는 작품 속에 묘사되어 있지 않기 때문에 구

---

3) '長跪'(장궤) : 무릎은 땅에 대고 상반신은 곧추세운 자세의 절하는 예.
4) 이 구는 쫓겨난 여인이 옛 남편에게 묻는 말이다. 이하 계속하여 두 사람이 서로 문답하는 형식을 갖추고 있는데, 이러한 문답체는 민가의 주요한 형식의 하나이다.
5) '姝'(주) : 곱다. 예쁘다. 또는 미인.
6) '手爪'(수조) : 베짜기 · 바느질 등의 수공 능력. 즉 솜씨를 말한다.
7) '閤'(합) : 대문이 아닌 곁문 · 쪽문 등의 작은 문.
8) '縑'(겸) : 두 가닥 실로 짠 황색 비단.
9) '素'(소) : 흰색의 가는 비단. '縑'보다 귀한 것으로 친다.
10) '匹'(필) : 漢代의 도량형제에 따르면, 베의 길이가 4丈(1丈은 10尺)인 것을 '匹'이라고 했다.

체적으로 설명하기는 어렵다. 하지만 일반적인 이유였던 남자의 '喜新厭舊(새 여자를 좋아하고 옛 여자를 싫어함)'의 애정심리 때문은 아닐 것이라는 것이 대화의 내용을 통해 드러난다. 그렇다면 이 여인은 「孔雀東南飛」로 알려져 있는 제1권의 마지막 작품(45) 속의 여주인공 劉蘭芝가 시어머니의 미움을 받아 남편의 뜻과는 상반되게 쫓겨났던 운명과 같았을 가능성이 있다. 좀 더 구체적으로 말하자면 고대 여인들이 시집에서 쫓겨나는 이유 일곱 가지인 '七出' 중 가장 으뜸으로 쳤던 '無子'였을 가능성이 가장 높다. 특히 첫 구의 '궁궁이'라는 향초가 '多子' 기원과 관련 있다고 볼 때 그 가능성은 더욱 높다고 할 것이다.

2. 차디찬 삭풍에 해는 저물어가고

其二「凜凜歲云暮」[11)]

凜凜歲云暮,	차디찬 삭풍에 해는 저물어가고
螻蛄夕鳴悲.[12)]	땅강아지는 곳곳에서 슬피 울어대네
凉風率已厲,[13)]	서늘하던 바람은 그예 벌써 매섭게 추워졌지만
遊子寒無衣.	집 떠난 나그네는 추위에도 변변한 옷 한 벌 없네
錦衾遺洛浦,[14)]	비단 이불은 낙수 포구로 선물하며
同袍與我違.[15)]	한 솜두루마기 같이 입던 당신은 나를 저버렸네

11) 이 작품은 『文選』의 '古詩 19首' 중의 제16수이다. '凜'(름) : 차다. 어떤 판본에는 '廩'자로 되어 있다. '云'(운) : 어조사. '장차 ……'.

12) '螻蛄'(루고) : 땅강아지과의 곤충인 땅강아지. 성충인 상태로 땅속에서 월동하는데, 수컷은 운다고 한다. '多'(다) : 『文選』에는 '夕'자로 되어 있다.

13) '率'(솔) : 모두. 또는 가볍고 빠른 모양. '厲'(려) : 맹렬하다. 매섭다.

14) '洛浦'(락포) : 낙수의 물가. 여기에서는 洛水의 여신인 宓妃를 빗대어 집 떠난 남편에게 새로운 여자가 생겼음을 암시하고 있다. 宓妃는 본래 伏羲氏의 딸로 洛水에서 익사하여 신이 되었는데, '洛神'이라고도 한다. '遺'(유) : 보내주다.

15) '同袍'(동포) : 함께 한 벌의 솜옷을 입다. 즉 부부를 가리키는 말이다. 본래 『詩經』 「秦風」 「無衣」 중의 "어찌 옷이 없다고 하랴마는 그대와 이 솜옷을 같이 입으세(豈曰無

獨宿累長夜,	독수공방 길고 긴 밤은 쌓여만 가는데
㝱想見容暉.[16]	꿈에서나마 빛나는 당신 모습 뵈옵기를 그려 보네
良人惟古懽,[17]	낭군님은 옛사랑을 생각하시어
枉駕惠前綏.[18]	몸소 수레 몰고 와 옛날에 잡았던 끈을 주며 오르라고 하네
願得長巧笑,	원하옵건대 오래도록 아리따운 미소 띠며
攜手同車歸.	손잡고 수레 함께 타고 돌아오리라
既來不須臾,	꿈속에 오신 지 잠시도 못되어
又不處重闈.[19]	다시는 깊은 규방 안에 계시지 않네
諒無鷐風翼,[20]	정말이지 새매의 날개라도 없다면
焉能凌風飛.	어찌 바람을 타고 날아갈 수 있으리오
眄睞以適意,[21]	비스듬히 바라보며 마음을 달래고
引領遙相睎.[22]	목을 빼어 멀리 바라보네
徙倚懷感傷,[23]	서성이면서 애닯은 생각에 젖으니
垂涕霑雙扉.	떨어지는 눈물은 두 짝 사립문을 적시네

衣, 與子同袍)"라는 구절의 병사들의 전우애를 강조한 말에서 왔다. 이 구절은 '한 벌 솜옷을 함께 입던 남편이 나를 버렸다'란 의미이다.

16) '㝱'(몽) : '夢'자와 같다. 『說文解字』에는 "꿈은 잠들었지만 지각이 있는 것이다(㝱, 寐而有覺也)"라고 했다. '暉'(휘) : 宋刻本에는 '煇'자로 되어 있는데, 이는 이 책 전체에 적용되는 현상이다.

17) '良人'(량인) : 부인이 남편을 부르는 말. '惟'(유) : 생각하다. '懽'(환) : 다른 판본에는 '歡'자로 되어 있다.

18) '惠'(혜) : (은혜를 베풀 듯) 주다. '綏'(수) : 수레에 오를 때 잡는 끈. 이 구절은 실재가 아닌 꿈속의 환상을 말한 것이다.

19) '重闈'(중위) : 집안 깊숙한 데 위치한 규방. 이 구절은 꿈에서 깨어난 후 남편의 모습이 방안 어디에도 보이지 않음을 뜻한다.

20) '諒'(량) : 실재. 참으로. '鷐風'(신풍) : 수리과에 속하는 조류인 새매. 송골매를 가리킨다고도 한다. 어떤 판본에는 '晨風'으로 되어 있다.

21) '眄睞'(면래) : 비스듬히 보는 모양. '適意'(적의) : 마음을 너그럽게 먹다.

22) '睎'(희) : 멀리 바라보다. 이 구절은 혹 남편이 돌아올까 기다리는 모습을 나타내었다.

23) '徙倚'(사의) : 앞으로 나아가지 못하고 서성대거나 우두커니 서 있는 모양.

해설 이 작품은 집을 떠나 있는 남편을 그리워하는 여인의 심정을 노래한 시다. 남편이 집을 떠난 이유는 분명하게 나타나 있지 않다. 그러나 전체적인 내용으로 보아 돈을 벌기 위해 집을 떠난 것으로 보인다. 가족을 위해 돈을 벌어 언제까지 오겠다고 다짐하고 집을 나선 남편은 때가 되어도 돌아오지 않는다. 이에 아내는 기다림의 나날을 보내게 되고, 그 기다림은 겨울이 되자 추위에 떨 남편에 대한 걱정으로 변한다. 그래도 돌아오지 않자 마침내 자신을 배반하고 딴 여자를 얻었다는 의혹까지 들게 된다. 자나깨나 끊이지 않는 남편에 대한 생각은 결국 꿈으로 이어져 신혼 때 다정한 남편과 재회하던 모습이 나타난다. 그러나 꿈은 깨게 마련, 텅 빈 방안 그 어디에도 남편의 그림자조차 보이지 않으니, 사립문에 우두커니 서서 언제 돌아올지 모를 남편을 기다리며 저도 모르게 눈물을 흘린다.

이 시는 고시로서는 보기 드물게 전체적인 구성이 교묘하게 짜여져 주제를 충분히 부각시킨 작품이라고 할 수 있다.

3. 하늘하늘 외로이 자라는 한 그루 대나무

其三「冉冉孤生竹」[24]

冉冉孤生竹,	하늘하늘 외로이 자라는 한 그루 대나무
結根泰山阿.[25]	큰 산 기슭에 뿌리를 틀고 있네
與君爲新婚,	당신과 갓 결혼했을 때는
菟絲附女蘿.[26]	새삼이 송라에 붙어 있듯 했다네

24) '古詩 19首' 중의 제8수이다. '冉冉'(염염) : 부드럽고 약하게 뻗어 있는 모양. '孤生竹'(고생죽) : 의지할 데 없이 외롭게 자라는 한 그루의 대나무의 형상을 통해, 의지할 남자가 없는 외로운 여인을 비유한 것이다.

25) '泰山'(태산) : 대부분의 주석가들이 고유명사가 아닌 보통명사 '큰 산'이라고 보았다. '阿'(아) : 산기슭.

菟絲生有時,[27] 새삼도 자라는 때가 있고
夫婦會有宜.[28] 부부의 만남도 알맞은 때가 있다네
千里遠結婚, 천 리 멀리에서 혼인을 맺으니
悠悠隔山陂.[29] 까마득히 산비탈에 막혀 있었네
思君令人老, 당신을 그리다 이 몸 늙는데
軒車來何遲?[30] 수레는 왜 이다지도 더디 오는지
傷彼蕙蘭花,[31] 애닯다 저 혜초 난초의 꽃
含英揚光輝. 꽃봉오리 머금은 채 빛을 발하는데
過時而不采, 때 지나도 따지 않으면
將隨秋草萎. 이내 가을 풀 따라 시들게 마련
君亮執高節, 당신께서 참말로 높은 절개 지키신다면
賤妾亦何爲? 천한 이 여인 또한 어찌 슬퍼하리오

해설 이 작품은 집을 떠나 있는 남편을 그리워하는 신부의 심정을 노래한 시다. 남편이 집을 떠난 이유는 제10구의 내용으로 보아 벼슬자리를 구하기 위한 것으로 추측할 수 있다. 어렵게 성사된 결

---

26) '菟絲'(토사) : 메꽃과의 한해살이풀인 새삼. 산과 들의 볕이 잘 드는 풀밭에서 자라며, 목본식물에 기생하는 덩굴식물이다. '女蘿'(여라) : 松蘿. 소나무겨우살이. 송라과의 지의류로서, 안개가 잘 끼는 고산지역의 나무줄기와 가지에 붙어 실처럼 주렁주렁 달린다. 노란빛을 띤 녹색이 돌고 길이 10~20cm 정도이고 윗부분이 굵으며 지름이 1~1.5mm이다. 새삼과 송라는 모두 덩굴기생식물로서 부부는 서로 의지해 산다는 것을 비유한 것이다.

27) 이 구에서 단지 새삼만을 언급한 것은 새삼은 송라와 달리 1년에 한 번 꽃이 피는 식물이기 때문인데, 그것을 통해 여자가 청춘을 맞는 것을 의미하였다.

28) '會'(회) : 부부의 만남. 결혼. '宜'(의) : 알맞은 때.

29) 이상 두 구의 의미는 결혼할 당시를 회상한 내용으로, 첩첩 산으로 가로막힌 멀리 떨어진 두 곳에 살던 남녀가 어렵게 결혼하였음을 말하며, 나아가 그렇게 어렵게 성사된 만남은 쉽게 떨어지지 않아야 된다는 당위성까지 내포하고 있다.

30) '軒車'(헌거) : 大夫 이상이 타던 난간이 갖춰진 수레.

31) '蕙蘭'(혜란) : 각각 향초의 일종인 혜초와 난초. 여기에서는 여자 자신을 비유하고 있다.

혼이지만 신혼에 남편은 벼슬을 찾아 집을 떠나고 집에 남아 있는 신부는 의지할 사람 없이 기다림 속에 날을 보낸다. 그러나 세월은 흘러가고 그에 따라 꽃 같던 신부의 용모도 시들어 가니 조바심이 나는 것은 당연한 일. 그러나 마지막 두 구에서 신부는 남편이 일찍 돌아왔으면 하는 바람을 이미 포기한 듯 다만 자신을 버리지 않고 언젠가 돌아와 주기만 한다면 슬퍼하지 않겠다고 한 걸음 물러서고 있다.

이 시는 대나무·새삼·송라·혜초·난초 등의 구체적인 사물을 통한 비유와 통속적인 표현 등을 적절히 운용하여 주제를 충분히 부각시킨 작품이다.

4. 초겨울에 추위가 닥치니

其四「孟冬寒氣至」[32]

孟冬寒氣至, 　　초겨울에 추위가 닥치니
北風何慘慄.[33] 　　북풍은 어찌 이리도 매서운지
愁多知夜長, 　　근심이 많으니 밤 긴 줄을 알겠으며
仰觀衆星列. 　　하늘을 쳐다보니 뭇별들이 늘어서 있네
三五明月滿,[34] 　　십오 일 보름에는 밝은 달이 충만하고
四五蟾免缺.[35] 　　사오 이십 스무 날엔 두꺼비와 토끼 이지러져 있네
客從遠方來, 　　손님이 먼 데서 왔는데
遺我一書札. 　　나에게 서찰 하나를 주시네
上言長相思, 　　위에는 길이길이 그리움을 적었고

32) '古詩 19首' 중의 제17수이다. '孟冬'(맹동): 초겨울. 음력 10월을 말한다.
33) '慘慄'(참률): 살을 에듯 온몸이 떨리는 매우 추운 모양.
34) '三五'(삼오): 음력 15일. 보름.
35) '四五'(사오): 음력 20일. '蟾免'(섬토): 두꺼비와 토끼. 두꺼비와 옥토끼가 달에 살았다는 전설에 따라 달을 가리킨다.

下言久離別. 밑에는 오래오래 헤어짐을 말하였네
置書懷袖中, 서찰을 소매 속에 넣어 두니
三歲字不滅.[36] 삼 년이 지나도 글자 하나 닳지 않았네
一心抱區區,[37] 일편단심 간절한 사랑 품고 있지만
懼君不識察. 당신이 알아주지 않을까 두렵다네

해설 이 시는 집을 떠나 있는 남편을 그리워하는 여인의 심정을 노래한 작품이다. 역시 남편이 집을 떠나게 된 이유가 작품에 잘 나타나 있지 않다. 당시 남자들이 집을 떠나게 된 대표적인 이유는 병역, 생계도모, 학업, 벼슬살이 등이었다고 볼 때, 이 작품에서는 제12구의 '三歲'란 시어를 통해, 혹 수자리 등 병역과 관련된 것이 아닐까 한다. 북방 변경으로 삼 년 동안의 병역복무를 떠난 남편에 대한 그리움은 추위가 닥치면 걱정과 함께 더욱 절실해지게 마련이다. 그러던 중 남편은 같은 부대에 근무하던 사람이 복무를 마치고 귀가하는 편에 아내에게 편지를 부친다.

편지는 길지만 내용은 단 두 가지뿐, 앞부분에는 아내에 대한 오랜 그리움이 적혀 있고, 뒷부분에는 오래 헤어져 있음에 대한 한스러움이 적혀 있다. 모두가 아내에 대한 그리움과 사랑의 정이다. 남편을 그리워하는 아내는 생각날 때마다 소매 속의 편지를 꺼내어 읽고 남편을 떠올리며 희망과 용기를 갖는다. 제발 무사히 돌아오시라고 염원하면서…….
그러나 기다리는 중 가슴속에는 또한 일말의 의혹이 들기도 하니, 즉 남

---

36) 이 두 구 중 첫째 구는 여인이 인편을 통해 보내온 남편의 편지를 소매 속에 넣어 두고 생각날 때마다 꺼내어 읽으며 남편의 모습과 자신에 대한 사랑을 떠올린다는 의미이며, 둘째 구는 삼 년 동안 종이가 다 닳도록 편지를 읽어도 글자 한 자 마모되지 않았다는 것은 자신을 향한 남편의 애정이 글자처럼 조금도 변함없기를 바라는 마음이 깃들어 있다.

37) '區區'(구구) : 간절하고 정성스런 모양. 여기에서는 남편에 대한 절절한 사랑을 의미한다.

편을 향한 간절한 사랑의 마음을 남편이 혹 몰라주지는 않을지, 나아가 혹 새로이 다른 여인을 찾아 떠난 것은 아닌지 염려가 되는 것이다.

이 작품의 모티브는 당시 시가의 일반적인 삶의 형태 중 하나로, 멀리 있는 남편으로부터 인편을 통해 서찰이나 정표를 전달받는다는 것이다. 이와 같은 종류의 작품으로 다음 작품인 「客從遠方來」와 역시 제1권의 蔡邕의 「飮馬長城窟行」(35) 등을 들 수 있다.

5. 손님이 먼 데서 오시어

其五「客從遠方來」[38]

客從遠方來,	손님이 먼 데서 오시어
遺我一端綺.[39]	나에게 무늬비단 반 필을 주셨네
相去萬餘里,	서로 만여 리나 떨어져 있지만
故人心尙爾.[40]	남편 마음은 아직 옛날 그대로네
文彩雙鴛鴦,[41]	한 쌍의 원앙새를 수놓은 뒤
裁爲合歡被.[42]	마름질해 합환이불을 만드는데
著以長相思,[43]	긴 그리움이란 솜을 넣고

38) '古詩 19首' 중의 제18수이다.

39) '一端'(일단) : 반 匹. 『左傳』「昭公 26年」의 주에 "2丈이 1端이 되며, 2端은 1兩으로, 匹이라고 한다(二丈爲一端, 二端爲一兩, 所謂匹也)"라고 하였다. '綺'(기) : 무늬가 있는 비단.

40) '故人'(고인) : 집을 떠난 지 오래 된 남편. 이 구는 비록 집을 떠난 지는 오래 되었지만 아직도 아내를 향한 사랑은 떠나기 전 그대로임을 의미한다.

41) '文彩'(문채) : 비단에 수놓은 무늬. '鴛鴦'(원앙) : 오리과의 조류. 금슬 좋은 부부를 상징한다.

42) '合歡'(합환) : 부부간의 화합을 상징하는 도안이나 무늬. 주로 대칭을 이루고 있으며, 이부자리 · 옷가지 · 가구 · 기물 등에 광범하게 사용된다.

43) '著'(착) : 이불이나 옷가지에 솜을 넣는 것. 즉 著綿이란 뜻이다. '長相思' 중의 '長'은 솜을 뜻하는 '綿'자를 나타내며, '思'는 실이란 뜻의 '絲'와 諧音 관계인 雙關語이다. 따라서 '長相思'는 솜을 가리키는 말이 된다.

緣以結不解.[44]	풀리지 않게 테두리를 수식한다네
以膠投漆中,[45]	아교를 옻 속에 던져 합치니
誰能別離此.	뉘라서 이것을 뗄 수 있으랴

해설 이 시 역시 앞의 작품과 마찬가지로 먼 길 떠난 남편을 그리워하는 여인의 심정을 노래한 작품이다. 인편을 통해 남편으로부터 비단 선물을 받아 그것으로 부부의 사랑을 상징하는 합환이불을 만들어 자신의 그리움과 소망을 담아내었다. 남편의 자신에 대한 사랑의 견고함을 굳게 믿고 있는데, 그 믿음 한 켠에는 아마도 오랜 기다림 뒤에 오는 불안을 없애려는 심리도 존재할 것이다.

이 작품은 민가적 색채가 짙다. 즉 비록 전체적으로는 남편과의 사랑이라는 추상적인 정감을 노래하고 있지만, 비근하고 구체적인 사물을 통해 형상적으로 비유하고 있으며, 민가에서 다용되는 쌍관어 수법이 사용되고 있기 때문이다.

6. 좌중은 잠시 떠들지 마시고

其六「四坐且莫諠」[46]

四坐且莫諠,[47]	좌중은 잠시 떠들지 마시고
願聽歌一言.[48]	노래 한 자락 들어보세요
請說銅鑪器,[49]	청동 향로를 말할라치면

44) '緣'(연) : 가장자리를 수식하는 것. 동시에 因緣이란 의미로도 쓰인 雙關語이다.

45) '膠'(교) : 아교. '漆'(칠) : 옻. 모두 강력한 접착제로 쓰인다. 이 구의 뜻은 남편과의 사랑의 견고함이 아교와 옻을 합한 접착제처럼 강력하다는 뜻이며, 또한 그런 바람이기도 하다.

46) 이 작품은 『文選』에는 수록되어 있지 않다.

47) '諠'(훤) : 시끄럽다. 떠들다.

48) 이 두 구는 노래하는 사람이 청중의 주의를 환기시키는 부분이다.

崔嵬象南山.[50]　우뚝하기가 남산 같은데
上枝以松柏,[51]　위로는 송백으로 가지 삼고
下根據銅盤.　아래는 청동 쟁반에 의지하여
雕文各異類,　아로새긴 무늬 제각각 다르지만
離婁自相聯.[52]　영롱히 절로 짝을 이루고 있지요
誰能爲此器?　뉘라서 이 그릇 만들 수 있을까요
公輸與魯班.[53]　공수와 노반이지요
朱火然其中,　붉은 불은 그 속에서 타고
靑煙颺其間.　푸른 연기 그 새에서 피어나
從風入君懷,　바람 따라 그대 가슴으로 스며들면
四坐莫不歎.[54]　좌중은 찬탄하지 않는 이가 없는데
香風難久居,　향기로운 바람은 오래 머물기 어려우며
空令蕙草殘.[55]　부질없이 향초만 태울 뿐이지요

해설 이 시는 둘째 구의 내용으로 보아 음악과 밀접한 관련을 가진 東漢시대의 악부 계열에 속하는 작품으로 볼 수 있다. 즉 入樂된 악부였을 가능성이 짙다. 작품의 주제에 대해서는 두 가지로 해석이

---

49) '銅鑪器'(동로기) : 구리로 된 향로.
50) '崔嵬'(최외) : 산이 높이 솟아 있는 모습. '南山'(남산) : 長安 남쪽에 위치한 終南山.
51) '以'(이) : 어떤 책에는 '似'자로 되어 있다.
52) '離婁'(리루) : 吳注에 의하면, 黃帝 때 시력이 뛰어났던 사람으로, 백 보 앞의 바늘 끝을 분간할 수 있었다고 했다. 그러나 현대의 대부분의 주석가들은 영롱하고 투명한 모양을 형용하는 말이라고 풀이하고 있다.
53) '公輸'(공수) : 春秋시대 魯나라의 유명한 장인인 公輸班. '魯班' 역시 같은 사람이다. 시에서는 두 사람을 가리키고 있지만 실재로는 한 사람이다. 『史記』에 따르면 그는 긴 사다리를 만들어 宋나라를 공격했다고 하며, 또 『淮南子』에 따르면 나무 연을 만들어 날렸다고도 한다.
54) '歎'(탄) : 찬탄하다. 탄미하다. 『藝文類聚』에는 '歡'자로 되어 있다.
55) '蕙草'(혜초) : 향초의 일종. 『廣雅』에 의하면 魏 武帝가 그것을 향료로 삼아 태웠다고 한다.

가능하다. 첫째, 향로에서 피어나는 향기가 오래갈 수 없듯이 그와 같은 세간의 명예 또한 부질없는 것이라는 인생의 허무를 노래한 것으로 볼 수 있다. 둘째, 여성의 젊음과 아름다움은 향로의 향기와 같이 세월이 감에 따라 쉬이 쇠하기 마련이니, 여성이 남자에게 영원한 사랑을 소망하는 것 또한 부질없는 짓이라는 의미이다. 이 선집의 성격으로 볼 때, 후자로 보는 것이 더 타당할 것이다. 이 작품은 당시 이미 남존여비의 봉건사상이 공고해졌음을 말해 주며, 작자는 그러한 애정 속성에 대한 탄식과 함께 역으로 영원한 애정을 더욱 강렬하게 소망하고 있는 것이다.

7. 슬프게 친구와 이별하니

其七「悲與親友別」[56]

悲與親友別,	슬프게 친구와 이별하니
氣結不能言.[57]	목이 메어 말을 못하겠네
贈子以自愛,	그대에게 자중자애하라고 말해주는데
道遠會見難.	길이 멀어 다시 만나기는 어려울 듯
人生無幾時,	인생이란 얼마 되지 않은 시간
顚沛在其間.[58]	그 사이에도 엎어지고 자빠지게 마련
念子棄我去,	그대 생각뿐인데도 나를 버리고 떠난다면
新心有所歡.	나도 금방 좋아하는 사람 생길 것
結志青雲上,[59]	푸른 구름 위에 뜻을 두었으니
何時復來還?	언제 다시 돌아오겠는가

56) 이 작품은 『文選』에는 수록되어 있지 않다.
57) '氣結'(기결) : 숨·호흡이 맺히어 잘 소통되지 않음을 뜻한다.
58) '顚沛'(전패) : 엎어지고 자빠지다. 좌절하다.
59) '青雲'(청운) : 功名利祿을 뜻한다. 이 구는 친구가 떠나게 된 이유가 벼슬을 하기 위한 것임을 의미한다.

해설 이 작품은 한 여성이 멀리 떠나는 연인과의 이별의 슬픔을 노래한 것이다. 또한 남성 친구 사이의 이별을 노래한 작품으로 보아도 무방할 것이다. 다만 이 선집의 성격상 여성 시점에서 노래한 것으로 보았을 뿐이다. 이 작품의 주제는 이별이다. 사랑하는 사람과 이제 다시는 못 보게 될 이별에 임할 때의 심정은 비단 목이 메일 뿐이겠는가? 세상이 끝나는 느낌이 들지도 모를 일이다. 그러나 여주인공은 떠나는 애인에게 부디 몸조심하라고 당부하기를 잊지 않는다. 나아가 이 짧은 인생사에 사랑하는 사람을 버리고 허황하기 그지없는 공명을 쫓아 아등바등 대는 애인이 원망스럽기조차 하다. 그래서 급기야는 당신이 떠난다면 나도 다른 남자를 새로 사귀겠다고 마음에도 없는 말로 협박한다. 그러나 끝내 남는 것은 사랑하는 사람과 헤어져야 한다는 사실, 그리고 부귀공명이 좋아 떠난 그 사람은 다시 돌아올 확률이 거의 없다는 사실뿐, 그것은 비통함과 절망감 그 자체이다.

8. 온화하게 맑은 바람 불어와

其八「穆穆清風至」[60)]

穆穆清風至, 온화하게 맑은 바람 불어와
吹我羅裳裾.[61)] 내 비단 치맛자락을 흔드니
青袍似春草,[62)] 푸른 도포는 푸른 풀 같이
長條隨風舒. 긴 옷자락 바람 따라 펼쳐지네
朝登津梁上,[63)] 아침부터 나루터의 다리 위에 올라

60) 이 작품은 『文選』에는 수록되어 있지 않다. '穆穆'(목목) : 온화한 모양.
61) '羅'(라) : 얇은 비단. '裳'(상) : 아래옷. 치마. '裾'(거) : 옷자락.
62) '袍'(포) : 도포 등의 겉옷. 여기에서는 특히 남자의 옷을 가리킨다.
63) '津'(진) : 나루터. '梁'(량) : 다리. '上'(상) : 다른 책에는 '山'자로 되어 있는데, 吳注에 의하면 다음 구 '抱柱'와 관련하여 볼 때 '上'자가 맞다고 했다.

褰裳望所思.	치마 걷고서 그리운 사람을 기다리는데
安得抱柱信,[64]	어떻게 하면 미생 같은 굳건한 믿음의 남자를 만나
皎日以爲期.	하얀 해를 두고 사랑맹세 할 수 있을까

해설 이 작품은 한 여인이 춘흥에 젖어 이성을 그리워하는 감정을 노래한 것이다. 봄은 정녕 여자의 계절이란 말인가? 삭막하던 대지 곳곳에서 봄의 교향곡이 울리자 겨우내 웅크리고 지내던 사람들은 밖으로 뛰쳐나온다. 온화한 바람이 불어와 꽃봉오리 같은 여인의 옷자락을 일렁이니 춘흥에 젖지 않을 수 있으랴? 여인은 봄풀이 바람에 일렁이는 것조차 남자들의 도포자락처럼 보인다. 혹시나 싶어 높은 곳에 올라가 멋진 남자가 오지나 않을까 기다려도 본다. 그러나 남자의 사랑은 익히 아는 것처럼 가변적인 것, 옛날 우직하다시피 죽음으로써 약속을 지켰던 尾生 같은 애인을 꿈꾸어 본다. 어쩌면 이 여인에겐 이미 아픈 사랑의 기억이 있었을지도 모를 일이다.

고악부시(古樂府詩) 6수

해설 樂府는 先秦시대 채시제도를 계승하여 민간의 노래를 수집·정리·入樂하고, 궁중에 쓰이는 음악을 제정하는 등 음악 업무를 관장하던 漢代의 관서이다. 후대에 이 기관에서 수집·정리·入

64) '抱柱信'(포주신): 다릿발을 끌어안고 죽어가면서까지 지킨 믿음. 본래 『莊子』「盜跖」 중의 '尾生之信'이란 고사에서 왔다. 尾生이란 남자가 여자와 다리 밑에서 만나기로 약속했는데, 여자는 오지 않고 마침 큰물이 흘러왔으나, 그 자리를 떠나지 않고 다릿발을 끌어안고 죽었다고 한다.

樂·모방한 노래를 일컫는 시체의 명칭으로도 쓰였으며, 樂府詩라고도 한다. 그러나 漢代에는 음악과 결합된 시를 樂府라고 일컬은 기록은 보이지 않으며 단지 歌詩라고 하였다. 예를 들면 『漢書』 「藝文志」 속에 수록된 漢代의 채시 목록에, '吳·楚·汝南의 歌詩 15편(吳楚汝南歌詩十五篇)', '燕·代 지방의 민요와 雁門·雲中·隴西의 歌詩 9편(燕代謳, 雁門雲中隴西歌詩九篇)', '邯鄲·河間의 歌詩 4편(邯鄲河間歌詩四篇)' 등 모두 '歌詩'라고 명명하고 있다.

실재 樂府를 시체의 하나로 일컫기 시작한 것은 빨라도 東晉 이후부터였다. 예로서 沈約의 『宋書』 중 제50권의 "鮑照가 일찍이 古樂府를 지었는데(鮑照嘗爲古樂府)"라는 기록과 같은 책 제100권의 "沈林子가 지은 것은 시·부·찬·삼언·잠·제문·악부·표·전·서·기·백사·계사·논노자 등 121수이다(沈林子所著, 詩賦贊三言箴祭文樂府表牋書記白事啓事論老子, 一百二十一首)"라는 기록이 있는데, 鮑照와 沈林子는 모두 晉宋 간의 문인이다. 이후 『文心雕龍』·『文選』·『玉臺新詠』 등에서 하나의 시체로 파악하였다. 그 이후 唐代를 거쳐 宋代에 이르러서 樂府詩 총집인 『樂府詩集』이 탄생하게 된다.

그리고 古樂府라는 것은 古詩라는 명칭과 마찬가지로 남조인의 관점에서 남조 이전 특히 漢代의 무명씨의 樂府라는 의미를 지니고 있다.

9. 해가 동남쪽에서 떠올라

其一 「日出東南隅行」[65)]

日出東南隅, 해가 동남쪽에서 떠올라

65) 이 작품은 相和歌辭에 속한다. 가장 먼저 『宋書』 「樂志」에 「艶歌羅敷行」이란 제목으로 보이며, 『樂府詩集』에는 「陌上桑」이란 제목으로 수록되어 있다. 전체는 3解로 이루어져 있는데, '解'는 '章'의 의미이다. '行'(행) : 宋 張表臣의 『珊瑚鉤詩話』 권3에

照我秦氏樓.[66] 우리 진씨네 집을 비추네
秦氏有好女,[67] 진씨댁에 참한 아가씨 있는데
自言名羅敷.[68] 그 이름 나부라고 한다네
羅敷善蠶桑, 나부는 누에치기 잘하여
采桑城南隅. 성 남쪽 모퉁이에서 뽕을 딴다네
青絲爲籠繩,[69] 푸른 실로는 바구니 끈을 만들었고
桂枝爲籠鉤.[70] 계수나무 가지로는 손잡이를 만들었네
頭上倭墮髻,[71] 머리 위는 한 쪽으로 떨어질 듯한 쪽
耳中明月珠.[72] 귀에는 명월주를 달았네
綠綺爲下裾,[73] 녹색 비단으로 하의 치마를 만들었고

서는 "길게 옮겨가면서 낮추었다 높였다 하면서 길게 노래하는 것을 '歌'라고 하며, 천천히 걷기도 하고 빨리 걷기도 하며, 말을 빨리 몰아 달리듯 찬란히 문채를 이루는 것을 '行'이라고 한다(猗遷抑揚永言謂之歌, 步驟馳騁斐然成章謂之行)"라고 했다. 또 宋 姜夔의 『白石道人詩說』에는 "체제가 行書와 같은 것을 '行'이라고 하고, 감정을 거리낌 없이 푸는 것을 '歌'라고 하며, 양자를 겸비한 것을 '歌行'이라고 한다(體如行書曰行, 放情曰歌, 兼之曰歌行)"라고 했다. 또 明 胡進亨의 『唐音癸籤』 권1에는 "'歌'는 악곡의 총명이며, 그 사건을 따라가며 노래하는 것을 '行'이라고 한다(歌, 曲之總名, 衍其事而歌之曰行)"라고 했다. 또 明 徐禎卿의 『談藝錄』에는 "'歌'는 소리가 혼잡하여 반듯하지가 않으며, '行'은 체제가 성기어 막힘이 없다(佳城雜而無方, 行體疏而不滯)"라고 했다. 이상을 통해 볼 때 '行'이란 시체의 정확한 의미는 미상이나, 대체로 구비진 길을 쉼 없이 계속 가듯 어떤 일에 대해 길게 이어지듯 노래하는 것을 뜻한다고 볼 수 있다.

66) '我'(아) : 노래하는 사람의 자칭. 우리.

67) '好女'(호녀) : 외모·마음씨·솜씨 등이 뛰어난 딸.

68) 이 구절은 어떤 판본에는 '自名爲羅敷'라고 되어 있는데 뜻은 같다. '羅敷'(라부) : 옛날 미인의 이름으로 나중에는 미녀의 통칭으로 쓰였다.

69) '青絲'(청사) : 청색 실로 엮은 끈. '籠繩'(롱승) : 바구니를 맨 끈. 이 구의 의미는 '청색 실로 엮은 끈으로 바구니를 매었다'라는 뜻이다.

70) '籠鉤'(롱구) : 바구니의 손잡이. 이 구의 의미는 '계수나무 가지를 구부려 바구니 손잡이를 만들었다'라는 뜻이다.

71) '倭墮髻'(왜타계) : 당시 유행하던 헤어스타일의 하나. 찌은 쪽[髻]이 머리 위의 한 쪽에 치우쳐져 있어서 마치 떨어질[墮] 듯 보인다고 하여 이런 이름이 붙여졌다. '墮馬髻'라고도 한다. 주로 이마 가까운 곳에 있었다.

72) '明月珠'(명월주) : 고대 로마에서 나던 야광주.

73) '綺'(기) : 무늬가 있는 고운 비단. '裾'(거) : 옷자락. 옷깃. 다른 책에는 대부분 아래옷

紫綺爲上襦.[74]　　보라색 비단으로 상의 저고리를 만들었네
行者見羅敷,　　지나가던 사람 나부를 보고서
下擔捋髭鬚.[75]　　짐을 내려놓고 수염을 쓰다듬네
少年見羅敷,　　소년들은 나부를 보고서
脫巾著帩頭.[76]　　모자를 벗고 다시금 두건을 맨다네
耕者忘其耕,　　밭 갈던 사람은 밭 갈기를 잊고
鋤者忘其鋤.[77]　　호미질하던 사람 호미질을 잊는다네
來歸相喜怒,[78]　　집에 돌아가 서로 기뻐하고 화내는 것은
但坐觀羅敷.[79]　　단지 나부를 구경한 것 때문이라네

使君從南來,[80]　　태수가 남쪽에서 오는데
五馬立峙嶇.[81]　　다섯 필 말이 서서 머뭇거리네
使君遣吏往,　　태수가 이방을 보내어
問此誰家姝.[82]　　그 사람이 뉘댁 아씨인지 묻는다네

또는 치마를 가리키는 '裳'자 또는 '裙'자로 되어 있기 때문에 여기서는 다음 구와 연결시켜 치마로 해석하였다.

74) '襦'(유): 짧은 저고리.

75) '下擔'(하담): 등에 멘 것[擔]을 내려놓다[下]. '捋'(랄): 쓰다듬다. '髭鬚'(자수): 각각 입술 위쪽의 콧수염과 아래쪽의 턱수염을 가리킨다.

76) '巾'(건): 다른 책에는 '帽'자로 되어 있다. '著'(착): 쓰다. '帩頭'(초두): 옛날 남자들이 모자를 쓰기 전에 수건으로 머리카락을 묶었는데, 이때 사용되던 수건을 말한다. 만약 이 판본을 따른다면 앞의 '巾'과 같은 뜻이 된다. 때문에 여기에서는 앞의 '巾'자를 다른 판본에 따라 '帽'자로 해석하였다.

77) '鋤'(서): 김매는 농기구인 호미.

78) '來歸'(래귀): '歸來'와 같다. '喜怒'(희노): 다른 책에는 대부분 '怨怒'라고 되어 있다. 이 판본에 따라 해석한다면 '집에 돌아와 서로 즐거워하기도 하고(남자측), 화를 내기도 한다(여자측)'라는 뜻이 될 것이고, '怨怒'라고 보고 해석한다면 '집에 돌아와 서로 원망하고 화를 낸다'라는 뜻이 된다.

79) '坐'(좌): 연루되다. 기인하다. 때문이다.

80) '使君'(사군): 東漢시대 太守 또는 刺史에 대한 칭호. 당시의 제도에 따르면 太守는 다섯 필 말이 끄는 수레를 탔다고 한다.

81) '峙嶇'(치도): 앞으로 나아가지 못하고 머뭇거리는 모습. '踟躕'라고도 쓴다.

82) '姝'(주): 미인.

"秦氏有好女, 진씨댁에 참한 딸이 있는데
自名爲羅敷." 그 이름 나부라고 한답니다
"羅敷年幾何?" 나부 나이 얼마던가
"二十尙未滿, 스물은 아직 안 되었고
十五頗有餘."[83] 열다섯은 좀 넘었어요
使君謝羅敷,[84] 태수가 나부에게 말하기를
"寧可共載不?"[85] 함께 타고 가지 않으려오
羅敷前置辭,[86] 나부가 앞으로 나가 말씀드리기를
"使君一何愚? 태수님께선 어찌 그리 바보 같으신지요
使君自有婦,[87] 태수님 응당 부인이 계실 테고
羅敷自有夫." 나부도 응당 남편이 있다오

"東方千餘騎, 동방에 천여 명 기마병 있는데
夫壻居上頭.[88] 남편이 선두에 있지요
何以識夫壻? 무엇으로 남편인 줄 알까요
白馬從驪駒.[89] 백마가 가라말 따르게 하는 것이지요
靑絲繫馬尾, 푸른 실로 말꼬리를 묶었고
黃金絡馬頭.[90] 황금으로 말머리를 매었지요
腰間鹿盧劍,[91] 허리춤엔 녹로검

83) 이상의 문답은 태수[使君]와 이방[吏] 사이의 문답이고, 다음부터는 태수와 羅敷 사이의 문답이다.
84) '謝'(사) : 묻다.
85) '寧'(녕) : 차라리. '可'(가) : 좋다. 된다. '共載'(공재) : (태수와) 함께 수레를 타다. '不'(불) : (좋지) 않겠는가. '寧可'의 뜻을 '원하다'로 보기도 한다.
86) '前置詞'(전치사) : 앞으로 나서서[前] 말씀을[辭] 드리다[置].
87) '自'(자) : 응당. 물론. 다음 구에서도 같은 뜻으로 쓰였다.
88) '夫壻'(부서) : 남편. '上頭'(상두) : 선두. 또는 높은 자리.
89) '白馬'(백마) : 준마를 뜻한다. '驪駒'(려구) : 색이 검은 작은 말. 가라말. '從'(종) : 따르게 하다. 여기에서는 사동용법으로 쓰였다.
90) 이상의 두 구는 말의 꼬리에 묶는 끈과 머리에 씌우는 굴레의 화려함을 나타내었다.

可直千萬餘.[92]	값은 천만 냥이 넘지요
十五府小吏,[93]	열다섯 살에 태수부의 속관
二十朝大夫.[94]	스무 살에 조정의 대부
三十侍中郎,[95]	서른 살에 시중랑
四十專城居.[96]	마흔 살에는 한 성을 마음대로 하지요
爲人潔白晳,[97]	사람이 깨끗하고 흰 얼굴에다
鬑鬑頗有鬚.[98]	약간의 긴 수염이 나 있고
盈盈公府步,[99]	느긋하게 관청을 걸어다니며
冉冉府中趨.[100]	여유롭게 관사 안을 오고가지요
坐中數千人,	좌중의 수천 사람
皆言夫壻殊."[101]	모두들 남편이 출중하다고 말하지요

해설 이 작품은 뽕 따는 노동 여인이 태수의 유혹을 당당하게 물리치는 것을 통해 정절을 지키는 여인의 미덕을 노래한 것이다.

91) '鹿盧劍'(록로검): 자루에 옥으로 轆轤(록로: 도르래) 모양을 새긴 칼.
92) '直'(치): 값(이 나가다). '值'자와 같다.
93) '府'(부): 여기에서는 太守府를 가리킨다. '府小吏'(부소리): 太守府에 소속된 낮은 관리. '吏'(리): 어떤 책에는 '史'자로 되어 있는데, 뜻에는 차이가 없다.
94) '朝大夫'(조대부): 조정에서 대부의 관직을 맡다.
95) '侍中郎'(시중랑): 본래의 관직에 추가되던 일종의 명예직으로, 왕궁을 출입하며 임금을 모실 수 있었다.
96) '專城居'(전성거): 한 성을 마음대로 다스렸던 성주. 즉 太守나 刺史를 가리킨다.
97) '爲人'(위인): 성품을 두고 한 말이 아니라 외모를 두고 한 말이다. '潔白'(결백): 깨끗한 용모를 나타낸다. '晳'(석): 피부가 하얀 것.
98) '鬑鬑'(염염): 字書에 수록되어 있지 않은 글자로, 宋刻本에는 '髯髯'으로 되어 있으며, 다른 책에는 '鬑鬑'으로 되어 있다. 드물고 길게 자란 수염의 모습을 형용한 말로 보았다.
99) '盈盈'(영영): 다음 구의 '冉冉'과 비슷한 뜻으로 쓰였다. 경박하지 않고 당당하게 내딛는 걸음을 형용한 말. '官府步'(관부보): 관청에서 벼슬아치들이 걷는 걸음걸이.
100) '府中趨'(부중추): 관부 내에서 걷는 걸음 중 재촉하는 걸음. '冉冉'(염염): 경박하지 않고 나긋나긋하게 양반의 품위를 잃지 않고 걷는 모양.
101) 이상 두 구는 관부에 모여 있는 많은 사람들이 남편이 가장 뛰어나다고 이구동성으로 말한다는 뜻이다.

그러나 작품 전체를 통해 살펴볼 때, 여주인공의 당시 사회상의 지위나 남편과의 나이 차이 등으로 보아 모순된 면도 존재한다. 원서의 주석에서는 다음과 같이 설명하고 있다.

> 「陌上桑」은 秦氏의 딸에게서 나왔다. 秦氏는 邯鄲人으로, 羅敷라고 하는 딸이 있었는데, 고을의 천 승 집안인 王仁의 처가 되었다. 王仁은 나중에 趙王의 가령이 되었다. 羅敷가 길가에 나와 뽕을 땄는데, 趙王이 누대에 올라 그녀를 보고 반하여, 술자리를 열어 마음을 빼앗으려고 하자, 羅敷는 쟁을 절묘하게 연주하며, 「陌上桑」이란 노래를 지어 자신의 뜻을 밝히니, 趙王은 이에 포기하였다(陌上桑者, 出秦氏女子. 秦氏邯鄲人, 有女名羅敷, 爲邑人千乘王仁妻. 王仁後爲趙王家令. 羅敷出採桑于陌上, 趙王登臺見而悅之, 因置酒欲奪焉, 羅敷巧彈箏, 乃作陌上桑之歌以自明, 趙王乃止).
>
> —晉 崔豹, 『古今注』

> 옛날 가사는 나부가 뽕을 따다가 태수의 초청을 받게 되자, 자신의 남편이 시중랑이라고 극도로 과장하며 거절한 것을 말하였다(古辭言羅敷採桑, 爲使君所邀, 盛誇其夫爲侍中郞以拒之).
>
> —唐 吳兢, 『樂府解題』

이 두 전적의 설명을 따르자면, 아직 나이가 스무 살도 안 된 누에치기하는 나부의 남편이 마흔 살인 높은 벼슬아치라는 점이 부합되지 않으며, 설령 나부가 누에치기에 종사하는 서민 계층이라고 하더라도 작품에서 언급하고 있는 귀족 여성의 수식인 '倭墮髻'·'明月珠'·'緗綺裾'·'紫綺襦' 등이 어울리지 않는다. 이 점에 대해 羅根澤은 다음과 같이 설명하였다.

> 지금 생각해보면, 이 시와 「羽林郞」·「董嬌饒」 등은 모두 아름다운 고사의 시로, 대개 당시 사회에 이러한 종류의 전설이 있어서, 호사가 문인들이 마침내 재단하고 붙여서 시에 수용한 것 같다(今案此與羽林郞董嬌饒, 皆艶麗之故

事詩, 蓋社會有此等傳說, 而好事文人, 遂剪裁點綴以入詩也).[102]

이렇게 본다면 이 작품은 당시 유행하던 하나의 고사가 문인의 수중에서 편의대로 재구성된 시가라고 볼 수 있다. 따라서 중요한 것은 남자의 유혹을 물리치는 당당한 여성의 정조이지, 그 여인이 처한 신분 따위는 고사를 취해 시를 지은 시인이 자의대로 과장하고 고친 것일 뿐으로, 내용 전개가 비논리적인 것은 그다지 중요하지 않다.

이 시가 출현했던 漢나라는 단명의 통일국가 秦을 이어 대제국을 영속시키기 위해 강력한 전제주의를 표방하였고, 그런 정책의 일환으로 백성들에게도 충절이 강조되던 시대였다. 남성의 국가에 대한 충절은 여성의 남성에 대한 정절과 통하는 것이었으니, 이는 당시의 새로운 도덕 가치로 자리매김하였다. 이에 따라 자유연애를 구가하던 전대의 『詩經』의 國風과 같은 민가들이 한대의 도덕적 심미 표준으로 채색되어 이 작품처럼 내용의 변화를 가져오게 되었던 것이다.

이 시에서와 같은 여성의 미덕에 대한 찬양은 남조사회 후기로 갈수록 차츰 희박해져 마침내 자취가 사라지고 대신 『詩經』시의 형태를 모방한 작품들이 나타나게 되니, 이 역시 당시인들의 심미의식이 작품에 반영된 결과이다.

10. 좁은 길에서 서로 만나니

其二 「相逢狹路間」[103]

相逢狹路間,　　　좁은 길에서 서로 만나니

102) 羅根澤, 『樂府文學史』, 臺北 : 文史哲, 1974(再版), 58면.

103) 이 선집에 처음으로 나타나며, 『樂府詩集』에는 「相逢行」이란 제목으로 相和歌辭 淸調曲에 실려 있다. 다른 곳에는 제목이 「相逢狹路間行」 또는 「長安有狹斜行」이라고도 되어 있다. 『樂府解題』에 따르면, "옛 가사의 문장과 뜻은 「雞鳴曲」과 같다. 晉

道隘不容車. 길이 좁아 수레가 지나가지 못하네
如何兩少年,[104] 두 소년은 어떠한가
挾轂問君家.[105] 두 수레 사이에서 서로의 주인집에 대해 묻는다네
君家誠易知, 주인 나리의 집은 정말로 알기 쉬우며
易知復難忘. 알기 쉬울뿐더러 잊어버리기도 어렵다네
黃金爲君門, 황금으로 나리 집의 대문을 장식했고
白玉爲君堂.[106] 백옥으로 나리 집의 대청을 꾸몄으며
堂上置樽酒, 대청 위에는 술통 가득 술이 마련되어 있고
使作邯鄲倡.[107] 한단 출신 미인들에게 가무를 시킨다네
中庭生桂樹,[108] 뜰 가운데에는 계수나무가 자라고 있으며
華鐙何煌煌?[109] 꽃송이 등잔은 얼마나 휘황한지
兄弟兩三人,[110] 형제 세 분 계시는데

陸機의 「長安狹斜行」에서 '伊水와 洛水 부근에 갈림길이 있는데, 갈림길에는 붉은 수레바퀴 교차한다네'라고 하였으니, 세상의 행로가 험난하고 협애하며 정도에 어긋나고 편벽되어, 정직한 선비들이 몸을 둘 데가 없음을 말하였다(古詞文意與雞鳴曲同. 晉陸機長安狹斜行云, '伊洛有歧路, 歧路交朱輪.' 則言世路險狹邪僻, 正直之士無所措手足矣)"라고 했다.

104) '兩少年'(량소년): 각각의 수레를 모는 두 시동. 좁은 길에 귀인을 태운 두 대의 수레가 마주치니 지나갈 수가 없다. 그래서 수레를 멈추고 서로 자기 집안의 위세를 뽐내는 것이다. 『樂府詩集』에는 '不知何年少'라고 되어 있다.

105) '轂'(곡): 수레바퀴의 중앙 부분. 축이 지나고 바퀴살이 모이는 부분. 여기에서는 수레를 대신하는 말로 쓰였다. '君家'(군가): 그대의 집. 실재로는 '그대가 모시고 있는 주인의 집'이란 뜻으로 쓰였다.

106) 이 두 구는 자신의 주인집의 건물이 화려함을 과장적으로 표현한 것이다. '堂'(당): 옛날 완전한 한 채의 집을 지을 때 앞쪽에는 당을 짓는데, 이곳에서는 보통 길흉의 예를 거행하였으며 사람은 거주하지 않았다. 대청·홀 등의 의미이다. 당 뒤쪽에 방을 두어 사람이 거주하도록 하였다.

107) '使作'(사작): 시키다. '邯鄲'(한단): 옛날 戰國시대 趙나라의 수도. 미인과 女樂으로 유명했다. '倡'(창): 가무를 담당한 기녀.

108) '中庭'(중정): '庭中'과 같다. 정원 가운데.

109) '華鐙'(화등): 꽃송이 모양의 등잔.

110) '兩三'(량삼): 뒤에 등장하는 며느리를 가리킨다. 大·中·小의 어휘로 보아 '三'자의 偏義復詞로 본다.

中子爲侍郎.[111]　둘째 아드님은 시랑이 되어
五日一來歸,[112]　닷새 만에 한 번 집에 돌아오실 때
道上自生光.　길가에는 저절로 광채가 난다네
黃金絡馬頭,　황금으로 말 머리를 매었으며
觀者滿路傍.　구경꾼은 길 가에 가득 하다네
入門時左顧,[113]　대문에 들어서서 마침 주위를 돌아보니
但見雙鴛鴦.　다만 보이는 건 쌍쌍의 원앙새
鴛鴦七十二,　원앙새 일흔두 마리
羅列自成行.　늘어서서 저절로 줄을 이루고 있다네
音聲何噰噰?[114]　소리는 어찌 그리도 조화로운지
鶴鳴東西廂.[115]　학이 동쪽 서쪽 곁채에서 울고 있다네
大婦織羅綺,[116]　맏며느리는 얇은 비단 무늬 비단을 짜고 있고
中婦織流黃.[117]　둘째며느리는 황갈색 비단을 짜고 있다네
小婦無所作,　작은며느리는 하는 일 없이
挾瑟上高堂.　거문고 끼고서 높은 대청에 오르는데
丈人且安坐,[118]　시어른은 잠시 편안히 앉아 계시고
調絲未遽央.[119]　거문고 연주는 아직 끝나지 않았다네

---

111) '侍郞'(시랑) : 궁중에서 문서기초 등의 사무를 담당하던 관직 이름.

112) 漢나라 제도에 의하면 조정의 관원들은 5일마다 한 차례 집으로 돌아와 휴식하였는데, 이것을 '休沐'이라고 했다.

113) '時'(시) : 대문에 들어섰을 바로 그때를 가리킨다. '左顧'(좌고) : 원래 뜻은 왼쪽을 돌아보는 것이지만 여기에서는 주위를 빙 둘러봄을 의미한다.

114) '噰噰'(옹옹) : 새들이 서로 조화롭게 우는 모양.

115) '廂'(상) : 본채의 동쪽과 서쪽에 각각 위치한 곁채.

116) '羅綺'(라기) : 각각 얇은 비단과 무늬 있는 비단을 가리킨다. 『樂府詩集』 등에는 '綺羅'로 되어 있다.

117) '流黃'(류황) : 황갈색의 비단.

118) '丈人'(장인) : 시부모

119) '調絲'(조사) : 거문고의 줄을 음에 맞게 고르는 것. 연주하는 것까지 의미한다. '未遽央'(미거앙) : '未渠央'과 같다. 아직 끝나지 않았다.

해설 이 작품은 당시의 귀족 집안의 호화로운 저택과 향락적인 생활상을 노래한 것이다. 西漢의 수도 長安에는 여러 마을이 있고, 마을마다에는 크고 작은 골목이 있다. 귀족을 태운 두 대의 수레가 좁은 골목에서 서로 마주쳤으며, 길이 좁기 때문에 비켜갈 수 없게 되었다. 이때 각각의 수레를 몰던 두 소년은 수레에서 내려 은근히 먼저 길을 양보해 주기를 바라는 의도에서 서로 자기 주인집이 더 훌륭한 집안이라고 자랑하기 시작한다. 작품에서는 그 중 한 집안의 이야기를 내용으로 하고 있지만, 실재 성격상 두 집안의 상황이 서로 뒤섞인 것으로 볼 수 있을 것이다.

주인나리의 집으로 말할 것 같으면 워낙 유명하고 화려하여 알기도 쉬울뿐더러 잊어버리기도 어려울 정도이다. 황금 대문과 백옥 대청, 계수나무 향기 그윽한 정원에다, 술통에는 일 년 내내 미주가 비는 날이 없고, 가무에 능한 家妓들이 노래와 춤을 추고 있다. 주인집의 세 아들 중 지금 수레에 타고 계신 분은 둘째 아드님으로 시랑 벼슬을 하는데, 휴일 때마다 귀가할 때면 그 행차가 장관을 이루어 구경꾼들이 길가에 가득할 정도이다. 집에 들어서면 원앙새와 학이 떼를 지어 아름다운 노래를 부르며, 큰며느리와 둘째며느리는 베를 짜고, 아직 어린 막내며느리는 시부모님을 즐겁게 해드리기 위해 거문고를 연주한다.

이 작품을 한낱 허구로 볼 것이 아니라, 당시 사회상을 진실하게 반영하고 있는 하나의 거울로 보아야만 될 것이다.

11. 농서행

其三「隴西行」

天上何所有?	하늘 위엔 무엇이 있나요
歷歷種白楡.[120]	또렷또렷 백유나무 심어져 있지요

桂樹夾道生,[121] 계수나무가 길을 끼고 자라며
青龍對道隅.[122] 청룡이 길 모퉁이를 마주 보고 있지요
鳳凰鳴啾啾,[123] 봉황은 꾸꾸거리며 우는데
一母將九雛.[124] 한 어미가 아홉 마리 새끼를 데리고 있지요
顧視世間人,[125] 고개 돌려 세상사람 볼라치면
爲樂甚獨殊.[126] 즐거워하는 것이 매우 독특하지요
好婦出迎客, 참한 부인이 문을 나와 손님을 맞는데
顔色正敷愉.[127] 안색이 정말로 꽃처럼 화사하지요
伸腰再拜跪, 허리 펴고 재배한 후 무릎 꿇고서
問客平安不. 손님에게 안녕하신지를 묻지요
請客北堂上, 손님을 북쪽 안채로 모시고
坐客氈氍毹.[128] 담요 위에 앉으라고 권하지요
淸白各異樽, 청주와 백주는 각각 다른 술통에 담았으며
酒上正華疏.[129] 술 위엔 꽃무늬 국자를 바르게 놓아두지요

---

120) '歷歷'(력력) : 또렷한 모양. '白楡'(백유) : 별 자리 이름. 북두성 옆에 있다.

121) '桂樹'(계수) : 별자리 이름. '道'(도) : 黃道를 가리킨다.

122) '青龍'(청룡) : 별자리 이름. 黃道 부근 동방에 위치한 일곱 개 별자리의 총칭.

123) '鳳凰'(봉황) : 별자리 이름. 鶉火星, 즉 남방의 朱鳥七宿. '啾啾'(추추) : 새가 우는 소리.

124) '將'(장) : 거느리다. 이 구는 실재로 봉황이 새끼를 거느린다는 뜻으로 볼 수도 있고, 또 鶉火星에 속한 별들을 가리킨다고 볼 수도 있다. 첫 구부터 여기까지는 모두 천문 현상, 그 중에서도 별자리에 관하여 노래한 것인데, 별자리 이름의 글자가 갖는 본래 의미를 살려 일반적인 자연 현상을 노래한 重意的 수법을 쓰고 있다.

125) '世間人'(세간인) : 작품 속의 여주인공인 '好婦'를 가리킨다. 이하 두 구는 주인공의 취미가 다른 사람들과는 다르게 손님을 잘 접대하는 데 있음을 의미한다.

126) '爲樂'(위락) : 즐거움을 취하다. 즐거워하다. '獨殊'(독수) : 특이하다. 독특하다. 『考異』는 이 구까지에 대해, 入樂 과정에서 악조는 길고 가사가 짧기 때문에 다른 작품의 가사를 덧붙인 것이라고 했다.

127) '敷愉'(부유) : '敷蕍'와 같다. 꽃이 핀 모양. 일설에는 '怤愉'와 같은 뜻인 화기애애한 모습을 나타낸다고도 한다.

128) '坐客'(좌객) : 손님을 앉히다. '氈氍毹'(전구유) : 모직물 담요.

129) '華疏'(화소) : 자루에 꽃무늬를 새긴 국자. '正'(정) : 바르게 진열해 두다.

酌酒持與客,	술을 따라 손님에게 올리는데
客言主人持.	손님은 주인도 받으라고 하지요
卻略再拜跪,[130]	조금 물러나서 재배하고 무릎 꿇고
然後持一杯.	그런 다음 한 잔을 받지요
談笑未及竟,	담소가 다 끝나기 전에
左顧勅中廚.[131]	왼쪽으로 고개 돌려 안쪽 주방에 시키지요
促令辨麤飯,[132]	변변찮은 식사나마 차리도록 재촉하면서
愼莫使稽留.[133]	절대로 꾸물대지 말라고 하지요
廢禮送客出,	예를 끝내고 손님을 배웅할 땐
盈盈府中趨.[134]	나긋한 걸음으로 집안을 사뿐사뿐 걷지요
送客亦不遠,	손님의 전송도 멀리까지는 아니 하니
足不過門樞.[135]	발이 대문 기둥을 넘지는 않지요
取婦得如此,	아내를 얻을 때 이 여자 같은 사람을 얻는다면
齊姜亦不如.[136]	제나라 강씨라도 이보다는 못하지요
健婦持門戶,[137]	기개 있는 부인이 집안을 지킨다면
勝一大丈夫.	한 사람의 대장부를 능가하지요

130) '卻略'(각략) : '略卻'과 같다. 조금[略] 뒤로 물러나다[卻].

131) '勅'(칙) : 타이르다. 명령하다.

132) '辨'(판) : 갖추다. '麤飯'(추반) : 거친 밥. '麤'는 어떤 책에는 '粗'자로 되어 있다.

133) '稽留'(계류) : 오래 머물다.

134) 앞의 「日出東南隅行」(9)의 끝부분 두 구 '盈盈公府步', '冉冉府中趨'를 참조할 것. 여기서 '盈盈'(영영) : 경망스럽지 않게 걷는 모양. '府中趨'(부중추) : 여관 객사 안에서 잰 걸음으로 오고가는 것.

135) '門樞'(문추) : 대문짝을 붙이는 지도리. 여기에서는 대문 그 자체를 의미한다.

136) '齊姜'(제강) : 본래 春秋시대 齊나라의 姜씨 성의 딸을 말하는데, 주로 신분이 고귀하며 아름답고 참한 여자를 대신하는 말로 쓰였다. 『詩經』「陣風」「衡門」에 "장차 아내를 얻는다 해도, 어찌 반드시 齊나라 姜씨의 딸이겠는가(豈其取妻, 必齊之姜)"라고 하였다.

137) '健婦'(건부) : 총명하고 재능이 있는 여자. 앞부분의 '好婦'와 함께 당시 이상적인 여성을 가리키는 말이자, 이 작품의 중심 어휘이다.

해설 이 작품은 『樂府詩集』에 '相和歌辭 瑟調曲'으로 분류되어 있다. 따라서 이 작품 역시 민간의 정서를 반영한 민가로 볼 수 있다. 그러나 그 내용만으로 보아, 제가들이 대동소이하게 '미덕을 지닌 귀부인이 손님을 잘 접대하는 것을 칭송하는 것'이라고 하였다.

'隴西'는 戰國시대 秦의 郡名으로 漢代까지 이어진 지명이다. 현재의 甘肅省 일대에 해당하며 西域으로 통하는 요충지였다. 『漢書』「藝文志」에 기록된 민간 악부 중 '燕·代 지방의 민요와 雁門·雲中·隴西의 歌詩 9편(燕代謳, 雁門雲中隴西歌詩九篇)'이란 제목이 있는 것으로 보아, 당시 隴西 지방에 유행하던 민가가 따로 있었으며, 그것이 곧 이 작품 「隴西行」일 가능성이 크다. 「隴西行」은 「步出夏門行」이라고도 하는데, 郭茂倩은 그에 대해 다음과 같이 설명하였다.

> 「步出夏門行」이라고도 한다. 『樂府解題』에서는 "고사에 이르기를 '하늘 위엔 무엇이 있는가, 또렷또렷 백유나무 심어져 있네'라고 하였는데, 처음에는 여인에게 아름다운 용모가 있으며, 능히 집안의 손님 접대를 맡을 수 있음을 말하였고, 다음에는 음식을 잘 주관함을 말하였고, 마지막으로 손님맞이와 전송에 예의가 있음을 말하였다. 이 작품은 여러 문집에 출현하지만 『宋書』「樂志」에는 들어 있지 않다. 梁 簡文帝의 '隴西는 사방이 전쟁터로'라는 작품은 단지 출정의 고통과 미인의 원망과 그리움만을 말했을 뿐이다"라고 했다(一曰步出夏門行. 樂府解題曰, "古辭云, '天上何所有, 歷歷種白楡', 始言婦有容色, 能應門承賓, 次言善於主饋, 終言送迎有禮. 此篇出諸集, 不入樂志. 若梁簡文'隴西四戰地', 但言辛苦征戰, 佳人怨思而已".).

『樂府詩集』에는 이러한 해제와 함께, 위 작품을 필두로 晉 陸機, 宋 謝靈運과 謝惠連, 梁 簡文帝와 庾肩吾, 唐 王維와 耿湋, 長孫左輔의 작품을 차례대로 수록하고, 이어서 古辭 「步出夏門行」과 같은 제목의 魏 武帝와 明帝의 작품을 수록하고 있다. 따라서 이 두 제목의 작품들은 한갈래의 음악에 속한다고 볼 수 있는데, 그 작품들의 내용적 특징은 주로 출정한 병사 또는 나그네의 정감을 변경의 각종 경물 묘사를 통해 서술하는 것이다. 따라서 이 음악의 내용적 특징은 묘사의 주 대상이 결코 여성이 아니라, 隴西 지방과 같은 변경을 오가는 나그네 또는 병사인 것이다. 이러한 내용적 특징을 통해 이 작품을 읽는다면, 비록 묘사의 대상이 한 사람의 '好婦'·'健婦'이지만, 작품 시점은 바로 당시 그 지역을 지나던 '나그네(客)'의 시점인 것이다. 그렇다면 손님이 보통 집안에 찾아오는 손님이 아니라, 식사와 잠을 해결하기 위해 찾는 길가는 나그네로 보는 것이 더 타당할 것이다. 따라서 묘사된 여인의 신분 또한 보통 집안의 아내가 아닌 여관·객주를 운영하던 주인 여자라고 볼 수 있는 것이다. 그 여관이 국가에서 운영하던 역참이었던 아니면 상업성을 띤 사설 여관이었든 간에 분명한 것은 秦漢 시기에 이미 그러한 여관의 존재가 각 지역으로 통하는 대로변에 있었다는 사실과 그 지역이 서역으로 통하는 요충지였다는 점 등을 감안할 때 이와 같은 추론은 한층 설득력을 갖게 된다.

구체적 내용에 있어서 처음 여섯 구는 天文을 말하는 것으로, 작품의 전체 내용과 잘 연결되지 않으며, 그 중 네 구는 「步出夏門行」의 마지막 네 구와 두 글자(道隅↔伏趺)만 다를 뿐 똑같기 때문에, 혹자는 앞 네 구를 전체 내용과는 별 관계가 없는 樂府의 正曲 앞부분인 '豔'(정곡의 뒷부분은 '趨')에 해당한다고 하거나, 이와 같은 견해에서 더 나아가 다음의 '好婦出迎客'구 앞부분을 경계로 두 작품이 합성되어 한 작품이 된 경우라고 하기도 한다. 또 근래에는 이 부분 역시 작품의 내용과 유리될 수 없는 부분으로 뒤에 나오는 여인의 형상을 효과적으로 끌어내기 위한 '사물로 인하여 감흥을 일으키는(因物起興)' '比興'수법이라고도 한다.

작품의 전체 내용은 역참의 한 아름답고 예절 바른 여인이 공무로 출장 중인 관리 나그네를 공손하게 맞아 안채의 좋은 자리에 모시고 주안상과 식사를 차려 대접하고 함께 담소하며 즐겁게 해준 뒤, 휴식하고 떠나는 손님을 정중하게 전송한다는 내용이다. 당시 그 일대의 백성들은 그녀의 그러한 훌륭한 손님 접대의 예의범절을 보고 칭송이 자자하였을 것이다. 그리하여 이 여인을 아내로 맞는다면 고귀하고 아름답기로 유명한 齊나라 姜氏 여인보다 더 나을 것이며, 집안을 맡긴다면 그의 기개는 대장부를 능가할 것이라는 다소 과장적인 노래가 불리어졌던 것이다.

12. 사랑노래

其四「豔歌行」[138)]

翩翩堂前燕,[139)]	훨훨 나는 집 앞의 제비
冬藏夏來見.	겨울 동안 숨었다가 여름 되니 나타나네
兄弟兩三人,	형제 두세 사람
流蕩在他縣.[140)]	타향을 떠돈다네
故衣誰當補,	헌옷은 그 누가 꿰매 주며
新衣誰當綻.[141)]	새옷은 그 누가 게워주겠는가
賴得賢主人,	다행히 어진 주인 만났으니
覽取爲吾綻.[142)]	옷을 맡아서 나를 위해 꿰매 주네
夫壻從門來,	남편이 대문으로 들어오다가
斜柯西北眄.[143)]	삐딱하게 서북쪽을 바라보네

138) 이 곡은 相和歌辭 瑟調曲에 속한다. 『樂府解題』에 따르면, "고사에서 '훨훨 나는 집 앞의 제비, 겨울엔 숨었다가 여름이면 나타나네'라고 했는데, 이 작품은 제비조차도 겨울 되면 숨었다가 여름 되면 오는데, 형제들은 오히려 타향을 유랑한다. 여주인이 그들을 위해 옷을 꿰매 주니, 그 남편이 보고서 의심하였다는 내용이다(古辭云, '翩翩堂前燕, 冬藏夏來見.' 言燕尙冬藏夏來, 兄弟反流宕他縣. 主婦爲綻衣服, 其夫見而疑之也)"라고 했다.

139) '翩翩'(편편): 훨훨 나는 모양.

140) '遊蕩'(유탕): 어떤 책에는 '遊宕'으로 되어 있는데 뜻은 같다. 방랑하다. 유랑하다.

141) '綻'(탄): 솔기가 터지다. 여기에서는 '터진 곳을 깁다'라는 뜻으로 쓰였다.

142) '覽'(람): 받아들이다. '覽取'(람취): (해진 옷을) 받아서.

143) '斜柯'(사가): 몸을 비스듬히 하다. 여기에서는 부사로 쓰였으며, 당시의 관용어로

語卿且勿眄, 이 양반아 그렇게 흘겨보지 마시게
水淸石自見. 물이 맑으면 돌은 저절로 드러나 보이게 마련
石見何纍纍,[144] 보이는 돌 저렇게도 다닥다닥하지만
遠行不如歸.[145] 먼 길 떠난 이에겐 고향에 돌아감만 못하다네

해설 이 작품은 타향을 떠도는 나그네가 고향을 그리워하는 심정을 노래한 것이다. 다행히 인심 좋은 여주인이 헤진 옷을 꿰매주는데, 바로 그때 외출했던 여주인의 남편이 집에 들어오다가 그걸 보고 오해하게 되는데, 해명을 통해 오해는 명확히 풀렸지만 고향으로 돌아가고 싶은 마음은 더욱 간절해짐을 노래하고 있다.

『古今樂錄』에 따르면, "「豔歌行」은 하나가 아닌데, 바로 '豔歌'라고 하는 것이 곧 「豔歌行」 이것이다. 「羅敷」·「何嘗」·「雙鴻」·「福鍾」 등의 노래 역시 모두 '豔歌'이다"라고 했다.

13. 하얗기는 산 위의 눈

其五「皚如山上雪」[146]

皚如山上雪, 하얗기는 산 위의 눈
皎若雲間月. 밝기는 구름 사이의 달
聞君有兩意, 당신께서 두 마음 가졌다고 하여
故來相訣絶. 그래서 결별하러 왔어요

보기도 한다. 어떤 책에는 '斜倚'로 되어 있다.

144) '纍纍'(루루): 연속된 모양. 또는 겹겹이 쌓인 모양.

145) 이 두 구는 비록 명확하게 오해는 풀렸다고 하지만 그것보다는 차라리 고향으로 돌아가는 것이 낫다는 뜻이다.

146) 이 작품은 相和歌辭 楚調曲에 속한다. 古辭 「白頭吟」은 두 수인데, 그 중 한 수가 이것으로, 혹자는 卓文君의 시라고도 한다. 다른 한 수는 晉나라 음악이 연주하던 것으로, 5解로 구성되어 있으며, 처음 네 구는 같지만 그 다음부터는 서로 다르다.

今日斗酒會, 오늘 술잔 기울이며 만나지만
明旦溝水頭. 내일 아침 개울가에서 헤어져야 해
躞蹀御溝上,[147] 타박타박 궁궐 밖 개울가를 걸으면
溝水東西流.[148] 개울물은 동쪽으로 흐를 테지요
淒淒復淒淒, 처량하고 또 처량해요
嫁娶不須啼. 시집갈 때 울 필요 없어
願得一心人, 일편단심 한 사람 만나
白頭不相離. 흰머리 되도록 서로 떨어지지 않기를 바랄 뿐
竹竿何嫋嫋,[149] 낚싯대는 저리도 하늘하늘
魚尾何簁簁.[150] 물고기 꼬리 저리도 간들간들
男兒重意氣, 남아라면 마음을 소중히 여겨야지
何用錢刀爲?[151] 어이해서 금전에 끌리나요

해설 이 작품은 남자에게서 버림받은 여인의 탄식을 노래한 것이다. 그러나 여타의 작품과는 달리 단지 수동적으로 하염없이 기다리며 슬퍼하는 여인상이 아니라, 적극적으로 나서서 남자를 찾아가 결별을 선언하는 여인의 형상을 창조하고 있다.

『古今樂錄』에는 王僧虔의 『技錄』을 인용하여 말하기를, "「白頭吟行」은 옛날의 '皚如山上雪'편을 노래하였다"라고 하였다. 『西京雜記』에 의하면, "司馬相如가 茂陵 사람의 딸을 맞아서 첩으로 삼으려 하자, 卓文君이 「白頭吟」을 지어 스스로 결별하려 하니, 相如가 이에 포기하였다"고 한다.

147) '躞蹀'(섭접): 작은 걸음으로 걷는 모양. '御溝'(어구): 宮苑을 감돌아 흐르는 강이나 개울.
148) '東西'(동서): 偏意複詞로 쓰였다.
149) '嫋嫋'(뇨뇨): 길고 가냘픈 모양.
150) '簁簁'(사사): 흔들흔들 움직이는 모양.
151) '錢刀'(전도): 옛날 말이나 칼의 형상을 넣어 주조한 돈.

14. 한 쌍의 고니

其六「雙白鵠」[152]

飛來雙白鵠, 날아오는 한 쌍의 고니
乃從西北來. 서북에서 온다네
十十將五五, 열 마리씩 또는 다섯 마리씩
羅列行不齊.(1解) 늘어선 줄이 나란하지 않다네
忽然卒疲病, 갑자기 지치고 병들어
不能飛相隨. 따라 날 수가 없다네
五里一反顧, 5리에 한 번 뒤돌아보고
六里一徘徊.(2解) 6리에 한 번 배회하네
吾欲銜汝去, 내 그대 물고라도 가고 싶지만
口噤不能開. 다문 부리는 열 수가 없다네
吾欲負汝去, 내 그대 지고라도 가고 싶지만
羽毛日摧頹.(3解)[153] 깃털이 날로 꺾이어 떨어진다네
樂哉新相知, 즐거웠지 우리 처음 만났을 때
憂來生別離. 근심이 닥쳐와 생이별 한다네
峙躇顧群侶,[154] 머뭇거리며 다른 뭇 짝들을 보노라니
淚落縱橫垂.(4解)[155] 눈물이 떨어져 마구 흐르네
今日樂相樂, 오늘 즐거움 서로 즐기며

---

152) 이 작품은 相和歌辭 瑟調曲에 속한다. '鵠'(곡) : 고니. 백조.
153) '摧頹'(최퇴) : 꺾이고 떨어져나가다.
154) '峙躇'(치도) : 머뭇거리며 나아가지 못하는 모양. '踟躕'와 같다.
155) 어떤 책에는 이 아래부터 '今日'구 사이에 "그대와 생이별할 것을 생각하니, 기가 막히어 말을 할 수가 없네. 각자가 서로 자중자애하지만, 길이 멀어 돌아오기는 어려우리라. 나는 마땅히 빈방 지키면서, 대문 닫고서 자물쇠 굳게 잠그고 있을진대. 살아 있다면 당연히 만날 테고, 죽은 사람이라면 황천에서 만나겠지(念與君離別, 氣結不能言. 各各重自愛, 遠道歸還難. 妾當守空房, 閉門下重關. 若生當相見, 亡者會黃泉)"라는 구가 더 있다.

延年萬歲期.(5解)　오래오래 천추만세 기약하세나

해설 이 작품은 우언시다. 한 쌍의 고니가 서북쪽에서 무리들 속에 섞여 날아오는데, 암컷이 병이 들어 잘 날지 못하여 수컷과 함께 갈 수 없게 된다는 내용이다. 부부 또한 일생을 살다가 어느 한 편이 먼저 병이 들어 죽게 되면 이 새와 같은 사별을 맞게 된다.

『樂府解題』에는 "古辭에 '飛來雙白鵠, 乃從西北來'라고 한 것은 암컷이 병이 들어 업을 수가 없어서 떠났음을 말한 것이고, '五里一反顧, 六里一徘徊'라고 한 것은 비록 만나서 새로 알게 되었으나, 결국엔 생이별을 가슴 아파한 것이다"라고 했다.

매승(枚乘)

◇枚乘(?~B.C.141 또는 B.C.140) : 자는 叔이며, 淮陰 사람이다. 처음에는 吳王 濞의 郎中이 되었는데, 吳王이 반역하려 하자 上書를 올려 간언하였다. 그러나 吳王은 듣지 않다가 나중에 패했는데, 이때부터 枚乘이 유명해졌다. 景帝 때는 弘農都尉가 되었다가 후에 병으로 관직을 떠났으며, 다시 梁나라로 여행을 하였는데, 그곳 문객들이 모두 사부를 잘하여, 그의 문명은 더욱 높아졌다. 梁의 孝王이 죽자 고향으로 돌아왔다. 武帝는 태자였을 때부터 그의 문명을 들었는데, 즉위했을 때는 이미 연로하여 이에 安車蒲輪(편안한 수레. 덜컹거리지 않게 바퀴를 부들로 감싼 노인용 수레)을 보내어 불러들였으나 도중에 죽었다.

그의 「諫吳王書」는 매우 유명하지만 그의 사부에는 미치지 못한다. 『漢書』 「藝文志」에 따르면, 그의 賦는 모두 9편이 있었다고 하는데, 지금은 단지 3편, 즉 「七發」·「柳賦」·「梁王菟園賦」 등이 남아 있다. 그의 사부는 기세가 '浩大'하며, 문구가 '宏麗'하여 자신만의 풍격을 갖추고 있다. '고시 19수' 중 8수를 그가 지은 것이라고 하였으니, 당시 시단에서의 그의 위치를 가늠해 볼 수 있을 것이다.

「잡시(雜詩)」 9수

◇雜詩 : 시가의 제목은 시경시 · 초사를 제외하고는 고대로 갈수록 없거나 불분명한 특징이 있다. 특히 본 선집에서 수록한 작품의 시대범위인 漢魏六朝 시대는 후대로 갈수록 차츰 그 제목이 분명해져가는 특징을 나타낸다. 선집 전체를 통해 작가의 작품을 막연히 「詩」라고만 명명한 것은 1권의 蘇武 「詩」 1수와 7권의 邵陵王 蕭綸 「詩」 3수, 湘東王 蕭繹 「詩」 7수, 武陵王 蕭紀 「詩」 3수와 10권의 王獻之 · 宋孝武帝 劉駿 · 許瑤 · 王融 · 謝朓 등 대부분 작가의 작품이 그 예에 속한다. 그 외에는 시의 제목이 따로 명기된 경우와 '○○詩'처럼 제목에 시라는 명칭을 병기한 것과 古詩 · 贈詩 · 答詩 등의 명칭으로 이루어진 것도 있다. 그리고 나머지 많은 작품들은 단지 「雜詩」라는 항목으로 분류되어 있다. 이것으로 보아 雜詩라는 명칭은 음악성 여부와는 관계없이 단지 시의 내용상 특정한 부류로 개괄하기 어려운 '잡다한 시'라는 의미를 지닌 것으로 볼 수 있다. 실재 『文選』에서 '雜詩'(上下)라는 항목을 두어 補亡 · 述德 · 勸勵 · 獻詩 · 公宴 · 贈答 · 樂府 등의 항목에 속하지 않는다고 보는 시들을 수록하고 있다. 그 속에는 『玉臺新詠』에서 「雜詩」라고 하지 않고 「古詩」 · 「四愁詩」 · 「情詩」라고 한 작품들까지 포함되어 있는데, 이로 본다면 『文選』의 雜詩 범위가 『玉臺新詠』에서의 범위보다 훨씬 포괄적이었음을 알 수 있다.

15. 서북쪽에 높은 누각 있는데

其一 「西北有高樓」[156)]

西北有高樓,　　서북쪽에 높은 누각 있는데

上與浮雲齊. 꼭대기는 뜬구름과 나란하네
交疏結綺窗,[157] 투각한 격자창은 비단으로 꾸민 듯
阿閣三重階.[158] 사면 지붕 누각 아래 삼 층 계단
上有弦歌聲, 그 위에서 현악기 연주 소리 들리는데
音響一何悲. 그 소리가 어떻게나 슬픈지
誰能爲此曲? 누라서 이 곡을 지을 수 있으랴
無乃杞梁妻.[159] 다름 아닌 기량의 아내라네
淸商隨風發,[160] 청상곡은 바람 따라 퍼지는데
中曲正徘徊.[161] 곡조 중간에서 한동안 머뭇거리네
一彈再三歎, 한 번 켜고는 두세 번 탄식
慷慨有餘哀. 북받친 감정에 넘치는 슬픔
不惜歌者苦, 노래하는 이의 고통이야 애닯지 않지만
但傷知音稀.[162] 이해해 주는 사람 없는 것이 슬프네
願爲雙鴻鵠,[163] 원컨대 한 쌍의 고니가 되어
奮翅起高飛. 날개 펄럭이며 높이 날아가고저

---

156) 이 작품은 『文選』의 '古詩 19首' 중 제5수이다.

157) '交'(교) : 교차시키다. 격자무늬를 가리킨다. '疏'(소) : 뚫다. 통하다. 투각하다. '綺'(기) : 무늬가 있는 결이 고운 비단.

158) '阿閣'(아각) : 사면에 굽은 처마가 있는 누각. 이 구는 삼층으로 된 계단 위에 지붕이 날아갈 듯한 누각이 있다는 뜻이다.

159) '杞梁'(기량) : 春秋시대 齊나라의 大夫인 杞殖. 자는 梁이다. 莒나라를 치다가 전사하자, 그의 아내가 시신을 앞에 두고 열흘 동안 통곡하니 성이 무너졌다고 한다. 옛날 琴曲으로 「杞梁妻歎」이 있으며, 『琴操』에서는 이 노래를 杞梁의 처가 지은 것이라고 하며, 『古今注』에서는 杞梁의 처의 여동생 朝日이 언니의 정조를 슬퍼하여 지은 것이라고 했다. 『琴操』에 따르면, 그녀는 남편인 杞梁이 죽자 "위로는 아비가 없고, 중간에 지아비도 없고, 아래로 자식도 없으니 앞으로 무엇을 위해 내 절개를 지킬 것인가"라고 탄식하면서 거문고를 끌어당겨 곡조를 연주한 후, 淄水에 투신하여 죽었다고 한다.

160) '淸商'(청상) : 본래 오음 중의 商을 가리키는 말이지만, 여기에서는 이것을 기본음으로 한 악곡명. 음조가 淸越(맑고 멀리 퍼져나감)하여 哀怨의 감정을 표현하는데 알맞다.

161) '中曲'(중곡) : 악곡의 중간.

162) '知音'(지음) : 伯牙와 그의 知音이었던 鐘子期의 고사에서 유래한 것이다.

163) '鴻鵠'(홍곡) : 큰기러기와 고니. 여기에서는 고니를 가리킨다.

해설 이 작품은 행인이 우연히 한 누각 주위를 지나가다가 그 위에서 현악기의 반주에 맞춘 여인의 슬픈 노래를 듣고 동정심과 함께 사랑의 마음이 일어남을 묘사한 시다. 시점은 나그네이며, 주인공은 여인이다. 나그네는 누각 위에서 노래하는 여인의 슬픈 처지에 대해 잘 모르지만, 그녀의 슬픈 노래를 통해 명백히 과부일 것이라고 추측한다. 나아가 여인의 속내를 이해하는 사람이 거의 없다는 동정심은 마침내 자신의 불우한 처지를 이해하는 사람이 없다는 슬픔으로 전이된다. 그리하여 슬픈 처지의 두 사람이 함께 짝을 이루어 행복한 삶을 살았으면 하고 바란 것이다.

16. 동쪽 성벽 높고도 길게

其二「東城高且長」[164)]

東城高且長,	동쪽 성벽 높고도 길게
逶迤自相屬.[165)]	구비구비 이어져 있는데
回風動地起,	회오리바람은 땅을 울리며 일어나고
秋草萋已綠.[166)]	가을풀은 우거져 푸르다네
四時更變化,	사철이 다시금 바뀌고
歲暮一何速.	세모는 어찌 그리도 빨리 오는지
鷐風懷苦心,[167)]	'신풍' 시는 괴로운 마음을 품었고
蟋蟀傷局促.[168)]	'실솔' 시는 제약 많음을 슬퍼했다네

164) '古詩 19首' 중의 제12수이다.

165) '逶迤'(위이) : 구불구불 끊임없이 길게 이어진 모양.

166) '萋'(처) : 무성하다. '已'(이) : '以'자와 통한다.

167) '鷐風'(신풍) : 새매. 『詩經』「秦風」 중의 편명이다. 임을 그리는 여인의 근심을 노래한 시다. 한편으로 鄭玄의 주석의 의하면, 이 시는 康公이 穆公이 시작한 대업을 망각하고 국사를 소홀히 하며 어진 신하들을 멀리하자, 시인이 이를 근심한 것이라고도 한다.

168) '蟋蟀'(실솔) : 귀뚜라미. 『詩經』「唐風」 중의 편명이다. 이 시는 '及時行樂'하되 지나

蕩滌放情志,[169]	번민을 말끔히 씻어버리고 마음껏 즐길 것이지
何爲自結束?[170]	무엇 때문에 스스로 얽매이는가
燕趙多佳人,	연나라 조나라엔 미인이 많은데
美者顔如玉.	미인은 얼굴이 옥과도 같다네
被服羅裳衣,	녹의홍상 비단옷 입고서
當戶理淸曲.[171]	창가에 앉아 맑은 곡조 연습하네
音響一何悲,	울리는 소리 어찌 그렇게도 슬픈지
絃急知柱促.[172]	촉급한 소리로 기러기발 죈 줄 알겠네
馳情整中帶,[173]	한껏 감흥에 젖었다가 속옷끈 바로 매고
沉吟聊躑躅.[174]	깊은 시름 후에 잠시 또 주저주저
思爲雙飛燕,	생각은 한 쌍의 나는 제비가 되어
銜泥巢君屋.[175]	진흙 물고서 그대 집에 둥지를 트는 것

해설 이 시는 세월이 쉬이 흘러감에 때를 놓치지 말고 즐기자는 인생관을 노래하고 있다. 즉 전반부는 유수 같은 세월의 무상한 인생에 대해, 후반부는 '及時行樂'의 뜻에 대해 노래하였다. 실상 좀 더 깊이 음미하면 작품은 미인과 음악에 빠져 즐기고자 바라고 있지만 전체적인 분위기는 오히려 말로 표현되지 않은 어떤 제약들 때문에 우울한 색조를 띠고 있다. 마지막 네 구에서 주인공은 지나가다가 여인의 거문고 연주를 듣고 감흥에 젖은 후 그곳을 떠나려 하다가 다시 머뭇거

침 없도록 삼가야 함을 내용으로 하고 있다. '局促'(국촉) : 몸을 움츠리다. 제약을 받다.

169) '蕩滌'(탕척) : 깨끗이 씻어버리다.

170) '結束'(결속) : 구속하다. 얽매다.

171) '理淸曲'(리청곡) : 淸商曲을 연습하다.

172) '絃急'(현급) : 음이 높고 리듬이 빠름을 나타낸다. '柱'(주) : 雁足. 기러기발. 음의 높이를 조절하는 장치. '促'(촉) : 길이를 짧게 하여 높은 소리가 나도록 하다.

173) '中帶'(중대) : 고대 여성들의 속옷의 끈. 이 구는 작중 시점인 남자를 가리킨다.

174) '聊'(료) : 잠시. '躑躅'(척촉) : 머뭇거리며 나아가지 못하는 모양.

175) '君'(군) : 여기에서는 음악을 연주하는 미인을 가리킨다.

리면서 그 여인과 짝을 이루어 행복하게 살고 싶은 바람을 표현하였다.

17. 가고 가고 또 가고 가

其三「行行重行行」[176]

行行重行行,	가고 가고 또 가고 가
與君生別離.	그대와 생이별
相去萬餘里,	서로 떨어지길 만여 리
各在天一涯.	각기 하늘 한 모퉁이에 있네
道路阻且長,	길은 험하고도 멀어
會面安可知?	만날 날을 어찌 알리오
胡馬嘶北風,[177]	오랑캐 말은 북풍에 의지해 울고
越鳥巢南枝.	월나라 새는 남쪽 가지에 둥지를 트는데
相去日已遠,	서로 헤어져 날로 더욱 멀어지니
衣帶日已緩.	옷끈은 날로 더욱 느슨해지네
浮雲蔽白日,[178]	뜬구름이 흰 해를 가리니
遊子不顧反.	길 떠난 그대 돌아올 생각도 않네
思君令人老,	그대 생각하느라 이 몸은 늙어가
歲月忽已晚.	세월도 덧없이 이미 저무네
棄捐勿復道,[179]	아서라 말아라 다시는 말하지 말며
努力加餐飯.[180]	애써 밥이나 더 먹어야지

176) '古詩 19首' 중의 제1수이다.

177) '嘶'(시) : 울다. 『文選』에는 '依'자로 되어 있다.

178) '浮雲'(부운) · '白日'(백일) : 다음 구를 생각할 때 각각 '새 여인'과 '남편'을 의미한다고 볼 수 있다.

179) '棄'(기) · '捐'(연) : 버리다. 그만두다. '道'(도) : 말하다.

180) 마지막 두 구의 뜻에 대해서는 이설이 있다. 즉 '버림받은 이 몸에 대해서는 더 이상 말하지 않을 테니, 열심히 식사를 챙겨 드세요'라는 해석이다. 그러나 앞 구 '衣帶日已

해설 이 시는 집을 떠난 남편이 돌아오지 않음을 슬퍼하는 여인의 심정을 묘사하고 있다. 漢末부터 이러한 내용의 시들이 많이 나타나는데, 이는 당시 사회가 생계유지조차 어려운 혼란한 사회였음을 알려주는 자료가 된다. 남자들은 대부분 생계를 위해 객지로 떠돌면서 집으로 돌아가지 못하는데, 그러한 상황은 가정의 해체를 가져왔던 것이다. 특히 마지막 두 구의 내용은 그 기다림이 얼마나 애틋한지를 상상할 수 있게 하는 역설인 것이다.

이 시는 시점이 복합적이다. 즉 '越鳥巢南枝'까지는 길 떠난 남성의 시점이고, 그 뒤로는 집에서 남편을 기다리는 여성의 시점이다.

18. 강을 건너며 연꽃을 따는데

其四「涉江采芙蓉」[181]

涉江采芙蓉,[182]	강을 건너며 연꽃을 따는데
蘭澤多芳草.[183]	난초 연못에는 향기로운 풀도 많네
采之欲遺誰,	그 꽃 따서 누구에게 주려는가
所思在遠道.	그리운 사람 먼 길 너머에 있는데
還顧望舊鄕,	고개 돌려 고향을 바라보니
長路漫浩浩.[184]	길이 멀어 아득하기만 하네
同心而離居,	일심동체 부부가 떨어져 있으니
憂傷以終老.[185]	근심걱정으로 늙어만 가네

緩'과 관련시켜 보면 '버림받은 여성이 자위하는 말'로 보는 게 더 타당할 것 같다.

181) '古詩 19首' 중의 제6수이다.

182) '芙蓉'(부용) : 연꽃의 별명.

183) '蘭澤'(란택) : 연꽃이 자라는 연못.

184) '漫'(만) : 넓다. '浩浩'(호호) : 넓고 끝없는 모양.

185) '終老'(종로) : 생을 마치다. 또는 늙어 가다.

해설 이 시는 나그네의 고향 아내에 대한 그리움을 묘사한 것이다. 아내가 생각나 꽃을 꺾어 보내려고 하지만 고향은 너무 멀어 까마득하고, 그로 인해 다시금 이별의 현실을 깨닫고 더욱 근심에 빠져 들게 됨을 묘사하였다.

19. 푸르디푸른 강가의 풀

其五「靑靑河畔草」[186]

靑靑河畔草,	푸르디푸른 강가의 풀
鬱鬱園中柳.[187]	울창하게 자란 정원의 버들
盈盈樓上女,[188]	누각 위의 아리따운 여인
皎皎當窗牖.[189]	희디 흰 모습으로 창가에 있네
娥娥紅粉妝,[190]	어여쁘게 붉은 분 화장하고
纖纖出素手.[191]	섬섬옥수 하얀 손 드러내네
昔爲倡家女,[192]	옛날에는 기생집의 딸
今爲蕩子婦.[193]	지금은 떠돌이의 아내
蕩子行不歸,	떠돌이 남편은 길 떠나 돌아오질 않으니
空牀難獨守.	허전한 침상 혼자 지키기가 어렵네

186) '古詩 19首' 중의 제2수이다.
187) '鬱鬱'(울울) : 빽빽하고 무성한 모양.
188) '盈盈'(영영) : 여자의 아리따운 자태를 형용하는 말.
189) '皎皎'(교교) : 여자의 피부가 희고 깨끗함을 형용하는 말. '窗'(창)·'牖'(유) : 창문.
190) '娥娥'(아아) : 여자의 용모의 아름다움을 형용하는 말.
191) '纖纖'(섬섬) : 여자의 손가락이 가늘고 긴 모양.
192) '倡家'(창가) : 가무를 직업으로 삼는 기생 집안.
193) '蕩子'(탕자) : 오랫동안 타향을 떠돌며 집에 돌아오지 않는 사람.

해설 이 시는 길 떠난 남편을 그리워하는 여성의 심경을 묘사하고 있다. 특이한 것은 여성의 신분이 한때 기생집 출신이란 점이다. 3인칭시점으로 마치 이웃에서 여인의 일거수일투족을 지켜보면서 쓴 느낌을 준다.

20. 난초와 두약이 따뜻한 봄에 나는데

其六「蘭若生春陽」[194]

蘭若生春陽,[195]	난초와 두약이 따뜻한 봄에 나는데
涉冬猶盛滋.	겨울을 지났지만 무성하게 자라네
願言追昔愛,[196]	간절하게 옛사랑을 따르고자 하니
情款感四時.[197]	진실된 그 마음이 사계절을 감동시키네
美人在雲端,	아름다운 님은 구름 끝에 있는데
天路隔無期.[198]	하늘로 가는 길은 막혀 기약이 없네
夜光照玄陰,[199]	달빛이 어둔 밤을 비추는 때
長歎戀所思.	장탄식하며 님을 그리워하네
誰謂我無憂?	뉘라서 나더러 근심 없다 하는가
積念發狂癡.	쌓인 그리움에 미쳐서 천치가 되었는데

194) 이 시는 『文選』에 수록되어 있지 않다.
195) '蘭若'(란약) : 난초와 '杜若'. 둘 다 향초이다. '春陽'(춘양) : 陽春. 따뜻한 봄날. 또는 봄날 햇볕.
196) '願言'(원언) : 그리움이 간절한 모양.
197) '情款'(정관) : 진실된 정.
198) 이상 두 구의 내용을 통해 볼 때, 여인의 임은 조정의 높은 벼슬아치라고 볼 수도 있다.
199) '夜光'(야광) : 달빛을 가리킨다. '玄陰'(현음) : 어둠.

해설 이 시는 사랑하는 사람을 만나지 못하는 여인의 근심을 묘사하였다. 그 사랑은 옛날의 사랑일 수도 있고, 마음속의 짝사랑일 수도 있다. 향기로운 난초와 두약은 엄동설한을 겪지만 봄이 되면 다시금 무성해지게 마련. 님에 대한 자신의 사랑 역시 비록 갖은 고난을 다 겪었다 해도 변함없다고 하였다. 그러나 님은 너무도 멀리 떨어져 있어 다시 만날 기약조차 할 수 없으니 탄식으로 날을 보낼 뿐이다. 남들이 보기엔 아무 근심 없는 사람인 듯 보이지만 실은 님 향한 그리움에 거의 미치광이가 되었다고 했다.

21. 뜰 앞의 아름다운 나무

其七「庭前有奇樹」[200)]

庭前有奇樹,[201)]	뜰 앞의 아름다운 나무
綠葉發華滋.[202)]	푸른 잎에 꽃이 흐드러지게 피었네
攀條折其榮,	가지 끌어당겨 그 꽃 꺾어서
將以遺所思.	그리운 님에게 드리려 한다네
馨香盈懷袖,	짙은 향기 품과 소매에 가득하건만
路遠莫致之.	길이 멀어 보낼 수가 없다네
此物何足貴,[203)]	이 물건이 어찌 귀할까만
但感別經時.	헤어져 지난 시절이 가슴 아릴 뿐이네

해설 이 시는 헤어져 있는 님을 그리워하는 여인의 심경을 묘사하고 있다. 무슨 이유에선지는 모르지만 사랑하는 님과 오랫동안 헤

200) '古詩 19首' 중의 제9수이다.
201) '前'(전):『文選』에는 '中'자로 되어 있다. '奇樹'(기수):아름다운 나무.
202) '華'(화):'花'자가 나오기 이전의 꽃이란 뜻의 글자. '滋'(자):무성하다.
203) '貴'(귀):어떤 책에는 '貢'자로 되어 있다.

어져 있는 여인의 시야에 어느 날 문득 마당의 꽃나무가 들어오고, 여인은 그 꽃을 꺾어서 사랑하는 님에게 보내려고 하지만 님은 너무 멀리 있거나 또는 어디 있는지도 정확히 몰라 보낼 수가 없어 낙담하고 만다. 꽃이 귀중하면 얼마나 귀중할까. 오랫동안 사무치게 그리워하는 제 마음을 전달하지 못하는 게 안타까울 뿐이리라.

22. 까마득한 견우성

其八「迢迢牽牛星」[204)]

迢迢牽牛星,[205)]	까마득한 견우성
皎皎河漢女.[206)]	희디흰 은하수의 딸
纖纖擢素手,[207)]	섬섬옥수 하얀 손 빼내어
札札弄機杼.[208)]	딸각딸각 베틀의 북을 놀리는데
終日不成章,[209)]	종일토록 무늬는 이루지 못하고
泣涕零如雨.[210)]	울음으로 눈물만 비오듯 떨어지네
河漢淸且淺,	은하수는 맑고도 얕으며
相去復幾許?[211)]	떨어진 거리 또한 얼마나 되겠는가
盈盈一水間,[212)]	찰랑찰랑 한 줄기 강물 사이에 두고

204) '古詩 19首' 중의 제10수이다.
205) '迢迢'(초초) : 아득히 먼 모양. '牽牛星'(견우성) : '河鼓'라고 하는 별자리 이름. 은하수 남쪽에 있다.
206) '皎皎'(교교) : 밝고 맑은 모양. '河漢'(하한) : 은하수. '河漢女'(하한녀) : 직녀성. 은하수 북쪽에 있다.
207) '擢'(탁) : (손을 옷소매에서) 빼내다.
208) '札札'(찰찰) : 딸깍딸깍. 베틀 소리. '機'(기) : 베틀. '杼'(저) : 베틀의 북.
209) '章'(장) : 베의 무늬.
210) '零'(령) : 떨어지다.
211) 이 구의 뜻은 서로 떨어져 있는 거리가 가깝다는 것이다.
212) '盈盈'(영영) : 물이 맑고도 얕은 모양.

脉脉不得語.[213]　　은근히 바라보면서도 말을 못하네

해설 이 시는 '견우직녀'의 전설을 빌어 사랑하는 사람의 이별과 그로 인한 그리움과 슬픔을 묘사한 것이다. 東漢시대는 동란의 시대로 종군이나 부역 등 여러 가지 이유 때문에 사랑하는 사람과의 헤어짐 또한 일상적인 일이 되었다. 이러한 시대는 東漢 이전에도 비록 형태와 범위의 차이는 있었을지라도 역시 존재했을 것이며, 그것은 역으로 '견우직녀'라는 전설로 형상화되어 나타났던 것이다. '견우직녀' 전설의 가장 기본적인 구조는 초기 인류의 남녀 결합이 본의 아닌 이별의 상황에 직면했을 때의 감정의 형상화이다.

이 전설은 중국, 나아가 동양의 문학 작품 속에 직간접으로 끊임없이 재현되었으며, 사랑과 이별을 노래하는 작품의 원형이 되었다. 중국 문학의 경우, 『詩經』「小雅」「大東」에 인용된 비유를 시작으로 하여, 그 이후 고사의 원형을 비교적 완전하게 살린 작품으로는 이 시가 최초이다. 나아가 이 시는 문학작품상에 있어서 후대의 수많은 작품의 모티브 역할을 하였다.

23. 밝은 달은 휘영청하게

其九「明月何皎皎」[214]

明月何皎皎,　　밝은 달은 휘영청하게
照我羅牀幃.[215]　　내 비단 침대휘장을 비추네
憂愁不能寐,　　근심걱정으로 잠 못 이루어

---

213) '脉脉'(맥맥) : 정을 머금고 간절히 바라보는 모양.
214) '古詩 19首' 중의 제19수이다.
215) '羅牀幃'(라상위) : 비단으로 된 침대휘장.

覽衣起徘徊.[216]　옷 여미고 일어나 서성인다네
行客雖云樂,[217]　길 떠난 나그네 즐겁다고 하더라도
不如早旋歸.　일찌감치 집으로 돌아옴만 못하리라
出戶獨彷徨,　사립문 나서서 혼자 서성대는데
愁思當告誰!　수심에 찬 그리움 누구에게 하소연하랴
引領還入房,　목 빼고 기다리다 방으로 돌아오면
淚下霑裳衣.　눈물이 흘러 옷을 적시네

해설 이 시는 길 떠나 돌아오지 않는 남편을 그리워하는 규중 여인의 심경을 묘사하였다. 그리움은 사람들과 어울려 생활하는 낮보다 잠자리에 들 밤이면 더욱 커지게 마련이다. 게다가 같은 시간 비록 장소는 다르더라도 자신과 임이 함께 볼 수 있는 달이 떠 있는 밤이면 그리움은 더욱 가슴에 사무칠 것이고, 그리움은 다시금 눈물로 변해 옷을 적신다.

이연년(李延年)

◇李延年(?~B.C.90) : 西漢의 저명한 음악가. 中山(지금의 河北省 定縣)의 광대 집안 출신. 노래를 잘 하였으며, 새로운 음악[新聲]을 잘 지었다. 여동생이 총애를 받아 夫人(皇后 다음의 지위)의 위치에까지 올랐으며, 그로 인해 자신은 음악관서인 樂府의 協律都尉가 되었으며, 형 李廣利는 貳師將軍이 되었다. 그러나 나중에 李夫人이 일찍 병이 들어 죽고, 동생 李季가 환관과 난을 일으키어

216) '覽'(람) : '攬'자와 통한다. 옷자락을 여미다. 옷을 걸치다.
217) '行客'(행객) : 어떤 책에는 '客行'으로 되어 있다.

후궁을 어지럽힌 죄를 범해 사형을 받게 되며, 형은 匈奴에 투항한다.

「가시(歌詩)」 1수

序 : 李延年知音, 善歌舞, 每爲漢武帝作新歌變曲, 聞者莫不感動. 延年侍坐上, 起舞, 歌曰.

李延年은 음악을 잘 알았으며, 가무에 능하였다. 매번 漢 武帝를 위해 새로운 노래와 변주곡을 지었는데, 듣는 사람들은 감동하지 않는 이가 없었다. 李延年은 임금님을 모시고 앉아 있다가 일어나 춤을 추면서 다음과 같이 노래하였다.

24. 가시

「歌詩」[218)]

北方有佳人,	북방에 미인 있는데
絶世而獨立.[219)]	세상에 둘도 없이 홀로 우뚝하다네
一顧傾人城,[220)]	한 번 돌아보면 한 성을 기울게 하고
再顧傾人國.	다시 돌아보면 한 나라를 기울게 한다네
傾城與傾國,[221)]	성과 나라를 기울게 하는 미인

218) 漢代에는 음악과 결합된 시를 歌詩라고 하였다. 1권 古樂府詩 6수(9~14)의 설명 부분을 참고할 것.

219) '絶'(절) : 뛰어나다. 유일하다.

220) '顧'(고) : 미인이 흘기는 눈짓을 의미한다. '人城'(인성) : 한 성을 다스리는 성주. 어떤 해석본에는 '축성 작업하는 인부들이 미인에게 반해 작업을 그만두고 떠나는 바람에 성이 기울거나 무너지는 것'이라고 해석하기도 한다. '人'은 글자를 맞추기 위해 쓰였다.

佳人難再得.　　그러한 미인은 다시 얻기 어려운데

해설 이 작품은 미인에 대한 찬송의 시다. 첫 구에 등장시킨 미인은 둘째 구에서 과장의 어투로 실체를 조금씩 드러낸다. 그러나 그 과장이 평범하기에 독자 또한 미인의 실체에 대한 인식이 평범할 수밖에 없다. 시는 미인의 미모에 대해 다음 셋째 넷째 구에서 갑자기 극도의 과장으로 점층된다. 아울러 그 과장은 관념 속의 추상적인 의미가 아니라 현실 속의 구체적인 파급 효과를 말한 것이기 때문에 독자들의 눈은 갑자기 휘둥그레지고 정신이 번쩍 뜨이게 된다. 그리고서 다시금 서두에서 언급한 그 미인의 존재를 한껏 상상하게 된다. 그러나 시인은 감정을 적절히 조절하는 탁월한 능력을 지닌 듯하다. 흥분되어 이성을 잃을지도 모를, 그리하여 시인이 말하고자 하는 시의 주제를 분간하지 못할 것을 염려하듯이 마지막 두 구에서는 다시금 감정을 가라앉히고 이성을 회복할 것을 요구한다. 시인이 말하는 미인을 만날 기회란 상존하는 것이 아니라, 아차하는 순간 봄날 아지랑이처럼 허공 속으로 사라져버릴지도 모를 일이다. 그렇기 때문에 시인은 마치 길 떠나는 자식에게 길조심을 당부하는 것처럼 차분하게 다시금 자신의 뜻을 독자에게 전달하는 것이다. 비록 두 구의 짧은 언어이지만 그 이면엔 시인의 그지없이 간곡한 바람이 담겨 있는 것이다. 마지막 구는 이 노래를 다 듣고 임금이 '기막히구나! 그런 미인이 이 세상에 어찌 있겠는가? 있다면야 당장이라도 불러들이지'라고 반응하는, 시 본래의 목적을 절실하게 달성하게끔 만드는 것이다.

221) 『漢書』에는 이 구가 '寧不知傾城與傾國'으로 되어 있다.

소무(蘇武)

◇蘇武(B.C.143년 경~B.C.60) : 자는 子卿, 杜陵(지금의 陝西省 西安 동남) 사람이다. 武帝 때 中郎將이 되어 명을 받들고 흉노에 사신 갔다가 억류되었으나, 온갖 고초를 겪으면서도 19년 동안 절개를 굽히지 않았다. 당시 흉노에 항복했던 李陵의 권유에도 굽히지 않았으며, 북쪽 변방으로 추방되어 양치기를 하였다. 昭帝 때 흉노와 화친이 이루어지자 귀환하여 典屬國이란 관직을 제수받았다.

「아내를 남겨두고 떠나다(留別妻)」 1수[222)]

25. 아내를 남겨두고 떠나다

「留別妻」

結髮爲夫婦,[223)]	머리 묶고 어른 되어 부부 인연 맺은 후로
恩愛兩不疑.	은혜와 사랑을 두 사람 다 의심치 않았다오
懽娛在今夕,[224)]	기쁨은 단지 오늘밤에 있을 뿐이고
嬿婉及良時.[225)]	즐거움도 좋은 시절 만났을 때뿐이라오
征夫懷遠路,	길 떠나는 장부는 가야 할 먼 길을 생각하며
起視夜何其.[226)]	일어나 밤이 얼마나 지났나 내다본다오

222) 『文選』에는 모두 네 수가 수록되어 있는데, 이 시는 그 중의 제3수이다.

223) '結髮'(결발) : 성인이 됨을 뜻한다. 『禮記』에 의하면 남자와 여자는 각각 20세, 15세가 되면 머리를 묶고 관을 쓰거나 비녀를 꽂는 冠禮와 笄禮를 행하는데, 이후 사회적으로 통용되는 字를 부여받게 되고 성인으로서 결혼이 허용된다고 했다.

224) '懽娛'(환오) : 기쁨과 즐거움. '懽'자는 '歡'자와 같다.

225) '嬿婉'(연완) : 앞 구의 '懽娛'와 같은 뜻이다.

226) '夜何其'(야하기) : 밤이 얼마나 흘렀는가. 여기에서 '其'자는 어기사로 특별한 뜻이

參晨皆已沒,[227]	삼성과 신성도 이미 모두 졌으니
去去從此辭.	가고 가서 지금부터 이별이라오
行役在戰場,[228]	길 떠나는 임무가 전쟁터에 있으니
相見未有期.	만날 기약도 아직은 없다오
握手一長歎,	손 부여잡고 한 번 장탄식
淚爲別生滋.	눈물이 이별 때문에 흥건히 흐른다오
努力愛春華,	부디 봄꽃 같은 모습 아끼며
莫忘懽樂時.	즐거웠던 시절 잊지 마시오
生當復來歸,	살아남으면 응당 다시 돌아올 테지만
死當長相思.	죽는다면 영원히 그리워할 뿐이겠지요

해설 이 시는 흉노 땅으로 사신을 떠나는 蘇武가 아내와의 작별을 슬퍼하는 감정을 묘사하였다. 결혼하여 서로 사랑하며 행복하게 살다가 이제 전장으로 사신을 떠나게 됨으로써 이별을 맞는다. 날이 새면 장도에 오르고 그것으로 영원한 이별이 될지도 모를 일, 이런 것을 생각하노라면 안타까움과 슬픈 감정이 북받치지 않을 수 있겠는가? 학자들의 연구에 따르면 이 시는 蘇武 자신이 직접 지은 시가 아니라 후인들이 가탁하여 지은 것이라고도 한다.

없다. 『詩經』「小雅」「庭燎」 중의 '밤은 얼마나 흘렀나? 아직도 날이 새지 않았네(夜如何其? 夜未央)'에서의 뜻과 같이 쓰였다.

227) '參晨'(삼신) : 별자리인 '參星'과 '晨星'을 말한다. 이 구는 '삼성과 신성 등의 별이 모두 지고 날이 밝아온다'는 의미이다.

228) '行役'(행역) : 업무를 보기 위해 길을 나서다.

신연년(辛延年)

◇辛延年 : 東漢 때의 사람으로, 생평이나 사적이 알려져 있지 않다.

「우림랑(羽林郎詩)」[229] 1수

26. 우림랑

「羽林郎詩」

昔有霍家奴,[230]	옛날에 곽씨집의 한 종이 있었는데
姓馮名子都.[231]	성은 풍이요 이름은 자도였다네
依倚將軍勢,	장군의 위세에 의지해
調笑酒家胡.[232]	술집의 오랑캐 여자를 희롱했다네
胡姬年十五,[233]	오랑캐 아가씨 나이 열다섯
春日獨當壚.[234]	봄날에 홀로 술을 팔고 있었다네
長裾連理帶,[235]	긴 치맛자락에 양쪽 허리띠 메고
廣袖合歡襦.[236]	넓은 소매에 합환 무늬 짧은 저고리

229) 이 선집을 통해 전해오는 시다. 『樂府詩集』에는 「羽林郎」이란 제목으로 雜曲歌辭에 분류되어 있다. '羽林'(우림) : 漢 武帝 때 설립된 왕실의 경호군대. '羽林郎'(우림랑) : 羽林에 소속되어 있는 고급 군관.
230) '霍家'(곽가) : 西漢 昭帝 때 大司馬大將軍을 역임했던 霍光의 집안을 가리킨다.
231) '馮子都'(풍자도) : 霍光에게 총애를 받던 家奴의 우두머리로, 본명은 '殷'이다.
232) '調笑'(조소) : 희롱하다. '胡'(호) : 당시 서북방의 소수민족을 가리키는 말.
233) '姬'(희) : 옛날, 여인에 대한 일종의 미칭.
234) '壚'(로) : 술독을 두던 土臺. '當壚'(당로) : 술독대 앞에 앉아 술을 파는 것을 뜻한다.
235) '裾'(거) : 옷의 앞섶. 옷자락. '連理帶'(련리대) : 옷의 앞섶을 여미기 위해 매는 양쪽 대칭인 허리띠.

頭上藍田玉,[237] 머리 위엔 남전산의 옥
耳後大秦珠.[238] 귀 뒤로는 대진국의 진주
兩鬟何窈窕,[239] 두 개의 쪽 어찌 그리도 예쁜지
一世良所無.[240] 세상에 정말로 없는 것이라네
一鬟五百萬, 하나의 쪽에 오백만 냥
兩鬟千萬餘. 두 개 쪽은 천여만 냥
"不意金吾子,[241] 뜻밖에 쇠곤봉 찬 나리가
娉婷過我廬.[242] 멋있는 모습으로 우리 집을 지나갔지요
銀鞍何昱爚,[243] 은빛 말안장 무척이도 눈부시며
翠蓋空峙嶋.[244] 비취깃 장식 수레 지붕 공연히 머뭇머뭇
就我求清酒, 나에게 맑은 술 부탁하기에
絲繩提玉壺. 비단끈으로 옥술병을 매어 드렸지요
就我求珍肴, 나에게 값진 안주 달라기에
金盤膾鯉魚.[245] 금빛 쟁반에 가늘게 썬 잉어회를 드렸지요

---

236) '袖'(수): 옷소매. '合歡襦'(합환유): 합환무늬가 있는 짧은 저고리. 당시에 유행하던 복장이었다고 한다.

237) '藍田'(람전): 지금의 陝西省 藍田縣 동쪽에 있는 산 이름. 예로부터 아름다운 옥의 산지로 유명했다.

238) '大秦'(대진): 옛날의 로마제국. 야광주 등의 진귀한 보석이 많이 났다고 한다. 옛사람들은 쪽에 비녀를 꽂았는데, 그 비녀의 양끝에 진주 등을 장식으로 늘어뜨렸다고 한다. 앞에서 보면 귀 뒤에 있는 것으로 보인다.

239) '鬟'(환): 옛날 여성들이 고리 모양으로 빗은 쪽. '窈窕'(요조): 아리따운 모양.

240) '一世'(일세): 온 세상. '良'(량): 참으로. 확실히.

241) '金吾'(금오): 秦나라 때 中尉가 서울을 순찰할 때 차고 다니던 방망이를 가리키던 말. 漢 武帝 때는 '執金吾'라고 고쳤다. '金吾子'(금오자): 당시 '羽林軍'의 고급군관을 말하는데, 실재 馮子都는 그 위치에 있지 않았으나 경칭으로 볼 수 있다. 또 다른 설명으로는 이 시가 後漢 和帝 때 執金吾로서 행패가 심했던 竇景을 풍자하기 위한 목적에서 지어진 것으로 보기도 한다. 이 구부터 끝까지는 주인공 '胡姬'의 시점에서 한 말이다.

242) '娉婷'(빙정): 본래 여성의 모습과 행동이 아름다운 것을 일컫는 말. 여기에서는 馮子都의 과시하는 모습을 형용하는 말로 쓰였다.

243) '昱爚'(욱약): 눈이 부시게 빛이 나는 모양.

244) '翠蓋'(취개): 비취새 깃털로 장식한 수레 지붕. '峙嶋'(치도): 머뭇거리는 모양.

貽我青銅鏡,	나에게 청동 거울 선물하는데
結我紅羅裾.	내 붉은 비단 치맛자락에 묶어 주셨지요
不惜紅羅裂,[246]	붉은 비단 찢기는 건 아깝지 않지만
何論輕賤軀?[247]	어찌 미천한 이 몸을 거론하는지요
男兒愛後婦,	사내는 나중 여자를 더 사랑하고
女子重前夫.	여자는 먼저 남자를 더 중히 여기지요
人生有新故,	인생에는 새 것과 헌 것이 있으며
貴賤不相踰.[248]	귀천의 신분은 넘어설 수 없지요
多謝金吾子,	금오 나리에게 누차 사양합니다
私愛徒區區."[249]	사사로운 애정이란 공연히 마음 쓰일 뿐이지요

해설 이 작품은 남자의 유혹을 물리치는 여성의 미덕을 노래한 시다. 구체적으로 西漢 昭帝·宣帝 때의 大司馬大將軍이었던 霍光의 家奴의 우두머리인 馮殷(子都는 字)의 유혹을 서역 출신의 술집 여자가 정중히 사양하며 물리친다는 내용이다.

이 작품의 주제에 대해 穆克宏 등 대부분의 현대 학자들은 淸人 朱乾의 『樂府正義』의 설을 좇아, 東漢 때의 竇憲과 竇景 형제가 권세를 부리며 재물을 빼앗고 부녀자를 겁탈하는 등의 만행을 저지른 일을 풍자한 것일 가능성이 있다고 했다. 실재로 竇憲의 동생 竇景이 당시 '執金吾'로서, 민간인에 대한 만행이 극심했던 사실과 첫 구의 '昔'자를 통

245) '膾'(회) : 잘게 썬 날고기. 회. 여기에서는 동사로 쓰였다.

246) 이 구는 馮子都가 銅鏡을 胡姬의 치마에 묶어주려 하자, 胡姬가 반항하는 바람에 치맛자락이 찢어졌음을 의미한다.

247) 이 구는 胡姬 자신이 신분이 낮아 馮子都와 정상적인 애정관계를 맺지 못할 것으로 생각하고 완곡하게 거절하는 내용이다.

248) '踰'(유) : 초월하다.

249) '私愛'(사애) : 공식적인 중매를 거친 부부 관계가 아닌 사사로이 맺은 관계를 말한다. '區區'(구구) : 은근한 마음. 이 두 구의 뜻에 대해 어떤 해석가는 '고맙습니다, 금오 나릿님. (그러나) 두터운 사랑에 공연히 마음만 괴롭답니다'라고 보기도 한다.

해 이 시가 채용한 '借古喩今'의 수법 등을 통해 볼 때 그 가능성은 매우 높다. 작가 辛延年 또한 거의 민간인에 가까운 사람으로 볼 수 있는데, 그와 같이 평민이면서도 문자를 구사할 줄 알던 문인, 다시 말하면 지식인이면서도 뚜렷한 관직이 없었던 사람은 당시 민가를 문인의 수중으로 전이시키는 계기를 담당했던 계층으로 볼 수도 있다.

이 시는 복합 시점으로 구성되어 있다. 전반부는 3인칭시점을 써서 반면인물인 馮子都와 정면인물인 '胡姬'에 대해 객관적인 사실을 중심으로 묘사하여 후반부의 충돌을 예고하면서 분위기를 고조시킨다. 즉 馮子都가 주인의 위세를 믿고 거들먹거리는 방자한 태도와 '胡姬'의 꽃다운 나이와 아름다운 수식 등이 후반부의 필연적 충돌을 예고하고 있다. 그리고 '不意'구 이후 후반부에서는 돌연 주인공 1인칭시점으로 바뀐다. 이러한 시점의 변환을 통해 애정이 아니라 권세와 재물로 여자를 유혹하는 치한에 대해 시종 침착하고 완곡한 태도로 완강하게 거절하는 주인공의 의지를 효과적으로 묘사하였다. 특히 '사내는 나중 여자를 더 좋아하고, 여자는 먼저 남자를 더 중히 여기지요(男兒愛後婦, 女子重前夫)'라는 말은 고대로부터 크게 변하지 않은 채 지속되어 오는 남녀의 애정 속성의 차이인데, 이 말을 통해 주인공은 자신을 유혹하는 남자가 진실한 애정 없이 단지 쾌락을 위해 새 여자를 찾아다니는 사람이기 때문에 그 희생물이 되기 싫다는 뜻을 강력히 표현하였다.

반첩여(班婕妤)

◇班婕妤 : 생졸년 및 이름은 미상이며, 樓煩(지금의 山西省 朔縣) 사람이다. 어려서부터 재주와 학문이 뛰어났는데, 成帝(B.C.33~B.C.7) 때 후궁으로

들어와 처음에는 少使가 되었으나, 얼마 후 총애를 받아 婕妤가 되었으며, 뒤에 趙飛燕으로 인해 총애를 잃어 이 시를 지었다고 한다. 左曹越騎校尉인 班況의 딸이자 班彪의 고모라고 알려져 있다. 『文選』·『玉臺新詠』·『樂府詩集』 등에서는 실재 이 시의 작가라고 언급하고 있으나 후대에는 前漢시대에는 아직 저명 작가의 시가 출현할 때가 아니었으므로 후인의 가탁이라고 보거나 무명씨의 작품이라고 보는 설이 많다.

「원시(怨詩)」[250] 1수

序: 昔漢成帝班婕妤失寵, 供養于長信宮, 乃作賦自傷, 幷爲怨詩一首.

옛날 漢나라 成帝 때 班婕妤가 총애를 잃고서 長信宮에서 태후를 공양하면서, 이에 부를 지어 스스로 슬퍼하였으며, 아울러 「怨詩」 1수를 지었다.

27. 원망

「怨詩」

新裂齊紈素,[251]　　제나라 산 비단을 새로 잘라내는데
鮮潔如霜雪.[252]　　곱고 깨끗하기 서리와 눈 같네
裁爲合歡扇,[253]　　말라서 합환 부채 만드니

250) 제목은 이 선집을 제외하면 「怨歌行」(『文選』) 또는 「團扇(歌)」(『詩品』)라고 되어 있으며, 후대의 각 시선집에서도 모두 이를 따르고 있다. 相和歌辭 楚調曲에 속한다.

251) '新裂'(신렬): 새로 뜯어내다. 새로 자르다. '齊紈素'(제환소): 비단의 명산지 齊나라에서 생산된 무늬가 없고 결이 고운 紈과 素. 紈이 素보다 결이 더 곱다.

252) '鮮潔'(선결): 곱고 깨끗하다. 『文選』에는 '皎潔'로 되어 있다.

253) '合歡扇'(합환선): 남녀간의 사이좋은 애정과 결합을 상징하는 대칭 무늬를 넣은 부채. '合歡被(이불)'·'合歡襦(저고리)'·'合歡杯(술잔)' 등도 같은 의미를 지니고 있다.

團團似明月.	둥근 모양이 밝은 달 같네
出入君懷袖,	님의 품과 소매 드나들며
動搖微風發.	살랑살랑 흔들리니 산들바람 일어나네
常恐秋節至,	항상 두려운 건 가을철이 되어
凉風奪炎熱.[254]	서늘한 바람이 불꽃 더위 뺏는 것
棄捐篋笥中,[255]	상자 속에 버려져
恩情中道絶.	은혜로운 사랑 중도에서 끊기는 것

해설 이 시는 부채를 통해 버림받은 여성의 원망을 표현한 작품이다. 즉 경물 묘사와 심경 묘사가 구분되어 있는 것이 아니라, 抒情의 수단으로 詠物한 것이다. 작품의 소재인 부채는 곧 작가 자신으로, 자신의 감정을 사물에 이입시킨 경우이다. 전반부에서는 부채의 재질과 모습이 깨끗하고 아름답다는 것을 통해 자신의 출신・성품・외모의 뛰어남을 노래하였고, 이어서 더위를 쫓는 기능을 임금을 위한 자신의 헌신적인 시중으로 비유하여 노래하였고, 후반부에서는 총애를 받고 있으면서도 가을이 되어 필요 없게 되는 부채 신세가 되지 않았으면 하는 바람을 표현하였다. 그 바람은 그러나 제목으로 보아 이미 실총한 후의 원망일 따름인 것이다.

이 시는 완전한 오언시의 형태를 갖추고 있다. 압운에 있어서도 비록 韻部는 서로 다르지만 우수구에 모두 측성으로 通押하고 있다. 만약 李陵・蘇武・枚乘 등의 오언시를 일반적으로 東漢 말의 문인이 쓴 擬作이라고 한다면, 이 시는 오언시 중 완정된 형식과 내용을 띤 최초의 작품으로 볼 수 있다. 오언시 발생과 여성 작가는 밀접한 관계를 가지고 있다고 하겠다. 다시 말하면 당시 오언시는 노래 가사였으며, 본격적으

254) '凉'(량) : 어떤 책에는 '飆'자로 되어 있다.
255) '棄捐'(기연) : 버리다. 그만두다. '篋笥'(협사) : 옷가지・책 따위를 보관하는 대나무로 만든 네모난 상자.

로 사대부 문인들의 수중으로 전이되지 않았던 단계에서는 아직 사대부 문인과 상대적 계층으로 볼 수 있는 민간과 여성 작가의 수중에 있었던 것은 아니었나 한다.

송자후(宋子侯)

◇宋子侯 : 東漢 때의 사람으로, 생평과 사적이 알려져 있지 않다.

「동교요(董嬌嬈詩)」[256] 1수

28. 동교요

「董嬌嬈詩」

洛陽城東路,[257]	낙양성 동쪽 길
桃李生路傍.	복숭아 오얏나무 길가에 자라네
花花自相對,	꽃이란 꽃은 저절로 짝을 이루고 있고
葉葉自相當.[258]	잎이란 잎은 저절로 서로를 향해 있네
春風東北起,	봄바람이 동북쪽에서 불어오니

256) 이 작품은 『玉臺新詠』을 통해 후대에 전해지게 된 작품이다. '嬈'자는 『考異』에는 宋刻本과 같이 '饒'자로 되어 있다. '嬌嬈'(교요) : 아리따운 모양을 형용하는 말. '董嬌嬈'(동교요) : 여기에서는 여자의 이름으로 본다. 東漢 雜曲歌辭에 속한다.

257) '洛陽'(락양) : 東漢의 수도이다.

258) '相當'(상당) : 앞 구의 '相對'와 같은 뜻이다. 서로 대칭을 이루다. 서로 어울리다.

花葉正低昂.[259] 꽃과 잎이 바야흐로 낮아졌다 높아졌다 하네
不知誰家子,[260] 뉘댁 여자인지 모르지만
提籠行采桑. 바구니 메고 뽕 따라 나가는데
纖手折其枝,[261] 섬섬옥수로 꽃가지를 꺾으니
花落何飄颺. 꽃이 떨어져 어지러이 나풀대네
"請謝彼姝子,[262] 저 고운 아가씨에게 묻겠어요
何爲見損傷?"[263] 무엇 때문에 저희를 꺾나요
"高秋八九月, 하늘 높은 가을철 팔구 월
白露變爲霜. 흰 이슬이 서리로 바뀔 때면
終年會飄墮,[264] 한 해는 다하여 꽃잎 날려 떨어질 텐데
安得久馨香?" 어찌 향기를 오래 간직할 수 있겠니
"秋時自零落, 가을이면 당연히 시든다 해도
春月復芬芳. 봄철이면 다시금 향기 뿜어낼 것이니
何時盛年去, 어느새 한창 때는 지나가고
懽愛永相忘?" 기쁜 사랑 영원히 잊혀지는 그대와 같으리
吾欲竟此曲,[265] 내 이 노래 다하려고 하건만
此曲愁人腸. 이 곡조가 사람 애간장을 녹이네
歸來酌美酒, 집에 돌아와 맛있는 술 따르며
挾瑟上高堂.[266] 비파 끼고 높은 안채로 오른다네

---

259) '低昂'(저앙) : 낮아졌다 높아졌다하는 모양. 봄바람에 꽃가지가 흔들리는 모양.
260) '子'(자) : 인칭대명사. 여기에서는 여자를 가리킨다.
261) '其'(기) : 지시대명사. 여기에서는 앞 둘째 구의 '桃李'를 가리킨다.
262) '請謝'(청사) : 정중하게 묻다. '姝子'(주자) : 미인. 이하 두 구는 꽃이 아가씨에게 묻는 말이다.
263) '見'(견) : 피동을 나타내는 말. '見損傷'(견손상) : 꺾이다.
264) '終年'(종년) : 한 해가 다 저물다. '會'(회) : 장차. '飄墮'(표타) : 날리어 떨어지다.
265) '吾'(오) : 이 시를 쓴 작가 또는 이 시를 노래하는 사람을 가리킨다. '竟'(경) : 다하다. 끝내다.
266) '高堂'(고당) : 집의 본채[안채].

해설 이 작품은 꽃과 여자의 대화를 통해 세월의 흐름에 따라 청춘이 시들고 그에 따라 사랑도 식어감을 안타까워하는 여성의 심정을 묘사하고 있다. 여성이 사랑받는 것은 청춘의 한 때로, 이는 가을에 졌다가 봄에 다시 피는 꽃의 처지보다 못하다는 절묘한 비유법을 쓰고 있다. 화초는 의구한데 여자의 인생은 무상하기 그지없다는 뜻이리라.

「한나라 때의 동요(漢時童謠歌)」[267] 1수

29. 한나라 때의 동요

「漢時童謠歌」

城中好高髻,[268]	궁성 안 여인들 높은 쪽 좋아하니
四方高一尺.	온 세상 여인들 한 자 높이 쪽을 하고
城中好大眉,	궁성 안 여인들 큰 눈썹 좋아하니
四方眉半額.	온 세상 여인들 눈썹이 이마의 반
城中好廣袖,	궁성 안 여인들 넓은 소매 좋아하니
四方用匹帛.	온 세상 여인들 한 필 비단으로 소매 만드네

해설 이 동요는 윗사람이 좋아하면 아랫사람들이 본받는 사회 현상에 대한 풍자이다. 『後漢書』「馬廖傳」에 따르면 後漢 章帝 때 왕후가 근검절약을 권면하였는데, 이에 오빠 馬廖가 이 동요를 예로 들면서 풍속을 바꾸려면 궁중에서 먼저 솔선수범하여야 함을 일깨웠다고 한다.

---

267) 이 작품은 본래 『後漢書』「馬廖傳」에 수록되어 있던 것으로, 『樂府詩集』에는 雜歌謠辭 謠辭로 분류되어 있다.

268) '城中'(성중): 도성 안. 여기에서는 西漢의 수도인 長安城을 말한다. '髻'(계): 머리카락을 틀어올려 묶은 것. 상투나 쪽을 말한다. 여기에서는 여인들의 쪽진 머리를 가리킨다.

이 시선집에는 이 노래를 비롯해 적잖은 동요가 수록되어 있는데, 현재 모두 귀중한 자료로 간주된다. 고대 동요는 현대의 동요와 달리 예언적인 내용을 위주로 하고 있는데, 이는 사회 변화의 낌새에 대해 그 누구보다도 천진난만한 아동들이 더욱 잘 감지함을 나타내며, 아울러 그 전파력 또한 그 어떤 노래보다 더 강하였기 때문이었다.

장형(張衡)

◇張衡(78~139) : 자가 平子이며, 南陽 西鄂(지금의 河南省 南陽縣) 사람이다. 東漢 安帝 때 太史令이 되었으며, 順帝 때 侍中이 되었다가, 외직으로 나가 河間王의 재상이 되었으며, 나중에는 尙書에까지 올랐다. 그는 천문역법에 정통하여 渾天儀와 候風地動儀를 제작하였으며, 詩賦에도 능하였다. 작품으로는 「四愁詩」·「二京賦」·「歸田賦」 등이 더 있다.

「**동성가**(同聲歌)」[269] **1수**

30. 동성가

「同聲歌」

邂逅承際會,[270] 우연히 만나 좋은 인연 맺어

---

269) '同聲'(동성) : 한 목소리로 서로 호응하다. 『周易』 「乾」 「九五」의 '같은 목소리는 서로 호응하며, 같은 기운은 서로 찾는다(同聲相應, 同氣相求)'란 구절에서 왔다. 『樂府詩集』에는 雜曲歌辭로 분류되어 있다.

得充君後房.[271]	그대의 안방에 들게 되었답니다
情好新交接,	기쁜 마음으로 새로운 정 나누는데
恐㗁若探湯.[272]	두렵고 떨리기는 열탕에 손을 대듯 하답니다
不才勉自竭,	타고난 재주는 없지만 부지런히 진력하여
賤妾職所當.[273]	미천한 소첩은 소임을 다한답니다
綢繆主中饋,[274]	면밀히 음식 준비를 주관하고
奉禮助蒸嘗.[275]	예를 받들어 겨울제사 가을제사 돕는답니다
思爲苑蒻席,[276]	마음으론 무늬 아름다운 왕골자리가 되어
在下蔽匡牀.[277]	아래로 반듯한 침상 덮어드리고자 하며
願爲羅衾幬,	소원은 비단 이불과 휘장이 되어
在上衛風霜.	위로 스며드는 바람 서리 막아 드리고자 한답니다
洒掃淸枕席,[278]	씻고 쓸며 이부자리 깨끗이 하고
鞮芬以狄香.[279]	서역산 향으로 가죽신에 향기를 넣는답니다
重戶結金扃,[280]	이중 문에 쇠빗장 걸고서
高下華鐙光.[281]	위 아래로 등잔불 환히 밝힌 채

270) '邂逅'(해후) : 우연히 만나다. '際會'(제회) : 혼인을 통해 서로 만나다.

271) '後房'(후방) : 안방. 아내의 방.

272) '㗁'(률) : 字書에 나오지 않는 글자이다. 五雲溪館活字本과 『樂府詩集』에는 '慄'자로 되어 있다. 무서워서 떨다. '探湯'(탐탕) : 끓는 물에 손을 대보다.

273) '賤妾'(천첩) : 옛날 여성이 자신을 겸손하게 일컫던 말. '職'(직) : 동사로 쓰였다. 맡아서 하다.

274) '綢繆'(주무) : 본래 꽁꽁 동여매다는 뜻이지만, 여기에서는 미리 빈틈없이 준비함을 뜻한다. '中饋'(중궤) : 식사를 공양하다.

275) '蒸'(증) · '嘗'(상) : 계절에 따라 지내던 제사. 각각 겨울제사와 가을제사를 가리킨다. 여기에서는 각종의 제사를 뜻한다. '蒸'(증) : 본래 '烝'자인데, 통용된다.

276) '苑'(원) : 문채가 있다. '蒻'(약) : 부들. '苑蒻席'(원약석) : 무늬가 아름다운 부들자리. '苑'자는 五雲溪館活字本에는 '莞(왕골)'자로 되어 있다.

277) '匡牀'(광상) : 네모반듯한 침상.

278) '洒掃'(쇄소) : 물을 뿌리고 빗자루로 쓸다.

279) '鞮'(제) : 가죽신. '狄香'(적향) : 옛날 서역에서 나던 유명한 향.

280) '重戶'(중호) : 안방의 문.

281) '華鐙光'(화등광) : 등불을 꽃처럼 환하게 밝히다. 또는 꽃 같은 등잔불이 빛나다.

衣解巾粉御,282)	옷 벗고 수건 풀고 분바른 얼굴로 그대에게 나아가
列圖陳枕張.283)	그림 늘어놓고 침석을 깐답니다
素女爲我師,284)	신선인 소녀가 나의 스승인지라
儀態盈萬方.	동작과 자태가 만방으로 충만하답니다
衆夫所希見,	뭇 남정네들 거의 보지 못하던 것으로
天老敎軒皇.285)	천로가 황제에게 가르쳤던 기술이랍니다
樂莫斯夜樂,	즐거움은 이 밤의 환락만한 것이 없으니
沒齒焉可忘?286)	늙어 죽을 때까지 어찌 잊을 수 있겠습니까

해설 이 작품은 작자가 23세 때 南陽太守 鮑德의 主簿로 있으면서 지은 작품이다. 신혼의 초야를 맞는 신부의 기쁨을 세밀하게 묘사하고 있다. 신부의 감정은 단순한 기쁨뿐만이 아니라, 남편에 대한 호기심과 사랑, 두려움과 부끄러움, 앞날에 대한 희망과 설계 등등으로 작품에서 묘사한 것처럼 매우 복잡하게 얽혀 있을 것이다.

작품 전체를 통하여 볼 때, 신부는 남편과 시집을 위해 전심전력을 다해 봉사하겠다는 마음을 가지고 있다. 아울러 남편에 대해서는 자리가 되고 휘장이 되며, 심지어는 잠자리에서조차 남편을 위해 최선을 다하겠다고 하고 있는데, 이는 역사적 상황으로 보아 당시 여성의 실재적

---

282) 이 구의 의미는 난해하다. '衣解'와 '巾粉御'로 분절할 때, '衣解'는 '옷을 벗다'라는 뜻으로, '御'는 '남편 앞으로 나아가다'라는 뜻으로 볼 수 있지만, '巾粉'의 의미가 모호해진다. 억지로 해석하자면 '수건을 가지고 분을 바른 채'라고 할 수 있을 것이지만 어색하다. 따라서 '衣解巾'과 '粉御'로 분절하여 앞의 '衣解巾'을 '解衣巾'으로 보고, 전체적으로 '옷을 벗고 머릿수건 풀고 분을 바른 채 남편에게 나아간다'는 뜻으로 볼 수 있을 것이다.

283) '列圖'(렬도): (운우지정을 돋우는) 그림을 늘어놓다.

284) '素女'(소녀): 黃帝 때의 女神 이름. 房中術에 대해 黃帝에게 자문하였다고 한다.

285) '天老'(천로): 黃帝 때의 신하. '軒皇'(헌황): 黃帝를 가리킨다.

286) '沒齒'(몰치): 치아가 다 빠지고 없다. 즉 늙음을 가리킨다. '焉'(언): 의문사. '何'와 같다.

인 감정이 아니라, 남성에 의해 가공된 여성상이었을 가능성이 크다. 즉 작품 속의 여성 형상과 같은 여성을 아내로 맞고 싶다는 남성들의 소망인 셈이다.

진가(秦嘉)

◇秦嘉(생졸년 미상) : 桓帝 때 隴西郡의 上計가 되어 洛陽에 갔다가 그곳에 남아 黃門郞이 되었다. 현존하는 작품으로는 이 시 3수와 「與妻徐淑書」·「重報妻書」 등의 산문이 있다.

「증부시(贈婦詩)」 3수

序 : 秦嘉, 字士會, 隴西[287]人也. 爲郡上掾,[288] 其妻徐淑, 寢疾還家, 不獲面別, 贈詩云爾.

秦嘉는 자가 士會이며, 隴西 사람이다. 郡上計가 되었는데, 그의 아내 徐淑이 병이 들어 친정에 돌아가 있어서 직접 작별하지 못하여 시를 주었다고 한다.

---

287) '隴西'(롱서) : 옛날의 郡名. 戰國시대 秦나라 때 설치되었으며, 지금의 甘肅省 臨兆縣 남쪽에 해당한다.

288) '郡上掾'(군상연) : 『考異』에는 『西溪叢語』를 근거로 하여 '郡上計'라고 보았다. '上計'는 戰國시대 및 秦漢 때 지방관이 연말에 관할지역의 戶口·賦稅·도적·獄訟 등에 관한 내용을 기록한 장부를 만들어 상급관청으로 보고하던 제도를 말하는데, 그 직책을 맡은 관리를 또한 '上計'·'上計掾'·'上計吏'라고 일컬었다.

31. 아내에게 1

「贈婦詩」 其一

人生譬朝露,	인생이란 아침 이슬 같으며
居世多屯蹇.[289]	세상살이는 험난하기 그지없다오
憂艱常早至,	근심과 역경은 항상 빠르게 닥치며
歡會常苦晩.	즐거운 때는 늘 더디게 와서 괴롭다오
念當奉時役,[290]	시절 임무 받들고 떠나야 된다 생각하니
去爾日遙遠.[291]	당신과 떨어져 날로 멀어질 게 분명하다오
遣車迎子還,[292]	수레 보내어 당신 돌아오는 것 맞으려고 했는데
空往復空返.	빈 수레로 갔다가 또 빈 수레로 돌아오는구료
省書情悽愴,[293]	편지를 살펴보니 마음이 서글퍼져
臨食不能飯.	밥을 대하고도 먹을 수가 없다오
獨坐空房中,	홀로 빈 방안에 앉아 있으니
誰與相勸勉?	그 누가 나를 다독거려 주리오
長夜不能眠,	긴 밤 내내 잠 못 이루고
伏枕獨展轉.	베개 맡에 엎드려 혼자 전전반측한다오
憂來如尋環,[294]	근심은 끝없이 나를 감싸고 돌지만
匪席不可卷.[295]	내 마음은 자리가 아니어 말 수가 없다오

289) '屯'(준) · '蹇'(건) : 각각 『周易』의 64괘의 이름 중의 하나. 모두 험난하고 순조롭지 못한 것을 의미한다.

290) '時役'(시역) : '上計吏'가 되어 京師로 가서 郡의 업무를 보고하는 일을 가리킨다.

291) '去爾'(거이) : 당신[아내]과 떨어지다.

292) '子'(자) : 아내를 가리킨다.

293) '悽愴'(처창) : 슬프고 원망스러운 모양.

294) '尋環'(심환) : '循環'과 같다. 끝없이 되풀이되다.

295) 이 구절은 본래 『詩經』 「邶風」 「柏舟」의 '내 마음 자리가 아니니, 말 수가 없다네(我心匪席, 不可卷也)'에서 왔다. 즉 펼쳐진 자리는 말아서 치울 수가 있지만, 근심은 수습할 수 없다란 뜻이다.

해설 이 시는 아내를 두고 먼 길을 떠나는 남자의 아내에 대한 사랑과 안타까움을 나타낸 작품이다. 작가는 군의 보고업무를 담당하는 관리가 되어 서울로 가기로 되어 있을 때, 친정에 가 있는 아내가 보고 싶어 하인을 시켜 수레를 보내었지만, 아내는 병이 깊어 오지 못하고 대신에 편지만 인편에 보내왔다. 이에 작가는 아내의 병에 대한 우려와 어쩌면 오랜 이별이 될지도 모를 여행길을 생각하면서 슬픔에 북받친다.

32. 아내에게 2

「贈婦詩」 其二

皇靈無私親,[296]	크신 신령은 사사로운 친함이 없어
爲善荷天祿.	선행을 하면 천복을 걸머질 수 있다는데
傷我與爾身,	나와 당신의 신세 애달파라
少小罹煢獨.[297]	젊어서는 의지가지없는 외로운 신세
旣得結大義,	이윽고 결혼의 큰 뜻 맺었는데
歡樂若不足.	즐거움은 늘 부족한 듯
念當遠離別,	이제 멀리 이별할 걸 생각하니
思念敍款曲.[298]	그리운 생각이 간절하게 인다오
河廣無舟梁,	강물은 넓은데 배도 다리도 없으며
道近隔邱陸.	길은 가깝지만 구릉과 언덕에 막혀 있다오
臨路懷惆悵,[299]	길을 나서니 슬픔이 가슴에 가득하여

296) '皇靈'(황령) : 큰 신령. 즉 하늘을 의미한다.
297) '少小'(소소) : 나이가 적고 어리다. '罹'(리) : 만나다. 당하다. '煢獨'(경독) : 의지할 데 없이 외롭다.
298) '款'(관) : 정성스럽다. '曲'(곡) : 완곡하다. '敍款曲'(서관곡) : 정성스럽고 곡절한 감정을 펼치다.

中駕正躑躅.[300]	중도에서 바야흐로 머뭇거린다오
浮雲起高山,	뜬구름은 높은 산에서 일고
悲風激深谷.	슬픈 바람은 깊은 계곡에 부딪힌다오
良馬不回鞍,	훌륭한 말은 안장을 되돌리지 않고
輕車不轉轂.[301]	가벼운 수레는 바퀴의 방향 되돌리지 않는다오
針藥可屢進,	침과 약재 자주 들일 수 있다 하더라도
愁思難爲數.[302]	당신 향한 시름은 헤아리기 어렵다오
貞士篤終始,[303]	곧은 선비의 애정은 시종 독실하지만
恩義不可屬.[304]	두터운 애정을 글로 표현할 수는 없다오

해설 이 시는 여정에 오르기 전 여행길을 상상하면서 아내에 대한 사랑을 표현한 것이다. 젊어서부터 일찍 부모형제와의 단란한 생활을 하지 못하고 외롭게 자라다가 겨우 결혼을 하였으니, 함께 하는 시간과 따뜻한 사랑은 늘 부족하게만 느껴졌으리라. 평생을 함께 한다 하더라도 턱없이 부족한 시간에 다시금 먼 길 떠나 이별하게 되었으니, 그걸 생각하면 아마도 작가의 가슴은 더욱 아려왔을 것이다. 내키지 않는 길을 못내 떠나자니 발걸음이 어찌 쉽게 떨어지겠는가. 그러나 공무

299) '惆悵'(추창) : 몹시 슬픈 모양.

300) '中駕'(중가) : 수레를 몰고 가는[駕] 도중. '躑躅'(척촉) : 머뭇거리며 나아가지 못하는 모양.

301) '轂'(곡) : 수레의 바퀴통. 굴대가 중앙을 통과하고 바퀴살이 중심으로 모이는 곳이다. 여기에서는 바퀴를 가리키는 말로 쓰였다. '轉轂'(전곡) : 바퀴의 방향을 돌리다. 되돌아감을 의미한다. 앞 구의 의미도 마찬가지이다.

302) 이 두 구의 의미는 이별에 대한 깊은 시름이 침과 약재로도 치료하지 못할 정도로 깊다란 뜻이다. 내용의 흐름으로 보아 작가의 시름이라고 할 수 있다.

303) '貞士'(정사) : 지조가 굳은 선비. 여기에서는 아내에 대한 사랑을 저버리지 않는 작가 자신을 가리킨다.

304) '屬'(속) : 글을 짓다. '屬文'과 같다. 『考異』에는 이 구절의 의미에 대해 '未詳'이라고 하면서 『詩紀』에는 '促(짧게 끝나다)'으로 되어 있는 것을 예로 들면서 뜻이 조금 통한다고 하였다. 이 관점은 日本의 內田泉之助에게 이어져 '新釋漢文大系本'에는 '促'자로 되어 있다.

또한 지체하거나 태만해서는 안 될 일. 길을 가면서 보이는 경물들, 높은 산에 이는 구름과 계곡을 울리며 불어오는 바람이 모두 작가의 슬픈 감정을 고조시킨다. 침과 약이 병을 치료할 수는 있으나, 아내를 두고 떠나는 작가의 슬프고 한스러운 마음은 치료할 수 없을 것이며, 이러한 자신의 사랑도 절대 변치 않을 것이라고 맹세하건만 글로 잘 표현할 수가 없다고 하였다. 제3수의 내용을 통해 본다면 이 시 후반부의 내용은 실재 길을 떠난 것이 아니라 떠나기 전 작가의 상상이라고 할 수 있다.

33. 아내에게 3

「贈婦詩」 其三

肅肅僕夫征,[305]	빨랑빨랑 하인들이 떠날 준비하는데
鏘鏘揚和鈴.[306]	댕거랑댕그랑 수레방울 소리 울린다오
淸晨當引邁,[307]	맑은 새벽 먼 길 나설 때
束帶待雞鳴.	의대 메고 닭 울기를 기다리며
顧看空室中,	텅 빈 방안 돌아보노라면
髣髴想姿形.	흡사 당신 모습 보이는 듯하고
一別懷萬恨,	한 번 이별에 만 가지 한이 서릴지니
起坐爲不寧.[308]	일어나 앉아도 편안치가 않다오
何用敍我心?	무엇으로 내 마음을 펼치리오
遺思致款誠.	정성스런 선물 보내어 그리움을 전한다오
寶釵可耀首,[309]	보석 비녀는 머리를 빛낼 수 있으며

305) '肅肅'(숙숙) : 빠르게 가는 모양. '僕夫'(복부) : 하인.
306) '鏘鏘'(장장) : 방울 따위가 울리는 소리. '和鈴'(화령) : 수레앞턱가로나무에 다는 방울.
307) '引邁'(인매) : 먼 길을 출발하다.
308) 이상 두 구는 아내의 심정을 상상한 것으로 볼 수 있다.

明鏡可鑒形. 밝은 거울은 몸을 비출 수 있고
芳香去垢穢, 짙은 향은 더러운 때를 없앨 수 있으며
素琴有淸聲. 소금은 맑은 소리 낸다오
詩人感木瓜, 시인은 모과 선물에 감동하여
乃欲答瑤瓊.[310] 이에 아름다운 옥으로 보답코자 했다오
愧彼贈我厚, 부끄럽다오 그대가 내게 준 두터운 선물에
慚此往物輕. 창피하다오 그대에게 보낸 이 선물들이 하찮아서
雖知未足報, 비록 충분한 답례가 아닌 줄 알지만
貴用敍我情.[311] 그것으로 내 마음을 펼치는 게 중요하다오

해설 이 시는 작가가 새벽이 되어 여정에 오르기 직전에 아내에 대한 사랑과 그리움을 재삼 서술한 것이다. 자신은 비록 길을 떠나지만 공무를 보느라 슬퍼할 겨를도 없을 것 같은데, 아내가 병석에서 얼마나 외롭고 슬프게 지낼지를 생각하고, 조금이라도 위안을 주기 위해 거울과 비녀, 사향과 소금 등 진귀한 선물을 부친다. 그러나 그 선물

309) 이하 네 구는 아내에게 선물한 내용인데, 작가가 아내에게 보낸 서신 「重報妻書」에 다음과 같이 서술되어 있다. '근자에 이 거울을 얻었는데, 맑고도 좋으며 모양이 아름다운 세상에 보기 드문 것으로, 속으로 매우 애호하던 것이기 때문에 그대에게 드린다오. 아울러 값이 천금이나 나가는 보석 비녀 한 쌍, 용과 호랑이 무늬가 수놓인 신발 한 켤레, 그리고 좋은 향 네 종류 각각 1근과 늘 내가 연주하던 素琴 하나를 보낸다오. 맑은 거울은 모습을 비출 수 있고, 보석 비녀는 머리를 빛나게 할 수 있고, 향기로운 향은 몸을 향기롭게 하며 더러운 때를 없앨 수 있으며, 사향은 악기를 막을 수 있고, 素琴은 귀를 즐겁게 할 수 있다오(間得此鏡, 旣明且好, 形觀文彩, 世所希有. 意甚愛之, 故以相與. 幷致寶一雙, 價値千金. 龍虎組履一緉. 好香四種各一斤. 素琴一張, 常所自彈也. 明鏡可以鑒形, 寶可以耀首, 芳香可以馥身去穢, 麝香可以辟惡氣, 素琴可以娛耳).'

310) '瑤瓊'(요경): 아름다운 옥. '瓊瑤'와 같다. 이상 두 구는 『詩經』 「衛風」 「木瓜」의 '나에게 모과를 던져 주기에, 아름다운 패옥으로 보답하였네. …… 나에게 복숭아를 던져 주기에, 아름다운 옥으로 보답하였네(投我以木瓜, 報之以瓊琚. …… 投我以木桃, 報之以瓊瑤)'에서 온 말이다.

311) '用'(용): '以'자와 같다. ……로써. 이 구는 '중요한 것은 그런 보잘 것 없는 선물을 통해 그대에 대한 나의 깊은 사랑을 전하는 데 있다'라는 뜻이다.

의 의미는 결코 진귀하고 값진 것에 있는 것이 아니라, 자신의 아내에 대한 깊은 사랑을 표현하는 작은 수단으로서의 의미만 존재한다고 하였다.

작가는 당시 출장길을 끝으로 집에 돌아오지 못하고 경사에 머물며 黃門郎이란 벼슬을 하다가 얼마 안 되어 죽었다고 하는데, 그렇게 볼 때 이 세 수의 시는 아내와의 영결사가 되어 버린 셈이다. 전체적으로 볼 때 이 시들은 사람의 심금을 울리는 명편이라고 할 수 있는데, 그것은 바로 작가의 진실된 체험을 바탕으로 한 작품이기 때문이다. 이런 작품에 나타나 있는 아내에 대한 사랑은 남성 위주의 봉건사회에서 보기 드문 것이며, 나아가 시문 등의 작품으로 표현된 것은 더더욱 드물기 때문에 이 작품은 매우 가치가 높다.

진가(秦嘉) 처(妻) 서숙(徐淑)

◇徐淑(생졸년 미상) : 東漢의 여류시인. 秦嘉의 처. 秦嘉가 명을 받고 京師로 떠날 때 그녀는 병 때문에 친정에 가 있어서 직접 전송하지 못하였다. 남편이 죽었을 때 아직 靑孀이었지만 개가하지 않았으며, 얼마 되지 않아 바로 죽었다고 하니, 아마도 남편에 대한 그리움이 사무쳤기 때문이었을 것이리라. 秦嘉가 그에게 보낸 앞의 시에 대한 答詩이다.

「답시(答詩)」[312] 1수

34. 답시

「答詩」

妾身兮不令,[313]	제 몸 변변치 못해
嬰疾兮來歸.[314]	병에 걸려 친정에 돌아와 있습니다
沈滯兮家門,[315]	집안에 틀어 박혀 지내는데
歷時兮不差.[316]	시간이 지나도 차도가 없답니다
曠廢兮侍覲,[317]	당신 모시고 뵈오는 것도 소홀히 팽개치니
情敬兮有違.	정성 다한 공경도 어기고 말았지요
君今兮奉命,	당신께선 지금 명을 받들고
遠適兮京師.	멀리 서울로 가신다고 하니
悠悠兮離別,	아득하기 그지없는 이별이라
無因兮敍懷.	마음을 펼쳐 보일 도리가 없답니다
瞻望兮踴躍,[318]	우러러 바라보며 발 동동 구르다가
佇立兮徘徊.[319]	우두커니 서서 서성거릴 뿐이지요
思君兮感結,	당신 생각에 만감이 얽히는데

312) 어떤 책에는 '答夫詩'라고 되어 있다.
313) '不令'(불령) : 좋지 않다. 몸이 아프다.
314) '嬰'(영) : 병에 걸리다.
315) '沈滯'(침체) : 물러나 머물다. 또는 일이 잘 안 풀리고 막히다. '家門'(가문) : 집의 대문. 또는 집안. 따라서 이 구는 두 가지 해석이 가능하다. 즉 '(친정집으로 돌아와) 대문 안에 틀어박혀 있다'와 '(친정) 집안의 운세가 잘 풀리지 않다'란 해석이 있을 수 있는데, 문맥의 흐름으로 보아 전자가 사실에 더 가까운 것 같다.
316) '差'(차) : '瘥'자와 같다. 병이 낫다.
317) '曠廢'(광폐) : 비워 두고 팽개치다. '侍覲'(시근) : 모시면서 뵈옵다. 이 구는 남편을 가까이 모시고 얼굴 뵈옵는 것도 하지 못한다는 뜻이다.
318) '踴躍'(용약) : 뛰다.
319) '佇立'(저립) : 우두커니 서 있다.

夢想兮容輝.	꿈에 빛나는 당신 모습 떠오릅니다
君發兮引邁,	당신 먼 길 출발하시면
去我兮日乖.[320]	저와는 날이 갈수록 떨어질 것입니다
恨無兮羽翼,	한스러운 것은 날개를 달고
高飛兮相追.	높이 날며 따라가지 못하는 것
長吟兮永歎,	길게 시름하며 끝없이 탄식하니
淚下兮霑衣.	눈물이 흘러내려 옷깃을 적십니다

해설 이 시는 앞의 秦嘉의 시에 대한 답시다. 병 때문에 친정에 돌아와 요양 중인 아내는 명을 받고 서울로 떠나는 남편으로부터 애절한 사랑과 배려가 담긴 시와 편지, 그리고 귀한 선물을 받고, 몸소 배웅하지 못한 자신을 생각하며 다만 눈물을 흘릴 뿐이다. 결혼한 이래로 병 때문에 남편을 제대로 받들지도 못하고 친정에 와 있는데, 이제 이별하면 어쩌면 다시 만나기 어려울 것이란 예감 때문에 눈물방울은 더욱 굵어진다. 이상의 秦嘉와 徐淑의 시는 고대 중국 전체에 걸쳐 거의 찾아볼 수 없는 부부간의 애정을 표현한 작품으로 더없이 귀중한 자료이다.

채옹(蔡邕)

◇蔡邕(133~192) : 자는 伯喈이며, 陳留郡 圉(지금의 河南省 杞縣) 사람이다. 젊어서부터 박학하였으며, 문장 · 역술 · 천문 등을 좋아하였고, 음률에도 밝았으며, 거문고도 잘 연주했다. 靈帝 때 議郎이 되었으며, 熹平 4년(175)에 楊賜 등과 함께 六經의 글자를 바로잡도록 주청하여, 스스로 經文을 비석에

320) '乖'(괴) : 어긋나다. 떨어지다. 헤어지다.

쓰고 석공들로 하여금 새기게 하여 太學門 밖에 세우게 하였다. 光和 원년(178)에는 시정을 비평하는 상소를 올렸다가 權貴들의 미움을 받아 추방되었다가, 후에 사면되어 董卓이 전횡할 때 侍御史로 임명되었으며, 관직이 左右中郎將에 이르렀다. 董卓이 죽은 뒤 王允에게 체포되어 옥사하였다. 현존하는 그의 글은 『獨斷』 2권과 詩賦 등 64편의 글이 수록되어 있는 『蔡中郎集』 10권이 전해온다.

「장성 샘굴에서 말에게 물을 먹이며(飮馬長城窟行)」[321] 1수

35. 장성 샘굴에서 말에게 물을 먹이며 「飮馬長城窟行」

青青河邊草,	푸르디푸른 황하강 가의 풀
綿綿思遠道.[322]	하염없이 먼 길 떠난 님 그립게 하네
遠道不可思,	먼 길 떠난 님 생각한들 소용도 없는데
宿昔夢見之.	간밤에 그이가 꿈에 보였네
夢見在我旁,	꿈에서 볼 땐 내 곁에 계셨는데
忽覺在他鄉.	문득 깨어보니 타향에 계시네
他鄉各異縣,	타향이라 각기 다른 곳에 살고 있으니
展轉不相見.[323]	뒤척이며 생각해도 만날 수가 없네

321) 이 작품은 『文選』에는 樂府 古辭로 분류되어 있으며, 『樂府詩集』에는 相和歌辭 瑟調曲으로 분류되어 있다. '長城'(장성): 秦나라 때 북쪽 이민족의 공격에 대비해 축조한 성. 그 성 밑에 샘이 있었고, 그곳에서 군인들이 말에게 물을 먹이곤 했다. 이 시의 내용을 보면 직접적으로 이러한 내용을 반영하고 있지 않은 것으로 보아, 이 곡조의 최초의 가사는 아닐 듯하다.

322) '綿綿'(면면): 끊임없이 이어지는 모양.

323) '展轉'(전전): '輾轉'과 같다. 여기에서는 먼 길 떠난 남편이 그리워 잠 못 들고 전전반측하는 아내를 형용하는 말로 본다. 일설에는 남편이 타향을 이리저리 떠돌아다니

枯桑知天風,	마른 뽕나무도 하늘에 바람 부는 줄 알고
海水知天寒.[324]	바닷물도 날씨 추운 줄 아네
入門各自媚,[325]	대문에 들어서면 각자 제 가족 사랑할 뿐
誰肯相爲言?	누가 남을 위해 말해주려 하겠는가
客從遠方來,	나그네가 먼 곳에서 와
遺我雙鯉魚.[326]	내게 한 쌍의 잉어를 주었네
呼兒烹鯉魚,[327]	아이 불러다 잉어를 삶아 보니
中有尺素書.[328]	뱃속에 한 자 비단에 쓴 편지 나왔네
長跪讀素書,	공손히 무릎 꿇고 비단 편지 읽는데
書中竟何如?	편지엔 결국 무엇이라고 썼던가
上有加飧食,[329]	처음엔 밥 잘 먹으라고 했고
下有長相憶.	끝에는 오래도록 생각한다고 하셨네

해설 이 작품은 병역 복무를 위해 변방으로 떠난 남편에 대한 아내의 그리움을 묘사한 노래다. 작품의 전반부는 黃河 가의 끝없이 이어진 푸른 풀들이 남편에 대한 그리움을 불현듯 일으키는 데서 시작된다. 그러나 아내는 그 생각이 아무 짝에도 쓸모없음을 경험상 알고

는 것을 형용하는 말로 보기도 한다. 그럴 경우 이상 두 구는 '타향이라도 언제나 다른 타향이며, 이리저리 떠돌아다녀서 만날 수가 없다네'라고 해석된다.

324) 이상 두 구는 '잎이 떨어져버린 마른 뽕나무조차 바람이 부는 것을 알고, 얼지 않는 바닷물도 얼음이 어는 추운 날씨를 알지만 먼 길 떠난 사람은 고향 여인의 그리움을 모른 채 돌아오지 않는다'라는 뜻이다.

325) '媚'(미) : 사랑하다. 친애하다. 이하 두 구는 '이웃 사람 중에 변방에서 돌아온 사람이 있다하더라도 제 가족 사랑하기에 바쁠 뿐 나를 위해 소식을 전해주려 하는 사람이 없다'라는 뜻이다.

326) '鯉魚'(리어) : 잉어. 여기에서는 서신을 보관하는 물고기 모양의 나무상자를 의미한다. 뚜껑을 열면 한 쌍이 된다.

327) '烹'(팽) : 삶다. 여기에서는 상자를 열다는 의미이다.

328) '尺素書'(척소서) : 한 자 비단에 쓴 편지.

329) '飧'(손) : 저녁밥. '飧食'(손식) : 밥과 음식.

있다. 그런데 문득 어젯밤 꿈에 남편의 모습이 나타나 좋아했지만 그것도 잠시뿐, 꿈을 깨니 남편은 지금 먼 타향에 있어 어찌 만나기를 바라겠는가? 그러나 마른 뽕나무도 바람을 느낄 줄 알고, 얼지 않는 바닷물도 추위를 아는데 왜 남편은 나의 이 애타는 마음을 모른다는 말인가? 간혹 이웃 사람 중에 떠났던 남자가 돌아올 때도 있지만 저마다 제 가족 소중한 줄만 알았지 자신을 위해 소식을 전해 줄 생각은 않으니, 남편에 대한 미움은 이웃 사람들에게로 옮아간다.

후반부는 내용상 마치 다른 작품이 이어진 듯하다. 멀리 수자리를 갔다 돌아온 사람 중에 어떤 사람이 남편이 보낸 비단 서찰을 전해 준다. 꺼내 읽어보니 식사 꼭꼭 챙겨 먹으며 건강하게 잘 있으라고 한다. 남편도 자기를 오래도록 그리워하고 있다고 하면서. 그러나 이 얼마나 실망스런 내용이었겠는가? 누구나 할 수 있는 그런 평범한 말뿐, 구체적으로 언제 돌아오겠다는 기약이 없으니 여인은 다시 더 큰 시름에 빠진다.

진림(陳琳)

◇陳琳(?~217) : 자가 孔璋이며, 廣陵(지금의 江蘇省 江都縣 동북) 사람으로, '建安七子' 중의 한 사람이다. 처음엔 何進의 主簿가 되었다가 나중에는 袁紹의 書記가 되어 曹操를 토벌하라는 저명한 문장 「爲袁紹檄豫州」를 썼다. 나중에 袁紹가 패망하자 曹操에게 투항하여 용서를 받고, 司空軍謀祭酒로 임명되었으며, 記室을 관장하면서 曹操를 위해 각종 문서를 지었다. 그가 지은 문집은 이미 망실되었고, 현존하는 시는 단지 네 수뿐이다.

「장성 샘굴에서 말에게 물을 먹이며(飮馬長城窟行)」[330] 1수

36. 장성 샘굴에서 말에게 물을 먹이며 「飮馬長城窟行」

飮馬長城窟,[331] 장성 샘굴에서 말에게 물을 먹이는데
水寒傷馬骨. 물이 차가와 말은 뼛속까지 언다오
往謂長城吏, 장성 관리에게 가서 하는 말
"愼莫稽留太原卒."[332] 제발 태원 병사 잡아두지 마시오
"官作自有程,[333] 관청 일이란 응당 일정이 있는 법
擧築諧汝聲."[334] 달구를 들어 네 노래소리에 맞추어라
"男兒寧當格鬪死,[335] 사내라면 차라리 싸우다 죽어야 하거늘
何能怫鬱築長城?"[336] 어찌 장성 쌓는 일로 답답해 할 수 있으리오
長城何連連, 장성은 얼마나 끝없이 이어져 있는지
連連三千里. 끝도 없는 삼천 리
邊城多健少, 변경 성엔 건장하고 젊은 사내 많고
內舍多寡婦.[337] 내지의 집엔 과부가 많다오

---

330) 이 작품은 편집 체제상 마땅히 雜言體 歌行을 수록하고 있는 제9권에 수록되어 있어야 한다. 후인들이 시대와 제목만을 생각하고 제1권에 수록한 것으로 보인다. 『考異』의 설명도 이와 같다. 『樂府詩集』에는 앞 蔡邕의 작품과 마찬가지로 相和歌辭 瑟調曲으로 분류되어 있다.

331) '長城窟'(장성굴) : 長城 부근의 샘이 있는 굴.

332) '愼'(신) : 제발. 절대로. 간곡히 당부하는 말. '稽留'(계류) : 머물다. 체류하다. 갇혀 있다. '太原'(태원) : 秦나라 때 설치된 郡. 지금의 山西省 일부에 해당한다. '卒'(졸) : 징발되어 온 병졸.

333) '自'(자) : 응당. 당연히.

334) '築'(축) : 땅을 다질 때 쓰이는 달구. '諧'(해) : 맞추다. 조화를 이루다. '聲'(성) : 여기에서는 영차영차 등과 같이 일의 능률을 올리기 위해 동작에 맞춰 외치거나 부르는 소리를 말한다.

335) '寧'(녕) : 차라리. '當'(당) : 마땅히. 당연히. '格鬪'(격투) : 싸우다. 격투하다.

336) '怫鬱'(불울) : 근심스럽고 답답한 모양. '築'(축) : 축조하다. 쌓다.

作書與內舍,　편지 적어 내지의 집으로 보내는데
"便嫁莫留住.[338]　홀로 남아 살지 말고 형편에 따라 개가하시오
善事新姑章,[339]　새 시부모 잘 모시며
時時念我故夫子."　가끔씩 옛 남편인 내 생각해주오
報書往邊地,　답장이 변경으로 왔는데
"君今出語一何鄙."[340]　당신이 지금 하신 말씀 너무도 천박쿠료
"身在禍難中,　몸이 화난 속에 있으니
何爲稽留他家子?　어찌 남의 집 여자를 잡아 둘 수 있겠소
生男愼莫擧,[341]　사내 낳거든 제발 떠들어 키우지 말고
生女哺用脯.[342]　딸 아이 낳거든 고기 먹여 키우시오
君獨不見長城下,　당신만이 보지 못했소 장성 밑을
死人骸骨相撑拄?"[343]　죽은 사람 해골들이 바치고 있는 것을
"結髮行事君,[344]　머리 올리고 당신 섬긴 이래로
慊慊心意關.[345]　찐덥잖은 마음에 온통 당신 생각뿐
明知邊地苦,　변경의 고통 훤히 알면서
賤妾何能久自全?"　어찌 소첩만 길이 온전할 수 있으리오

---

337) '內舍'(내사) : 내실. 안방. 규방. 여기에서는 이 구가 앞 구와의 대구라고 볼 때 '내지(↔변경)의 집(↔성)'으로 보는 것이 더 타당할 것이다.

338) '便'(편) : 기회가 닿는 대로. '留住'(류주) : 머물러 살다.

339) '章'(장) : 어떤 책에는 '嫜'자로 되어 있다. '姑章'(고장) : '姑嫜'과 같다. 시부모.

340) '鄙'(비) : 비속하다. 야비하다.

341) '擧'(거) : 정성을 다해 기르다.

342) '脯'(포) : 말린 고기. 여기에서는 고기로 대표되는 좋은 음식을 뜻한다.

343) '撑拄'(탱주) : 지탱하며 버티다. 이상 네 구는 秦나라 때의 民歌 '生男愼勿擧, 生女哺用脯. 不見長城下, 尸骸相支拄'를 따온 것이다.

344) '結髮'(결발) : 옛날, 여자가 15세가 되면 머리카락을 묶어 올리고 비녀를 꽂는 의식인 笄禮를 행하는데, 이것을 말한다. 이는 결혼의 허용이란 의미를 지니기 때문에 결혼이란 뜻으로도 쓰인다. '行'(행) : 현대 漢語의 '來'와 같은 句中助詞로 보았다.

345) '慊慊'(겸겸) : 성[마음]에 차지 않은 모양. '心意'(심의) : 마음. '關'(관) : 관심을 기울이다. 이 구는 '당신을 향한 내 정성이 부족한 듯 느껴져 늘 당신만을 생각하고 있다'라는 뜻이다.

해설 이 시는 장성 축조를 위해 동원된 한 남자의 고통 묘사를 통해 당시 백성들의 가족 유리와 그로 인한 애정 생활의 파괴를 반영한 시다. 작품 속의 '長城'은 바로 만리장성이다. 戰國시대 秦・趙・燕 등이 흉노족 등 북방 이민족의 침입을 막기 위해 축조한 성을 기초로 삼아 秦始皇 때 축조된 성이다. 비단 병사뿐만이 아니라 전국에서 대량으로 인부들이 징발되었으며, 소요된 시일도 10여 년이나 되었다고 한다. 漢나라 때는 북방과 서역으로 통하는 방위선을 구축하기 위해 서쪽 玉門關까지 연결하였다고 한다. 국가의 안위를 수호하는 이러한 국방의 임무는 당연히 국민 개개인 또는 가정의 행복보다 우위에 두어졌을 것이다. 그로 인해 야기된 병사들의 고통과 고향 가족에 대한 그리움, 또는 고향 가족의 떠난 사람에 대한 그리움 등이 작품을 통해 반영되었던 것이다. 글자로 정착되기 이전 民歌에 이미 '生男' 이하 네 구가 있는 걸로 보아, 당시의 그 그리움과 원망이 秦나라 때부터 이미 매우 보편화된 정서였음을 알 수 있겠다.

전통적인 '重男輕女'사상이 전쟁이란 특수 상황에서는 여지없이 무너지고 있음을 통해, 전쟁의 참혹함을 우회적으로 호소하고 있는 작품이다.

서간(徐幹)

◇徐幹(170~217) : 자가 偉長이며, 북해(지금의 山東省 濰坊市) 사람으로 '建安七子' 중의 한 사람이다. 사서의 기록에 의하면, 14세에 처음으로 五經을 읽었지만, 밤낮으로 열심히 공부하여 약관의 나이에 모두 익혔다고 한다. 그는 총명한데다 문장을 잘 썼지만 세속의 복록과 영화를 탐내지 않아, 曹操가

몇 차례 불렀지만 병을 핑계로 나아가지 않았다. 나중에는 曹操를 위해 司空軍謀祭酒의 속관이 되었으며, 曹丕의 五官中郎將文學을 역임하였다.

현존하는 주요 작품으로는 저작인 『中論』과 「齊都賦」·「西征賦」·「圓扇賦」 등 6편의 賦와 시 네 편(「室思」를 1편으로 봄)이 있다.

「아내의 그리움(室思)」 6수[346)]

37. 아내의 그리움 1

「室思」 其一

沉陰結愁憂,[347)]	침울하게 우수가 가슴에 맺히는데
愁憂爲誰興?	우수는 누구 때문에 생기는가요
念與君相別,	당신과의 이별을 생각해보면
各在天一方.	각자 하늘 한 모퉁이에 있지요
良會未有期,	즐거운 만남이란 아직 기약도 없으니
中心摧且傷.	가슴속은 찢어지는 듯 아프지요
不聊憂飡食,[348)]	먹을 게 적은 것을 걱정해서가 아니라
慊慊常饑空.[349)]	찐덥잖은 마음에 늘 허기진 듯하지요

346) 이 시는 판본에 따라 이설이 분분한데, 저본인 穆克宏點校本에는 6수 전체를 1수로 보고 있으며, 吳注에 따르면 이전 판본에는 앞 5수를 「雜詩」로, 끝 1수를 「室思」라고 했는데, 후에 6章을 宋刻本에서는 모두 「室思」 1수로 통합하였다고 했다. 『樂府詩集』에는 徐幹에게 「室思」 시 5章이 있다고 했는데, 이에 따른다면 마지막 1章이 무슨 제목인지 모르게 된다라고 하면서 宋刻本이 맞다고 했다. 그러나 본 역서에서는 뚜렷한 分段, 각 分段의 적잖은 양, 현대 대부분의 주석서에서 주석한 작품이 그 시 중 일부이지 전체가 아니라는 점 등을 고려하여 각각을 1수로 보았다. '室思'(실사): 아내의 (남편에 대한) 그리움.

347) '沉陰'(침음): 침통하고 음울한 모양.

348) '不聊'(불료): '不因'과 같다. …… 때문이 아니다. '飡食'(손식): '飧食'과 같다. 밥과 음식. 즉 이 구는 '밥이 적음을 걱정하기 때문이 아니라'라는 의미이다.

端坐而無爲, 단정히 앉아 아무 것도 하지 않은 채
髣髴君容光.[350] 당신의 빛나는 모습 그려 봅니다

해설 이하 시들은 모두 먼 길 떠난 남편에 대한 규방 여인의 그리움을 서술한 것이다. 이 시는 떠난 남편이 그리워 우울한 나날을 보내는 여인을 묘사하고 있다.

38. 아내의 그리움 2

「室思」 其二

峩峩高山首,[351] 까마득히 높은 산꼭대기
悠悠萬里道. 아득히 먼 만 리 길
君去日已遠,[352] 당신은 떠난 뒤 날이 갈수록 멀어져
鬱結令人老.[353] 가슴에 우울이 맺히어 사람을 늙게 하지요
人生一世間, 인생살이 한 평생은
忽若暮春草. 덧없기가 늦봄의 풀과 같아
時不可再得, 지난 시간은 다시 올 수 없는 법
何爲自愁惱? 어이해 혼자 근심하고 번뇌하는지
每誦昔鴻恩,[354] 옛날의 큰 은혜 떠올릴 적마다
賤軀焉足保? 미천한 이 몸 어찌 보존하리오

---

349) '慊慊'(겸겸) : 마음[성]에 차지 않는 모양. 찐덥잖은 모양.
350) '髣髴'(방불) : 동사로 쓰였다. 상상하다.
351) '峩峩'(아아) : 산이 매우 높은 모양. '首'(수) : 꼭대기.
352) '日已遠'(일이원) : 떠난 사람이 날이 갈수록 더욱 멀어지다.
353) '鬱結'(울결) : 우울하고 답답함이 가슴에 맺히다.
354) '誦'(송) : 외다. 얘기하다. '鴻恩'(홍은) : 남편이 자신에게 베풀어 준 예전의 은혜로운 사랑을 가리킨다. 이하 두 구는 '저에 대한 당신의 큰 사랑을 떠올릴 때마다 몸은 자꾸만 쇠약해져 갈 것이니, 어찌 몸을 온전히 보존할 수 있겠어요'라는 의미이다.

해설 이 시 역시 앞의 작품과 마찬가지로 떠난 임을 그리워하며 늙어가는 여인의 심정을 묘사하고 있다.

39. 아내의 그리움 3

「室思」 其三

浮雲何洋洋?[355]	뜬구름은 넘실넘실
願因通吾辭.[356]	거기에다 이내 말 전하고자 하지만
飄颻不可寄,[357]	정처 없이 나부껴 부칠 수가 없어서
徙倚徒相思.[358]	배회하면서 헛되이 그리워만 합니다
人離皆復會,	사람이란 헤어져도 모두 다시 만나는 법이건만
君獨無返期.	당신만은 유독 돌아오실 기약이 없습니다
自君之出矣,	당신 떠나신 후로는
明鏡暗不治.[359]	맑은 거울 침침해져도 닦지를 않습니다
思君如流水,	그대 향한 그리움은 흐르는 물 같으니
何有窮已時?	어찌 그칠 때가 있겠습니까

해설 이 시 역시 앞의 시들과 마찬가지로 떠난 남편에 대한 하염없는 그리움을 전하고픈 여인의 심정을 묘사하고 있다.

---

355) '洋洋'(양양): 유유자적 흐르는 모양.
356) '因'(인): 의지하다. 인하다. 여기서는 구름에 의지한다는 말이다.
357) '飄颻'(표요): 바람이 부는 대로 구름이 정처 없이 흘러가는 모양. 객지를 떠도는 남편에 대한 비유이다.
358) '徙倚'(사의): 배회하다.
359) 이상 두 구는 남편이 집을 떠난 후로는 거울 보면서 화장할 일이 없어졌다는 의미이다.

40. 아내의 그리움 4

「室思」 其四

慘慘時節盡,[360]	서글프게도 시절은 다 지나가
蘭華凋復零.	난초꽃은 시들었다 또 떨어지네요
喟然長歎息,[361]	한숨 쉬면서 장탄식
君期慰我情.[362]	오신다는 당신의 약속은 나를 위로하지요
展轉不能寐,	뒤척거리며 잠 못 이루니
長夜何綿綿!	긴 밤은 어찌 이렇게도 길기만 한지요
躡履起出戶,[363]	신발 신고 일어나 문을 나서서
仰觀三星連.[364]	이어진 삼성별을 쳐다봅니다
自恨志不遂,[365]	이루지 못한 소망이 스스로 한스러워
泣涕如涌泉.	흐느끼며 흘리는 눈물이 샘솟듯 하지요

해설 이 시 역시 앞의 시와 마찬가지로 먼 길 떠난 남편을 그리워하며 잠 못 이루는 여인의 심정을 묘사하고 있다.

---

360) '慘慘'(참참): 몹시 슬픈 모양.

361) '喟然'(위연): 탄식하는 모양.

362) 이 구의 뜻에 대해 어떤 주석서에는 '期君慰我情'의 도치로 보고, '당신이 내 마음을 위로해 주시길 바란다'라고 해석하고 있다.

363) '躡履'(섭리): 신을 신다.

364) '三星'(삼성): '參星' 중 가장 밝으며 서로 이어진 세 별. 『詩經』「唐風」「綢繆」에 '나뭇단 동여매는데, 삼성이 하늘에 떠 있네. 오늘 밤은 무슨 밤인가? 이런 낭군 만났으니(綢繆束薪, 三星在天. 今夕何夕? 見此良人)'라고 하였는데, 고래로 이 시는 신혼을 노래한 것이라고 보았으니, 이 작품에서 여주인공은 三星을 쳐다보며 자신의 신혼을 떠올린 것으로 볼 수 있다.

365) 이 구는 먼 길 떠난 남편을 만나고자 하는 뜻을 이루지 못해 혼자 한탄한다는 의미이다.

41. 아내의 그리움 5

「室思」 其五

思君見巾櫛,[366]	당신이 그리워 수건과 빗을 보노라면
以益我勞勤.[367]	내 고통스런 바람은 더욱 심해집니다
安得鴻鸞羽,[368]	어찌 큰기러기와 난새의 날개를 얻어
覯此心中人.[369]	마음속의 그 사람을 뵈올 수가 있을지
誠心亮不遂,[370]	진실된 소망 끝내 이루지 못해
搔首立悁悁.[371]	머리 긁적이며 서서 근심에 젖습니다
何言一不見,	어이해 한 번도 나타나시지 않고서
復會無因緣?	다시는 만날 인연이 없다고 하시는지요
故如比目魚,[372]	옛날에는 비목어 같았지만
今隔如參辰.[373]	지금은 삼성과 진성처럼 떨어져 있답니다

해설 이 시 역시 앞의 시들과 마찬가지로 멀리 떨어져 있는 님을 그리워하는 여성의 심정을 묘사한 것이다.

---

366) '櫛'(즐): 빗.

367) '勞勤'(로근): 근심과 고통 속에 희망하다.

368) '鴻'(홍): 큰기러기. '鸞'(란): 봉황새의 일종인 난새. 여기서는 모두 멀리 날아갈 수 있는 큰 새를 뜻한다.

369) '覯'(구): 보다. 만나다.

370) '亮'(량): 정말로. 사실.

371) '悁悁'(연연): 근심하는 모양.

372) '比目魚'(비목어): 전설상의 외눈박이 물고기. 두 마리가 항상 같이 다녀야만 된다고 하며, 금슬 좋은 부부에 비유된다. 일설에는 두 눈이 모두 오른쪽에 있는 가자미와 왼쪽에 있는 넙치를 가리킨다고도 한다.

373) '參辰'(삼진): 모두 별자리 이름. 각각 參星과 辰星[商星]을 가리킨다. 이 두 별자리는 각각 시각을 달리해 서쪽과 동쪽에 출몰하여 같은 시간에 함께 하늘에 나타날 경우가 없다고 한다. 그래서 사랑하는 사람들이 서로 멀리 떨어져 있는 것의 비유로 쓰였다.

42. 아내의 그리움 6

「室思」其六

人靡不有初,[374]	사람이면 초심 없는 사람이 없으니
想君能終之.	당신만은 그 마음 끝까지 지킬 수 있다고 생각했지요
別來歷年歲,	이별한 지 몇 년이 지났으니
舊恩何可期?	옛날의 사랑을 어찌 기대할 수 있으리오
重新而忘故,	새것을 중히 여기고 옛것을 잊는 것은
君子所尤譏.[375]	군자들이 나쁘다고 나무라던 것이지요
寄身雖在遠,	몸을 붙이고 사는 곳 비록 멀리 있지만
豈忘君須臾!	어찌 당신을 잠시라도 잊겠어요
旣厚不爲薄,	한번 두터웠던 정은 엷아지지 않는 법
想君時見思.[376]	생각하면 당신도 이따금 저를 그리워하겠지요

해설 이 시 역시 앞의 시들과 마찬가지로 멀리 떨어져 있는 님이 혹 다른 마음을 품지나 않을까 걱정하면서 그리워하는 여인의 심정을 묘사한 것이다.

이상의 여섯 수는 내용상 모두 같다. 그러나 깊은 감동을 전달하기에는 전체 시들이 지나치게 평이하다. 이는 작가가 자신의 진실한 경험과 그로 인한 북받친 감정을 토대로 하여 지은 것이 아니기 때문일 것이다. 생각건대 아내의 입장에서 쓸 게 아니라 작가 자신의 아내에 대한 그리움을 서술하고, 아울러 이 여섯 수를 좀 더 간결하게 응축시켜 한 편으

374) 이 구는 본래 『詩經』「大雅」「蕩」 중의 "초심이 없는 사람은 없지만, 끝까지 잘할 수 있는 사람은 드물다네(靡不有初, 鮮克有終)"라는 구에서 온 것이다.

375) '尤譏'(우기) : 허물을 나무라다.

376) '見'(견) : 해석이 난해하다. 동사 앞에 쓰여 겸손의 뜻을 나타내는 것으로 볼 수 있을 것이다. '見思'(견사) : 상대방이 자신을 그리워해주다.

로 만들었으면 더 좋은 작품이 될 수 있었을 것 같다.

「애정시(情詩)」 1수[377)]

43. 애정시

「情詩」

高殿鬱崇崇,[378)]	높은 전각은 빽빽히 높다랗게 솟아 있고
廣廈淒泠泠.[379)]	넓은 저택에는 쓸쓸히 냉기가 감도는데
微風起閨闥,[380)]	가벼운 바람이 규방에 일고
落日照階庭.	떨어지는 해는 섬돌과 뜰을 비추네
踟躕雲屋下,[381)]	구름 같이 높은 집 아래에서 서성이며
嘯歌倚華楹.[382)]	화려한 기둥에 기대어 휘파람 불며 노래하네
君行殊不返,	그대 길 떠난 뒤 유독 돌아오지 않으니
我飾爲誰榮?	나는 누굴 위해 아름답게 꾸밀까
罏薰闔不用,[383)]	향로도 닫아두고 쓰지 않으며
鏡匣上塵生.	경대 상자 위에는 먼지가 끼었네
綺羅失常色,	갖가지 비단은 평소의 색을 잃었고

377) 이상의 陳琳과 徐幹의 시는 明 徐學謨海曙樓刻本에는 제2권 魏 明帝의 시 뒤에 수록되어 있다.
378) '崇崇'(숭숭) : 높이 솟은 모양.
379) '廈'(하) : 규모가 큰 집. 저택. '淒'(처) : '凄'자와 같다. 차다. 서늘하다. 또는 쓸쓸하다. '泠泠'(령령) : 차가운 모양.
380) '閨闥'(규달) : 규방. 부인이 거처하는 안방.
381) '踟躕'(치도) : 머뭇거리는 모양. '雲屋'(운옥) : 높이 솟아 있는 집 또는 누각.
382) '華楹'(화영) : 무늬가 새겨진 기둥. 아름다운 기둥.
383) '罏'(로) : 향로. '薰'(훈) : 향. 또는 향을 태우다.

金翠暗無精.　　금빛 비취빛 수식도 흐려져 생기가 없네
嘉肴旣忘御,[384]　　맛있는 고기요리 만들기는 이미 잊었고
旨酒亦常停.　　맛있는 술은 먹지 않아 항상 그대로네
顧瞻空寂寂,　　처마를 돌아보니 휑하니 적막한데
惟聞燕雀聲.　　다만 들리는 건 제비와 참새 소리뿐
憂思連相屬,　　근심스런 생각은 끝없이 이어지고
中心如宿酲.[385]　　마음속은 숙취에 빠진 듯하네

해설 이 시 역시 멀리 헤어져 있는 님을 기다리는 여인의 그리움을 노래한 작품이다. 「室思」와 마찬가지로 오로지 여인의 그리움이란 주제를 표현하기에 급급한데, 역시 지나치게 문자의 수식과 나열에만 노력한 듯하여 큰 감동을 주기에는 부족하다. 시는 작가의 가슴속에 넘쳐흐르는 감정을 노래한 것일 때 독자에게도 감동을 줄 수 있는 것이다.

번흠(繁欽)

◇繁欽(?~218) : 자가 休伯이며, 潁川(지금의 河南省 禹縣) 사람이다. 젊어서부터 문장의 재주와 임기응변에 능하였다. 일찍이 曹操의 막하에서 書記를 맡았으며, 여러 차례 丞相主簿에 천거되었다. 현존하는 그의 작품은 詩賦와 산문 등 모두 20여 편인데, 시는 단지 4수뿐이다.

---

384) '御'(어) : 음식 등을 윗사람에게 올리다.
385) '宿酲'(숙정) : 숙취.

「굳건한 사랑(定情詩)」[386] 1수

44. 굳건한 사랑

「定情詩」

我出東門遊,	나는 동문을 나와 놀다가
邂逅承淸塵.[387]	우연히 당신의 발끝에 이는 먼지를 입었지요
思君卽幽房,[388]	사랑하는 당신이 깊은 방에 드시니
侍寢執衣巾.[389]	잠자리 모시며 당신의 옷과 두건 잡아 드리지요
時無桑中契,[390]	그때 우린 뽕밭 속에서 만나자는 약속도 없었는데
迫此路側人.[391]	길가의 이 사람에게 다가왔었지요

386) '定情'(정정) : '사랑을 굳건히 하다'란 해석과 '마음을 진정시키다'란 해석이 있는데, 작품 전체의 내용으로 볼 때 전자가 맞을 것 같다. 郭茂倩의 『樂府解題』에 따르면 '여인이 예를 통해 시집가지 않고 스스로 사랑에 빠졌다. 이에 옷과 노리개를 벗어서 그에게 보내어 결코 풀 수 없는 사랑을 맺고자 하였다. 예를 들면, 팔찌로는 절절함을, 가락지로는 은근함을, 귀고리로는 알뜰함을, 향주머니로는 간절함을, 발찌로는 의기투합함을, 패옥으로는 은혜로운 사랑을 표현하였다. 스스로 승낙을 받았다 생각하고서 산의 모퉁이와 남쪽·서쪽·북쪽 등에서 만나기로 약속했으나, 끝내 대답이 없어 이에 스스로 마음 아파하며 후회한 것(婦人不能以禮從人, 而自相悅媚. 乃解衣服玩好致之, 以結綢繆之志. 若臂環致拳拳, 指環致慇懃, 耳珠致區區, 香囊致扣扣, 跳脫致契闊, 佩玉結恩情, 自以爲志而期于山隅山陽山西山北. 終而不答, 乃自傷悔焉)'을 노래하였다고 하였다. 雜曲歌辭에 속한다. 이 작품 역시 이 선집을 통해 전해온다.

387) '邂逅'(해후) : 우연히 만나다. '承'(승) : 입다. 받다. '淸塵'(청진) : 맑은 먼지. 걸을 때 발끝에서 이는 먼지를 가리킨다. 이는 존칭인 '陛下'·'足下' 등의 어휘와 같이 상대를 존중해 직접 언급하지 않은 것으로, 결국 상대 남자에 대한 존칭이 된다. 결국 이 구는 '우연히 당신을 만났다'란 뜻이다.

388) '思'(사) : 사랑하다. '卽'(즉) : 나아가다. 들어가다.

389) '衣巾'(의건) : 남자의 옷과 머리에 매는 수건. '執'(집) : 입고 벗을 때 받아들고 도와주다.

390) '桑中契'(상중계) : 본래 『詩經』「鄘風」「桑中」의 '나와 뽕밭에서 만날 약속 하셨네(期我乎桑中)'라는 구에서 왔다.

391) '迫'(박) : 접근하다. '路側人'(로측인) : 길가의 사람. 또는 길을 가는 사람. 이 구는 두 사람 중 구체적으로 누구를 가리키는지는 분명하지 않다. 대략적인 의미는 길을 가다가 우연히 서로에게 접근하게 되었다는 것이다.

我卽媚君姿,[392]	저는 당장 당신의 자태에 반했고
君亦悅我顔.[393]	당신도 저의 얼굴 좋아했지요
何以致拳拳?[394]	무엇으로 절절한 애정 표현했나요
綰臂雙金環.[395]	팔뚝에 한 쌍의 금팔찌를 채워 주셨지요
何以致殷勤?	무엇으로 은근한 애정 표현했나요
約指一雙銀.[396]	손가락에 한 쌍의 은가락지 끼워 주셨지요
何以致區區?[397]	무엇으로 살뜰한 애정 표현했나요
耳中雙明珠.	귀에다 한 쌍의 명월주 귀고리 달아 주셨지요
何以致叩叩?[398]	무엇으로 간절한 애정 표현했나요
香囊繫肘後.[399]	팔꿈치 밑에 향주머니 매어 주셨지요
何以致契闊?[400]	무엇으로 꼭 맞는 애정 표현했나요
繞腕雙跳脫.[401]	손목에 한 쌍의 팔찌 감아 주셨지요
何以結恩情?	무엇으로 은혜로운 사랑을 묶었나요
佩玉綴羅纓.[402]	패옥을 비단 옷끈에 매어 주셨지요
何以結中心?	무엇으로 속마음을 묶었나요
素縷連雙針.[403]	흰 실에 한 쌍의 바늘 나란히 꿰어 주셨지요

---

392) '卽'(즉) : 곧. 즉시. '媚'(미) : 사랑하다.
393) 이상의 첫째 단락은 청춘남녀가 우연히 길가에서 서로 만나 사랑에 빠지게 되었음을 노래하고 있다.
394) '致'(치) : 전달하다. 나타내다. '拳拳'(권권) : 정성스러운 모양.
395) '綰'(관) : 꿰다. 매다. 차다. '臂'(비) : 팔. '環'(환) : 팔찌를 뜻한다.
396) '約指'(약지) : 손가락에 둘러 묶다. 여기에서는 (반지를) 끼워주다.
397) '區區'(구구) : 마음을 다하는 모양.
398) '叩叩'(고고) : 간절한 모양.
399) '肘'(주) : 팔꿈치.
400) '契闊'(계활) : 서로 마음이 일치하는 것과 서로 멀어지는 것. 여기에서는 偏意複詞로 쓰여 마음이 서로 맞음을 뜻한다.
401) '繞腕'(요완) : 손목에 감다. '跳脫'(도탈) : 팔찌.
402) '佩玉'(패옥) : 허리띠에 차던 장식용 옥. '綴'(철) : 매다. '羅纓'(라영) : 비단실로 엮은 끈.
403) '素縷'(소루) : 하얀 색 실.

何以結相於?[404]　무엇으로 서로의 친밀한 사랑 묶었나요
金薄畫搔頭.[405]　금박으로 비녀를 꾸며 주셨지요
何以慰別離?　무엇으로 헤어짐을 위로했나요
耳後瑇瑁釵.[406]　귀 뒷머리에 대모비녀 질러 주셨지요
何以答歡悅?　무엇으로 즐거움에 보답했나요
紈素三條裙.[407]　고운 비단 세 줄 레이스 치마였지요
何以結愁悲?　무엇으로 근심과 슬픔 묶었나요
白絹雙中衣.[408]　흰 비단의 한 벌 내의였지요

與我期何所?　저와 어디에서 만날 약속 하셨던가요
乃期東山隅.[409]　바로 동산 어귀였지요
日旰兮不來,[410]　해가 떠오를 때까지도 오시지 않고
谷風吹我襦.[411]　골바람만 제 짧은 저고리에 불어왔지요
遠望無所見,　멀리 바라보아도 보이는 사람 없어서
涕泣起踟躕.　눈물 흘리고 흐느끼며 서성거렸지요
與我期何所?　저와 어디에서 만날 약속 하셨던가요
乃期山南陽.[412]　바로 산 남쪽의 양지바른 곳이었지요

---

404) '相於'(상어): 서로 친애하다. 六朝시대의 慣用語.

405) '金薄'(금박): 금을 얇게 늘인 조각. 金箔. '畫'(화): 꾸미다. '搔頭'(소두): 비녀.

406) '瑇瑁'(대모): 열대 또는 아열대에 서식하는 바다거북. 등딱지는 황색 또는 황갈색 바탕에 진한 흑색의 구름무늬가 있어서 장식용품에 많이 이용된다. '釵'(채): 비녀.

407) '紈'(환)·'素'(소): 각각 비단 이름. '條'(조): 줄무늬 또는 레이스를 가리킨다. '裙'(군): 치마.

408) '絹'(견): 비단의 일종. '中衣'(중의): 속옷. 이상의 둘째 단락은 남녀가 만나서 서로 사랑을 나누고 그 정표로 서로 선물을 주고받았음을 서술하고 있다. 구체적으로 어떤 선물을 누구에게 주었다는 것은 명확하지 않다.

409) '隅'(우): 모퉁이. 모서리.

410) '旰'(간): 해가 지다. 날이 저물다. 이 단락의 뒤에 이어져 나오는 '日中(해가 중천에 떠 있음)'·'日夕(해가 서산으로 기욺)'·'日暮(해가 진 저녁)' 등을 고려할 때, 이는 '旴(해가 처음 떠오름)'의 잘못이 아닌가 한다.

411) '襦'(유): 짧은 저고리.

日中兮不來,　　해가 중천에 떠올라도 오시지 않고
凱風吹我裳.[413]　　남풍만이 제 치마에 불어왔지요
逍遙莫誰覩,[414]　　하릴없이 서성대어도 보이는 사람 아무도 없어서
望君愁我腸.　　당신을 기다리다 제 속은 수심에 빠졌지요
與我期何所?　　저와 어디에서 만날 약속 하셨던가요
乃期西山側.　　바로 서산 기슭이었지요
日夕兮不來,[415]　　해 기운 저녁에도 오시지 않아
躑躅長歎息.[416]　　서성이면서 길게 한숨을 지었지요
遠望涼風至,　　멀리 바라보니 서늘한 바람만이 불어와
俯仰正衣服.[417]　　안절부절하며 옷매무새를 바로잡았지요
與我期何所?　　저와 어디에서 만날 약속 하셨던가요
乃期山北岑.[418]　　바로 산 북쪽 봉우리였지요
日暮兮不來,　　해 저문 뒤에도 오시지 않고
淒風吹我衿.[419]　　쌀쌀한 바람만이 옷깃에 불어왔지요
望君不能坐,　　당신 기다리다 앉지도 못하고
悲苦愁我心.[420]　　슬프고 쓰라리게 마음은 수심에 빠졌지요

---

412) '山南'(산남) : 산의 남쪽. '陽'(양) : 산의 남쪽. 강의 북쪽.

413) '凱風'(개풍) : 남풍.

414) '逍遙'(소요) : 하는 일 없이 왔다갔다하며 시간을 보내다. '莫誰覩'(막수도) : '莫覩誰'의 도치. 아무도 보이지 않다.

415) '日夕'(일석) : 다음에 나오는 '日暮'와 같은 저녁때를 가리키지만, 이 작품에서는 각각 해가 서산으로 기운 저녁과 해가 진 뒤의 어스름 저녁이란 시간상의 순서를 나타낸다고 할 수 있다.

416) '躑躅'(척촉) : 나아가지 못하고 서성이는 모양.

417) '俯仰'(부앙) : 본래 고개를 숙였다 들었다 하는 모양을 나타내는 말이지만, 여기에서는 안절부절하는 모양을 나타낸다. '正'(정) : 옷매무새를 바로잡다.

418) '岑'(잠) : 산봉우리.

419) '淒'(처) : '凄'자와 같다. 차다. 쌀쌀하다. 일설에는 '淒風'은 서남풍을 가리키며, 앞에 나오는 '谷風'은 동풍, '凱風'은 남풍, '涼風'은 북풍을 각각 가리킨다고도 한다.

420) 이 셋째 단락에서는 한때 사랑했던 남자가 만날 약속을 해 놓고 끝내 나타나지 않아 여인이 슬픔에 빠지게 된 것을 여러 상황을 반복적으로 설정하여 강조하고 있다.

愛身以何爲?[421]	제 몸을 사랑한 것은 무엇 때문이었나요
惜我華色時.[422]	단지 저의 꽃다운 때를 사랑했던 것이지요
中情旣款款,[423]	마음속의 사랑 먼저 진실되고
然後剋密期.[424]	그런 후에야 비밀스런 약속을 할 수 있지요
褰衣躡茂草,[425]	옷 걷고 무성한 풀을 밟으며
謂君不我欺.[426]	당신은 저를 속이지 않았다고 생각하지요
厠此醜陋質,[427]	이런 누추한 몰골을 돌보지 않은 채
徙倚無所之.[428]	서성거리면서 갈 곳 없어 하지요
自傷失所欲,	바라던 사랑 잃고 혼자 마음 아파하니
淚下如連絲.[429]	눈물은 이어진 실처럼 떨어지지요

해설 이 작품은 우연히 한 남자와 사랑에 빠졌다가 나중에 버림받게 된 여인의 슬픔을 노래한 시다. 서로 함께 사랑하였지만 사랑에 대한 태도는 남녀가 달랐다. 남자는 한창 때 여성의 꽃 같은 외모에 빠졌던 것이었을 뿐 이내 사랑은 식어버리고 그에 따라 다시 새로운 여인을 찾는다. 그러나 여성은 남자의 외모는 물론 인격 전체를 사랑하며 그 사랑이 변함없고 영원하기를 바란다. 옛날의 이러한 사랑에 대한 남녀의 다른 인식은 지금에 와서는 어떻게 변하였는지.

---

421) '何爲'(하위) : '爲何'의 도치. 무엇 때문에.
422) '惜'(석) : 소중히 여기다. 사랑하다. '華色時'(화색시) : 꽃다운 시절.
423) '款款'(관관) : 진실한 모양.
424) '剋'(극) : 약속하다. '克'으로도 쓴다.
425) '褰'(건) : 옷자락을 걷다. '躡'(섭) : 밟다.
426) '不我欺'(불아기) : '不欺我'의 도치. 대명사가 목적어로 쓰인 부정문일 경우의 도치에 해당된다. '欺' : 속이다.
427) '厠'(측) : 내버려두다. '醜陋'(추루) : 누추하다. '質'(질) : 몸.
428) '徙倚'(사의) : 서성이며 나아가지 못하는 모양.
429) 이상의 넷째 단락에는 버림받은 이후 사랑에 대해 이렇게 저렇게 생각하며 상심에 빠져 슬퍼하는 여인을 묘사하고 있다.

무명인(無名人)

「초중경의 처를 위해 지은 고시(古詩爲焦仲卿妻作)」[430]

序: 漢末建安[431]中, 廬江府[432]小吏[433]焦仲卿妻劉氏, 爲仲卿母所遣,[434] 自誓不嫁. 其家逼之, 乃沒水而死. 仲卿聞之, 亦自縊[435]于庭樹. 時傷之, 爲詩云爾.

漢末 建安 연간에 廬江府의 하급관리 焦仲卿의 아내 劉氏가 仲卿의 어머니에게 쫓겨났으나, 스스로 개가하지 않을 것을 맹세하였다. 그녀의 집에서 그녀를 개가하라고 재촉하자 물에 빠져 죽었다. 仲卿이 그 소문을 듣고 또한 스스로 뜰의 나무에 목매어 죽었으니, 당시 사람들이 그것을 슬퍼하여 시를 지었다고 한다.

430) 제목의 뜻은 '古詩로서 焦仲卿의 처를 위해 지은 것'이란 뜻이다. 이 작품 역시 이 선집을 통해 후대에 전해질 수 있었다. 『樂府詩集』에는 雜曲歌辭 속에 「焦仲卿妻」란 제목으로 수록되어 있다. 후대에는 대체로 첫 구 '孔雀東南飛'를 따서 제목으로 삼았다. 이 작품의 번역문은 등장인물이 많고 거의 대화체로 이루어져 있기 때문에 혼동을 줄이기 위해 편의상 인용부호를 사용했다.

431) '建安'(건안): 後漢 獻帝의 연호(196~220).

432) '廬江'(려강): 漢나라 때의 郡 이름. 지금의 安徽省 廬江縣 서쪽에 해당한다. '府'(부): 官府. 官衙.

433) '小吏'(소리): 관청에서 문서처리를 담당하던 하급관리.

434) '遣'(견): (쫓아)보내다. 여기에서는 친정으로 돌려보내다란 뜻이다.

435) '縊'(의): 목매다.

45. 초중경의 처를 위해 지은 고시
「古詩爲焦仲卿妻作」

1.

孔雀東南飛,[436]	공작새 동남쪽으로 나는데
五里一徘徊.	오 리에 한 번씩 배회하네
"十三能織素,	"열세 살에 흰 비단 짤 줄 알았고
十四學裁衣,	열네 살에는 옷 짓는 일 배웠으며
十五彈箜篌,[437]	열다섯에는 공후를 탈 줄 알았고
十六誦詩書.	열여섯에는 시경과 서경을 외웠지요
十七爲君婦,	열일곱에는 당신의 아내가 되었으나
心中常苦悲.	마음속은 늘 괴롭고 슬펐답니다
君旣爲府吏,[438]	당신은 태수부의 관리가 되어
守節情不移.[439]	직무에 충실하느라 부부의 정은 소홀히 하였지요
賤妾留空房,	미천한 이 여인은 빈 방에 홀로 남아
相見常日稀.	서로 만날 날은 항상 드물었지요
雞鳴入機織,	닭이 울 때부터 베틀에 올라갔으며
夜夜不得息.	밤마다 쉴 틈이 없었지요
三日斷五疋,[440]	사흘에 다섯 필을 짜도

436) '孔雀'(공작) : 새 이름. 전설에 의하면 큰 조수는 자기의 둥지를 떠날 때 반드시 한참을 배회하다가 떠난다고 한다. 이하 두 구는 사물을 빌어다 이 시 전체의 분위기를 띄우는 부분이다.

437) '箜篌'(공후) : 고대 현악기의 하나. 23현으로 되어 있다.

438) '府'(부) : 관청. 여기에서는 太守府를 가리킨다. '吏'(리) : 하급관리. '府吏'(부리) : 태수부의 하급관리.

439) 이 구는 이설이 많은 부분이다. 즉 '守節'이 구체적으로 무엇을 가리키는지에 대한 문제이다. 仲卿을 주체로 보았을 때, '직무에 충실하는 것'과 '아내에 대한 애정을 굳게 지키는 것' 등 두 가지의 해석이 가능한데, 다음에 나오는 두 구의 의미와 관련시켜 보면 전자가 더 타당할 것 같다.

440) '斷'(단) : 베틀로부터 베를 끊다. '疋'(필) : 옛날 직물을 재는 단위. 폭 2尺 2寸에다 길

大人故嫌遲.[441]	어른은 늦다고 트집하셨지요
非爲織作遲,	길쌈 솜씨가 느리기 때문이 아니라
君家婦難爲.	당신 집 며느리 노릇하기가 어려웠어요
妾不堪驅使,	저는 이런 부림을 참을 수가 없으니
徒留無所施.[442]	공연히 더 있는 것도 소용없는 일이지요
便可白公姥,[443]	그러니 시어머님께 아뢰어
及時相遣歸."[444]	빨리 친정으로 돌아가게 해주세요"
府吏得聞之,	중경은 이 말을 듣고서
堂上啓阿母,[445]	안채에 올라가 어머님께 여쭌다네
"兒已薄祿相,[446]	"저는 본래 박복한 팔자였으나
幸復得此婦.	다행히 이런 여자를 만나게 되어
結髮同枕席,	머리 올리고 잠자리를 같이 하면서
黃泉共爲友.	황천에 가서도 함께 벗하기로 하였습니다
共事二三年,[447]	함께 산 지가 이삼 년이니
始而未爲久.	시작한 지 아직 오래되지도 않았습니다
女行無偏斜,[448]	여자의 행실에 잘못된 게 없는데도
何意致不厚?"	어찌 그리 박대하십니까"
阿母謂府吏,	어머니가 중경에게 말하기를
"何乃太區區![449]	"어찌 이리도 철이 없는가

이가 4丈인 것을 말한다.

441) '大人'(대인) : 여기에서는 시어머니를 가리킨다. '故'(고) : 일부러. 고의로. '嫌遲'(혐지) : 늦다고 미워하다.

442) '無所施'(무소시) : 쓸데없다.

443) '公姥'(공모) : 시어머니.

444) '及時'(급시) : 빨리. '遣歸'(견귀) : 보내어 돌아가게 하다.

445) '阿母'(아모) : 어머니. '阿'(아) : 접두사로 쓰였다. 뒤에 나오는 '阿兄' · '阿女' 등도 같은 용법이다.

446) '薄祿相'(박록상) : 관운이 적은 운세.

447) '共事'(공사) : 함께 삶을 영위하다.

448) '偏斜'(편사) : 치우치거나 기울다. 잘못된 행동을 말한다.

此婦無禮節,	이 여자는 예의범절도 없고
擧動自專由.	행동도 제멋대로라
吾意久懷忿,[450]	내 마음에 일찍이 불만을 가지고 있었는데
汝豈得自由!	네 어찌 멋대로 할 수 있느냐
東家有賢女,	동쪽 이웃집에 현숙한 딸이 있는데
自名秦羅敷.[451]	이름을 진나부라 한단다
可憐體無比,	사랑스런 자태는 비길 데 없으니
阿母爲汝求.	에미가 널 위해 청혼해 두었단다
便可速遣之,	그러니 속히 저 아이를 보내는 게 나으니
遣之愼莫留!"	내보내고 다시는 발을 들여놓지 못하게 해라"
府吏長跪答,	중경은 무릎을 꿇고 대답하며
伏惟啓阿母,	엎드려 어머니께 아뢴다네
"今若遣此婦,	"지금 이 여자를 쫓아내시면
終老不復娶!"	늙어죽을 때까지 다시는 장가들지 않겠어요"
阿母得聞之,	어머니가 그 말을 듣자
搥牀便大怒,[452]	자리를 치며 크게 노하면서
"小子無所畏,	"어린 것이 겁내는 것도 없이
何敢助婦語?	어찌 여편내 역성드는 말을 하느냐
吾已失恩義,	내 이미 그 아이와 정이 떨어졌으니
會不相從許."	절대로 허락할 수 없다"

449) '區區'(구구) : 소견이 좁거나 어리석다. 또는 고집스럽다.

450) '懷忿'(회분) : 불만을 품다.

451) '自名'(자명) : 이름을 ……라고 하다. 마지막 단락의 '自名爲鴛鴦'에서의 쓰임과 같다. '秦羅敷'(진라부) : 앞에 나오는 '古樂府詩' 중의 「日出東南隅行」(9)의 여주인공의 이름과 같다. 당시 현숙하고 아름다운 여자를 일컫는 대명사로 쓰였다.

452) '搥'(추) : 치다. '牀'(상) : 옛날 앉을 때 사용하던 도구. 바닥에서 의자로 넘어오는 과도기적 도구에 해당한다.

해설 첫 단락에서 蘭芝가 시어머니와의 갈등, 그리고 남편의 무관심 등으로 인해 친정으로 돌아가고자 하고, 仲卿은 어머니에게 며느리를 잘 대해주라고 요구하다 오히려 내쫓고 새로 며느리를 맞겠다는 말만 듣게 된다. 시어머니가 蘭芝를 싫어하는 이유는 표면적으로 예의를 모르고 제멋대로 행동하기 때문이라고 하고 있지만 그 이면에는 아마도 아들을 낳지 못했던 것이 가장 큰 이유였을 듯하다.

2.

府吏默無聲,	중경은 더 이상 아무 말도 못하고
再拜還入戶.	재배하고 제방으로 돌아와
擧言謂新婦,	아내에게 말을 꺼내려 하는데
哽咽不能語.[453]	목이 메어 말을 하지 못하네
"我自不驅卿,[454]	"내 본래 당신을 내쫓는 게 아니라
逼迫有阿母.	어머님이 이렇게 다그치시니
卿但暫還家,	당신은 일단 친정에 돌아가 계시오
吾今且報府.[455]	나는 우선 관아로 가 봐야겠소
不久當歸還,	머지않아 당연히 돌아올 것이고
還必相迎取.	돌아오면 반드시 당신을 맞아들이리다
以此下心意,[456]	이로써 마음을 편히 먹고
愼勿違吾語."	제발 내 말을 어기지 마시오"
新婦謂府吏,	아내가 중경에게 말하기를
"勿復重紛紜,[457]	"다시 일을 복잡하게 만들지 마세요

453) '哽咽'(경열) : 목이 메다.
454) '卿'(경) : 옛날, 부부 사이에 서로 사용하던 칭호.
455) '且'(차) : 우선. 잠시. '報'(보) : '赴'자와 같다. 가다. '府'(부) : 관청. 여기에서는 太守府를 가리킨다.
456) '以此'(이차) : 이런 이유로. 머지않아 다시 데려올 것이란 계획을 의미한다. '下心意'(하심의) : 마음을 가라앉히다.

往昔初陽歲,[458]	재작년 동짓달에
謝家來貴門.[459]	집을 떠나 귀한 가문으로 시집 와서
奉事循公姥,	시부모님 뜻 받들어 모시며 따랐는데
進止敢自專?	어찌 행동거지를 제멋대로 했겠어요
晝夜勤作息,[460]	밤낮으로 부지런히 일하면서
伶俜縈苦辛.[461]	외로이 괴로움에 시달렸지요
謂言無罪過,[462]	잘못하는 일 없이
供養卒大恩.[463]	시부모 공양 끝까지 잘하려고 했지만
仍更被驅遣,	오히려 내쫓기게 되었는데
何言復來還?	어찌 다시 돌아오라고 하시나요
妾有繡腰襦,[464]	제게는 수놓은 짧은 저고리가 있는데
葳蕤自生光.[465]	찬란히 광채가 나지요
紅羅複斗帳,[466]	붉은 비단으로 만든 두 겹 침대휘장은
四角垂香囊.	네 귀퉁이에 향주머니가 달려 있지요
箱簾六七十,[467]	옷상자 화장품 상자는 육칠십 개인데
綠碧青絲繩.	녹색과 청색의 푸른 실로 묶여져 있지요
物物各自異,	물건마다 모두 모양이 다르고

457) '復'(부): 다시. 재차. '重'(중): 거듭하다. '紛紜'(분운): 복잡한 모양.
458) '往昔'(왕석): 지난 번. 과거. '初陽歲'(초양세): 양기가 막 일어나기 시작하는 음력 11월. 즉 동짓달.
459) '謝家'(사가): 자기의 집, 즉 친정집을 떠나다.
460) '作息'(작식): 일하고 쉬는 것. 여기에서는 偏意複詞로 쓰였다. 일하다.
461) '伶俜'(령빙): 외로운 모양. '縈'(영): 두르다. 얽다. 감싸다. '苦辛'(고신): 괴롭다.
462) '謂言'(위언): 스스로 ……라고 생각하다. ……하려고 생각하다.
463) '卒'(졸): 끝까지 하다. '大恩'(대은): 시부모님의 크신 은혜.
464) '繡腰襦'(수요유): 끝단이 허리와 나란하며 무늬가 수놓인 짧은 저고리.
465) '葳蕤'(위유): 초목 등이 무성한 모양. 또는 곱고 아름다운 모양.
466) '複斗帳'(복두장): 두 층으로 이루어졌으며 위는 좁고 아래는 넓어서 마치 말을 뒤집어 놓은 것 같은 모양의 침대휘장.
467) '箱'(상): 옷상자. '簾'(렴): '奩'자와 통한다. 화장품 상자.

種種在其中. 온갖 것들이 그 안에 있지요
人賤物亦鄙, 사람이 천해지면 물건도 천해지는 법
不足迎後人.[468] 새사람 맞을 때 쓰기에는 안 맞을 거예요
留待作遺施,[469] 이것을 남겨두어 선물로 드릴 것이니
於今無會因.[470] 이제부터 만날 기회 없을 것이기에
時時爲安慰, 때때로 위안거리로 삼으시며
久久莫相忘." 오래오래 잊지나 말아 주세요"

해설 어머니의 강경한 말씀에 仲卿은 그만 아무 말도 못하고 물러나온다. 그리고 곧 관청으로 떠나고자 하면서 아내에게는 일단 친정에 돌아가 있다가 나중에 상황이 좋게 변하면 내가 집에 돌아와 다시 맞아들이겠다고 말한다. 그러나 결심을 굳힌 아내는 평소 쓰던 옷가지와 화장품 등을 남겨둘 테니 그것을 통해 자기를 잊지나 말아 달라고 말한다.

3.

雞鳴外欲曙, 닭 울고 바깥에 동틀 무렵
新婦起嚴妝. 아내는 일어나 정성스레 단장하네
著我繡裌裙,[471] 수놓인 겹치마 입으면서
事事四五通.[472] 하나하나 너댓 번씩 반복하네
足下躡絲履,[473] 발에는 비단 신을 신고

468) '不足'(부족) : 어울리지 않다. '後人'(후인) : 仲卿이 새로 맞을 부인을 가리킨다.
469) '留待'(류대) : ……용으로 남겨두다. '遺施'(견시) : 선물. 이 구 전체는 남겨두어 당신께 하는 선물로 간주하겠다는 의미이다.
470) '於今'(어금) : 지금부터. '會因'(회인) : 만날 기회.
471) '裌裙'(겹군) : 겹치마.
472) '事事'(사사) : 단장하는 전 과정을 가리킨다.
473) '躡'(섭) : 신다.

頭上玳瑁光. 머리에는 대모 비녀가 빛나며
腰若流紈素, 허리에는 흰 비단이 흘러내리듯 하고
耳著明月璫. 귀에는 명월주 귀고리를 달았다네
指如削蔥根,[474] 손가락은 깎은 파뿌리 모양이고
口如含朱丹. 입은 붉은 구슬을 머금은 듯하네
纖纖作細步, 한들한들 가벼운 발걸음 옮기니
精妙世無雙. 아름답기가 세상에 다시 없다네
上堂拜阿母, 안채에 올라 시어머니께 절하는데
母聽去不止. 시어머니는 듣고도 떠나는 것 말리지 않네
"昔作女兒時, "옛날에 제가 어릴 때
生小出野里. 시골에서 나고 자라서
本自無教訓, 본래 배운 게 없었기에
兼媿貴家子.[475] 귀댁의 아드님에게 부끄럽기까지 했답니다
受母錢帛多,[476] 어머님께 많은 선물 받았지만
不堪母驅使. 어머님이 시키는 일을 견딜 수가 없어서
今日還家去, 오늘 친정으로 돌아가오나
念母勞家裏." 어머님이 집안일로 고생하실 일이 염려됩니다"
卻與小姑別, 물러나와 시누이와 작별하는데
淚落連珠子. 눈물이 이어진 구슬처럼 떨어지네
"新婦初來時, "새색시로 처음 이 집에 왔을 때
小姑始扶牀. 아가씨는 겨우 침대에 의지할 정도였는데
今日被驅遣, 오늘 내쫓길 때에
小姑如我長. 아가씨도 저만큼 자랐네요
勤心養公姥, 정성스레 부모님 공양하고

474) '削蔥根'(삭총근) : 파뿌리를 깎아[까] 놓은 듯하다.
475) '兼'(겸) : 겸하다. 아울러. '媿'(괴) : '愧'자와 통한다. 부끄러워하다.
476) '錢帛'(전백) : 결혼할 때 폐백으로 신랑집으로부터 받은 돈과 옷감.

好自相扶將.[477] 자신도 잘 보살피세요
初七及下九,[478] 초이레 칠석날과 열아흐레 하구일에
嬉戲莫相忘."[479] 즐겁게 놀 때에도 저를 잊지 마세요"
出門登車去, 대문을 나서서 수레에 올라 떠나는데
涕落百餘行. 눈물이 백여 줄기나 떨어지네

해설 이 단락에서는 仲卿의 아내 蘭芝가 시댁과 작별하고 친정으로 떠나는 것을 서술하고 있다. 그녀는 새벽 일찍부터 몸단장을 하고 시어머니와 시누이에게 차례로 하직 인사를 올리고 눈물 속에서 수레에 오른다. 특히 이 부분은 그녀가 본래 전통적인 가정교육을 잘 받은 사람임을 말해 주는 부분으로, 시집살이 동안에 시어머니의 말처럼 예의범절이 없고 행동이 제멋대로가 아니었음을 시사하고 있다.

4.

府吏馬在前, 중경의 말이 앞장서고
新婦車在後, 아내의 수레가 뒤를 따르는데
隱隱何甸甸,[480] 달달 덜그럭덜그럭
俱會大道口. 한길 어귀에서 함께 모인다네
下馬入車中, 말에서 내려 수레 안으로 들어가
低頭共耳語. 고개를 숙이고 같이 귀속말을 한다네
"誓不相隔卿, "맹세컨대 당신과 떨어지지 않을 것이니

---

477) '好自'(호자) : 스스로를 잘 ……하다. '扶將'(부장) : 돌보다.

478) '初七'(초칠) : 음력 7월 7일. 칠석날. 이 날은 부녀자들이 모여서 직녀신에게 바느질 솜씨를 좋게 해 달고 빌었으며, 때문에 '乞巧節'이라고도 한다. '下九'(하구) : 음력으로 매월 19일을 가리키는데, 이 날이 되면 부녀자들이 모여서 음식을 마련하여 먹으면서 놀았다고 한다. 참고로 음력으로 매월 29일은 '上九', 9일은 '中九'라고 한다.

479) '嬉戲'(희희) : 즐겁게 놀다.

480) '隱隱'(은은) · '甸甸'(전전) : 모두 수레바퀴가 구르는 소리.

且暫還家去,	잠시 친정에 돌아가 있으면
吾今且赴府.	내 지금 우선 관청에 갔다가
不久當還歸,	머지않아 반드시 돌아올 것이며
誓天不相負."	하늘에 맹세코 당신을 저버리지는 않겠소"
新婦謂府吏,	아내가 중경에게 말하기를
"感君區區懷.[481]	"당신의 간절하신 사랑 사무치는군요
君既若見錄,[482]	당신께서 그처럼 저를 생각해 주시니
不久望君來.	머지않아 당신이 오시기를 바랄 게요
君當作盤石,	당신께서 반석이 되신다면
妾當作蒲葦.[483]	저는 부들과 갈대가 되겠어요
蒲葦紉如絲,[484]	부들과 갈대는 실처럼 부드럽고 질기며
盤石無轉移.	반석은 굴러서 자리를 옮기지 않지요
我有親父兄,[485]	저에겐 친정 오라버니 계시는데
性行暴如雷.	성미가 천둥처럼 사나와
恐不任我意,	제 뜻대로 맡겨두지 않고
逆以煎我懷."[486]	제 속을 들볶을 것입니다"
擧手長勞勞,[487]	손 흔들며 오래도록 시름에 젖으니
二情同依依.	두 사람의 마음 똑같이 못내 아쉬워하네

481) '區區'(구구) : 간절함을 나타내는 말. '懷'(회) : 마음.

482) '若'(약) : 이와 같이. '見'(견) : 피동의 의미를 나타낸다. '錄'(록) : 기억하다. 이 구는 '당신이 나를 이처럼 기억해주시니'란 뜻이다.

483) '蒲'(포) : 부들. 창포. '葦'(위) : 갈대.

484) '紉'(닌) : 부드러우면서도 질기다.

485) '親父兄'(친부형) : 偏意複詞로 쓰였다. 친정오라버니.

486) '逆'(역) : 예상하다. '煎'(전) : 지지다. 볶다. 여기에서는 못살게 들볶다라는 뜻으로 쓰였다.

487) '勞勞'(로로) : 시름에 젖은 모양.

해설 이 단락은 蘭芝가 수레를 타고 친정으로 떠나는데 仲卿이 말을 타고 배웅하다가 큰길 입구에서 잠시 만나 귓속말로 머지않아 서로 다시 만날 것을 약속한다는 내용이다. 그러나 마지막 부분에서 蘭芝의 오빠에 대한 언급은 그것이 순탄치 않을 것임을 예고해 주고 있으며, 결국 태수의 도령과 혼인하게 된다는 복선으로 작용한다.

5.

入門上家堂,　　대문에 들어서서 안채에 오르는데
進退無顔儀.　　나아가고 물러남에 면목이 없네
阿母大拊掌,　　어머니가 크게 손바닥을 치며
"不圖子自歸!　　"뜻밖에도 네가 스스로 돌아오다니
十三教汝織,　　열세 살에 네게 길쌈을 가르쳤고
十四能裁衣,　　열네 살엔 옷마름질을 할 줄 알았고
十五彈箜篌,　　열다섯 살엔 공후를 잘 탔고
十六知禮儀,　　열여섯 살엔 예의를 익힌 뒤에
十七遣汝嫁,　　열일곱 살에 너를 시집 보내면서
謂言無誓違.[488]　　아무 허물없으리라 생각했었다
汝今無罪過,　　너는 지금 아무런 죄도 없이
不迎而自歸?"　　맞지도 않았는데 스스로 돌아오다니"
"蘭芝慙阿母,　　"난지는 어머니 뵙기가 부끄럽사오나
兒實無罪過."　　실로 저는 아무 잘못이 없습니다"
阿母大悲摧.[489]　　어머니는 크게 슬퍼한다네
還家十餘日,　　친정에 돌아온 지 십여 일

---

488) '誓違'(서위) : '誓'자를 '諐(잘못)'자의 잘못으로 본다. 잘못. 어긋남. 일설에는 '違誓'가 잘못 도치된 구문이라고 보는데, '誓'는 여자가 시집갈 때 친정부모가 딸에게 시집가서 공손하게 잘 지내라는 다짐의 말을 주는데, 바로 이러한 약속의 말을 가리킨다고 하며, 따라서 '다짐했던 약속을 어기다'의 뜻이라고 보기도 한다.

489) '悲摧'(비최) : 매우 슬퍼하다.

縣令遣媒來.[490]	현령이 중매쟁이를 보내 와
云"有第三郎,[491]	이르기를 "어떤 집에 셋째 도령 있는데
窈窕世無雙.[492]	잘생기기로는 세상에 둘도 없고
年時十八九,	나이는 십팔구 세로
便言多令才."[493]	말도 잘하고 뛰어난 재주 많다오"
阿母謂阿女,	어머니는 딸에게 말하기를
"汝可去應之."	"네가 가서 청혼에 응하는 게 좋겠구나"
阿女含淚答,	딸은 눈물 머금고 대답하기를
"蘭芝初還時,	"난지가 당초 돌아올 때에
府吏見丁寧,[494]	남편께서 신신당부하면서
結誓不別離.	맹세코 헤어지지 않겠다고 하셨지요
今日違情義,	지금 그런 정분과 의리를 어긴다면
恐此事非奇.[495]	아마도 이것은 좋은 태도가 아닐 테죠
自可斷來信,[496]	마땅히 오는 중매쟁이를 돌려보내고
徐徐更謂之."	천천히 다시 그 일을 이야기하도록 하시지요"
阿母白媒人,	어머니는 중매쟁이에게 알리기를
"貧賤有此女,	"빈천한 집안에 이런 여식 있는데
始適還家門.[497]	시집간 지 얼마 안 돼 친정에 돌아왔답니다
不堪吏人婦,	이방의 아내 노릇도 감당하지 못했거늘
豈合令郎君?[498]	어찌 귀한 댁 도령님에게 어울리겠습니까

490) '縣令'(현령) : 현의 장관.

491) '第三郎'(제삼랑) : 현령의 셋째아들을 가리킨다.

492) '窈窕'(요조) : 외모가 훌륭한 모양.

493) '便言'(편언) : 말을 잘하다. 구변이 좋다.

494) '見'(견) : 피동을 나타내는 말. '丁寧'(정녕) : '叮嚀'과 같다. 간곡한 부탁.

495) '非奇'(비기) : 좋지 않음.

496) '斷來信'(단래신) : 중매를 하러 오는 사람을 돌려보내다.

497) '始適'(시적) : 시집간 지 얼마 되지 않아.

498) '令郎君'(령랑군) : 귀공자.

幸可廣問訊,	바라건대 두루 알아보는 게 좋을 듯하니
不得便相許."	바로 청혼을 허락할 순 없습니다"

해설 이 단락은 蘭芝가 친정에 돌아온 뒤 얼마 후 다시 혼담이 오고 가는 데서부터 그것을 거절하는 내용까지 서술하고 있다. 蘭芝가 갑자기 통고도 없이 친정으로 돌아오자 친정어머니는 탄식을 한다. 그러다 열흘 쯤 지나자 중매쟁이를 통해 蘭芝에게 청혼이 들어오는데, 蘭芝는 仲卿과의 약속을 말하면서 어머니께 거절토록 한다. 여기서 문제가 되는 것은 당시 일단 이혼한 과부와 같은 처지의 여인들의 재가 문제이다. 고대국가 후기로 오면서 과부의 재가는 차츰 엄격히 금지되어 간다. 그러나 초기 고대국가에서는 꼭 그렇지만은 않았다.

즉 원시시대 군혼제 또는 일부다처제에서 일부일처제가 탄생한 기초는 바로 생산력의 증가로 인한 사유재산제의 탄생, 나아가 혈연에 기초한 종법제도의 확립 등을 들 수 있다. 그러나 이러한 이유로 정착된 일부일처제와 과부의 재가 문제는 서로 저촉되지 않았기 때문에 초기고대국가에 있어서는 과부의 재가를 금지하지는 않았다. 대표적인 실례로서 孔子조차 아들 伯魚가 죽은 뒤에 비록 子思라는 손자가 있었지만 며느리를 재가시켰으며, 이러한 관대한 사상은 孟子 및 漢代의 董仲舒도 따랐었다. 魏晉南北朝시대는 군사상의 목적에 의한 인구의 수요 및 예교의 속박이 느슨해진 이유 등으로 인해 이 문제에 대해 더욱 관대하였으며, 이는 唐代에까지 이어져 내려왔다.

그러나 한편에서는 여성의 정조관념을 중시하여 개가를 금지하는 도덕관도 엄존하여 후대로 이어져 내려왔다. 그 출발은 『禮記』「郊特牲」중의 여자의 덕을 말하는 가운데 '일단 남편과 재사고기를 함께 먹으면, 종신토록 바꿀 수가 없으니, 때문에 남편이 죽어도 재가하지 않는다(壹與之齊, 終身不改, 故夫死不嫁)'라고 한 것이다. 이후 劉向의 『列女傳』에는 '죽을 때까지 두 사람을 섬기는 않는다(終不更二)"라고 했고, 여성 班昭

가 지은 『女誡』 중에는 나아가 남녀의 불평등함을 인정하는 '남편에겐 재취의 도리가 있고, 아내에겐 재가의 도리가 없다(夫有再娶之義, 婦無二適之義)'라고까지 했다. 隋代에 이르러서는 조칙으로써 제도화하기 시작하였으니, 곧 文帝는 九品 이상의 벼슬아치 중의 처와 五品 이상의 벼슬아치의 첩까지 모두 남편이 죽어도 개가하지 못하게 하였다. 이는 차츰 법제에다 권장과 표창의 일로 변하게 되어 후대의 '孝婦'니 '烈女'니 하는 이름하에 각종의 전기와 비문으로 남겨져 칭송되어 여성의 재가 금지를 더욱 고정된 도덕률로 만들어 버렸다.

이 시의 배경이 된 漢代 역시 이러한 두 가지 상반된 도덕이 병존하던 시대로, 이는 특히 여성의 부모된 입장에서는 전자의 흐름을 보편적으로 따랐던 풍조가 있었으며, 이러한 풍조가 바로 이 시에도 반영되었던 것이다. 따라서 현령의 자제를 과부와 혼인 시키려한다는 상황 설정은 무리가 있지만, 과부의 재가가 그다지 엄격하게 규제되지 않고 인정되던 시대였다는 점으로 시를 이해할 수가 있겠다.

6.

媒人去數日,[499]	중매쟁이가 돌아간 며칠 뒤에
尋遣丞請還,[500]	얼마 후 현승을 보내어 알아보고 돌아오게 했는데
說"有蘭家女,[501]	현승이 현령에게 말하기를 "난씨 집안의 딸이 있는데
承籍有宦官."[502]	조상 대대로 벼슬한 집안이랍니다"
云"有第五郎,[503]	현승이 또 현령에게 이르기를 "태수님의 다섯째

499) '媒人'(매인) : 현령이 蘭芝 집에 보냈던 중매쟁이.
500) '尋'(심) : 얼마 후. '丞'(승) : 縣丞을 가리킨다. 縣令의 속관. '請'(청) : 알아보다. '還'(환) : 현으로 돌아왔다는 뜻이다. '遣'의 주체는 縣令이며, '請還'의 주체는 縣丞이다.
501) '蘭家女'(란가녀) : 劉蘭芝가 아니라 蘭氏 집의 딸이란 제삼의 인물이다.
502) '承籍'(승적) : 조상의 관직을 계승하는 것을 말한다. '宦官'(환관) : 벼슬하다.
503) '第五郎'(제오랑) : 縣令의 '第三郎'이 아니라, 太守의 다섯째 아들을 가리킨다. 이

	도령이 있는데
嬌逸未有婚.[504]	미남에다 아직 미혼이라
遣丞爲媒人,	저를 보내어 중매를 서게 하시어
主簿通語言."[505]	태수의 주부와 이야기가 통했습니다"
直說"太守家,[506]	현승이 직접 난지 집에 말하기를 "태수님 댁에
有此令郎君,	이렇게 훌륭한 도령님 계시는데
旣欲結大義,	이미 결혼의 큰 뜻 맺고자 하시어
故遣來貴門."	저를 귀댁으로 보내셨소"
阿母謝媒人,	어머니는 중매쟁이에게 사양하기를
"女子先有誓,	딸년은 이미 맹세한 게 있으니
老姥豈敢言?"	늙은 에미가 어찌 감히 말하겠소"
阿兄得聞之,	오라버니가 그 말을 듣고
悵然心中煩,	슬픔으로 가슴이 답답하여
擧言謂阿妹,[507]	누이에게 언성을 높이며
"作計何不量![508]	"마음을 정하는 데 어찌 앞뒤 생각도 않느냐
先嫁得府吏,	전에 관청의 하급관리에게 시집갔었는데
後嫁得郎君,	이번에는 도령님께 시집가게 되는 것이니
否泰如天地,[509]	행복과 불행의 차이가 하늘과 땅만큼 크거늘
足以榮汝身.	네 한 몸 영화롭게 하기에 충분하지 않느냐

구의 '云'의 주체 역시 縣丞이다.

504) '嬌逸'(교일) : 뛰어나게 잘생긴 모양.

505) '主簿'(주부) : 太守의 속관으로 문서담당 서기를 말한다. 이상 8구의 내용은 縣令이 자기의 셋째 아들과 蘭芝를 혼인시키고자 했으나, 군청에 가서 알아보고 온 縣丞이 말하기를 蘭芝는 太守의 다섯째 아들과 혼인하기로 그쪽 서기와 이야기가 되어 있으며, 따로 蘭氏라는 대대로 벼슬한 집안의 딸과 혼인하도록 권하는 내용이다.

506) 이하 네 구는 縣丞이 蘭芝의 집에 와서 蘭芝의 어머니에게 말하는 내용이다.

507) '擧言'(거언) : 언성을 높이다.

508) '作計'(작계) : 마음을 정하다.

509) '否泰'(비태) : 『周易』의 두 괘 이름. '否'는 불운을, '泰'는 행운을 의미한다.

不嫁義卽體,[510]	이런 훌륭한 도령에게 시집가지 않고
其住欲何云?"[511]	우리 집에 계속 있으면 어떻게 하겠다는 말이냐"
蘭芝仰頭答,	난지가 고개를 들고 대답하기를
"理實如兄言.	"이치야 실로 오라버니 말대로지요
謝家事夫壻,[512]	집을 떠나서 시집가 남편 섬기다가
中道還兄門,	도중에 오라버니댁으로 돌아왔으니
處分適兄意,	오라버니 뜻에 따라야지
那得自任專?	어찌 제멋대로 할 수 있겠어요
雖與府吏要,[513]	비록 중경과 약속을 했지만
渠會永無緣.[514]	그이와는 필시 영원히 인연이 없는 것
登卽相許和,[515]	당장 응하겠다 허락하시고
便可作婚姻."	바로 혼인을 치르도록 하는 게 좋겠네요"

해설 이 단락은 蘭芝의 재가에 대한 위기에 해당한다. 일단 돌아갔던 중매쟁이가 돌아와 태수의 다섯째 아들과 혼인 맺기를 다시 청하자 蘭芝의 어머니는 딸의 의견을 따라 정중히 사과한다. 그러나 옆에서 듣고 있던 오라버니가 화를 내며 동생을 설득하고, 이에 蘭芝는 자신이 쫓겨나 오라버니집에 와 있는 신세를 깨닫고 오라버니 말을 들을 수밖에 없다고 자포자기하며 결혼을 허락한다.

이 단락은 등장인물이 불분명하게 언급이 되면서 혼란을 야기하는

510) '卽'(즉) : 『樂府詩集』의 '郎'자의 잘못이다. '義郎'(의랑) : 太守 아들에 대한 미칭. '體'(체) : 몸. 사람.

511) '其住'(기주) : 이렇게 친정에 머물러 살다. '欲何云'(욕하운) : 어떻게 하려고 하느냐. 일설에는 '住'자를 '往'자의 잘못이라고 보고, 이 구를 '이후로 어떻게 할 작정이냐'라고 해석하기도 한다.

512) '謝家'(사가) : 친정집을 떠나다.

513) '要'(요) : 약속하다.

514) '渠'(거) : 삼인칭대명사. 그. '渠會'(거회) : 仲卿과의 만남을 의미한다.

515) '登卽'(등즉) : 즉시. 당장. '許和'(허화) : 승낙하다.

부분이기도 하다. 내용은 현의 장관 현령이 그 속관인 현승을 시켜 상급기관인 군의 장관 태수에게 결혼에 관한 것을 물어보고 오라고 하여, 현승이 돌아와서 상관인 현령에게 현령의 아들의 배필로는 따로이 대대로 벼슬을 지낸 蘭氏 집안의 딸이 있다고 한다. 蘭芝에 대해서는 오히려 태수의 다섯째 아들과 결혼시키고자 태수의 속관인 주부와 현승이 이야기가 되었다고 하며, 현승이 그 중매를 담당했다. 그리하여 다시금 태수의 아들과의 혼인을 요청 받게 되고, 이에 친정어머니는 이전처럼 딸의 의견을 존중하여 딸의 뜻을 따른다고 하지만, 오빠가 억지로 혼담을 받아들일 것을 강요하니, 蘭芝는 끝내 재가를 허용하게 된다. 여기에서 5절과의 시간적인 차이가 불과 '數日'뿐인데도, 蘭芝가 仲卿과의 약속을 쉽게 저버린 것은 그녀가 仲卿의 처지를 통해 약속이 지켜질 희망이 거의 없다는 것을 감지했음을 말하기도 하지만, 당시의 모든 예교의 근본이었던 '孝'가 仲卿의 경우처럼 애정보다 더욱 중요한 덕목이었음을 알 수 있게 한다.

7.

媒人下牀去,	중매쟁이가 자리에서 내려와 떠나며
"諾諾復爾爾."[516]	"예예 그렇게 하죠 그렇게 하죠"
還部白府君,[517]	관아로 돌아와 태수에게 아뢰기를
"下官奉使命,[518]	"소인이 사명을 받들어
言談大有緣."[519]	이야기하여 충분히 인연이 닿았습니다"
府君得聞之,	태수가 그 말을 듣자
心中大歡喜.	마음속으로 크게 기뻐하면서

516) '諾諾'(낙낙)・'爾爾'(이이): 모두 승낙하는 말.
517) '部'(부): 부서. 관청. '府君'(부군): 漢代의 太守에 대한 호칭.
518) '下官'(하관): 하급관리의 상급관리에 대한 자칭.
519) '言談'(언담): 이야기한 내용.

視曆復開書,[520]	책력을 보기도 하고 역서를 펼치기도 하는데
便利此月內,[521]	바로 이 달 안이 좋으며
六合正相應.[522]	육합이 꼭 들어맞는다네
"良吉三十日,	"좋은 길일이 30일이고
今已二十七,	오늘이 벌써 27일이니
卿可去成婚."[523]	그대는 가서 혼례를 성사시키도록 하게나"
交語速裝束,[524]	아랫사람들에게 말하여 속히 혼사를 준비케 하는데
駱驛如浮云.[525]	많은 사람들이 뜬구름처럼 쉴 새 없이 왔다갔다하네
青雀白鵠舫,[526]	푸른 공작 그림의 배와 흰 고니 모양의 배에는
四角龍子幡,[527]	네 귀퉁이에 용무늬 깃발을 달아
婀娜隨風轉.[528]	펄렁펄렁 바람에 나부끼며 굴러가네
金車玉作輪,	황금수레에 옥바퀴를 달고
躑躅青驄馬,[529]	청총마가 뚜벅뚜벅 끌게 하니
流蘇金鏤鞍.[530]	갖가지 색의 수실이 황금 안장에 드리워져 있다네
齎錢三百萬,[531]	신부집에 보내는 예전이 삼백만 냥
皆用青絲穿.	모두 푸른 명주실에 꿰었다네

520) '視曆'(시력)·'開書'(개서): '開視曆書'와 같다. 모두 책력 등 역서를 보는 것을 뜻한다.

521) '便'(변): 곧. 즉. '利'(리): 알맞다.

522) '六合'(륙합): 옛날 미신 중에 月建과 日辰이 서로 맞는 좋은 날로, 子와 丑, 寅과 亥, 卯와 戌, 辰과 酉, 巳와 申, 午와 未 등 여섯 가지 경우를 가리킨다.

523) 이상 세 구는 太守가 縣丞에게 하는 말이다.

524) '交語'(교어): 아랫사람들에게 말을 전하다. '裝束'(장속): 혼사 준비를 의미한다.

525) '駱驛'(락역): 많은 사람들이 분주히 오가는 모습.

526) '青雀'(청작): 푸른 공작새. '白鵠'(백곡): 흰 고니. '舫'(방): 신부를 맞이하러 가는 배.

527) '龍子幡'(룡자번): 용을 그린 긴 띠 모양의 깃발.

528) '婀娜'(아나): 가볍게 나부끼는 모양.

529) '躑躅'(척촉): 느리게 걷는 모양. '青驄馬'(청총마): 청색과 흰색의 털이 섞여 있는 말.

530) '流蘇'(류소): 비단이나 깃털로 늘어뜨린 술. '金鏤鞍'(금루안): 금으로 아로새긴 말안장.

531) '齎錢'(재전): 신부집에 선물로 보내는 돈.

雜綵三百疋,[532]	오색 예단이 삼백 필
交廣市鮭珍.[533]	교주와 광주의 산해진미를 다 샀다네
從人四五百,	사오백 명의 시종들은
鬱鬱登郡門.[534]	성대하게 태수의 집 대문을 나선다네
阿母謂阿女,	어머니가 딸에게 말하기를
"適得府君書,	"방금 태수댁의 전갈을 받았는데
明日來迎汝.	내일 너를 맞으러 온다는구나
何不作衣裳?	어찌 옷을 짓지 않느냐
莫令事不擧!"[535]	일을 그르치게 하지 말아라"
阿女默無聲,	딸은 묵묵히 대답도 없이
手巾掩口啼,	수건으로 입을 가리고 울기만 하는데
淚落便如瀉.	눈물은 쏟아지듯 떨어지네
移我琉璃榻,[536]	우리 난지의 유리 평상을 가져다가
出置前窓下.	앞 창문 아래 내다 놓고
左手持刀尺,	왼손으로 가위와 자를 들고
右手執綾羅.	오른손엔 아름다운 비단 잡고
朝成繡裌裙,	아침엔 수놓은 겹치마를 만들고
晚成單羅衫.	저녁엔 비단 홑저고리 만드네
晻晻日欲暝,[537]	어둑어둑 해 저물녘에
愁思出門啼.	수심에 가득 차 대문을 나와서 흐느끼네

532) '雜綵'(잡채) : 오색의 비단.

533) '交廣'(교광) : 交州와 廣州. 지금의 廣西省과 廣東省에 해당하는 곳으로 외국과의 무역이 성했다고 한다. '市'(시) : 사다. '鮭'(규) : 생선요리의 총칭. '珍'(진) : 珍味.

534) '登'(등) : '發(출발하다)'자의 잘못. 일설에는 '일제히 모여들다'라고 해석하기도 한다.

535) '事不擧'(사불거) : 일을 제대로 하지 않다.

536) '我'(아) : 우리. 이 노래를 부르는 전체의 화자 입장에서 일컫는 말. '琉璃榻'(류리탑) : 유리로 장식한 평상 또는 걸상.

537) '晻晻'(엄엄) : 해가 뉘엿뉘엿 지는 모양.

해설 이 단락은 蘭芝와 태수의 다섯째 아들의 결혼의 결정과 준비 과정을 서술한 부분이다. 태수댁에서는 서둘러 3일 후에 결혼식을 갖기로 하고 준비를 하는데, 그 준비 과정이 지나치게 화려하게 묘사되어 있다. 이는 결미 부분의 蘭芝의 자결을 더욱 부각시키기 위한 인위적인 장치로 볼 수 있다. 즉 실재로 일개 하급관리에게 시집갔다가 소박맞은 여인이 태수댁 귀한 도령과 재혼한다는 것 자체 역시 거의 불가능한 것으로, 蘭芝의 굳은 지조를 부각시키기 위한 장치에 불과할 뿐이다. 아울러 그 장치가 귀하고 화려할수록 그녀의 지조를 더욱 부각시킬 수 있는 것이다.

8.

府吏聞此變,	중경이 이 변고를 전해 듣고
因求假暫歸.[538]	휴가를 내어 잠시 집에 돌아오는데
未至二三里,	채 이삼 리를 남겨 두고는
摧藏馬悲哀.[539]	찢어지는 슬픔에 말조차도 슬피우네
新婦識馬聲,	아내가 말울음소리 알아듣고
躡履相逢迎,[540]	발소리를 죽이며 나가 마중하는데
悵然遙相望,	슬픈 눈으로 멀리 바라보니
知是故人來.	남편 오는 줄을 알았다네
擧手拍馬鞍,	손을 들어 말안장만 치며
嗟歎使心傷.[541]	탄식하니 보는 이의 마음을 아프게 하네
"自君別我後,	"당신이 저와 이별한 뒤
人事不可量,	사람의 일이란 가늠할 수 없게 되어

538) '假'(가): 휴가.
539) '摧藏'(최장): '悽愴'·'催愴' 등과 같다. 매우 슬픈 모양.
540) '躡履'(섭리): 발소리를 죽여 가볍게 걷는 것.
541) 이상 두 구는 蘭芝가 仲卿의 말안장을 치면서 슬프게 탄식하는 모습이 보는 이로 하여금 가슴 아프게 한다는 뜻이다.

果不如先願,	정말로 지난날의 바람처럼 되지 않았으며
又非君所詳.	게다가 당신은 그간 일을 잘 모르실 거예요
我有親父母.	제게는 친어머니 계시고
逼迫兼弟兄,[542]	게다가 다그치는 오라버니까지 계셔서
以我應他人,[543]	저를 다른 사람에게 시집가라 하시니
君還何所望!"	당신이 돌아온들 무슨 희망이 있겠어요"
府吏謂新婦,	중경이 아내에게 말하기를
"賀卿得高遷![544]	"그대가 귀한 사람에게 시집가는 것을 축하하오
磐石方可厚,	반석은 반듯하고도 두터워
可以卒千年,	천 년이라도 버틸 수 있건만
蒲葦一時紉,[545]	부들과 갈대는 한때 질기다고 해도
便作旦夕間.[546]	한나절만 지나면 끝이지요
卿當日勝貴,	그대는 날로 더욱 귀한 몸 될 것이며
吾獨向黃泉."	나는 홀로 황천으로 떠나리다"
新婦謂府吏,	난지가 중경에게 말하기를
"何意出此言!	"무슨 마음으로 그런 말씀 하세요
同是被逼迫,	다 같이 핍박받는 입장이니
君爾妾亦然.	당신이나 저나 똑 같아요
黃泉不相見,[547]	황천에 가서 만나자는
勿違今日言!"	지금 이 말 어기지나 마세요"
執手分道去,	손을 잡았다가 길을 나누어 떠나

542) 이상 두 구의 '父母'와 '兄弟'는 모두 偏意複詞로 각각 친정어머니와 친정오라버니를 가리킨다.

543) '應'(응): 짝이 되다. 결혼하다.

544) '高遷'(고천): 높은 데로 옮겨가다. 여기서는 蘭芝가 신분이 높은 太守의 집으로 시집감을 의미한다.

545) '紉'(닌): '韌'자와 같다. 부드럽고 질기다.

546) '旦夕間'(단석간): 아침과 저녁 사이. 매우 짧은 시간.

547) '不'(불): 五雲溪館活字本과 『樂府詩集』 등에는 모두 '下'자로 되어 있다.

各各還家門.　　　각각 제집으로 돌아가네
生人作死別,　　　산 사람 사별하려 하니
恨恨那可論?　　　한스럽고 한스러움을 어찌 말로 다하랴
念與世間辭,　　　세상과 이별하기로 작정하였으니
千萬不復全.　　　결코 더 이상 목숨을 보전하지 못할 것 같다네

해설 이 단락은 재혼을 앞 둔 蘭芝와 그 소문을 듣고 달려온 仲卿이 만나서 하는 얘기를 서술하고 있다. 仲卿은 헤어질 때의 언약을 상기시키며 자기는 반석처럼 변함없는데, 蘭芝는 부들처럼 쉽게 휜다고 비꼬면서 팔자 고쳐서 잘 살아라 말하고 자신은 죽겠다고 한다. 이 말을 들은 蘭芝 역시 상황 때문에 어쩔 수 없는 결정이었을 뿐 결코 마음은 변치 않았다고 하면서 함께 죽기로 약속한다. 결국 이들의 애정의 방해자는 양가의 부모와 가족이며, 그것은 당시의 도덕의 첫째 항목인 '孝'로 인한 것이며, 그들의 죽음에 대한 선택은 바로 그 '孝'사상에 대한 하나의 도전이라고 볼 수도 있다.

9.
府吏還家去,　　　중경이 집에 돌아가서
上堂拜阿母,　　　안채에 올라가 어머님께 절하며
"今日大風寒,　　　"오늘 거센 바람 차가운데
寒風摧樹木,　　　찬바람은 나무를 꺾으며
嚴霜結庭蘭.　　　된서리는 뜰의 난초에 맺혀 있습니다
兒今日冥冥,[548]　　　소생 이제 어두운 저승으로 가려 하니
令母在後單.　　　어머님을 뒤에 홀로 남겨 두게 되었답니다
故作不良計,[549]　　　알면서도 굳이 못된 생각 한 것이니

548) '日冥冥'(일명명) : 날이 어두워지다. 죽음을 암시하는 말이다.
549) '故'(고) : 고의로. 일부러. '不良計'(불량계) : (죽으려고 하는) 좋지 않은 생각.

勿復怨鬼神.	귀신일랑 절대 원망 마시고
命如南山石,	수명은 남산의 바위처럼
四體康且直."	옥체 평안하고 건강하십시오"
阿母得聞之,	어머니는 그 말을 듣고
零淚應聲落.	말끝마다 눈물을 줄줄 흘린다네
"汝是大家子,	"너는 대갓집 아들로서
仕宦于臺閣.[550]	대각에서 벼슬하는 몸이거늘
愼勿爲婦死,	제발 여편네 때문에 죽을 생각일랑 말아라
貴賤情何薄?[551]	귀한 몸으로 천한 것 버렸는데 무엇이 박정한 거냐
東家有賢女,	동쪽 이웃집에 현숙한 딸이 있는데
窈窕豔城郭.	성안에서 가장 아름답단다
阿母爲汝求,	이 에미가 너를 위해 청혼해 두었으니
便復在旦夕."	곧 성사가 될 것이다"
府吏再拜還,	중경이 재배하고 제방으로 돌아와
長歎空房中,	텅 빈 방 안에서 길게 탄식하는데
作計乃爾立.[552]	마음의 작정은 이미 서 있었다네
轉頭向戶裏,	머리 돌려 방 안을 향하니
漸見愁煎迫.	점점 서글픈 생각이 가슴을 짓눌러온다네
其日馬牛嘶,[553]	그 날 말과 소가 울 때
新婦入靑廬.[554]	난지는 초례청으로 들어섰다네
菴菴黃昏後,[555]	어둑어둑 황혼이 깃든 뒤

550) '臺閣'(대각) : 漢代, 궁중의 주요문서를 관장하던 관서인 尙書臺를 가리킨다. 여기에서는 太守府의 관청이란 뜻으로 쓰였다.

551) '貴'(귀) · '賤'(천) : 각각 仲卿과 蘭芝를 가리킨다. 귀한 신분의 仲卿이 천한 신분의 蘭芝를 내쫓은 것은 박정한 것이 아니란 뜻이다.

552) '作計'(작계) : 죽으려는 계획을 가리킨다.

553) '嘶'(시) : 짐승이 울다.

554) '靑廬'(청려) : 醮禮廳. 푸른 천으로 만든 천막집으로, 혼례를 거행하는 장소이다.

555) '菴菴'(엄엄) : 어둑어둑한 모양.

寂寂人定初.[556] 적막하게 인적이 막 끊길 무렵
"我命絶今日, "내 목숨 오늘로 끊어지니
魂去尸長留." 넋은 떠나고 주검만 오래 남으리"
攬裙脫絲履, 치마를 걷어잡고 비단신 벗고서
擧身赴淸池. 몸을 날려 맑은 연못에 뛰어드네
府吏聞此事, 중경이 이 소식을 듣자
心知長別離. 속으로 영원히 이별할 때인 줄을 알고서
徘徊庭樹下, 뜰의 나무 밑을 서성이다가
自掛東南枝. 스스로 동남쪽 가지에 목을 매었다네

해설 이 단락은 仲卿과 蘭芝가 각각 자기 집으로 돌아가 자결할 때까지의 상황을 묘사하고 있다. 仲卿의 어머니는 다시 한번 이웃의 딸이 성안에 제일가는 미인으로 곧 결혼이 성사될 것이라고 말하는데, 이 부분 역시 仲卿의 지조를 부각시키기 위해 넣은 부분이다. 그러나 蘭芝에 비해 묘사의 강도는 약하다고 하겠으며, 결국 이 작품은 지조의 무게를 통해 보자면 여성인 蘭芝에게 중심이 맞춰져 있다고 하겠다. 그러나 실재로는 남성 중심의 사회에서 仲卿과 같은 남성의 지조 역시 발견하기가 어렵다.

10.

兩家求合葬, 두 집안이 합장하기를 원해
合葬華山傍.[557] 화산 기슭에 합장하였다네
東西植松栢, 동서로는 소나무와 잣나무를 심었고
左右種梧桐. 좌우로는 오동나무 심었는데
枝枝相覆蓋, 가지와 가지들이 서로 뒤덮여 있고

556) '人定初'(인정초): 밤이 되어 인적이 조용해지기 시작할 때.
557) '華山'(화산): 廬江郡 내에 있던 작은 산 이름. 五嶽 중의 華山이 아니다.

葉葉相交通.	잎사귀와 잎사귀들이 서로 뒤얽혀 있다네
中有雙飛鳥,	그 속에 한 쌍의 나는 새 있으니
自名爲鴛鴦.[558]	이름하여 원앙이라 하네
仰頭相向鳴,	머리 들고 서로 바라보며 우는데
夜夜達五更.	밤이면 밤마다 새벽까지 들리니
行人駐足聽,[559]	나그네는 가던 발길 멈춘 채 듣고
寡婦起彷徨.	과부들은 자리에서 일어나 서성인다네
多謝後世人,[560]	후세 사람들에게 신신당부하노라
戒之愼勿忘.[561]	이를 거울삼아 부디 잊지 말기를

해설 이 단락은 이 작품의 대단원이다. 두 사람이 각각 죽음을 통해 자신들의 변함없는 사랑을 지켰으며, 합장한 무덤가에 심어진 나무는 가지와 잎이 뒤엉키어 자라고, 그 위에 원앙새가 밤마다 울어 사람들로 하여금 그들의 애절한 사연을 상기시킨다. 이 작품을 노래하는 사람은 마지막으로 이들의 경우를 거울삼아 사랑을 저버리는 일이 없도록 당부하고 있다.

이 시의 주제에 대해서는 지금까지 보는 각도에 따라 일정치가 않다. 그러나 대부분은 봉건시대의 부부의 애정과 혼인 비극에 초점을 맞추고 있다. 예를 들면 '焦仲卿과 劉蘭芝의 혼인 비극을 통해 봉건예교와 봉건 가장제의 죄악을 힘껏 폭로함과 동시에 蘭芝 부부가 애정에 충실하기 위해 죽어도 굽히지 않는다는 식으로 봉건의 악한 세력에 반항하는 투쟁 정신을 열렬히 노래하였으며, 최후로는 광대한 인민들의 혼인 자유를 쟁취하는 필승의 신념을 드러낸 것'이라든지, '예교・재산・가

558) '鴛鴦'(원앙): 오리과에 속하는 조류. 암수의 금슬이 좋다고 하여 금슬 좋은 부부의 비유로 쓰인다.

559) '駐足'(주족): 발걸음을 멈추다.

560) '多謝'(다사): 거듭 알리다.

561) '戒之'(계지): 仲卿과 蘭芝의 이야기를 교훈으로 삼다.

문을 중심으로 한 봉건혼인제도에 대한 죽음을 통한 대항이며, 또한 우매·무지·편견 등의 낙후한 봉건의식에 대한 도전'이라든지, '전형적인 사회적 의의를 갖춘 애정 혼인 비극'이라든지, '옛날 가족제도와 전통적인 윤리도덕 아래 희생된 젊은 부부를 노래한 것'이란 관점 등이 그것이다. 기존의 제도와 윤리 즉 봉건예교에 대한 반항이란 측면에서 본다면, 효도·가부장제·혼인제도 등에 대한 반항을 반영한 시라고 할 수 있겠다. 긍정적인 측면으로 보자면, 기존의 사회질서에 굴복하지 않고 비록 이 세상에서는 아니지만 결국 벽을 뛰어넘어 획득한 애정의 승리에 대한 찬미를 독자에게 보여주는 시라고 할 수 있을 것이다.

당시 부부 사이의 애정에 있어서, 특히 아내에 대한 남자의 애정은 지나치게 경시되어 애정 표현 자체가 수치로 받아들여졌었다. 특히 그 애정이 가족이나 가문의 의사와 이익에 상반될 때는 항상 애정이 희생되던 시대였다고 본다면, 이들의 애정은 비록 끝내 죽음으로 결말이 났지만, 애정을 최우선으로 두고 불합리한 현실 상황에 대해 그들에게 주어진 가장 적극적인 방법으로 도전하였던 것이다.

결국 이 작품은 독자들에게 애정의 숭고함과 독립성을 일깨워 주며, 그러한 애정을 찬미하여 애정에 대한 가치관을 새롭게 하고자 하는 데에 있다고 할 것이다. 특히 고대 봉건시대의 남성 위주의 애정관에 희생되던 여성의 애정이란 측면에서 이 시를 읽는 여성 독자들은 자신의 소망의 대리실현이란 감동을 체험할 수 있었을 것이다.

『옥대신영』 권2

卷2

위(魏) 문제(文帝)

◇曹丕(187~226) : 자는 子桓이며, 曹操의 둘째 아들. 建安 16년(211)에 五官中郎將이 되었으며, 23년(218)에 太子가 되었고, 25년(220)에 曹操가 죽자 魏王의 자리에 올랐다가, 11월에 漢나라를 禪讓받아 帝位에 올라, 연호를 黃初라고 고쳤다. 黃初 7년(226)에 죽었으며, 文帝라 謚號되었다.

일찍이 孔融・王粲・徐幹・應瑒・陳琳・劉楨 등의 문사들과 교유하는 등 문학을 애호하였고, 문학비평에도 공헌이 컸다. 특히 그의 칠언시 「燕歌行」은 최초의 완전한 칠언시로 간주되고 있으며, 비평서인 『典論』 「論文」은 문학의 독립을 선언한 중요한 의미를 지닌 것으로, 후대 문학비평서의 효시로 간주된다.

46. 청하에서 배 끄는 병사가 신혼에 아내와 이별하는 것을 보고 「於淸河見輓船士新婚別妻」[1]

與君結新婚,　　그대와 막 결혼을 했건만
宿昔當別離.[2]　　조만간에 이별해야 한다네
凉風動秋草,　　서늘한 바람이 가을 풀을 흔들고
蟋蟀鳴相隨.[3]　　귀뚜라미 울음소리는 번갈며 이어지네
冽冽寒蟬吟,[4]　　싸늘한 추위에 쓰르라미 신음하는데
蟬吟抱枯枝.　　쓰르라미는 신음하며 마른 나뭇가지를 끌어안네
枯枝時飛揚,　　마른 나뭇가지 때때로 바람에 흩날리고
身體忽遷移.　　이내 몸은 홀연히 다른 곳으로 옮겨가네
不悲身遷移,　　몸이 옮겨가는 건 슬프지 않으나
但惜歲月馳.　　다만 세월이 내달리듯 흐르는 게 안타깝네
歲月無窮極,　　세월은 무궁하지만
會合安可知?　　만날 날을 어찌 알겠는가
願爲雙黃鵠,[5]　　한 쌍의 황곡새 되어
比翼戲淸池.　　날개 나란히 하고 맑은 연못에서 놀았으면

---

1) 어떤 판본에는 '於'자가 없다. 『藝文類聚』에는 徐幹의 시라고 되어 있다. '淸河'(청하) : 淇水의 지류. '輓船士'(만선사) : 배를 끄는 병사.
2) '宿昔'(숙석) : '夙昔'과 같다. 조만간. 곧.
3) '鳴相隨'(명상수) : 울음이 서로 따르다. 귀뚜라미들이 여기저기에서 마치 따라 울 듯 울음소리가 계속 이어진다는 의미이다.
4) '冽冽'(렬렬) : 매우 추운 모양. '寒蟬'(한선) : 쓰르라미. 매밋과의 곤충으로 서늘한 바람이 부는 입추가 지난 때부터 운다고 하는데 수컷에만 배에 공명실이 있어 쓰르람쓰르람거리며 운다. 蔡邕의 『月令章句』에 의하면 쓰르라미는 음기에 응하여 우는데, 쓰르라미가 울면 날이 추워진다라고 했다.
5) '黃鵠'(황곡) : 전설상의 새 이름. 『商君書』 「畫策」에 "황곡새가 날면 한 번에 천 리를 간다(黃鵠之飛, 一擧千里)"라고 하였다.

해설 이 작품은 신혼이지만 군대에 징집되어 가 배 끄는 임무를 맡은 병사의 처지를 제삼자의 눈으로 동정해서 지은 시다. 주인공은 한창 신혼의 달콤함에 젖어 있을 때이건만 언제 끝날지도 모를 전쟁에 끌려나왔으니 다시 만날 날 역시 기약할 수가 없는 것이다. 계절조차 가을이 깊어져 가니 더욱 따뜻한 신방이 그리운 것이다. 그러나 직접적인 체험이 아니기 때문에 감정의 전파력이 비교적 약하다.

47. 또 청하에서 짓다

「又淸河作」

方舟戱長水,[6]	나란한 두 배가 긴 강물을 희롱하듯
湛澹自浮沉.[7]	출렁이며 저절로 떠올랐다 가라앉았다 하네
絃歌發中流,[8]	현악에 어우러진 노래는 강 가운데에서 피어나는데
悲響有餘音.	슬픈 음향에 여음이 감도네
音聲入君懷,	소리가 그대 품으로 들어가니
悽愴傷人心.	서글피 사람 마음을 아리게 하네
心傷安所念?	마음 아프지만 그리운 사람 어찌하나
但願恩情深.	다만 깊은 사랑을 원할 뿐
願爲鷐風鳥,[9]	한 쌍의 송골매 되어
雙飛翔北林.	북쪽 숲으로 날아오르고저

---

6) '方舟'(방주): 나란히 가는 두 배. '戱長水'(희장수): 강에 떠가는 나란한 두 배가 마치 긴 강물을 희롱하는 것처럼 보인다는 뜻.

7) '湛澹'(잠담): 물이 출렁이는 모습.

8) '絃歌'(현가): 현악기 반주에 맞춰 부르는 노래. '發中流'(발중류): 강의 한 가운데에서 노래소리가 나다.

9) '鷐風'(신풍): 송골매. 돌아오지 않은 남편에 대한 원망을 노래한 『詩經』「秦風」「晨風」에 "쏜살같이 나는 저 송골매, 무성한 저 북쪽 숲으로 날아가네(鴥彼晨風, 鬱彼北林)"라고 했다.

해설 이 작품 역시 앞의 작품과 같은 내용으로 같은 때에 지어진 것으로 보인다. 다만 차이는 신혼에 이별한 병사의 배를 모는 구체적인 상황을 보고 지었다는 것이다. 긴 강에 두 척의 배가 떠가는데, 그 배의 노 젓는 병사 중 한 사람이 바로 신부의 남편이다. 배 안에는 악기를 연주하며 노래하는 사람이 있는데, 그의 음악이 애절하게 노 젓는 남편에게 들린다. 그는 그 소리를 듣고 신부에 대한 생각으로 더욱 마음이 아파 온다. 그러나 아무리 슬퍼하며 신부를 그리워하지만 소용없는 일, 단지 자신에 대한 신부의 사랑이 깊어 변심하지 말고 기다려 주기를 바라며, 나아가 지금 당장이라도 날랜 송골매가 되어 함께 다정하게 북쪽 숲을 날아다니고 싶은 것이다.

내용상 앞 시와 마찬가지로 징집된 병사의 처지를 동정한 작품으로 봤을 때 배 안에서 연주되고 불리는 음악을 어떻게 설명해야 될지는 의문으로 남는다.

견황후(甄皇后)

◇甄皇后(182~221) : 魏 文帝의 왕후로 中山 無極 사람이며 이름은 전하지 않는다. 본래는 袁紹가 鄴 땅에 거점을 두고 있을 때 袁紹의 둘째 아들인 袁熙의 처가 되었으나, 袁紹가 曹操에게 패하자 曹丕가 그녀를 부인으로 맞았다. 전하기로는 袁紹가 패할 때 曹丕와 동생 曹植이 그녀를 차지하기 위해 심하게 다투었다고 하는데 결과적으로 曹丕가 승리하자 曹植은 그로부터 우울한 삶을 살게 되었으며, 그녀 또한 이 때문에 郭 왕후의 참언을 받아 사약을 받고 죽었다고 한다. 曹植의 「洛神賦」의 주인공이 바로 그녀이며, 여기에 수록된 시는 그녀가 임종할 때 지은 시라고 전해지기도 한다.

48. 악부 '연못가에서'

「樂府塘上行」[10]

蒲生我池中,[11]	부들이 저의 연못 안에서 자라는데
其葉何離離.[12]	그 잎사귀 무성도 하지요
傍能行仁義,	당신 곁에서 인의를 행할 수 있는 사람으로
莫若妾自知.[13]	저만큼 잘 알고 있는 이도 없지요
衆口鑠黃金,[14]	여러 사람들의 말은 황금이라도 녹이니
使君生別離.	당신과 생이별하게 했지요
念君去我時,	당신이 제 곁을 떠나실 때를 생각하면
獨愁常苦悲.	외롭고 근심스러워 항상 쓰리고 괴롭지요
想見君顏色,	당신 얼굴 그려 보면
感結傷心脾.[15]	감정이 맺히어 가슴을 아프게 하지요
念君常苦悲,	당신을 생각하면 끝도 없는 애달픔에
夜夜不能寐.	밤마다 잠 못 이루지요
莫以賢豪故,	현인과 호걸들 때문에

10) 이 작품은 相和歌辭 淸調曲에 속하며, 魏 武帝 또는 魏 文帝의 작품으로 보기도 한다. 唐 劉餗의 『樂府解題』에서는 전대의 기록에 의거하여 다음과 같이 설명하고 있다. "晉나라 음악 중 魏 武帝의 「蒲生篇」을 연주하였는데, 여러 集錄에서 모두 그 가사는 文帝의 甄王后가 지은 것으로, 참소를 입어 버림받았으나 여전히 새로 총애 입기를 바라는데도, 옛날의 미움을 버리지 않음에 대해 탄식하는 것이라고 하였다. 晉 陸機의 「江蘺生幽渚」 같은 것은 부인이 늙어 총애를 잃게 되자 연못가를 지나다가 이 노래를 지었는데, 옛날 가사와 의미가 같다고 하였다." 陸機의 「塘上行」은 제3권에 수록되어 있으며, 宋 謝惠連의 작품, 梁 劉孝威의 「塘上行苦辛篇」, 魏 曹植의 「蒲生行浮萍篇」, 齊 謝朓의 「蒲生行」, 梁 沈約의 「江蘺生幽渚」 등의 제목은 모두 이 작품에서 유래한 것이다.

11) '蒲'(포): 부들. 냇가나 연못·늪지 등에서 자라며 자리의 재료로 쓰인다.

12) '離離'(리리): 풀이 길고 무성한 모양.

13) 이상 두 구는 주위의 사람들이 다들 인의의 도리를 행할 수 있지만 자신만큼 잘 알고 있는 사람은 없다는 자신감을 피력한 것이다.

14) '鑠'(삭): 쇠 따위를 녹이다.

15) '心脾'(심비): 심장과 비장. 여기에서는 마음을 뜻한다.

棄捐素所愛. 평소 사랑하던 사람 버리지 마세요
莫以魚肉賤, 물고기 짐승고기 같은 천한 것 때문에
棄捐葱與薤.16) 파와 염교를 버리지 마세요
莫以麻枲賤, 삼과 모시풀 같은 천한 것 때문에
棄捐菅與蒯.17) 골풀과 사초를 버리지 마세요
出亦復苦愁, 집을 나서도 역시 쓰라리고
入亦復苦愁. 집에 들어와도 역시 쓰라립니다
邊地多悲風, 변방엔 슬픈 바람 많이 불어
樹木何翛翛.18) 나무는 그 얼마나 앙상한지요
從君致獨樂,19) 당신을 따르며 혼자만의 즐거움 이루며
延年壽千秋. 천 년 동안 오래 살고 싶어요

해설 이 작품은 사랑이 식어 버림받은 여인의 원망을 노래한 작품이다. 시의 내용으로 보아 주인공이 버림받은 것은 다른 사람들의 참언과 새 여인을 좋아하고 옛 여인을 싫어하는 남자들의 애정속성 때문으로 볼 수 있다. 결국 고대 남성 위주의 사회에서 여인들이 겪게 되는 가장 일반적인 애정의 운명이라고 할 수 있다.

만약 실재 작가가 甄 왕후였다고 본다면 그녀의 운명은 하나의 인격체라고 하기보다는 완구에 불과했던 비참한 신세를 노래한 애정시라고

16) '葱'(총) : 파. '薤'(해) : 백합과에 속하는 채소인 염교. 중국이 원산지이며 파와 비슷하다. 둘 다 향기가 있다는 뜻을 취한 것으로 보인다.

17) '菅'(관) : 골풀과에 속하는 식물. '蒯'(괴) : 莎草과에 속하는 식물. 두 식물 모두 그 줄기는 자리를 짜는 데 이용된다.

18) '翛翛'(수수) : 본래 새의 꼬리깃이 마르고 윤기가 없는 모양. 여기에서는 수목의 가지와 잎이 바람을 맞아서 바짝 마른 새의 꼬리깃 같다는 뜻으로 쓰였다. '修修'로도 쓴다.

19) 이 구는 어떤 판본에서는 "오늘 서로의 즐거움을 누리며(今日樂相樂)"로 되어 있다. 『考異』에는 '君'자를 '軍'자로 보면서 이 구는 曹丕가 甄氏를 버리고 변방으로 종군한 것을 말한 것이라고 하였다.

할 수 있을 것이다. 袁熙의 아내였다가 남편의 패전과 함께 전리품으로 전락하였으며, 이어 두 왕자들의 쟁취 대상이 되었다가 결국 새로운 여인의 출현과 참언 등으로 인해 버림받게 되었으니, 그 얼마나 비참한 운명이었던가.

유훈(劉勳) 처(妻) 왕송(王宋)[20]

◇劉勳 妻 王宋(생졸년 불확실함) : 서문 참조.

「잡시(雜詩)」 2수[21]

序 : 王宋者, 平虜將軍劉勳妻也. 入門二十餘年後, 勳悅山陽司馬氏女, 以宋無子出之. 還於道中, 作詩二首.

王宋은 平虜將軍 劉勳의 처다. 시집온 지 20여 년 후에 劉勳이 山陽의 司馬氏의 딸을 좋아하게 되자, 王宋을 아들이 없다고 내쫓았는데, 친정으로 돌아가는 도중에 이 시 두 수를 지었다.

20) '王宋'(왕송) : 어떤 판본에는 '王氏'로 되어 있는데, 『考異』 역시 이를 따랐다.
21) 『藝文類聚』에는 제1수를 魏 文帝의 「代劉勳出妻王氏(유훈이 아내 왕씨를 내쫓는 걸 대신해서 씀)」라고 되어 있다.

49. 잡시 1

「雜詩」 其一

翩翩牀前帳,[22]	하늘하늘 침상 맡의 휘장은
張以蔽光輝.	드리워져 빛을 가려 주네
昔將爾同去,[23]	지난 날 이것과 함께 시집갔었는데
今將爾共歸.	지금은 이것과 같이 친정으로 돌아가네
緘藏篋笥裏,[24]	상자 속에다 봉하여 보관될 텐데
當復何時披?[25]	언제 다시금 꺼내리오

해설 남편 또는 시댁으로부터 내쫓겨 친정으로 돌아가게 된 여인의 원망을 서술한 시다. 특징은 원망을 직접적으로 표현하지 않고, 시집갈 때 장만해 갔던 침대휘장을 매개로 하고 있다는 점이다. 어쩌면 이 여인은 그 휘장처럼 자신의 삶 역시 상자 속에 보관되고 말 것 같다는 예감을 하고 있을지도 모르겠다.

50. 잡시 2

「雜詩」 其二

誰言去婦薄,	누가 말했던가 쫓겨가는 아내의 마음 야박하다고
去婦情更重.	쫓겨가는 아내의 사랑은 더욱 깊다오
千里不唾井,[26]	천 리를 떠나도 우물에 침을 뱉지 않는데

22) '翩翩'(편편) : 가볍게 나부끼는 모양.
23) '將'(장) : ……을 (가지고). '爾'(이) : 지시대명사. 휘장을 가리킨다.
24) '緘'(함) : 봉하다. '藏'(장) : 간수하다. '篋笥'(협사) : 네모난 상자.
25) '披'(피) : 열다. 펼치다.
26) '唾'(타) : 침을 뱉다. 唐 李匡乂(濟翁)의 『資暇錄』 下(不反剉條)에 따르면, "속담에

況乃昔所奉.	하물며 예전에 모시던 사람임에랴
遠望未爲遙,	멀리 뒤를 바라보니 아직 그다지 멀어지지 않았는데
峙躇不得往.	머뭇머뭇거리며 나아가지 못하네

해설 앞 시와 마찬가지로 이 작품 역시 쫓겨나 친정으로 돌아가는 도중에 뒤를 돌아보며 차마 발걸음이 떨어지지 않는 심정을 묘사하고 있다. 내쫓긴 여인은 당연히 자기를 내쫓은 주체인 남편과 시댁에 미운 감정이 있을 수밖에 없을 것이다. 그것을 박정하다고 표현했다. 그러나 시의 주인공은 미움이 아니라 오히려 사랑의 감정이 더욱 짙게 일어난다고 하였다.

조식(曹植)

◇曹植(192~232) : 자는 子建이며, 曹操의 아들이자, 曹丕의 同母弟. 재능이 출중하여 일찍이 曹操에게 총애를 받아, 태자가 될 뻔하였다. 建安 16년(211)에 平原侯에 봉해졌고, 다시 臨淄侯에 봉해졌으며, 建安 25년(220)에 曹丕가 즉위하자, 그는 경성을 떠나 지방으로 나갔다. 黃初 2년(221)에 安鄕侯로 폄적되었으며, 黃初 4년(223)에 雍丘王이 되었다. 明帝 太和 원년(227)에는 浚儀로 봉해졌으며, 太和 3년(229)에는 다시 雍丘로 왔다가 東阿로 옮겼으며, 太和 6년(232)에 추가로 陳王에 봉해졌으며, 죽은 뒤에 '思'라고 謚號되어, 후대에

이르기를 '천 리를 떠나더라도 우물에 침을 뱉지 않는다'라고 했다. 南朝 宋의 計吏가 남은 풀들을 모두 썰어서 공관의 우물에 쏟아 붓고는 스스로 말하기를 '천 리 멀리 떠나니 어찌 다시 오겠는가?'라고 했다. 나중에 다시 그곳에 왔다가 자신이 전에 우물에 풀을 버린 것을 기억하지 못한 채 그 물을 길어다 끓여 급히 마셨는데, 풀이 목구멍에 걸려 죽었다"라고 하였다.

'陳思王'이라고 불리게 되었다.

전기는 그의 생활이 안정되어 시가 속에 열정과 원대한 포부가 담겨 있으나, 후기에는 曹丕·曹叡 등의 압박을 받아 여러 차례 폄적되어 나라를 위해 힘쓰고자 했으나 길이 막혀 울분 속에서 죽었으며, 작품 또한 그러한 정조를 띠고 있다. 그의 시는 내용과 형식 모두 建安 문학을 대표하는 최고이다. 그의 辭賦 또한 유명하다. 그의 작품의 정감은 치열하고 慷慨하여 사람들을 감동시키며, 文辭는 華茂하고 聲韻은 諧亮한데, 沈德潛은 그의 시를 "오색이 서로 펼쳐져 있고, 팔음이 낭랑하고 유창하다(五色相宣, 八音朗暢)"라고 평했고, 鍾嶸 또한 오언시 발전에 큰 영향을 끼쳤다고 높이 평가했다.

「잡시(雜詩)」 5수

51. 잡시 1

「雜詩」 其一[27]

明月照高樓, 밝은 달은 높은 누각 비추고
流光正徘徊. 흐르는 달빛은 하염없이 서성이네
上有愁思婦, 누각 위의 시름겨운 여인
悲歎有餘哀. 비탄에 젖어 슬픔이 넘치네
借問歎者誰? 묻는다네 탄식하는 사람 누구인가
言是客子妻.[28] 바로 방랑객의 아내라네
君行踰十年, 당신은 떠난 지 십 년이 넘었고
孤妾常獨棲. 외로운 이 여인은 늘 독수공방
君若清路塵,[29] 당신이 깨끗한 길 위의 먼지라면

27) 이 첫 수는 「曹子建集」과 『文選』에는 모두 「七哀詩」라고 되어 있다.
28) '客子'(객자) : 「曹子建集」에는 '宕子'로 되어 있는데 의미는 같다.

妾若濁水泥.[30]	전 흙탕물의 진흙이지요
浮沈各異勢,	뜨고 가라앉는 각각 다른 처지이니
會合何時諧?	함께 만날 날 그 언제이리요
願爲西南風,[31]	바라옵건대 서남풍 되어
長逝入君懷.	멀리 날아가 그대 품에 들고파요
君懷時不開,[32]	당신의 그 가슴 때가 되어도 열리지 않으면
妾心當何依?[33]	소첩의 마음은 어디에 의지해야 하나요

해설 이 작품은 표면적으로는 길 떠난 남편을 그리워하는 여인의 심정을 묘사하고 있다. 그러나 혹자는 이 시가 작가의 후기 작품이라고 하여, 형 曹丕가 그를 박해하는 것에 대한 원망의 심정을 토로한 것으로 보기도 한다.

보충설명 七哀는 魏晋의 악부시 제목 중의 하나이다. 曹植·王粲·張載가 모두 七哀詩를 지었는데, 내용은 모두 사회 상황을 반영하였고, 哀傷의 감정을 표출하고 있다. 七哀의 뜻에 관해서 呂向은 '七哀는 마음 아파 슬퍼하는 것, 외로워 슬퍼하는 것, 느껴서 슬퍼하는 것, 소식을 들어 슬퍼하는 것, 눈으로 보아 슬퍼하는 것, 탄식하며 슬퍼하는 것, 코가 시큰하며 슬픈 것을 이른다'고 하였다. 이와 달리 元나라 李冶는 "사람에게는 일곱 가지 정이 있어 喜·怒·哀·樂·愛·惡·欲으

29) '淸路塵'(청로진): 길에 날리는 먼지.
30) '濁水泥'(탁수니): 흙탕물 바닥에 가라앉아 있는 진흙. 이상 두 구는 사랑에 있어서 지위와 신분이 다름을 비유하였다.
31) '西南風'(서남풍): 온화한 바람. 『文選』의 주석가인 李周翰은 "서남은 坤地이다. 坤은 아내의 이치이기 때문에 이 바람이 되고자 원했다(西南, 坤地. 坤, 妻道, 故願爲此風)"라고 했다.
32) '時'(시): 때에 맞춰. 적당한 때에. 「曹子建集」과 『文選』에는 둘 모두 '良'자로 되어 있다.
33) '妾心'(첩심): 「曹子建集」과 『文選』에는 모두 '賤妾'으로 되어 있다.

로 구분되는데, 지금에 있어서는 슬퍼하고 근심함이 지극히 심하여, 喜·怒·樂·愛·惡·欲은 모두 없어졌으니, 情에 관련된 것은 오로지 哀일 따름이다. 그러므로 그것을 일러 '七哀'라 하였다"라고 했다. 또한 何義門은 "情에는 일곱 가지가 있으나 곤궁한 지경에 처한 것을 슬퍼하는 데에 주로 치우쳐 있다"라고 했다. 또 다른 해석으로는 漢代 악부 중에는 '七哀'라는 제목이 없으며, 吳競의 「樂府古題要解」에서 나오는 '七哀'는 '起於漢末'이란 대목에 주목하여, 이 '七哀'라는 題目은 王粲이 처음으로 사용하여 曹植 등이 이어 創作함으로써 이루어진 새로운 詩題로 보고 있다. 또 晉나라 음악은 「怨歌行」에 이 시를 가사로 사용하였는데, 모두 7解로 나누었다.

52. 잡시 2

「雜詩」 其二

西北有織婦,[34]	서북 땅에 베 짜는 여인
綺縞何繽紛.[35]	갖가지 아름다운 비단 너무나도 황홀하네
明晨秉機杼,[36]	새벽부터 베틀에 앉아 있지만
日昃不成文.[37]	해 저물도록 무늬를 완성하지 못하네
太息終長夜,	한숨으로 긴 밤 지새우니
悲嘯入青雲.	슬픈 한숨소리 푸른 구름 속으로 스며드네
妾身守空房,	첩의 몸은 독수공방
良人行從軍.	낭군님은 군대에 가셨다네

34) '織婦'(직부) : 별자리인 직녀성을 가리킨다고 볼 수도 있다.
35) '綺'(기) : 무늬가 있는 비단. '縞'(호) : 흰 비단. 여기에서는 둘 다 아름다운 비단이란 뜻으로 쓰였다. '繽紛'(빈분) : 화려한 모양.
36) '機'(기) : 베틀. '杼'(저) : 베틀의 북. '秉機杼'(병기저) : 직기를 잡다. 베틀에 앉다.
37) '昃'(측) : 해가 서쪽으로 기울다.

自期三年歸,	스스로 삼 년 후에 오신다 약속했건만
今已歷九春.[38]	지금 벌써 아홉 번 봄이 지났네
孤鳥繞樹翔,	외로운 새는 나무 주위를 나는데
噭噭鳴索羣.[39]	짹짹거리며 무리를 찾아 운다네
願爲南流景,[40]	남쪽으로 흐르는 햇빛 되어
馳光見我君.	그 빛 타고 달려가 내 님을 보았으면

해설 이 작품은 군 복무로 인해 집을 떠난 남편이 때가 되어도 돌아오지 않음에 대한 여인의 그리움을 나타낸 시다. 서두에 언급된 베 짜는 작업은 단지 여성의 노동을 대표하는 의미를 넘지 않는다. 남편 또는 애인이 군대에 입대하여, 제대한다는 3년을 하루하루 손꼽아 기다렸건만, 때가 지나도 돌아오지 않으니 여인의 일상엔 그리움과 걱정으로 인한 한숨소리가 떠날 날이 없다. 마침내 남편에게 무슨 변고라도 생긴 것인지, 아니면 새로운 여자라도 찾아 떠났는지를 알아보기 위해, 자신이 바람이나 햇빛이 되어 님 계신 곳으로 달려가 보고 싶은 마음이 생긴 것이다. 『文選』에 수록된 曹植의 「雜詩」 6수 중 제3수이다.

53. 잡시 3

「雜詩」 其三

微陰翳陽景,[41]	희미한 구름은 햇빛을 가리고

---

38) '九春'(구춘) : 3년. 봄에 해당하는 세 달은 각각 '孟春'·'仲春'·'季春'이라고 하니까 1년이 세 봄이 되며, 따라서 아홉 봄은 3년을 의미하는 것이다.

39) '噭噭'(교교) : 새가 우는 소리.

40) '景'(경) : 햇빛.

41) '微陰'(미음) : 엷은 구름. '翳'(예) : 가리다. 단순한 영물이 아니라 사랑하는 사람을 보지 못하게 된 상황에 대한 은유이다.

淸風飄我衣.	맑은 바람에 내 옷이 나부끼네
遊魚潛綠水,	물고기는 푸른 물 속에서 놀고
翔鳥薄天飛.[42]	새는 하늘 높이 날아오르네
眇眇客行士,[43]	객지로 떠난 사람 까마득히 멀어져
遙役不得歸.[44]	먼 부역 나와서 돌아가지 못하네
始出嚴霜結,	처음 떠날 때는 된서리 맺혔었는데
今來白露晞.[45]	이제 돌아오니 흰 이슬은 햇볕에 말랐네
遊子歎黍離,[46]	나그네는 '서리' 시를 탄식하고
處者歌式微.[47]	처사는 '식미' 시를 노래하네
慷慨對嘉賓,	북받친 슬픔에 귀한 손님과 마주하니
悽愴內傷悲.	서글픔으로 마음이 비통해지네

해설 이 작품은 멀리 부역 나간 남자가 고향의 아내를 그리워하며 지은 시다. 『文選』과 『曹子建集』에는 모두 「情詩」라고 되어

42) '薄'(박) : 근접하다. 이상의 두 구는 미물인 물고기와 새들도 각자 제자리를 얻었건만 자신은 그렇지 못함을 나타낸다.

43) '眇眇'(묘묘) : 요원한 모양.

44) '遙役'(요역) : 멀리 나가서 하는 부역. 일설에는 '遙'를 '徭(부역)'자와 통용된다고 보기도 한다.

45) '晞'(희) : 마르다.

46) 『詩經』「王風」「黍離」의 제1장에 "저기 궁터에 기장은 고개 숙이고, 저기 궁터에 수수의 싹 무성하네. 느릿느릿 발걸음은 나아가질 못하고, 마음속은 자못 울렁거리네. 내 마음 아는 사람은 근심 깊어 저런다고 하겠지만, 내 마음 모르는 사람은 누굴 찾느냐고 할 것이네. 아득히 푸른 하늘이여! 이런 상황을 누가 만들었나(彼黍離離, 彼稷之苗. 行邁靡靡, 中心搖搖. 知我者謂我心憂, 不知我者謂我何求. 悠悠蒼天, 此何人哉)"라고 하였다. 序에 따르면 이 시는 "周나라의 한 大夫가 길을 나섰다가 西周의 서울에 이르러, 옛 종묘와 궁실을 지나게 되었는데, 모두 벼와 기장 밭으로 변한 것을 보고 周 왕실의 쓰러짐을 슬퍼하여, 서성대면서 차마 떠나지 못하고 지은 시"라고 한다. 여기에서는 먼 길 나선 나그네라는 공통점에서 언급한 것이다.

47) '處者'(처자) : 벼슬을 하지 않거나 못한 사람. '式微'(식미) : 『詩經』「邶風」「式微」를 가리키는데, 제1장에 "나날이 여위어가면서, 어찌 돌아가지 않으시나? 임 때문이 아니라면, 무엇 때문에 이슬 맞고 살아가랴(式微式微, 胡不歸? 微君之故, 胡爲乎中露)"라고 했다. 여기에서는 역시 집을 떠나 사는 사람이란 의미를 취하였다.

있다. 앞의 시에 대한 호응으로 보기도 한다.

54. 잡시 4

「雜詩」, 其四

攬衣出中閨,[48]	옷깃을 여미고 규방을 나와서
逍遙步兩楹.	하릴없이 두 기둥 사이를 거닐어요
閑房何寂寞,	임 떠난 빈 방은 너무나도 적막하며
綠草被階庭.[49]	푸른 풀은 계단과 뜰을 덮고 있지요
空室自生風,[50]	텅 빈 방에는 저절로 바람 일고
百鳥翔南征.	온갖 새들은 남쪽으로 날아가지요
春思安可忘,	봄날의 이 그리움을 어찌 이기리요
憂戚與我并.	근심과 슬픔은 나를 떠나지 않네요
佳人在遠道,	멋진 그 사람은 먼 길 떠나 계시고
妾身獨單煢.[51]	제 몸은 혼자 고독에 빠져 있지요
懽會難再遇,	즐거운 만남은 다시 이루기 어렵고
蘭芝不重榮.	난초와 지초도 다시 꽃 피우지 않네요
人皆棄舊愛,	사람들은 모두 옛사랑을 버리니
君豈若平生?[52]	당신도 어찌 예전과 같을 수 있으리오
寄松爲女蘿,[53]	소나무에 기생하는 여라가 되고
依水如浮萍.	물에 떠 있는 부평초와도 같지요

48) '攬'(람): 잡다. 쥐다. '中閨'(중규): 규방.

49) 이 상의 네 구는 임이 집을 떠나 찾아오는 사람이 없음을 경물을 통해 묘사한 것이다.

50) '室'(실): 어떤 판본에는 '穴'자로 되어 있다.

51) '單煢'(단경): 고독함.

52) '平生'(평생): 평소. 본래. 이 구는 자기의 임은 남들과 다르게 본래의 사랑하던 마음을 바꾸지 않았으면 하는 바람을 역설적으로 나타낸 것이다.

53) '女蘿'(여라): 제1권의 '古詩八首' 중의 제3수 「冉冉孤生竹」(3)의 주석을 참조할 것.

束身奉衿帶,[54]	몸을 단속하며 삼가 옷깃과 허리띠 매고
朝夕不墮傾.[55]	조석으로 게을리 편하게 지내진 않지요
儻願終顧盼,[56]	만일 끝까지 저를 사랑해 주신다면
永副我中情.[57]	저 역시 영원토록 마음속의 사랑을 따르겠어요

해설 이 작품 역시 앞의 시들과 같이 멀리 떠난 님을 그리워하는 여인의 심정과 소망을 나타낸 시다. 특히 '人皆……'의 두 구를 통해 당시의 남성들의 사랑의 보편적 속성을 알 수 있으며, 시에서는 오히려 자신의 님은 그렇지 않았으면 하는 강렬한 바람을 역설적으로 표현하였다. 아울러 마지막 두 구는 사랑이 상대적임을 나타낸 것으로 볼 수 있다.

55. 잡시 5

「雜詩」其五

南國有佳人,[58]	남쪽 나라에 미인이 있는데
榮華若桃李.	활짝 핀 얼굴은 복사꽃 자두꽃 같다네
朝遊江北岸,	아침엔 장강 북쪽 언덕에서 놀다가
夕宿湘川沚.[59]	저녁엔 상강의 섬에서 묵는다네
時俗薄朱顏,[60]	요즘 풍속은 아름다운 얼굴도 하찮게 여기는데

---

54) '奉'(봉) : 奉行하다.
55) '墮'(타) : '惰'자와 통용된다. 게으르다. '墮傾'(타경) : 게을러서 행동거지를 제멋대로 하며 기대거나 눕는 것.
56) '儻'(당) : 만약. '願'(원) : 어떤 판본에는 '能'자로 되어 있다. 『曹子建集』에는 이 구가 '儻終顧盼恩'으로 되어 있는데, 여기에서도 『考異』와 같이 이를 따랐다.
57) '副'(부) : 돕다. 따르다.
58) '南國'(남국) : 江南 지역.
59) '湘川'(상천) : 洞庭湖로 흘러드는 湖南省의 강. '沚'(지) : 강 가운데 형성된 삼각주.

誰爲發皓齒?[61] 누굴 위해 하얀 이를 보일까
俛仰歲將暮,[62] 이럭저럭 벌써 한 해가 저물어 가니
榮耀難久恃.[63] 꽃같이 빛난 얼굴도 오래 가진 못하리라

해설 이 작품은 미인을 비유로 들어 '懷才不遇'함을 한탄한 시라고 할 수 있다. 미인향으로 유명한 강남 땅에 한 미인이 있는데, 사람들이 그녀의 미모를 알아주지 않으니, 웃거나 노래할 마음도 내키지 않는다. 그러는 사이에도 세월은 속절없이 흘러가니, 꽃같이 아름다운 미모도 오래 갈 수 없을 것이라는 염려가 당연히 생기는 것이다.

일설에는 당시 江南의 吳王이었던 曹彪를 위해 지은 것이라고 보기도 하지만 확실하지는 않다.

56. 미인

「美女篇」[64]

美女妖且閑,[65] 미인은 아름답고도 우아한데
采桑岐路間.[66] 갈림길 사이에서 뽕을 따고 있다네

---

60) '薄'(박) : 경시하다. 멸시하다.
61) '誰爲'(수위) : 도치 구문. '發皓齒'(발호치) : 흰 이를 보이며 웃거나 노래하다.
62) '俛仰'(부앙) : 고개를 숙였다 들었다 하다. 여기에서는 세월이 매우 빠르게 흐름을 의미한다.
63) '恃'(시) : '持'자와 같다. 지니다. 유지하다.
64) 李善은 설명하기를, 『歌錄』에 "「美女篇」은 「齊瑟行」이다"라고 했다라고 하였고, 또 郭茂倩이 "미녀는 군자를 비유한 것이다. 군자에게 훌륭한 행실이 있으면 총명한 군주를 만나 섬기기를 바라는데, 만약 그런 임금을 만나지 못하면 비록 부름을 받더라도 끝내 굽히면서 벼슬하지 않는 것이다"라고 했다 하였다. 魏나라 雜曲歌辭에 속한다. 傅玄 · 蕭綱 · 蕭子顯 · 盧思道 등에게 이를 모방한 시가 있으며, 北齊의 魏收에게도 「美女篇」 2수가 있는데, 모두 여기에 근거한 것이다.
65) '妖'(요) : 외모의 아름다움. '閑'(한) : 행동거지나 내면의 우아함.
66) '岐路'(기로) : 갈림길. '歧路'와 같다. '岐路間'(기로간) : 이쪽저쪽으로 갈림길이 나

長條紛冉冉,[67] 긴 가지는 어지러이 하늘하늘
落葉何翩翩.[68] 떨어진 잎사귀는 바람에 훨훨
攘袖見素手,[69] 소매 걷으니 하얀 손이 보이는데
皓腕約金環.[70] 흰 손목에는 금팔찌를 찼다네
頭上金爵釵,[71] 머리엔 참새 모양의 금비녀
腰珮翠琅玕.[72] 허리엔 비취색 옥돌의 패옥
明珠交玉體,[73] 명월주는 옥 같은 몸에 감겨 있고
珊瑚間木難.[74] 산호 사이사이엔 푸른 구슬이 박혀 있네
羅衣何飄飄,[75] 얇은 비단옷은 하늘하늘 나부끼고
輕裾隨風還.[76] 가벼운 옷자락은 바람 따라 휘감기네
顧眄遺光彩,[77] 돌아보는 눈빛에는 광채가 돌고
長嘯氣若蘭.[78] 긴 한숨소리엔 난향이 묻어나는 듯
行徒用息駕,[79] 나그네는 수레를 멈추고

있는 그 사이, 즉 사람들의 통행이 빈번한 곳이란 의미.

67) '紛'(분) : 뒤섞여 어지러운 모양. '冉冉'(염염) : 가볍게 날리는 모양.

68) '翩翩'(편편) : 바람에 날리는 모양.

69) '攘袖'(양수) : 소매를 걷다.

70) '皓腕'(호완) : 하얀 팔목[손목]. '約'(약) : 묶다. 차다. '環'(환) : 팔찌.

71) '爵釵'(작채) : 머리 부분이 참새 모양으로 수식된 비녀. '爵'은 '雀'자의 의미로 쓰였다.

72) '珮'(패) : 『考異』 및 다른 판본에는 모두 '佩'자로 되어 있는데 같은 글자로 쓰였다. '琅玕'(랑간) : 옥돌.

73) '明珠'(명주) : 광택이 영롱한 진주. '交'(교) : 감다. 두르다. 차다.

74) '珊瑚'(산호) : 심해에 서식하는 산호과에 속하는 강장동물의 총칭. 그 골격은 윤이 나고 아름다워 장식품으로 이용된다. '間'(간) : 사이에 섞여 있다. '木難'(목난) : 고대 로마에서 생산되던 일종의 푸른 색 진주. 전설에 의하면 佛家의 金翅鳥 새의 침으로 만들어진다고 한다.

75) '飄飄'(표표) : 바람에 나부끼는 모양.

76) '裾'(거) : 옷깃. 옷자락. '還'(환) : '旋'과 같다. 돌다. 앞 구와 함께 볼 때 각각 저고리와 치마의 모양을 말하고 있다.

77) '顧眄'(고면) : 돌아보다. 눈길을 주다. '遺光彩'(유광채) : 광채를 남기다. 즉 맑은 빛이 감도는 것을 의미한다.

78) '嘯'(소) : 휘파람. 한숨. 전체 내용상 한숨으로 보는 게 더 나을 것 같다.

79) '行徒'(행도) : 길가는 사람. '用'(용) : '以'자와 같다. …… 때문에. 여기에서는 여주인

休者以忘餐.	쉬던 사람도 식사를 잊는다네
借問女安居,[80]	그녀가 어디 사는지 물으니
乃在城南端.[81]	바로 성 남문 쪽에 산다네
青樓臨大路,	푸른 누각은 한길 가에 있고
高門結重關.[82]	솟을대문은 겹겹이 잠겨 있네
容華曜朝日,	꽃다운 얼굴은 아침 해처럼 눈부신데
誰不希令顔?[83]	뉘라서 아름다운 얼굴 좋아하지 않으리
媒氏何所營,[84]	중매쟁이가 저렇듯 열심히 뛰어다니지만
玉帛不時安.[85]	귀한 예물로도 때에 맞춰 혼사를 성사시키지 못하네
佳人慕高義,	미인은 높은 덕행을 사모하니
求賢良獨難.	어진 남편 얻기란 정말 유난히도 어렵네
衆人徒嗷嗷,[86]	뭇사람들이 헛되이 이러쿵저러쿵 떠들지만
安知彼所歡?	어찌 저 미인의 이상형을 알리오
盛年處房室,	한창 나이에 독수공방하면서
中夜起長歎.	한밤중에 일어나 길게 탄식한다네

해설 이 작품은 표면적으로는 미모와 미덕을 지닌 여성이 자기가 바라는 이상적인 남편을 만나지 못해 결혼하지 못하고 독수공방

공의 미모 때문이란 뜻이다. '息駕'(식가): 수레를 멈추다. 전반적으로 제1권의 古樂府詩 「日出東南隅行」(9)의 서술방식 및 어휘와 흡사하다.

80) '安居'(안거): 도치 구문. 어디에 사는가?
81) '城南端'(성남단): 성의 남쪽 끝. 李善은 성의 正南門을 가리킨다고 했다.
82) '結'(결): 꼭 닫다.
83) '希'(희): 선망하다.
84) '營'(영): 일을 하다. 여기에서는 중매에 대한 일을 가리킨다.
85) '玉帛'(옥백): 예물로 쓰이는 옥과 비단. '安'(안): 일을 완수하다. '不時安'(불시안): 때에 맞춰 혼사를 완수하지 못하다.
86) '嗷嗷'(오오): 왁자지껄 시끄러운 모양.

하는 모습을 그리고 있다. 그러나 작가의 생애에 있어서 그 후반기는 형인 魏 文帝에게 핍박을 받으면서 비애 속에 살았으며, 당시에 지어진 작품들의 정조가 한결같이 애조를 띠고 있다고 볼 때 해석이 달라진다. 즉 郭茂倩의 해석과 같이 '재능 있는 선비가 훌륭한 임금을 만나지 못해 벼슬에 나아가지 않음'을 노래한 것으로 보는 게 더 타당할 것이다.

이 작품은 작가 曹植의 시적인 재능을 여실히 볼 수 있는 작품이기도 하다. 미녀의 형상을 창조함에 있어서 외모에서부터 마음씨에 이르기까지, 손에서부터 시작하여 온몸의 아름다움을 갖은 비유와 생생한 형상적 언어를 통해 묘사하고 있다.

57. 칡을 심다

「種葛篇」[87]

種葛南山下,	칡을 남산 아래 심었더니
葛蔓自成陰.	넝쿨을 뻗어 저절로 그늘을 만드네
與君初婚時,	당신과 처음에 결혼할 때
結髮恩義深.[88]	머리 묶고 식 올리는데 은정도 깊었지요
歡愛在枕席,	기쁜 사랑은 잠자리에 있는 법
宿昔同衣衾.	지난날엔 한 이불을 덮었었지요
竊慕棠棣篇,[89]	몰래 '당체' 시를 좋아했으며
好樂和瑟琴.	당신과의 즐거움은 금슬처럼 잘 맞았지요
行年將晩暮,[90]	세월은 흘러 어느덧 황혼으로 접어드니

87) 魏 雜曲歌辭에 속한다.
88) '結髮'(결발) : 제1권 蘇武의 「留別妻」(25) 첫 구의 주석을 참조할 것.
89) '棠棣篇'(당체편) : 『詩經』 「小雅」 「棠棣」를 가리키는데, 그 중에 "아내와의 즐거움이 마치 금슬을 연주하는 듯(妻子好合, 如鼓瑟琴)"이라는 구절이 있다. '棠棣' : 진달래과의 낙엽관목인 산앵두나무[산앵도나무].

佳人懷異心.[91]　훌륭하신 그 분은 다른 마음 품으셨지요
恩絶曠不接,[92]　은정은 끊어지고 휑하니 사이가 멀어져
我情遂抑沉.　내 마음은 마침내 억눌린 듯 침울해졌어요
出門當何顧?　대문을 나서니 시선을 어디에 두어야 할지
徘徊步北林.　서성이며 북쪽 숲을 거닐지요
下有交頸獸,[93]　아래에는 목을 서로 부비는 짐승들
仰見雙棲禽.　쳐다보니 둥지에 깃든 한 쌍의 새
攀枝長歎息,　나뭇가지 잡아당기며 길게 탄식하니
淚下霑羅衿.　눈물이 떨어져 비단 옷깃을 적시지요
良鳥知我悲,[94]　착한 새는 나의 슬픔을 아는 듯
延頸對我吟.　목을 빼고 나를 보고 울지요
昔爲同池魚,　옛날에는 한 연못의 물고기였지만
今若商與參.[95]　지금은 상성과 삼성처럼 멀어졌지요
往古皆歡遇,　옛날에는 모두 즐겁게 만났었건만
我獨困於今.　지금은 나만 유독 괴롭지요
棄置委天命,　아서라 말아라 천명에 맡길까
愁愁安可任.　하늘인들 하염없는 수심을 어이 감당하리요

해설 이 작품은 나이가 들어 한창 때의 아름다움이 시들면서 남자에게 버림받게 된 한 여인의 비통한 심정을 묘사한 시다. 미모가 성할 때의 쌍방의 즐거운 사랑과 나이가 들었을 때의 버림받은 처지를

90) '行年'(행년) : 살아온 세월. 나이.
91) '佳人'(가인) : 남편.
92) '恩絶'(은절) : 다른 판본에는 '恩紀'·'恩義' 등으로 되어 있다. '曠'(광) : 넓다. 멀다.
93) '交頸'(교경) : 목을 서로 교차시켜 부비는 행동.
94) '良鳥'(량조) : 착한 새. 『曹子建集』에는 '良馬'로 되어 있다.
95) '商與參'(상여삼) : 별자리 이름. 제1권 徐幹의 「室思」 제5수(41)의 마지막 구 '參辰'의 주석을 참조할 것.

여러 가지 비유를 들어가며 뚜렷이 대조시켜 깊었던 사랑만큼이나 큰 슬픔을 그려내고 있다. 예를 들면 棠棣篇·琴瑟·交頸獸·雙棲禽·同池魚·商與參 등이 그것이다. 사랑이 식어 사이가 멀어진 것에 대한 비유보다 사랑할 때에 대한 비유가 많은 것은 주인공이 아직 그러한 사랑에 대한 미련을 버리지 못하고 있음을 나타내는지도 모르겠다.

58. 부평초

「浮萍篇」[96)]

浮萍寄淸水,	부평초는 맑은 물에 의지해
隨風東西流.	바람부는 대로 이리저리 쏠리네
結髮辭嚴親,	머리 묶고 엄하신 어버이와 하직하여
來爲君子仇.[97)]	시집와 당신의 배필이 되었지요
恪勤在朝夕,[98)]	조석으로 정성을 다해 부지런히 일했는데
無端獲罪尤.	까닭 없이 죄와 허물 뒤집어썼지요
在昔蒙恩惠,	예전에 사랑받을 때는
和樂如瑟琴.	화목하고 즐겁기가 금슬 같았건만
何意今摧頹,[99)]	어찌해 이제는 그 사랑이 꺾이고 시들어
曠若商與參?[100)]	상성과 삼성같이 멀어지게 되었나요
茱萸自有芳,[101)]	수유꽃도 물론 향기야 있겠지만

96) 相和歌辭 淸調曲에 속한다. 『樂府詩集』에는 「蒲生行浮萍篇」이라는 제목으로 수록되어 있다. '浮萍'(부평) : 개구리밥과에 속하는 여러해살이풀인 개구리밥. 논이나 연못의 물 위에 떠서 사는데, 부평초·수평·머구리밥·자평이라고도 한다.

97) '仇'(구) : 짝. 배필.

98) '恪勤'(각근) : 정성스럽고 부지런하다.

99) '何意'(하의) : 어찌하여. 뜻밖에도. '摧頹'(최퇴) : (애정이) 꺾이고 시들해지다.

100) '商與參'(상여삼) : 제1권 徐幹의 「室思」 제5수(41)의 마지막 구 '參辰'의 주석을 참조할 것.

不若桂與蘭.[102]	계수나무와 난초보다는 못하겠지요
新人雖可愛,	새사람 비록 사랑스럽지만
無若故人歡.	옛사람 같은 즐거움은 없겠지요
行雲有返期,	떠가는 구름도 돌아올 때가 있으니
君恩儻中還.	당신의 애정도 혹시 중도에서 돌아올른지요
慊慊仰天歎,[103]	못마땅한 마음으로 하늘 우러러 탄식해 보지만
愁愁將何愬?	근심스러운 이 마음을 어디에다 하소연할까요
日月不常處,	해와 달도 한곳에 머물지 않으니
人生忽若寓.	인생 역시 덧없기가 잠시 세상에 얹혀사는 듯
悲風來入懷,	슬픈 바람은 불어와 품안으로 들고
淚下如垂露.	눈물은 떨어지는 이슬처럼 흘러내려요
發篋造裳衣,[104]	상자를 열고 옷을 짓기 위해
裁縫紈與素.[105]	결 고운 비단으로 마르고 꿰매지요

해설 이 작품은 애정이 식어 남자에게 버림받은 여인의 심정을 노래한 시가이다. 남편과 시댁을 위해 열심히 노력했지만 말도 안 되는 이유, 즉 새로운 여자가 생겼다는 이유 때문에 버림받아 쫓겨난다. 그러나 혹시 다시 옛날의 애정이 회복될지 모른다는 희망을 가져도 보

---

101) '茱萸'(수유): 층층나무과에 속하는 낙엽교목인 (산)수유나무. 3~4월에 노란 색 꽃이 피며, 重陽節에 높은 산에 올라가 이 가지를 몸에 꽂으면 나쁜 기운을 물리칠 수 있다고 한다. '自'(자): 당연히. 응당.

102) '桂與蘭'(계여란): 계수나무와 난초. 계수나무는 계수나무과의 낙엽활엽관목으로, 냇가 등 양지바른 곳에 모여 살며, 5월에 꽃이 잎보다 먼저 피는데 향기가 좋다. 난초는 난초과에 속하는 식물의 총칭으로 그 꽃은 향기롭기로 유명하다. 내용상으로 보아 앞 구의 수유는 새 여인을, 이 구의 계수나무와 난초는 옛 여인 즉 버림받은 자신을 비유한 것이라고 볼 수 있다.

103) '慊慊'(겸겸): 마음에 차지 않은 모양.

104) '篋'(협): 대나무로 된 직사각형 상자.

105) '紈'(환)·'素'(소): 모두 무늬가 없는 결이 고운 비단. 제1권 班婕妤의 「怨詩」(27) 첫 구의 주석을 참조할 것.

지만 결국 부질없음을 알고 눈물 흘린다. 그러나 마지막 두 구를 보면 주인공은 현실의 삶 자체를 포기하는 게 아니라, 열심히 여인으로서의 미덕을 쌓아나가겠다고 다짐하고 있다. 이상의 내용을 통해 시 속 여주인공의 처지는 曹植의 후반부의 삶과 너무도 흡사함을 알 수 있다. 따라서 이 작품을 작가 자신의 운명을 노래한 작품으로 봐도 무방할 것이다.

59. 버림받은 아내

「棄婦詩」[106]

石榴植前庭,[107] 석류를 앞뜰에다 심었더니
綠葉搖縹青.[108] 푸른 잎이 파르스름한 색을 흔드네
丹華灼烈烈, 붉은 꽃은 뜨겁게 타는 듯
帷彩有光榮.[109] 찬란한 색채를 띤 빛나는 꽃이라네
光好曄流離,[110] 아름다운 그 빛은 그지없이 찬란하니
可以戲淑靈.[111] 맑은 영혼을 살게 할 수 있다네

106) 魏 雜曲歌辭에 속한다. 『曹子建集』에는 수록되어 있지 않다.
107) '石榴'(석류) : 석류나무과의 소교목. 꽃은 붉은 색을 띠며 열매는 지름이 6~8cm이며 9~10월에 갈색이 도는 노란 색 또는 붉은 색으로 익는데, 그 속에 많은 종자가 있으며 먹을 수 있는 부분은 그 중 약 20%인데 달고도 시다. 포도와 마찬가지로 다산을 기원하는 문양으로 쓰인다.
108) '縹青'(표청) : 담청색.
109) '帷'(유) : 『樂府詩集』과 『考異』에 따라 '璀'자의 잘못으로 본다. 따라서 '璀彩'는 옥같이 찬란한 색채를 뜻한다.
110) '光好'(광호) : 빛이 아름답다. '曄'(엽) : 빛나다. 찬란하다. '流離'(유리) : ① 흩어지다. ② 줄줄 흐르다. ③ 광채가 찬란하다. ④ 보석 琉璃. 여기에서는 광채가 찬란한 모양을 나타낸다.
111) 이 구에 대해 『考異』에서는 뜻이 미상이라고 하였다. '戲'(희) : 明 馮惟訥의 『(古)詩紀』에는 '處'자로 되어 있는데, 여기에서도 이를 따랐다. '淑靈'(숙령) : 맑고 착한 영혼. 여기에서는 다음 구에 나오는 새를 의미한다고 볼 수 있다. 처음부터 이 구까지는 여인의 아름다움을 석류에 비유한 것이다.

有鳥飛來集,	새들이 날아드는데
樹翼以悲鳴.112)	날개를 퍼덕이며 슬피 우네
悲鳴復何爲?	슬픈 울음은 또한 무엇 때문인가
丹華實不成.	붉은 꽃에 열매가 맺지 않기 때문이라네
拊心長歎息,	가슴을 치며 길게 탄식하는데
無子當歸寧.113)	아들이 없으니 친정으로 돌아가야만 한다네
有子月經天,	아들이 있으면 달이 하늘을 지나가듯 하고
無子若流星.	아들이 없으면 별똥별 같다네
天月相終始,	하늘과 달은 처음부터 끝까지 함께 하지만
流星沒無精.114)	별똥별은 지고 나면 그뿐 빛은 사라진다네
棲遲失所宜,115)	놀며 쉴 수 있는 마땅한 거처조차 잃고서
下與瓦石幷.116)	땅에 떨어져 기와조각이나 돌멩이와 함께 한다네
憂懷從中來,	근심스런 생각이 가슴속에서 일어나니
歎息通鷄鳴.	탄식하면서 닭이 울 때까지 지샌다네
反側不能寐,	전전반측 잠 못 이루다가
逍遙於前庭.	앞뜰에 나가 서성인다네
峙躇還入房,	머뭇거리다 다시 방에 드니
肅肅帷幕聲.117)	스르륵거리는 침대휘장 소리
搴帷更攝帶,118)	휘장 걷고 다시 허리띠를 매고

112) '樹'(수) : 어떤 판본에는 '飛'자로 되어 있고, 『太平御覽』卷970에는 '拊(치다)'자로 되어 있는데, 『考異』 또한 이를 따랐으며, 여기에서도 이를 따랐다.

113) '歸寧'(귀녕) : 출가한 여자가 친정 부모를 뵈러 가는 것. 여기에서는 친정으로 내쫓기는 것을 의미한다.

114) '無精'(무정) : 빛이 없다. 빛을 잃다.

115) '棲遲'(서지) : ① 놀며 쉬다. ② 체류하다. 머물다. ③ 떠돌다. 여기에서는 주체가 별똥별의 의인화이기 때문에 '놀며 쉬다'의 뜻으로 보았다.

116) '有子 ……'구부터 여기까지는 아들을 낳지 못하는 여자를 별똥별에 비유하고 있다.

117) '肅肅'(숙숙) : 새 · 곤충 등의 날개짓 소리. 또는 바람소리.

118) '搴'(건) : 말아올리다. '攝'(섭) : 매다.

撫節彈素箏.[119]	딱딱이를 치기도 하고 소쟁을 타기도 하네
慷慨有餘音,	슬픔 가득하게 악기의 여음이 울리는데
要妙悲且淸.[120]	오묘한 그 소리는 슬프고도 맑다네
收淚長歎息,	눈물 거두고 길게 탄식하니
何以負神靈?[121]	무엇으로 신령스런 은택을 입을 것인가
招搖待霜露,[122]	계수나무는 서리와 이슬을 기다렸다 열매를 맺으니
何必春夏成?	하필 봄과 여름에 열매를 맺겠는가
晩穫爲良實,	늦게 수확하면 좋은 열매 맺는다는데
願君且安寧.[123]	임이시여 잠시 동안 평안히 계시길

해설 이 작품은 아들을 낳지 못해 친정으로 쫓겨가게 된 여인의 슬픔을 노래한 시다. 옛날 남성 위주의 종법사회에서는 대를 잇는 것이 무엇보다 중요하였으며, 그로 인해 아들을 낳지 못하는 여인은 합법적으로 내쫓김을 당하게 된다. 그것은 또한 여인이 내쫓기는 일곱 가지 이유인 '七出' 중에서도 으뜸을 차지했었다. 때로는 이 이유 역시 단지 싫증난 여인을 버리고 새 여인을 맞이하는 가장 큰 구실이 되기도 하였다.

---

119) '節'(절) : 일종의 옛날 악기로, 두 개의 둥근 대나무로 만들어진 키 모양의 악기로 치면서 소리를 낸다. '撫節'(무절) : 節 악기를 치다. '素箏'(소쟁) : 13줄의 현악기인 쟁.

120) '要妙'(요묘) : 정묘하다.

121) '負'(부) : 입다. 받다. '神靈'(신령) : 남편을 일컫는 말.

122) '招搖'(소요) : 본래 북두칠성의 자루에 해당하는 별자리를 가리키는 말이나, 여기에서는 계수나무를 가리킨다. 『山海經』「南山經」에 "南山經의 첫머리는 䧿山이란 곳이다. 䧿山의 첫머리는 招搖山이라는 곳인데, 서해변에 임해 있으며 계수나무가 많이 자라고 금과 옥이 많이 난다(南山經之首曰䧿山. 其首曰招搖之山, 臨于西海之上, 多桂, 多金玉)"라고 했다. 또 『呂氏春秋』「本味」에 "招搖山의 계수나무는 그 열매가 커서 대추만하다(招搖之桂, 實大如棗)"라고 했다.

123) 이상 네 구는 봄과 여름에 열매를 맺는 것보다 늦더라도 가을이 되어 열매를 맺는 것이 낫다는 비유를 통해, 지금 비록 자신이 아들을 낳지 못했지만 얼마 후엔 훌륭한 아들을 낳을 수 있을 것이니 그때까지 조급하게 굴지 말고 마음을 편안하게 가지라는 뜻이다.

위(魏) 명제(明帝)

◇曹叡(205~239) : 曹丕의 아들로 자가 元仲이며 沛國의 譙縣(지금의 安徽省 亳縣) 사람이다. 黃初 7년에 즉위하였으며, 漢나라 때의 제도를 적잖게 바꾸는 개혁을 단행하였다. 수도를 洛陽으로 옮겨 대대적으로 宮苑을 짓고 미녀들을 선발하는 등 매우 사치스럽게 생활하여 국고를 탕진하게 되어 정권의 약화를 초래하였으며, 마침내 대권이 司馬懿에게 넘어가게 하였다. 詩文에도 능했으나 曹操와 曹丕에는 비교되지 못하며, 현재 악부시 10여 수가 남아 있다.

「악부시(樂府詩)」 2수[124)]

60. 악부시 1

「樂府詩」 其一[125)]

昭昭素明月,[126)]　　환하게 빛나는 희고 밝은 달
輝光燭我牀.[127)]　　휘황한 그 빛이 내 침상을 비춘다
憂人不能寐,　　걱정 많은 사람은 잠을 못 이루니
耿耿夜何長.[128)]　　근심스런 밤은 길기도 하다

---

124) 雜曲歌辭에 속한다.
125) 『文選』과 『樂府詩集』(卷62)에 모두 「傷歌行」이라는 樂府古辭라고 하였다. 아울러 『樂府詩集解題』에서는 "「傷歌行」은 側調曲이다. 옛 가사는 세월이 흘러서 바뀌고 수명은 다해가고 친구들이 떨어져 나감을 가슴 아프게 여긴 것으로, 가슴 아파서 노래를 지은 것이다(「傷歌行」, 側調曲也. 古辭傷日月代謝, 年命遒盡, 絶離知友, 傷而作歌也)"라고 하였다. 『藝文類聚』(卷42)에는 魏 明帝의 작품으로 되어 있다.
126) '昭昭'(소소) : 밝은 모양.
127) '燭'(촉) : (촛불처럼) 비추다.
128) '耿耿'(경경) : 근심걱정으로 마음이 편하지 않는 모양.

微風衝閨闥,129)	미풍이 규방의 문으로 불어오니
羅幃自飄颺.130)	비단 장막이 저절로 하늘거린다
攬衣曳長帶,131)	옷을 추슬러 잡고 긴 허리띠를 끌면서
縱履下高堂.132)	아무렇게나 신발 신고 높은 마루를 내려선다
東西安所之?	동쪽 서쪽 어디로 가야 하나
徘徊以彷徨.	배회하면서 방황한다
春鳥向南飛,	봄새가 남으로 날아가는데
翩翩獨翱翔.133)	훨훨 날개짓하며 외로이 날아오른다
悲聲命儔匹,134)	구슬픈 소리로 짝을 부르니
哀鳴傷我腸.	애절한 울음이 나의 애간장을 끊는다
感物懷所思,	사물을 보고 감상에 젖어 그리움이 일어나니
泣涕忽霑裳.	흐느끼며 흘리는 눈물이 어느덧 치마를 적신다
佇立吐高吟,135)	우두커니 서서 큰 신음을 토해 내고
舒憤訴穹蒼.136)	답답한 심정을 푸른 하늘에다 하소연한다

해설 이 작품은 그리움에 겨운 여인이 님을 생각하면서 잠 못 이루는 모습을 묘사하고 있다. 달빛으로 말미암아 촉발된 그리움은 침상으로 불어오는 바람에 의해 행동으로 옮겨진다. 그러나 막상 문 밖을 나서보지만 갈 곳도 없는데, 마침 그 앞에는 새 한 마리가 날며 지저

---

129) '衝'(충): 본래 부딪히다라는 뜻이나 여기에서는 바람이 불어오다라는 뜻으로 쓰였다. '閨闥'(규달): 규방의 문.
130) '羅幃'(라장): 비단 휘장. '飄颺'(표양): 나부끼다.
131) '攬'(람): 잡다. '曳'(예): 끌다.
132) '縱履'(종리): 신발을 제멋대로 신다. 『文選』에는 '屣履'로 되어 있다. '高堂'(고당): 높은 곳에 위치한 안채. 또는 대청.
133) '翱翔'(고상): 빙빙 돌며 날다.
134) '命'(명): 부르다. '儔匹'(주필): 짝. 배필.
135) '佇立'(저립): 우두커니 서 있는 모양.
136) '穹蒼'(궁창): 높고 푸른 하늘.

권다. 그 모습이 흡사 님을 그리는 자기 신세인양 동일감에 젖어드니 그리움은 더욱 커져 울컥 눈물이 얼굴을 적시는 것이다.

평이한 듯한 서술 가운데서도 서경과 서정이 적절하게 조화를 이루고 있는 작품이다.

61. 악부시 2

「樂府詩」 其二[137]

種瓜東井上,[138]	동쪽 우물가에 오이를 심었더니
冉冉自踰垣.	하늘하늘 자라서 저절로 담을 넘어가네
與君新爲婚,	당신과 갓 결혼했을 땐
瓜葛相結連.	오이와 칡의 덩굴처럼 서로 엉켰었다네
寄託不肖軀,[139]	미천한 이 몸을 당신께 의지하니
有如依太山.	태산에 의지한 듯하였네
菟絲無根株,[140]	새삼은 뿌리도 없고 줄기도 없지만
蔓延自登緣.	덩굴을 뻗어 저절로 올라가 붙는다네
萍藻託淸流,	부평초는 맑은 물에 떠 있으니
常恐身不全.	언제나 제 몸 지키지 못할까 걱정이라네

137) 『詩紀』(卷12)에는 「種瓜篇」이라고 되어 있으며, 『樂府詩集』(卷77)에는 「樂府」라고 되어 있으며, 또 다른 곳에는 「春遊曲」이라고도 되어 있다.

138) '瓜'(과) : 오이. 광범위하게는 박과에 속하는 일년생 덩굴식물로서 열매를 식용으로 하는 것의 총칭이다. 즉 오이 · 참외 · 호박 · 수박 따위를 아울러 일컫는다.

139) '不肖'(불초) : 본래 아들이 아버지를 닮지 못한 못난 사람이라 하여 아버지에 대한 아들의 겸칭이었는데, 여기에서는 남편에 대한 아내의 겸칭으로 쓰였다.

140) '菟絲'(토사) : 메꽃과의 한해살이 기생덩굴식물인 새삼. 산과 들의 볕이 잘 드는 풀밭에 자라며 줄기의 크기는 지름이 2mm 정도이며, 그 씨앗은 '菟絲子'라 하여 한약재로 쓰인다. 처음에는 땅 위에서 발아하지만 숙주식물에 올라붙으면 땅 속의 뿌리가 없어지고 숙주식물에서 오로지 양분을 흡수한다. 잎은 퇴화하여 비늘조각 모양의 삼각형이다.

被蒙邱山惠,	언덕 같고 산 같은 그대 사랑을 받고
賤妾執拳拳.[141]	소첩은 정성을 다해 모신다네
天日照知之,	하늘에 떠 있는 저 해도 훤히 알고 있을 테니
想君亦俱然.	생각건대 당신도 마찬가지겠지요

해설 이 작품은 신부가 남편에게 버림받을지도 모른다는 걱정과 함께 영원히 함께 하고 싶은 소망을 나타낸 것이다. 고대 남성 위주의 종법사회를 살던 전형적인 여성의 애정관이라고 할 수 있다. 전체적으로 사물을 통해 당시 애정에 있어서 남녀의 존재를 비유하고 있는데, 즉 오이 · 칡 · 새삼 · 부평초 등을 통해 여성의 애정은 남성에 대해 의존적임을 나타내었다.

완적(阮籍)

◇阮籍(210~263) : 자는 嗣宗이며, 陳留 尉氏(지금의 河南省 開封) 사람으로, 建安 작가인 阮瑀의 아들이다. 여러 분야의 서적들을 두루 통달하였고 음악에도 능했으며, 용모가 뛰어났고 성격이 호방하여 구애됨이 없었다. 형수가 친정으로 돌아가자 그녀를 위해 이별의 글을 지어 주었는데, 사람들이 예의를 모른다고 힐난하자, "예의가 어찌 나를 위해 만들어진 것이랴?"라고 했다 한다. 曹爽이 불러 參軍 자리를 주었으나 병으로 사양하였는데, 얼마 후 曹爽이 주살되자 당시 사람들이 그의 식견에 감복하였다. 司馬懿의 명으로 從事郞中이 되어 關內侯에 봉해졌다가 散騎常侍로 옮겼다.

당시 세상에는 변고가 많아 그는 세사에 일체 간여하지 않고 술에 빠져 살

141) '拳拳'(권권) : 정성스런 모양.

았다. 司馬昭가 일찍이 아들 司馬炎을 위해 그와 혼인을 맺고자 하였는데, 그는 60일 동안 술에 취해 있으니 말을 할 수가 없어 그만 둔 일이 있으며, 그로 인해 鍾會가 그를 처벌토록 권하였으나 술 때문에 면죄되었고 오히려 東平相(東平의 郡守에 해당)에 배수되었다. 司馬昭가 大將軍이 되자 그의 從事郎中이 되었으며, 步兵의 주방장이 술을 잘 빚으며 거기에 저장된 술이 삼백 근이 된다는 소문을 듣고 步兵校尉가 되었다(阮步兵이라 불림). 그는 또 자신의 뜻과 부합되는 사람인지에 따라 靑眼과 白眼을 지을 수 있었다고도 한다. 본래는 세상을 구제하겠다는 큰 뜻을 품었으나, 漢魏晋 교체기의 혼란기를 살았기 때문에 뜻이 꺾이어 점차 老莊사상을 숭상하여, 玄言을 이야기하고 술에 빠져 살았다. '竹林七賢'의 한 사람으로 일컬어지며, 작품으로는 「達生論」 및 「大人先生傳」과 「詠懷詩」 82수가 있다.

「영회시(詠懷詩)」[142] 2수

62. 영회시 1

「詠懷詩」 其一[143]

二妃遊江濱,[144]　　강가에서 노니는 두 여인

142) '詠懷詩'는 阮籍 시가의 총체적인 제목이다. 현존하는 그의 시는 오언고시 82수와 사언시 13수가 있다. 그 중에 오언 '詠懷詩' 82수는 작가의 생활 속에서의 각종 느낌을 서술한 것으로 한 때 한 지역의 작품이 아니다. 따라서 제재도 광범위하고 내용 또한 현실성을 띠고 있으며, 魏晉 교체기의 정치 생활과 투쟁을 반영하고 자기의 느낌과 경험, 인식과 애증 등을 담고 있다. 그 중 두드러진 주제로는 첫째, 司馬氏 집단이 권력을 탈취하려는 음모와 曹魏 집단의 부패를 파헤친 것이며, 둘째, 司馬氏 집단에 빌붙은 선비들의 위선과 그들의 부귀가 무상함을 조롱하는 것이며, 셋째, 은일 청렴지사들의 생활을 찬양하고 인생의 철리를 탐색하는 것 등이 된다. 작품의 특징은 공포스러운 정치 상황으로 인한 은유와 함축, 모호한 비유와 상징 등으로 구체적인 뜻이 잘 드러나지 않는다는 점이다.

143) 이 작품은 82수 중 제2수에 해당한다.

144) '二妃'(이비) : 신화전설 중의 長江의 두 여신을 가리킨다. 『列仙傳』에 따라면, 江妃

逍遙從風翔.145)	한가로이 바람 따라 오르락내리락
交甫解環珮,146)	교보에게 벗어준 패옥은
婉孌有芬芳.147)	아름답고 예쁜데다 향기가 진동하네
猗靡情歡愛,148)	헤어날 수 없는 정으로 사랑에 빠지니
千載不相忘.	천 년토록 잊지 못하네
傾城迷下蔡,149)	성을 무너뜨릴 듯 하채 땅 공자들을 넋 나가게 하듯
容好結中腸.	아름다운 그 용모가 가슴속에 맺혀 있네
感激生憂思,150)	북받친 감정에 근심이 일어나니
萱草樹蘭房.151)	원추리를 규방 옆에 심는다네
膏沐爲誰施?152)	머릿기름은 누굴 위해 바르랴

두 여신이 長江과 漢水의 물가로 나와 노는데 鄭交甫가 발견하고 신인 줄 모르고 좋아하게 되었다. 交甫가 그녀들의 佩玉을 정표로 달라고 청하니 풀어서 交甫에게 주었다. 받아서 품고 수십 보 걸어간 뒤 패옥을 보니 패옥이 보이지 않았으며, 뒤돌아보니 두 여신도 보이지 않았다고 한다.

145) '逍遙'(소요) : 유유자적 한가로운 모양. '翔'(상) : 본래 새가 나는 것을 뜻하나 여기에서는 여기저기 빠르게 다님을 의미한다.

146) '交甫'(교보) : 전설상의 인물로 서생이었다. '環珮'(환패) : 허리띠에 달았던 수식인 패옥. 『文選』에는 '解'자가 '懷'자로 되어 있다.

147) '婉孌'(완련) : 아름답고 예쁜 모양.

148) '猗靡'(의미) : 감정에 얽매이는 것. 사랑에 빠지다.

149) '傾城'(경성) : 성을 무너뜨릴 정도의 미인. 제1권 李延年의 「歌詩」에서 유래한다. '迷下蔡'(미하채) : 下蔡 땅 공자들을 미혹하게 하는 미인. 楚 宋玉의 「登徒子好色賦」에 "저의 마을의 미인으로서는 저의 동쪽 이웃집의 여인만한 사람이 없습니다. 동쪽 이웃집의 여인은, …… 한 번 생긋 웃으면 陽城 땅의 공자들을 홀리고, 下蔡 땅의 공자들을 넋 나가게 할 정도입니다. 그러나 이 여인이 담장에 올라 저를 엿보기 삼 년이 되었으나, 지금까지 마음을 주지 않았습니다(臣里之美子, 莫若臣東家之子. 東家之子, …… 嫣然一笑, 惑陽城, 迷下蔡. 然此女登牆闚臣三年, 至今未許也)"에서 유래한다.

150) 이 구의 뜻은 사랑의 감정이 지나치게 격하게 되면 오히려 근심이 생기게 된다는 것이다.

151) '萱'(훤) : 원추리. 백합과의 여러해살이풀. 넘나물·망우초라고도 한다. 산지에서 자라며 높이는 약 1m이다. 잎은 2줄로 늘어서고 길이 약 80cm, 너비 1.2~2.5cm이며 끝이 처지며 조금 두껍고 흰빛을 띤 녹색이다. 꽃은 7~8월에 피며 빛깔은 주황색이고 길이 10~13cm이다. 흔히 관상용으로 심는데 어린순은 나물로 먹고, 꽃은 중국요리에 사용되며, 뿌리는 이뇨·지혈·소염제로 쓴다. '蘭房'(란방) : 규방에 대한 미칭.

152) '膏沐'(고목) : 머리를 감는 油脂[머릿기름].

其雨怨朝陽.[153]	비를 기다리는 마음은 아침에 뜨는 해가 원망스럽네
如何金石交,	어찌 하여 금석 같던 사귐이
一旦更離傷?[154]	하루아침에 바뀌어 이별이 가슴 아프게 하는지

해설 이 작품은 시대를 풍자하는 시다. 鄭交甫와 長江의 神女가 우연히 만나 서로 사랑한다는 전설을 통해 司馬氏가 처음에는 魏나라에 충성하다가 결국 권력을 찬탈하게 된다는 당시 현실을 풍자한 것이다. 여기서 神女는 魏나라, 鄭交甫는 司馬氏로 볼 수 있다. 전반부 8구는 鄭交甫가 神女에게 구애하여 패옥을 받고 영원토록 사랑하겠다는 내용이며, 후반부는 神女에 대한 사랑이 식어 떠난 鄭交甫를 기다리는 神女의 그리움과 원망을 묘사하고 있다.

63. 영회시 2

「詠懷詩」 其二[155]

昔日繁華子,[156]	옛날 젊고 아름답던 남자
安陵與龍陽.[157]	안릉군과 용양군은

153) '其雨'(기우): 비가 내리기를 바라다. '怨朝陽'(원조양): (비를 기다리는 마음은) 아침에 뜨는 해를 원망한다는 뜻이다. 본래 『詩經』「衛風」「伯兮」의 "비야 내려라! 비야 내려라! 그러나 밝디 밝게 해가 뜨네(其雨其雨, 杲杲出日)"에서 유래한 것이다.

154) '更'(경): 바뀌다. 변하다.

155) 이 작품은 『文選』에 네 번째의 「영회시」로 수록되어 있다.

156) '繁華'(번화): 나이가 젊으며 용모가 아름다움.

157) '安陵'(안릉): 安陵君. 戰國시대 楚 共王의 총신으로 이름은 纏이며 安陵에 봉해졌었다. 한 번은 왕을 모시고 長江 가에 수렵을 나갔는데 눈앞에 꽃구름 같은 불빛이 비치더니 갑자기 한 마리 무소가 뛰어들어 왕의 수레에 부딪혔다. 이에 활로 쏘아 죽였는데, 왕이 安陵君에게 말하기를 "내가 만약 뜻밖에 죽게 되면 너는 뉘와 함께 놀러다니겠는가?"라고 하니, 安陵君은 바로 눈물을 흘리며 "만 년 후에 대왕께서 붕어하시더

夭夭桃李花,[158] 아리따운 복숭아꽃 자두꽃
灼灼有輝光.[159] 반짝반짝 화사한 빛이 났었지
悅懌若九春,[160] 눈부신 용모는 90일 봄날 같았고
罄折似秋霜.[161] 경쇠처럼 굽힌 몸에 예의범절은 추상 같았지
流眄發媚姿,[162] 흘겨볼 땐 매혹적인 자태를 지었고
言笑吐芬芳. 말과 웃음엔 향기가 뿜어났었지
携手等歡愛,[163] 손잡고 즐거운 사랑 나누며
宿昔同衾裳.[164] 밤마다 한 이불을 덮었지
願爲雙飛鳥, 소원은 한 쌍의 나는 새 되어서
比翼共翱翔. 날개 서로 붙인 채 날아오르는 것
丹青著明誓, 단청처럼 뚜렷한 밝은 그 맹세
永世不相忘. 영원토록 서로 잊지 말자 하였지

라도 저는 함께 죽을 것입니다"라고 하여 왕으로부터 삼백 호를 봉지로 받았다고 한다. '龍陽'(룡양): 戰國시대 魏王의 총신인 龍陽君. 한 번은 왕을 모시고 배를 타고 낚시를 갔는데, 몇 마리 잡은 뒤 龍陽君이 울기 시작했다. 왕이 그 이유를 묻자 그는 "처음 고기를 잡았을 때는 매우 기분이 좋았는데 나중에 잡은 고기가 많아질수록 전에 잡은 고기는 모두 버리고 싶은 마음이 생겼습니다. 저의 재주와 미모 또한 아름답지 못한데도 오히려 상감마마와 함께 침소에 들 수 있습니다. 저의 封地 안에서는 임금이 되고, 궁중에서는 하인을 부릴 수 있고, 길에서는 백성들이 길을 피해 줍니다. 그러나 세상에는 미인이 너무도 많은데 마마께서 저를 총애하신다는 소문을 듣고 저들도 마마에게 총애를 받으려고 다투어 올 것이고, 그렇게 되면 저 또한 버린 물고기와 같은 처지가 될 터이니 어찌 울지 않을 수 있겠습니까?"라고 하였다. 이에 왕은 미인을 진상하지 못하도록 명을 내렸다고 한다.

158) '夭夭'(요요): 싱싱하고 예쁜 모양.

159) '灼灼'(작작): 빛나는 모양.

160) '悅懌'(열역): 눈이 부실 정도로 윤기가 흐르는 용모를 나타낸다. '九春'(구춘): 봄날의 90일 간.

161) '罄'(경): 돌 또는 청동으로 만든 구부정한 모양의 악기. 이 구는 몸을 항상 경쇠 모양 굽히어 공경을 다하고, 행동거지는 추상같이 엄하게 예의에 맞도록 했음을 뜻한다.

162) '流眄'(류면): 눈을 돌려 보다. 곁눈질하다.

163) '等'(등): 함께하다.

164) '宿昔'(숙석): 밤. '衾裳'(금상): 이부자리.

해설 이 작품 역시 당시 시대를 풍자한 시다. 시에는 옛날 두 총신에 대해, 그들이 미색으로 군왕에게 총애를 받은 과정을 묘사하고 있다. 미모로써 임금에게 총애를 받는 신하조차도 변함없이 충성을 다하건만, 魏나라의 후은을 입었지만 오히려 반역을 행하는 司馬昭의 비열함을 말하고자 하였다.

전반 10구는 두 총신이 아름다운 용모와 예의범절에 맞는 행동거지로 임금에게 총애 받는 모습을 말한 것이고, 후반 4구는 임금에 대한 영원한 충성을 맹세한다는 내용이다. 전체 내용으로 볼 때, 남자가 미모로 임금에게 총애를 받았다고 하는 옛날의 동성애적 풍속이 궁금증을 자아낸다.

부현(傅玄)

◇傅玄(217~278) : 자가 休奕이며 北地 泥陽(지금의 甘肅省 寧縣) 사람으로, 漢魏晉 교체기를 살았었다. 그의 조부 傅燮은 後漢 때 漢陽太守를 지냈고, 부친 傅干은 魏나라 때 扶風太守를 지냈다. 비록 부친을 일찍 여의고 가난하게 자랐지만 박학하였고 문장에 능했으며 음률에도 밝았다. 魏나라 말기에 秀才로 천거되어 郎中에 임명되었으며 『魏書』를 편찬하였다. 후에 弘農太守·領典騎校尉 등을 역임했으며, 여러 차례 상소를 올려 정견을 발표하기도 하였다. 魏나라 曹奐 咸熙 원년(264)에 조정에서 공후백자남의 작위를 부활했는데, 그는 鶉觚男으로 봉해졌다가 이후 司馬炎이 晉王이 되었을 때는 散騎常侍가 되었다. 晉나라 때 子爵으로 승진되었고 駙馬都尉가 추가되었으며, 侍中에 오른 뒤 어떤 사건에 연루되어 파직되었다. 泰始 4년(268)에는 다시 御史中丞이 되었다가 다음 해 太僕이 되었으며 다시 司隸校尉로 옮겼다가 면직된 지 얼마 후 죽었다.

성격은 강직하여 남의 잘못을 용납하지 못했다. 또한 관직이 높았지만 저술도 게을리 하지 않아, 정치 · 철학 · 역사 등을 내용으로 한『傅子』120권을 지었다(산실되고 현재 집본 5권만 남아 있음). 문학에도 뛰어났는데 음률에 밝아서 악부시를 잘 썼으며 당시의 郊廟歌辭는 대부분 그가 지은 것이라고 한다. 현존하는 시는 모두 64수로 그 중 애정시가 비교적 훌륭하다.

64. 푸르디푸른 강가의 풀

「靑靑河邊草篇」[165]

靑靑河邊草,	푸르디푸른 강가의 풀
悠悠萬里道.	아득히 먼 만 리 길
草生在春時,	풀은 봄철이면 자라나고
遠道還有期.	먼 길 떠난 임도 돌아온단 언약 했다네
春至草不生,[166]	봄이 왔지만 아직 풀은 나지 않고
期盡歎無聲.	때가 되어도 소식 하나 없어 탄식만 나오네
感物懷思心,	사물을 보고 생각에 젖으니 그리움이 피어
夢想發中情.	꿈속에서조차 깊은 정이 일어나네
夢君如鴛鴦,	꿈에선 당신과 원앙처럼
比翼雲間翔.	날개 나란히 한 채 구름 사이를 날았는데
旣覺寂無見,	이윽고 꿈을 깨니 적막하게 보이는 것 하나 없고
曠如參與商.[167]	당신과의 거리는 삼성과 상성처럼 멀다네

165)『樂府詩集』(권38)에는「飮馬長城窟行」이란 제목으로 수록되어 있으며, 相和歌辭 瑟調曲에 속한다. 제1권 蔡邕의「飮馬長城窟行」(35)의 설명을 참조할 것.

166) 이 구에서 말하는 봄은 초봄이다. 절기상 초봄은 기다리던 화초가 아직 나지 않은 때이다. 이러한 절기와 자연 현상의 관계를 약속 기일이 되어도 돌아오지 않는 인간관계에다 비유한 것이다. 일설에는 여주인공의 혼란한 정신 상태라고 보기도 한다.

167) '參與商'(삼여상) : 별자리 이름. 제1권 徐幹의「室思」제5수(41)의 마지막 구 '參辰'의 주석을 참조할 것.

夢君結同心,	꿈에선 당신과 동심 매듭 묶고서
比翼遊北林.	날개 나란히 하고 북쪽 숲에서 놀았는데
旣覺寂無見,	이윽고 꿈을 깨니 적막하게 보이는 것 하나 없고
曠如商與參.[168]	당신과의 거리는 상성과 삼성처럼 멀다네
河洛自用固,[169]	황하와 낙수 스스로 굳건하다고 하지만
不如中岳安.[170]	숭산보다 안정되지는 않으며
回流不及反,	돌아 흐르는 강물은 되돌아오지 못하지만
浮雲往自還.[171]	뜬구름은 갔다가 저절로 돌아오네
悲風動思心,	슬픈 바람이 그리운 생각을 움직이니
悠悠誰知者.	아득하여라 이 마음을 뉘라서 알리오
懸景無停居,[172]	하늘에 걸린 해와 달은 멈춤 없이
忽如馳駟馬.[173]	빠르기가 사마 달리듯 한데
傾耳懷音響,	귀 기울여 임 오는 소리 듣다가
轉目淚雙墮.	눈을 돌리니 눈물이 두 줄기 떨어지네
生存無會期,	살아서는 만날 기약이 없으니
要君黃泉下.[174]	당신과 황천 아래에서나 약속할까

168) 『樂府詩集』에는 이상의 네 구가 없다.

169) '自用'(자용): '스스로 ……라고 여기다'. 逯欽立은 '有涸'이라고 고증하여 '마를 때가 있다'라고 풀이하였다.

170) '中岳'(중악): 五嶽의 하나로, 中嶽으로도 쓰며 河南省 登封縣 북쪽에 있는 崇山을 가리킨다.

171) 이상의 네 구의 의미는 좀 난해하다. 임에 대한 자신의 지조가 黃河나 洛水보다도 五嶽의 하나인 崇山에 비교될 정도로 굳건하다고 여긴다고 보았다. 黃河나 洛水 같이 굳건하지 못한 여인에게는 한때 사랑했다가 떠난 사람이 마치 흘러가는 물처럼 다시는 돌아오지 않을 것이지만, 산악 같이 영구불변한 지조를 지닌 자신에게는 떠난 임이 마치 산에 구름이 다시 걸리 듯 돌아오게 마련이라고 하였다.

172) '懸景'(현경): 해와 달을 가리킨다.

173) '駟馬'(사마): 네 필의 말이 끄는 수레 또는 그 말.

174) '要'(요): 약속하다.

해설 이 작품은 漢代 악부인 「飮馬長城窟行」을 그대로 모방한 擬樂府에 해당한다. 따라서 주제 또한 원작과 같이 먼 길 떠난 임에 대한 그리움과 원망이다. 다만 원작에 비해 내용이 훨씬 정제되어 있고 어휘 구사가 보다 화려해졌음을 볼 수 있다. 고대 애정시의 내용이 거의 그렇듯 이 작품에서도 애정의 두 주체 중 여성은 결국 닫힌 공간에서 수동적인 기다림만 가능하였던 것이니, 아, 옛날 여성들의 불행함이여!

65. 괴로운 운명 '예장행'

「苦相篇 豫章行」[175]

苦相身爲女,[176]	고난의 운명은 몸이 여자이기 때문이니
卑陋難再陳.	비천함을 다시금 하소연하기도 어렵네
男兒當門戶,[177]	사내아이는 집안을 맡게 되니
墮地自生神.	세상에 떨어지면 저절로 신성함이 생겨나며
雄心志四海,	웅대한 마음은 천하에 뜻을 두고
萬里望風塵.[178]	만 리 멀리 이는 먼지를 바라본다네
女育無欣愛,	여자는 자라면서 기쁨과 사랑 받는 일도 없고
不爲家所珍.	집안에서 소중히 여기는 존재도 아니며
長大避深室,	장성해서는 깊은 규방으로 피하듯 들어가서

175) 어떤 판본에는 「豫章行 苦相篇」이라고 되어 있다. 相和歌辭 淸調曲에 속한다. 「豫章行」은 樂府의 제목으로 주로 이별을 슬퍼하거나 인생의 무상함과 용모가 시들어 버림받음에 대한 슬픔 등을 노래한 것이다. 제목 중 '苦相篇'은 이 작품의 본래 제목이고, 그 내용이 옛날 악부인 「預章行」과 같다 하여 제목 뒤에다 옛 제목을 부기하였다. '預章'(예장) : 漢代의 郡名.

176) '苦相'(고상) : 괴로운 운명. 薄命. '相'자는 관상을 통해 운명을 판단한다는 의미가 있다.

177) '當門戶'(당문호) : 집안일을 맡아 처리하다.

178) '風塵'(풍진) : 군대가 지날 때 일어나는 먼지. '望風塵'(망풍진) : 전쟁에 참여한다는 뜻이다.

藏頭羞見人.	머리 숨긴 채 남의 눈에 띌까 부끄러워하다가
垂淚適他鄉,	눈물 흘리며 타향으로 시집가니
忽如雨絶雲.	문득 구름에서 떨어지는 비와 같은 신세라네
低頭和顔色,	고개 숙이고 얼굴빛 온화하게 하며
素齒結朱脣.	하얀 이는 붉은 입술 속에 매어 두고
跪拜無復數,	무릎 꿇고 절하기는 또한 셀 수도 없으며
婢妾如嚴賓.	여종과 첩에게도 귀한 손님 대하듯 하네
情合同雲漢,	마음이 맞을 때란 은하수 건너 만나는 견우직녀 처럼 드물어
葵藿仰陽春.[179]	아욱과 콩잎이 봄날의 해를 우러러보듯 한데
心乖甚水火,	마음이 틀어지면 물과 불 사이보다 더하여
百惡集其身.	온갖 나쁜 욕이 자신에게 모인다네
玉顔隨年變,	옥 같은 얼굴도 세월 따라 변하고
丈夫多好新.	남편이란 대부분 새 여자를 좋아하니
昔爲形與影,	옛날엔 몸과 그림자의 관계였지만
今爲胡與秦.[180]	지금은 오랑캐와 진나라 사람같이 되고 마네
胡秦時相見,	오랑캐와 진나라 사람이야 언젠가는 만날 때가 있겠지만
一絶踰參辰.[181]	한 번 끊어진 사이 삼성과 진성보다 더 머네

해설 이 작품은 남성에 비해 상대적으로 경시되었던 고대 여성의 운명에 대해 객관적으로 묘사하고 있다. 우리나라는 물론 중국의

179) '葵'(규): 아욱. '冬葵'·'冬寒菜'라고도 한다. '藿'(곽): 콩(잎). 둘 다 어린잎은 식용한다.

180) '胡與秦'(호여진): 서북방 또는 북방에 거주하는 이민족인 胡와 중국의 漢族. 서로 적대적 관계로 소원한 사이에 대한 비유이다.

181) '踰'(유): 넘다. '參辰'(삼진): 각각 다른 시각에 동방과 서방에 출몰하는 별자리 이름으로 서로 만나지 못함을 비유한다.

경우에도 고대 문학작품은 정치사회적인 분야에서와 마찬가지로 한결같이 남성 위주의 시각에서 창작되었다. 우리는 이러한 문학작품들을 통해 역으로 당시의 남존여비사상의 정도를 상상해 볼 수 있다. 그러나 이러한 도도한 남성 위주의 문학사 흐름 속에서도 드물게나마 여성의 처지에 대해 동정하고 이해하려는 시각에서 나온 작품을 발견할 수 있는 것은 다행이라고 할 수 있다. 이 시가집 자체가 이미 '여성을 위한 시가'를 모은 것이기 때문에, 이 책 속에는 이 작품과 같은 작품들이 마치 보물처럼 수집되어 우리들에게 전해져 온다.

이러한 남존여비의 불평등한 사상은 이미 先秦시대의 작품에도 나타난다. 다음은 『詩經』「小雅」「斯干」의 일부이다.

乃生男子,	그리하여 사내아이 낳으면
載寢之床,	침상에다 재우고
載衣之裳,	옷을 입혀서
載弄之璋.	규옥을 가지고 놀게 하는데
其泣喤喤,	그 울음소리 우렁차고
朱芾斯皇,	붉은 폐슬 찬란하여
室家君王.	집안 일으키며 군왕이 되리라

乃生女子,	그리하여 계집아이 낳으면
載寢之地,	땅바닥에 재우고
載衣之裼,	포대기에 싸서
載弄之瓦.	실패를 가지고 놀게 하는데
無非無儀,	잘못도 없게 하고 대꾸도 없게 하며
唯酒食是議,	단지 술 빚고 밥 짓기만 익혀서
無父母詒罹.	부모에게 걱정 끼치는 일 없게 되리라

66. 한 여인 '염가행'

「有女篇 豔歌行」[182)]

有女懷芬芳, 한 여인이 향기를 품고
提提步東箱.[183)] 나긋나긋 동쪽 곁채를 걷고 있는데
蛾眉分翠羽,[184)] 아미눈썹은 비취새 깃처럼 둘로 나뉘었고
明目發淸揚.[185)] 밝은 눈은 맑고 크게 빛나며
丹脣翳皓齒,[186)] 붉은 입술은 하얀 이를 감추었고
秀色若珪璋.[187)] 빼어난 얼굴빛은 옥과도 같네
巧笑露權靨,[188)] 애교 띤 미소에 관자놀이 밑 보조개가 드러나니
衆媚不可詳. 온갖 아리따움 이루 형언할 수 없다네
容儀希世出, 용모와 거동 세상에 나오기 드무니
無乃古毛嬙.[189)] 다름 아닌 옛날의 모장인가 하네
頭安金步搖,[190)] 머리엔 금 수식을 꽂았고
耳繫明月璫.[191)] 귀에는 명월주 귀고리 달았네

---

182) 어떤 판본에는「豔歌行 有女篇」이라고 되어 있다. 相和歌辭 瑟調曲에 속한다. 제1권의 古樂府詩 6수 중 네 번째로「豔歌行」(12)이 있는데, 이 작품은 그것을 부연한 것이다. 傅玄에게는 또 다른「豔歌行」1수가 있는데 그것은「日出東南隅行」(9)을 모방한 것이다.

183) '提提'(제제) : 어떤 판본에는 '媞媞'로 되어 있다. 나긋나긋하게 걷는 모양. '箱'(상) : 여기에서는 '廂'자와 같은 뜻으로 쓰여, 正房 좌우의 곁채를 말한다.

184) '蛾眉'(아미) : 누에나방의 촉수처럼 털이 가늘고 긴 초승달 모양의 미인의 눈썹. '翠羽'(취우) : 비취새의 깃.

185) '目'(목) : 어떤 판본에는 '眸(눈동자)'자로 되어 있다. '淸揚'(청양) : 눈동자가 맑고 분명한 모양.

186) '翳'(예) : 가리다. 감추다.

187) '珪璋'(규장) : 옛날 제사·조회 등에 사용되던 옥으로 된 禮器. '珪'는 '圭'와 같이 上尖下方형이며, '璋'은 '半珪'이다. 그러나 여기에서는 귀한 옥이란 뜻으로 쓰였다.

188) '權'(권) : '顴'자와 통한다. 광대뼈. '靨'(엽) : 보조개.

189) '毛嬙'(모장) : 고대 미인의 이름. 越王의 애첩이었다.

190) '安'(안) : 붙이다. 보태다. '步搖'(보요) : 떨잠. 보요. 비녀 끝에 달던 일종의 수식으로, 걸을 때 흔들렸다.

珠環約素腕,[192] 진주 팔찌 흰 손목에 찼으며
翠爵垂鮮光.[193] 비취 문양은 선명한 광채 드리우네
文袍綴藻黼,[194] 무늬 있는 솜저고리엔 물풀과 보불 수가 놓였고
玉體映羅裳. 옥 같은 몸은 능라 치마 속에서 비치네
容華既以艷, 용모가 꽃처럼 예쁜데다
志節擬秋霜. 지조와 절개까지 가을날 서리 같네
徽音貫青雲,[195] 거문고 소리는 푸른 구름을 꿴 듯하여
聲響流四方. 그 음향이 사방으로 흐른다네
妙哉英媛德,[196] 묘하구나 꽃 같은 여인의 덕성이여
宜配侯與王. 제후와 임금의 배필이 될 만하네
靈應萬世合, 신령이 감응하여 만세토록 부합될 제
日月時相望.[197] 해와 달이 서로 멀리 바라보는 때
媒氏陳束帛, 중매쟁이는 묶은 폐백 펼치고
羔雁鳴前堂.[198] 새끼 양과 기러기는 집 앞에서 우네
百兩盈中路,[199] 수백 대 수레가 길 가운데 가득하니
起若鸞鳳翔. 난새와 봉황이 날아오르듯 일어나네
凡夫徒踴躍,[200] 뭇 사내들 부질없이 발 동동 구르지만
望絶殊參商.[201] 인연 없기는 삼성과 상성보다 더 하다네

---

191) '璫'(당) : 옥귀고리.
192) '環'(환) : 고리 모양의 옥. 여기서는 팔찌를 가리킨다. '約'(약) : 매다. 차다.
193) '翠爵'(취작) : '翠雀'과 같다. 팔찌에 새긴 비취 무늬.
194) '文袍'(문포) : 무늬가 있는 솜옷. '綴'(철) : 장식하다. 수놓다. '藻'(조) : 물풀 모양의 무늬. '黼'(보) : 半黑半白의 자루 없는 도끼 모양의 무늬.
195) '徽音'(휘음) : 아름다운 음악 소리. 주로 거문고 소리를 가리킨다.
196) '媛'(원) : 아름다운 여성.
197) 이 구는 음력 15일을 가리킨다.
198) '羔'(고) : 새끼 양. '雁'(안) : 기러기. 둘 다 혼례용 예물이다.
199) '兩'(량) : '輛'과 같다. 수레를 세는 양사. 본래 수레는 바퀴가 두 개였기 때문에 그렇게 썼다.
200) '踴躍'(용약) : 펄쩍펄쩍 뛰는 모양.

해설 이 작품은 여성을 찬미한 시가이다. 시에서는 가상의 한 여성을 설정하여 그 여성의 미모와 복식의 아름다움, 지조와 절개 등의 미덕, 음악적인 재능 등을 찬미하고 있는데, 이 찬미는 곧 당시인의 이상적인 여성상에서 나온 것이라고 볼 수 있다. 따라서 작가의 여성에 대한 관점이 아무리 진보적이라고 하더라도 역시 시대라는 큰 범주를 벗어날 수는 없었다고 하겠다.

67. 아침 '원가행'

「朝時篇 怨歌行」[202)]

昭昭朝時日,[203)]	찬란한 아침 해
皎皎晨明月.[204)]	교교한 새벽 밝은 달
十五入君門,	열다섯에 당신 집에 들어와
一別終華髮.[205)]	한 번의 이별에 머리카락은 끝내 반백이 되었네
同心忽異離,	일심동체 문득 이별하니
曠如胡與越.[206)]	아득하기 호와 월 같네

---

201) '望絶'(망절) : 희망이 끊어지다. '殊'(수) : 초과하다. '參商'(삼상) : 각기 서로 다른 시간에 동서에 출몰하는 두 별자리.

202) 어떤 판본에는 「怨歌行 朝時篇」이라고 되어 있다. 『樂府詩集』(권41)의 '怨詩行' 항목 아래에서는 班婕妤의 「怨詩行」(본서의 「怨詩」임)과 樂府古辭 "임금 되기는 본래 쉽지 않지만, 신하 노릇하기란 정말 유난히도 어렵네(爲君旣不易, 爲臣良獨難)"란 구 등을 예로 들면서, 傅玄의 이 작품에 대해 "대체로 15세에 남편의 집으로 들어와, 한 번 이별하니 꽃다운 머리카락도 다해 버리고, 해로하지 못하게 됨을 가슴 아파하면서도 오히려 죽어서 한 무덤에 묻히기를 바란 것이다"라고 하였다. 相和歌辭 楚調曲에 속한다.

203) '昭昭'(소소) : 밝은 모양.

204) '皎皎'(교교) : 희고 밝은 모양.

205) '終'(종) : '끝내 ……로 되다'. '華髮'(화발) : 희끗희끗한 반백의 머리카락.

206) '胡與越'(호여월) : 중국의 (서)북쪽 이민족인 胡와 남쪽 이민족 越. 서로 사이가 먼 것을 비유하였다.

胡越有會時, 호와 월 사람이야 만날 날이 있지만
參辰邈且闊.[207] 삼성과 신성은 요원하기 그지없네
形影無髣髴,[208] 몸과 그림자는 어렴풋한 모습조차 없으며
音聲寂無達. 목소리도 까마득히 전할 수 없네
纖絃感促柱,[209] 가녀린 줄이 촉급한 기러기발에 닿으니
觸之哀聲發. 손대면 애절한 소리가 나는데
情思如循環, 마음의 그리움은 돌고 도는 듯
憂來不可遏. 근심이 닥쳐도 막을 수가 없네
塗山有餘恨,[210] 도산 여인은 한이 넘치고
詩人詠採葛.[211] 시인은 칡 캐는 시를 읊었다네
蜻蛚吟牀下,[212] 귀뚜라미 쓰르라미 침대 밑에서 울고
回風起幽闥.[213] 휘도는 바람은 깊은 규방에서 이네
春榮隨露落, 봄꽃은 이슬을 따라 지는데
芙蓉生木末.[214] 연꽃이 나무 끝에서 필 줄이야

---

207) '參'(삼)·'辰'(진): 서로 같은 시간에 뜨지 않는 두 별자리 이름.

208) '髣髴'(방불): 실물이 아닌 어렴풋한 형상. 전설에 의하면 漢 武帝가 李夫人이 죽은 뒤 너무 그리워한 나머지 方士를 통해 그녀의 영혼을 부르게 했는데, 마치 실제 모습인 양 어른거리며 나타났다고 한다. 같은 권에 수록된 潘岳의 「悼亡詩」 제1수(81)를 참조할 것.

209) '纖絃'(섬현): 거문고 등 현악기의 줄. '促柱'(촉주): 고음의 거문고 줄. 줄을 지탱하는 기러기발을 줄이 팽팽해지도록 옮긴다는 뜻에서 왔다.

210) '塗山'(도산): 塗山의 여인을 가리킨다. 전설에 의하면 禹가 塗山에서 얻은 후비인 女嬌는 남편이 治水 때문에 몇 년 동안이나 집에 오지 않자 "임을 기다리도다!(候人兮猗!)"라는 노래를 지어 자신의 심정을 나타내었다고 한다. 이 노래가 바로 남방 음악의 시작이라고 한다.

211) 이 구는 『詩經』 「王風」 「採葛」의 의미를 인용한 것인데, 제1장은 "칡 캐는 저 사람, 하루라도 못 보면, 석 달을 못 본 것 같아(彼採葛兮, 一日不見, 如三月兮)"라는 내용이다.

212) '蜻蛚'(청렬): 귀뚜라미과에 속하는 곤충의 총칭. '蟋蟀'이라고도 한다.

213) '闥'(달): 뜰 또는 집안의 작은 대문. 여기에서는 규방을 의미한다.

214) 이상 두 구는 임과 이별한 후 봄꽃이 시들어 떨어지듯 늙어가는 자신을 슬퍼하면서, 한편으로는 자기는 본래 다정한 임을 만나 행복한 삶을 누려야 하는 게 정상인데, 물에서 자라야 할 연꽃이 나무에서 피듯 전혀 예상 밖의 인생을 살게 된 것에 대해 한탄

自傷命不遇,	스스로 운명 불우함을 쓰라려 하는데
良辰永乖別.[215]	좋은 시절은 나와는 영원히 어긋나네
已爾可奈何?[216]	끝이로다 어찌 하면 좋은가
譬如紈素裂.	무늬 비단 흰 비단 찢어진 것 같다네
孤雌翔故巢,	외로운 암컷은 옛 둥지 위를 날고
星流光景絶.	별이 흘러 떨어지니 빛도 사라지네
魂神馳萬里,	넋이나마 만 리 길 달려가
甘心要同穴.	기꺼운 마음으로 한 무덤에 묻혔으면

해설 이 작품은 남편에게 버림받은 여인의 애절한 하소연을 담고 있다. 자기를 버린 남편에 대한 원망 대신 끝내 신세 한탄으로 일관하고 있다. 나아가 죽어서라도 저를 버린 임과 함께 한무덤에 묻히고 싶다는 이 여인은 도대체 어떤 사람이란 말인가? 아니면 남성의 손에서 나왔기에 여성의 진심과는 무관한 작품이란 말인가?

68. 밝은 달

「明月篇」[217]

皎皎明月光,	희디흰 밝은 달빛
灼灼朝日暉.	찬란한 아침 햇빛
昔爲春蠶絲,	전에는 봄 누에고치
今爲秋女衣.	지금은 가을 여인의 옷

하고 있다.

215) '乖別'(괴별): 서로 어긋나 떨어지다.

216) '已爾'(이이): 그만이다. 끝이다.

217) 『藝文類聚』에는 제목이 「怨詩」로 되어 있으며, 어떤 책에는 「朗月篇」이라고 되어 있다. 晉 雜曲歌辭에 속한다.

丹唇列素齒,　　붉은 입술 속엔 하얀 이가 늘어서 있고
翠彩發蛾眉.　　비취빛이 아미 같은 눈썹에서 이네
嬌子多好言,[218]　　예쁜 아가씨는 착한 말도 많으며
歡合易爲姿.[219]　　사랑하여 한 몸 되니 예쁜 자태도 잘 짓네
玉顔盛有時,　　옥 같은 얼굴도 한창 때가 있는 법
秀色隨年衰.　　빼어난 미색도 세월 따라 시드네
常恐新間舊,[220]　　늘 두려운 건 새사람이 옛사람 이간질하는 것
變故興細微.[221]　　변고는 미세한 데서 생긴다네
浮萍無根本,　　부평초는 뿌리가 없으니
非水將何依?[222]　　물이 아니면 어디에 의지할까
憂喜更相接,　　근심과 기쁨은 교대로 이어지는 법
樂極還自悲.　　즐거움 지극하면 다시금 절로 슬퍼지나니

해설 이 작품은 남편에게 버림받을 것을 걱정하는 여인의 심정을 묘사하고 있다. 비록 두려움과 걱정·슬픔 등의 감정이 작품 전체에 흐르고 있지만 그것은 버림받은 뒤의 원망과 슬픔이 아니라 조만간 버림받게 될지도 모른다는 염려에서 기인한 것이다. 버림받는 일이란 고대 여성이 가장 보편적으로 겪던 운명이었기에 그 걱정은 어쩌면 확신에서 나온 것이었을지도 모른다.

---

218) '嬌子'(교자): 젊고 아름다운 여인.
219) '歡合'(환합): 사랑하며 기쁘게 부부[연인]가 되다.
220) '新間舊'(신간구): 새 여자가 생겨 남편과 자신 사이가 멀어지게 되다. '間'(간): 이간질하다라는 뜻의 동사로 쓰였다.
221) '變故'(변고): 여기에서 자신이 남편에게 버림받는 것을 의미한다. 이 구는 버림받는 일이란 결코 큰 사건 때문에 일어나는 게 아니라 아무 것도 아닌 아주 미세한 작은 일에 기인할 수 있다는 의미이다.
222) 이상 두 구는 부평초와 물의 관계를 자신의 남편에 대한 의존적 관계에 비유한 것이다.

69. 가을 난초

「秋蘭篇」[223)]

秋蘭蔭玉池,	가을 난초는 옥 같은 연못에 그늘을 드리우고
池水清且芳.	연못물은 맑고도 향기롭지요
芙蓉隨風發,	연꽃은 바람 따라 피어나고
中有雙鴛鴦.	그 속에 한 쌍의 원앙새가 깃들어 있지요
雙魚自踴躍,[224)]	한 쌍의 물고기 저절로 뛰어오르고
兩鳥時迴翔.	두 마리 새 때때로 빙빙 돌며 날지요
君期歷九秋,[225)]	당신은 그렇게 삼 년이 지났건만
與妾同衣裳.[226)]	저와 옷가지를 함께 했지요

해설 이 작품은 남편의 사랑을 계속 받고 싶은 여인의 소망을 묘사하였다. 가을 난초가 연못에 그늘을 드리워 연못물이 맑고 향기롭다는 인과관계를 설정하여 남편의 사랑이 자신에게 꼭 필요함을 말하였다. 바람이 불어 연꽃이 피고, 새와 물고기도 모두 제짝을 찾아서 함께 노는 자연의 섭리 속에 자신도 사랑하는 임을 만나 즐겁게 보내고 있음을 노래하였다. 그러나 마지막 두 구는 어쩌면 지금 주인공이 누리고 있는 3년 동안의 이 사랑의 기쁨이 얼마나 더 지속될까란 우려가 아니겠는가?

---

223) 『樂府詩集』(권64)의 해제에 따르면, 이 곡은 본래 楚辭에서 나왔다고 한다. 「九歌」「少司命」 중의 '가을 난초와 천궁이 祭堂 아래 늘어서서 자라네. 푸른 잎에 흰 꽃, 향기가 진동하며 나에게 밀려오네(秋蘭兮蘼蕪, 羅生兮堂下. 綠葉兮素華, 芳菲菲兮襲予)'란 구절을 예로 들면서 이 작품과 같은 의미라고 하였다.

224) '踴躍'(용약): 뛰어오르다. 『樂府詩集』에는 '湧濯'으로 되어 있다.

225) '期'(기): 『樂府詩集』에 따라 '其'자로 해석하였다. '九秋'(구추): 孟秋(7월)·中秋(8월)·季秋(9월)의 가을이 세 번 지났음을(3년) 의미한다.

226) 이 구는 함께 살다는 뜻이다.

70. 서장안

「西長安行」[227]

所思兮何在?	그리운 사람 어디 계시는가
乃在西長安.	바로 장안 서쪽에 계신다네
何用存問妾?[228]	무엇으로써 저의 안부를 물어 주셨나
香𧜟雙珠環.[229]	향주머니와 한 쌍의 진주팔찌였지
何用重存問?	무엇으로 다시 안부를 여쭈었나
羽爵翠琅玕.[230]	깃 모양 술잔과 비취빛 옥돌이었지
今我兮聞君,	지금 나는 당신의 소문 들었는데
更有兮異心.	새로이 다른 마음 생기셨다 하네
香亦不可燒,	향도 태우지 못하고
環亦不可沉.	팔찌도 물에 빠뜨리지 못하는 건
香燒日有歇,	향은 불에 타면 끝날 날 있을 테고
環沉日自深.	팔찌는 물에 빠지면 날로 절로 깊어질 테니까

해설 이 작품은 새 여자 때문에 남편에게 버림받은 여인의 간절하고 가여운 소망을 서술하고 있다. 자신을 배신하고 새 여인을 찾아 떠난 남자에게 이렇듯 미련을 버리지 못하는 것은 남성의 붓끝에서 나온 작품이기 때문인가? 전체적으로 漢代 악부 '鐃歌十八曲' 중의 하나인 「有所思」를 모방한 것으로 볼 수 있다. 다만 「有所思」의 여주인

227) 郭茂倩은 唐 劉餗의 『樂府解題』를 인용하여 이 작품이 이별의 뜻을 서술한 것이라고 하였다. 또 唐 杜佑의 『通典』을 인용하여, "漢 高祖는 櫟陽에서 長安으로 도읍을 옮겼으며, 惠帝 때에 이르러 바야흐로 인부들을 징발하여 성을 쌓았는데, 장안 서북쪽의 古城이 바로 이것이다"라고 하였다. 晉 雜曲歌辭에 속한다.

228) '存問'(존문) : 위로하다. 안부를 묻다.

229) '𧜟'(등) : 향주머니. '珠環'(주환) : 진주를 엮어 만든 고리 모양의 수식.

230) '羽爵'(우작) : 余冠英의 주석에 따라 술잔으로 보았다. '琅玕'(랑간) : 옥돌. 제2권 曹植의 「美女篇」(56)에도 나온다.

공은 다음과 같이 말하면서 자신을 배신한 남자에 대해 철저한 망각을 통해 잊고자 한 차이가 있다.

(……) (……)
聞君有他心, 당신이 다른 마음 품으셨단 소문 듣고
拉雜摧燒之. 그것을 마구 부수어 태워버린다네
摧燒之, 태운 뒤
當風揚其灰, 그 재를 바람에 날려보내고
從今已往, 이후로는
勿復相思. 다시는 그리워 않으리
相思與君絶. 당신에 대한 그리움 끊어버리리

71. 반씨의 시에 화답하여

「和班氏詩」[231)]

秋胡納令室,[232)] 추호가 아름다운 부인을 맞았는데
三日宦他鄕. 삼 일 만에 타향으로 벼슬살이 떠났네
皎皎潔婦姿,[233)] 희디흰 고결한 부인의 자태

231) 『樂府詩集』에는 제목이 「秋胡行」으로 되어 있으며, 또 어떤 책에는 「和秋胡行」이라고도 되어 있다. 吳注에 따르면 傅玄에게는 두 수의 「秋胡行」이 있는데, 이 작품이 두 번째 작품이며, 詠史類에 속한다고 하였다. 제목으로 보아 이 작품 이전에 班氏 성을 가진 문인이 쓴 이러한 내용의 작품이 있었던 것으로 보인다. 相和歌辭 淸調曲에 속한다.

232) '秋胡'(추호) : 魯나라 대부의 이름. 이 작품은 『西京雜記』·『列女傳』 등에 실린 '秋胡戲妻' 고사를 내용으로 하고 있다. 秋胡가 결혼한 지 3일(또는 5일) 만에 관직을 얻어 陳나라로 떠났다가 3년(또는 5년) 만에 귀가한다. 도중에 뽕 따는 여인을 만나 자기 아낸 줄 모르고 희롱하다가 거절당하고 집에 돌아오는데, 집에 돌아와 부인을 만나보니 자기가 희롱했던 바로 그 여자였다. 이에 부인은 남편의 바르지 못한 품행에 격분하여 자살한다는 내용이다.

233) '皎皎'(교교) : 희고 깨끗한 모양.

泠泠守空房.[234]	쓸쓸히 텅 빈 규방을 지키고 있네
燕婉不終夕,[235]	따스한 사랑은 하룻밤도 채 안 되며
別如參與商.[236]	이별은 삼성과 상성같이 멀다네
憂來猶四海,	근심이 닥치니 사해만큼 가없고
易感難可防.	쉬이 젖은 상심 막기가 어렵네
人言生日短,	사람들은 사는 날이 짧다고들 하건만
愁者苦夜長.	수심에 찬 사람에겐 밤이 길어 괴롭기만 하네
百草揚春華,	온갖 풀들이 봄꽃 흩날릴 제
攘腕採柔桑.[237]	소매 걷고서 부드러운 뽕잎을 따네
素手尋繁枝,	하얀 손으로 무성한 가지 헤쳐가는데
落葉不盈筐.	떨어지는 뽕잎은 광주리를 못 채우네
羅衣翳玉體,[238]	비단옷은 옥 같은 몸을 가리고
回目流彩章.[239]	돌아보는 눈매에 고운 빛이 흐르네
君子倦仕歸,	남편은 벼슬살이에 지쳐 집으로 오는데
車馬如龍驤.[240]	수레와 말들은 꿈틀대며 날아오르는 용과 같네
精誠馳萬里,	진실한 마음으로 만 리 길 달려왔건만
旣至兩相忘.	이미 두 사람 서로의 얼굴 잊었네
行人悅令顔,	나그네는 아름다운 용모에 반하여
請息此樹傍.[241]	그 뽕나무 곁에서 쉬어 가기를 청하네
誘以逢郎喩,[242]	좋은 남자 만나는 게 낫다는 비유로 유혹하며

234) '泠泠'(랭랭) : 냉랭하다. 적막하다. 쓸쓸하다. 썰렁하다.
235) '燕婉'(연완) : 부부 사이의 사랑스런 모습.
236) '參與商'(삼여상) : 서로 다른 시간에 출몰하여 같은 하늘에서는 볼 수 없는 參星과 商星이란 두 별자리.
237) '攘腕'(양완) : 소매를 걷다.
238) '翳'(예) : 가리다. 감추다.
239) '彩章'(채장) : 아름다운 무늬나 빛깔. 어떤 책에는 '來車'로 되어 있다.
240) '龍驤'(룡양) : 용이 꿈틀거리며 하늘로 오르는 것.
241) '請息'(청식) : 다른 책에는 '借息(쉰다는 구실로)'으로 되어 있다.

遂下黃金裝.	이윽고 황금 장식을 그녀 앞에 내려놓는데
烈烈貞女忿,[243]	매서워라 정숙한 여인의 분노
言辭厲秋霜.[244]	말씨가 추상같이 단호하네
長驅及居室,[245]	쉬지 않고 말을 몰아 집안에 도달하여
奉金升北堂.[246]	황금을 받쳐들고 북쪽 안채에 오르네
母立呼婦來,	어머니가 선 채로 며느리를 불러오게 하니
歡情樂未央.	기쁜 마음에 즐거움 채 다하지도 않았는데
秋胡見此婦,	추호가 그 아내를 보자
惕然懷探湯.[247]	두려움과 조심스러움이 뜨거운 물에 손을 댄 듯 하네
負心豈不慚?	배신이 어찌 부끄럽지 않으리
永誓非所望.	영원한 맹세란 바랄 바가 못 되네
淸濁必異源,	맑은 물 흐린 물은 응당 근원이 다르며
鳧鳳不並翔.[248]	물오리와 봉황새는 같이 날 수 없다네
引身赴長流,[249]	자리에서 물러나 긴 강물에 몸을 던지니
果哉潔婦腸.	정말이지 순결한 부인의 속이라네
彼夫旣不淑,	저 남편 이미 정숙하지 못하며

242) 『列女傳』에 의하면 여인이 秋胡를 거들떠보지도 않고 계속 뽕을 따자, 秋胡가 그녀에게 "힘써 농사일 하는 것보다 젊은 남자 만나는 게 낫고, 힘써 뽕일 하는 것보다는 공경대부를 만나는 게 나을 것이오. 지금 내가 가진 황금을 부인에게 드릴 것이니 어떻소?"라고 유혹했다고 하는데, 이하 두 구는 바로 이 내용을 가리킨다. '郎'(랑): 『樂府詩集』에는 '卿'자로 되어 있다.

243) '烈烈'(렬렬): 굳세고 강직한 모양.

244) '厲'(려): 엄하다. 사납다.

245) '長驅'(장구): 쉬지 않고 목적지를 향해 달려가다.

246) '北堂'(북당): 어머니의 거처를 일컫는 말.

247) '惕然'(척연): 두려워하며 삼가는 모양. '懷'(회): 마음. '探湯'(탐탕): 손을 뜨거운 물에 넣어 보다.

248) '鳧'(부): 물오리. 이상 두 구는 秋胡 부부의 인품에 대한 비유이다.

249) '引身'(인신): 자리에서 몸을 빼어 물러나다.

此婦亦太剛.　　　이 부인 또한 너무나 강직하네

해설 이 작품은 '秋胡戲妻' 고사를 내용으로 한 시다. 이와 유사한 내용의 작품으로는 제1권의 「日出東南隅行」을 들 수 있는데, 두 작품 모두 주제는 남성의 부도덕함이 아니라 여성의 정숙한 품성에 있다. 이러한 정숙함은 고대 여성의 미덕 중 가장 중요시된 항목이기도 했다. 아울러 여성의 정조라는 이 미덕은 남성 위주의 사회, 전제주의 통치가 심화된 시기일수록 더욱 강조되는 특징을 보인다. 그것은 바로 백성이 임금[나라]에게 충성을 다하는 것을 여성이 남편에게 정조를 지키는 것과 동일한 원리로 보았기 때문이었으리라.

장화(張華)

◇張華(232~300) : 자가 茂先이며, 范陽 方城(지금의 河北省 固安縣) 사람이다. 어려서 일찍 부모를 여의고 가난하여 손수 양을 치면서 생계를 영위했다. 또한 각고의 노력으로 공부하여 박학다식하였으며 문장에 능하였다. 일찍이 「鷦鷯賦」를 지었는데 阮籍이 읽고서 조정에서 벼슬할 인재라고 여겼다. 처음에는 太常博士로 천거되었으며, 晉나라 때는 中書令·黃門侍郎을 배수 받았다. 당시 吳나라를 정벌하려고 할 때 많은 사람들이 회의를 품었지만 그는 반드시 이긴다고 보았다. 나중에 吳나라가 평정되자 廣武侯에 봉해졌으며, 惠帝 때는 太子少傅에 배수되었고, 관직이 司空에까지 이르렀다. 후에 晉 왕조의 권력투쟁이 심화될 무렵 趙王 司馬倫의 음모에 동참하지 않는다고 하여 司馬倫 일파인 孫秀 등에 의해 삼족이 멸하는 해를 입었다. 죽을 때 집안에는 남은 재산이 하나도 없었고 오직 서책만이 상자에 넘쳐났다고 한다. 당시 많은 사람들이 그의 죽음을 동정하였는데, 특히 저명한 문인 陸機는 소식을 접하고

한 편의 誄辭와 「詠德賦」를 지어 그를 애도하였다.

西晉 초 일부 작가들이 현실에서 벗어나 수사적인 아름다움을 추구하던 형식주의의 길을 열었는데, 그는 그 대표적인 인물이다. 그의 작품 중 「情詩」는 사람을 감동시키는 힘이 있으며, 나머지 작품들은 대부분 내용이 경박하며 사회적 의의가 거의 없다. 그의 詩文은 후대의 집본인 『張司空集』 1권에 수록되어 전하며, 『博物志』 10권은 志怪小說의 자료로서 가치가 크다.

「애정시(情詩)」 5수

72. 애정시 1

「情詩」 其一

北方有佳人,	북방에 한 미인이
端坐鼓鳴琴.	단정히 앉아 거문고 타는데
終晨撫管弦,[250]	이른 새벽부터 관현악기 어루만지건만
日夕不成音.[251]	날 어두울 때까지도 온전한 음악을 이루지 못하네
憂來結不解,	근심이 밀려와 가슴에 맺히어 풀리지 않는데
我思存所欽.	내 그리움은 공경하는 그이에게 있다네
君子尋時役,[252]	임께서는 한시적인 일자리 찾아 떠나시니
幽妾懷苦心.	깊숙한 방의 소첩은 괴로움이 가슴에 가득하네
初爲三載別,	애초 삼 년의 이별이라 하셨건만
於今久滯淫.[253]	지금껏 오래도록 머물러 계시니
昔邪生戶牖,[254]	이끼는 방문과 창가에 자라나고

250) '終晨'(종신) : '終朝'와 같다. 이른 새벽.
251) '日夕'(일석) : 저녁때.
252) '時役'(시역) : 시한이 있는 병역 또는 부역.
253) '滯淫'(체음) : 오래 머물러 있다.

庭內自成林.	뜰 안은 저절로 숲을 이루네
翔鳥鳴翠隅,	하늘을 나는 새는 비취빛 산모퉁이에서 울고
草蟲相和吟.	풀벌레 서로 화답하며 신음하는데
心悲易感激,	마음이 슬프니 감격도 쉬워
俛仰淚流衿.[255]	굽어보고 우러러보는 사이 눈물이 옷깃에 흐르네
願託晨風翼,[256]	날랜 송골매 날개라도 타고 가
束帶侍衣衾.[257]	허리띠 매고서 그대의 옷과 이부자리 모셨으면

해설 이 작품은 길 떠난 남편(또는 애인)을 그리워하는 규방 여인의 슬픔과 소망을 서술한 시다. 남편은 일자리를 찾아 떠났는데, 애초 약속한 3년의 기한이 지났건만 돌아오지 않는다. 이에 그리움은 마침내 눈물 되어 흐르고, 마음은 당장이라도 하늘을 날아 임에게 가고 싶은 것이다.

73. 애정시 2

「情詩」 其二

明月曜淸景,	밝은 달은 맑은 경치 비추고
朧光照玄墀.	몽롱한 빛은 검은 섬돌에 어리네
幽人守靜夜,[258]	세상 등진 사람이 고요한 밤을 지키는데
迴身入空帷.	몸을 돌려 텅 빈 휘장 안으로 드네

---

254) '昔邪'(석야): 담장에 자라는 이끼류. '昔耶'·'烏韭' 등으로도 쓴다. '戶'(호): 지게문. '牖'(유): 창문.
255) '俛仰'(부앙): 굽어보고 우러러보다. '俯仰'과 같다.
256) '晨風'(신풍): 송골매. '鷐風'과 같다.
257) '束帶'(속대): 의관[冠帶]을 정제하다.
258) '幽人'(유인): 속세를 피해 숨어 사는 사람. 은자.

束帶俟將朝,[259]	의관을 정제하고 날이 밝기를 기다리는데
廓落晨星稀.[260]	하늘은 광막하고 새벽 별은 드무네
寐假交精爽,[261]	언뜻 선잠이 들어 혼백이 교유하니
覿我佳人姿.[262]	내 아름다운 임의 모습 보이네
巧笑媚權靨,[263]	아름다운 미소에 앙증맞은 보조개
聯媚眸與眉.	짝을 이룬 요염한 눈동자와 눈썹
寐言增長歎,[264]	꿈을 깨니 더욱 긴 탄식에
悽然心獨悲.	처량히 마음 유독 슬퍼지네

해설 이 작품은 집을 떠난 남자의 아내에 대한 그리움을 묘사한 시다. 앞 시와 짝을 이루는 작품으로 볼 수 있다. 두 작품의 내용을 서로 관련시켜 보면 남편은 3년 기한으로 외지의 어떤 일자리를 찾아 떠났다가 알 수 없는 이유로 인해 기한을 넘기고도 고향으로 돌아가지 못한다. 객지의 남편 또한 고향의 아내만큼이나 간절히 아내를 그리워하고 있다. 그리움은 환영처럼 꿈과 현실을 넘나들며 탄식과 슬픔을 낳으며 안타깝게 한다.

---

259) '束帶'(속대) : 의관을 정제하다.

260) '廓落'(곽락) : 광활한 모양.

261) '寐假'(매가) : '假寐'와 같다. 옷을 입은 채 자는 토끼잠. '精爽'(정상) : 혼백.

262) '覿'(적) : 보다. 만나다.

263) '媚'(미) : 교태를 부리다. 아양을 떨다. 아름답다. '權'(권) : '顴'자와 통용. 뺨. '靨'(엽) : 보조개.

264) '寐'(매) : 『考異』에서는 '寤'자의 잘못이라고 보았는데 여기에서도 그것을 따랐다. '言'(언) : 어조사. '寐言'을 '꿈에서의 말'이라고 보기도 하는데, 앞의 '임을 만난 기쁜 꿈'과 이어지기 어렵다.

74. 애정시 3

「情詩」 其三

淸風動帷簾,	맑은 바람은 휘장과 발을 흔들고
晨月燭幽房.[265]	새벽달은 집안 깊숙한 규방을 비추는데
佳人處遐遠,[266]	고운 임 먼 곳에 계시니
蘭室無容光.[267]	향기 그윽한 방에는 빛나는 그 모습 보이지 않네
衿懷擁虛景,[268]	가슴에는 허황한 그림자를 껴안았고
輕衾覆空牀.[269]	가벼운 이불은 텅 빈 침상을 덮고 있네
居歡惜夜促,[270]	즐거움 누릴 적엔 밤 짧은 게 안타깝더니
在戚怨宵長.[271]	시름에 겨울 때엔 밤 긴 것이 원망스럽네
撫枕獨吟歎,	베개 어루만지며 홀로 신음하고 탄식하니
綿綿心內傷.[272]	하염없이 가슴속이 아려오네

해설 이 작품은 멀리 떠난 남편을 그리워하는 여인의 심정을 묘사하고 있다. 그리움이란 감정은 이 시에서와 같이 달 밝은 밤에 가장 절실해진다. 낮 동안 사람들 사이에 섞이어 생활하는 중 잠시 잊고 있던 사람도 밤이 되어 잠자리에 들 때면 어김없이 생각나게 마련이다. 특별히 달은 멀리 떨어져 있는 임과 자신이 모두 볼 수 있는 물체로서 그리움의 매개체 역할을 한다. 아울러 후반의 '居歡……' 이하 두 구는

265) '燭'(촉) : 비추다. '幽房'(유방) : 집안 깊숙한 곳에 위치한 방. 주로 규방을 가리킨다.
266) '佳人'(가인) : 여기서는 남편을 가리킨다. '遐'(하) : 멀다.
267) '蘭室'(란실) : 향기가 그윽한 방. '容光'(용광) : 훌륭한 자태. 풍채.
268) '衿懷'(금회) : 가슴. '擁'(옹) : 껴안다. '虛景'(허영) : 환영과 같다. '景'자는 '影'자와 같은 글자로 쓰였다.
269) '衾'(금) : 이불.
270) '居'(거) : 어떤 장소나 시간에 처하다.
271) '戚'(축) : 근심하다. 시름하다. '宵'(소) : 밤.
272) '綿綿'(면면) : 끊임없이 길게 이어지는 모양. 『文選』에는 '感慨'로 되어 있다.

보편적인 감정을 절묘하게 시화시킨 명구라고 할 수 있겠다.

75. 애정시 4

「情詩」 其四

君居北海陽,[273]	당신은 북쪽 바다 북녘에 계시고
妾在南江陰.[274]	저는 남쪽 강의 남녘에 있다오
懸邈脩途遠,[275]	까마득하게 멀리 떨어져 길은 멀기만 하며
山川阻且深.	산과 강은 험하고도 깊다오
承歡注隆愛,[276]	기쁨을 드리면서 깊은 사랑 모우고
結分投所欽.[277]	정분을 맺어서 공경하는 이에게 바친다오
銜恩守篤義,[278]	받은 은혜에 감동하여 두터운 신의 지키며
萬里託微心.	만 리 먼 길에 작은 마음 보낸다오

해설 이 작품은 멀리 떨어져 있는 남자를 사랑하는 여인의 심정을 서술한 시다. 자신은 남쪽 끝에 있고 사랑하는 남자는 북쪽 끝에 떨어져 있어 서로 만나지는 못하지만 지난 날 받은 사랑을 가슴에 간직한 채 변함없는 자신의 마음을 임에게 전하고자 하였다. 주인공의 상대인 남자 역시 똑같은 마음이기를 바랄 뿐이다.

---

273) '北海'(북해): 옛날에 북방의 가장 먼 벽지를 일컫던 말. '陽'(양): 산의 남쪽 또는 물의 북쪽. 다음 구의 '陰'은 그 반대이다.

274) '江'(강): 長江 이남의 크고 작은 강에 대해 그 지역 사람들이 일컫던 말.

275) '懸邈'(현막): 서로 아득히 멀리 떨어져 있다. '脩'(수): 멀다.

276) '承歡'(승환): 환심을 사다. '注'(주): 모우다. 모이다. '隆愛'(륭애): 두터운 사랑.

277) '結分'(결분): 정분[사귐 · 인연]을 맺다.

278) '銜恩'(함은): 은혜를 받다. 은혜에 감동하다.

76. 애정시 5

「情詩」 其五

游目四野外,[279]	사방 들 밖을 마음껏 보면서
逍遙獨延竚.[280]	한가롭게 혼자서 우두커니 서 있는데
蘭蕙緣清渠,[281]	향기로운 난초 혜초는 맑은 시내를 따라 자라고
繁華蔭綠渚.[282]	무성한 꽃들은 푸른 모래톱을 덮고 있네
佳人不在玆,	고운 사람 여기에 없으니
取此欲誰與?[283]	이 꽃 따서 누구에게 주나
巢居覺風飄,[284]	둥지에 깃든 새는 바람 세찬 줄을 알고
穴處識陰雨.[285]	구멍에 사는 벌레 흐리고 비 올 줄을 안다는데
未曾遠別離,	일찍이 멀리 떠나 이별해보지 않고서는
安知慕儔侶?[286]	반려자를 그리워할 줄 어찌 알리오

해설 이 작품은 집을 떠나 있는 남편의 아내에 대한 그리움을 서술한 시다. 고대 시가의 특징 중의 하나가 남자가 집을 떠난 이유가 분명하게 나타나 있지 않는다는 점인데, 이 작품 역시 예외가 아니

---

279) '游目'(유목) : 시선을 한 곳에 집중하지 않고 사방을 마음대로 보다. '四野'(사야) : 사방(의 들판).

280) '逍遙'(소요) : 여유롭고 한가로운 모양. '延竚'(연저) : 가지 않고 한참 동안 서 있는 모양.

281) '蘭'(란) : 난초. '蕙'(혜) : 혜초. 둘 다 향초의 일종. '緣'(연) : '沿'과 같다. '……를 따라'. '渠'(거) : 도랑. 수로.

282) '華'(화) : '花'자와 같다. '蔭'(음) : 그늘을 드리우다. '渚'(저) : 삼각주. 모래톱.

283) '誰與'(수여) : 의문대명사가 賓語로 쓰였을 때의 도치 구문.

284) '覺'(각) · '飄'(표) : 『文選』에는 각각 '知'자와 '寒'자로 되어 있다. '飄'는 바람이 세찬 것을 뜻하는데, 새들은 나무에 둥지를 틀기 때문에 바람이 불면 가장 먼저 느끼게 되는 것이다.

285) '穴處'(혈처) : 구멍에서 살다. 즉 개미와 같은 곤충을 가리킨다. '陰雨'(음우) : 날씨가 흐려져 비가 오는 것.

286) '儔侶'(주려) : 반려자. 부부.

다. 작자의 신분을 고려해볼 때 아마도 벼슬살이 때문이 아닌가 한다. 공무에 바쁠 때는 잠시 잊고 지내다가도 여유가 있어 성 밖 들판을 산책할 때 한가로이 경치를 감상하다가 만나게 되는 꽃은 시청각을 동시에 자극하면서 문득 고향에 두고 온 아내를 생각나게 한다. 특히 마지막 네 구는 대구를 절묘하게 운용하여 경험에서 우러난 진리를 피력하고 있는 명구라고 할 수 있을 것이다.

「잡시(雜詩)」 2수

77. 잡시 1

「雜詩」[287] 其一

逍遙遊春宮,[288]	한가로이 봄의 궁전에서 노닐고
容與綠池阿.[289]	유유자적 푸른 연못가를 거니는데
白蘋開素葉,[290]	네가래풀은 하얀 잎을 피우고
朱草茂丹花.[291]	붉은 풀에는 빨간 꽃이 무성하네
微風搖茝若,[292]	미풍은 구릿대와 두약을 흔들고

287) 張華의 雜詩는 『文選』에 수록된 1수를 합하여 모두 세 수가 있다.

288) '春宮'(춘궁) : 전설에 의하면 봄을 관장하는 동방의 青帝가 거처하는 궁전을 일컫는데, 여기에서는 '봄 정취가 가득한 자연'을 가리킨다고 보았다. 어떤 판본에는 '春空'으로 되어 있다.

289) '容與'(용여) : 유유자적 배회하는 모양. '綠'(록) : 敦煌唐寫本을 따라 '緣'자로 해석하였다. '池阿'(지아) : 연못가.

290) '白蘋'(백빈) : 네가래. 논이나 못 · 늪지 등에서 자라는 여러해살이풀. '蘋'이라고도 하며, 현대 중국어로는 잎 모양에 의해 '田字草'라고 한다.

291) '朱草'(주초) : 줄기와 잎이 모두 붉은 색을 띤 일종의 상서로운 풀.

292) '茝'(채) : 구릿대. 산골짜기 냇가에서 자라는 미나리과의 두해살이 또는 세해살이풀. '白芷'라고도 한다. '若'(약) : 杜若. 숲 속의 그늘지고 습한 곳에 자라는 여러해살이풀. 여름에 흰 꽃이 핀다. 둘 다 향초이다.

層波動芰荷.[293]	겹겹이 이는 물결이 마름과 연꽃을 움직이니
榮彩曜中林,[294]	꽃에서 나는 광채가 수풀 가운데에 어리고
流馨入綺羅.[295]	흐르는 향기는 비단옷으로 스며드네
王孫遊不歸,[296]	귀공자는 길 떠나 돌아오질 않고
修路邈以遐.[297]	아득한 길은 까마득히 멀기만 하니
誰與翫遺芳?[298]	뉘와 함께 남은 꽃향기를 맡으랴
佇立獨咨嗟.[299]	우두커니 서서 혼자 탄식한다네

해설 이 작품은 먼 길 떠난 남편을 그리워하는 여자의 심정을 묘사한 시다. 만물이 생동하는 봄을 맞아 겨우내 움츠렸던 기지개를 펴고 야외로 나가 상춘하던 여인은 눈앞의 갖가지 향기로운 초목과 꽃들을 보면서 함께 할 남편이 곁에 없음을 문득 느낀다. 헤어진 임이 평소에는 별로 생각나지 않았지만 사랑하기 좋은 계절을 만나니 다시 기억 속에 되살아나는 모양이다. 그 기억은 때로는 서로 사랑할 때 함께 했던 사물을 통해서 순간적으로 되살아나기도 한다. 唐代 王昌齡의 「閨怨」이란 시 속의 어린 새색시처럼…….

---

293) '芰'(기) : 마름. 연못이나 소택지에 자라는 한해살이 수초. 잎이 마름모꼴[菱形]이다. '荷'(하) : 蓮[연꽃]. 연못 등의 진흙에 자라는 수련과에 속하는 여러해살이 수초.

294) '榮'(영) : 초목의 꽃. '彩'(채) : 빛. 광채. '中林'(중림) : '林中'과 같다.

295) '綺羅'(기라) : 무늬가 있는 비단과 얇은 비단. 여기서는 비단옷을 의미한다.

296) '王孫'(왕손) : 고대 귀족의 자제를 부르던 말. 楚辭 「招隱士」 중에 "왕손은 놀러나가 돌아오지 않고, 봄풀은 자라서 무성하다네(王孫遊兮不歸, 春草生兮萋萋)"라는 구절이 있다.

297) '修'(수) : 길다. '邈以遐'(막이하) : 멀고도 멀다.

298) '誰與'(수여) : 개사 '與'와 의문대명사 '誰'가 도치된 형태. '翫'(완) : 즐기다. 감상하다.

299) '佇立'(저립) : 우두커니 서 있다. '咨嗟'(자차) : 탄식하다.

78. 잡시 2

「雜詩」 其二

荏苒日月運,[300]　시나브로 세월은 흘러
寒暑忽流易.　추위와 더위는 어느덧 흐르듯이 바뀌었는데
同好遊不存,[301]　서로 사랑하던 사람은 길 떠나고 안 계시며
茗茗遠離析.[302]　아득히 멀리 떨어져 있네
房櫳自來風,[303]　방 창문에는 절로 바람 들어오고
戶庭無行跡.　문 밖 뜰에는 사람 자취 없으며
蒹葭生牀下,[304]　물억새와 갈대는 침상 아래에서까지 자라고
蛛蝥網四壁.[305]　거미들은 네 벽에 그물을 치네
懷思豈不隆?　가슴속 그리움 어이 크지 않으리
感物重鬱積.　사물에 느끼어 더욱 울적해지네
游雁比翼翔,[306]　하늘에 나는 기러기는 날개 나란히 하여 날아오르고
歸鴻知接翮.[307]　돌아오는 큰기러기 날개 붙여서 날 줄 알건만
來哉彼君子,　오라는 저 임은
無愁徒自隔.　근심도 없이 공연히 스스로 떨어져 계시네

---

300) '荏苒'(임염) : 시간이 시나브로 흘러가는 모양. 세월이 쉬이 감을 뜻한다.
301) '同好'(동호) : 좋아하는 것이 같다. 서로 좋아하다.
302) '茗茗'(초초) : 아득히 먼 모양. '離析'(리석) : 사이가 떨어져 있다.
303) '櫳'(롱) : 창문.
304) '蒹'(겸) · '葭'(가) : 각각 물가의 습지에서 무리 지어 자라는 화본과의 여러해살이풀인 물억새와 갈대.
305) '蛛蝥'(주모) : 거미의 별칭.
306) '游'(유) : 새가 나는 것을 뜻한다.
307) '翮'(핵) : 깃촉. 날개. '接翮'(접핵) : 두 마리 새가 날개를 나란히 하고 나는 것.

해설 이 작품 역시 멀리 떠나 있는 남편을 그리워하는 여자의 심정을 묘사한 시다. 주변 경물의 변화는 시간의 흐름을 느끼게 한다. 오랜 시간이 지나도 돌아오지 않는 임은 여인을 더욱 울적하고 심란하게 만든다. 임이 떠나고 없는 집은 마치 아무도 살지 않는 폐가처럼 침상 주변에까지 잡초가 자라고 거미줄이 얼기설기하다. 임이 없는 집이기에 청소는 또 누구를 위해 하겠는가? 눈물 젖은 눈으로 쳐다본 하늘에는 쌍쌍이 나는 새들, 아무 걱정 근심 없이 괜스레 나와 떨어져 계시는 임이 야속하기만 할 뿐이다.

반악(潘岳)

◇潘岳(247~300) : 자는 安仁이며, 滎陽 中牟(지금의 河南省 中牟縣) 사람이다. 소년 시절에 재주와 지혜 때문에 '奇童'으로 불렸으며, 일찍이 秀才로 천거되었다. 泰始 연간에 武帝가 몸소 농사일을 하자 그가 賦를 지어 그 일을 찬미하여 재주와 명성이 세상에 떨쳐졌다. 그러나 오히려 그로 인해 세상 사람들의 시기를 받아 10년 동안이나 벼슬길에 나가지 못했다. 나중에 河陽令이 되어 정사에 힘을 다했으며 관내에 복숭아와 자두를 가득 심어 미담이 되기도 하였다. 惠帝 초기에 太傅 楊駿에 의해 主簿가 되었다가 楊駿이 피살되자 그 또한 제명되었다. 얼마 후 다시 長安令이 되었다가 散騎侍郎・給事黃門侍郎이 되었으며, 趙王 司馬倫이 정권을 농단할 때 그의 親臣 孫秀에게 모함을 받아 石崇과 함께 피살되었다. 그는 石崇과 사이가 좋았으며, 賈謐을 섬겨 賈謐의 '二十四友' 중의 대표격이기도 하였다. 그는 또 미모로 유명하였는데, 젊었을 때 활을 끼고 洛陽의 한길에 나서면 여인들이 그를 에워싸고 과일을 던져주어 수레에 과일을 가득 싣고 귀가했다고 한다.

문학에 있어 그는 陸機와 이름을 나란히 했는데, 鍾嶸은 『詩品』에서 "陸機

의 재주는 바다와 같고, 潘岳의 재주는 長江과 같다(陸才如海, 潘才如江)"라고 하였다. 그러나 실재로는 그 두 사람의 시는 모두 지나치게 어휘의 수식을 숭상한 형식주의를 띠고 있어 깊은 사상이나 내용은 부족하다. 다만 그는 서정에 뛰어났는데 특히 '哀思'의 정감을 잘 표현했다. 그의 작품은 현재 輯本인 『潘黃門集』 1권에 수록되어 전하는데, 그 중 「秋興賦」·「寡婦賦」·「藉田賦」·「閑居賦」·「笙賦」·「楊荊州誄」·「楊仲武誄」·「關中詩」 등이 비교적 유명하다. 또한 가장 주목을 끄는 작품으로 아내의 죽음을 애도한 「悼亡詩」 3수가 있다.

「아내를 그리며(內顧詩)」 2수

79. 아내를 그리며 1

「內顧詩」 其一

靜居懷所歡,[308]	조용하게 지내니 사랑하던 사람 생각나
登城望四澤.	성에 올라 사방의 호수를 바라본다오
春草鬱青青,	봄풀은 우거져 푸르디푸르고
桑柘何奕奕.[309]	산뽕나무는 어찌 저리도 무성한지요
芳林振朱榮,	향기로운 숲에는 붉은 꽃들이 진동하고
綠水激素石.	푸른 물은 하얀 돌에 부딪힌다오
初征冰未泮,[310]	처음 떠날 땐 얼음도 채 녹지 않았었건만
忽焉袗絺綌.[311]	어느새 홑겹 칡베옷을 입는 철이라오

---

308) '歡'(환): 좋아하다. 사랑하다.

309) '桑柘'(상자): 산뽕나무. 산지나 논밭의 둑에서 자라는 뽕나무과의 낙엽소교목. '奕奕'(혁혁): 무성한 모양. 또는 아름다운 모양.

310) '征'(정): 먼 길 떠나다. '泮'(반): 얼음이 녹다.

311) '忽焉'(홀언): 홀연히. 어느새. '袗'(진): 홑겹으로 된 옷. '絺綌'(치격): 결이 고운 칡베. 즉 細葛布.

漫漫三千里,312)	끝없이 이어진 삼천 리 길
苕苕遠行客.313)	까마득히 멀리 떠나있는 나그네 신세
馳情戀朱顔,	달려가는 마음 당신의 붉은 얼굴 그리워
寸陰過盈尺.314)	일촌광음도 한 자가 넘는 것 같다오
夜愁極清晨,315)	밤의 시름은 새벽까지 계속되고
朝悲終日夕.316)	아침 슬픔은 저녁까지 이어진다오
山川信悠永,317)	산천은 실로 아득히 멀어
願言良弗獲.318)	그리운 당신 진정 만날 수가 없다오
引領訊歸雲,319)	목 길게 빼고 돌아가는 구름에 안부를 전해보지만
沉思不可釋.	깊은 시름이야 어찌 풀 수 있으리오

해설 이 작품은 객지에 있는 남자가 고향의 아내를 그리워하는 심정을 묘사한 시다. 아울러 작자의 진실한 체험에서 우러나온 작품이 아닌가 한다. 때문에 독자에게 전달되는 울림 또한 크다. 아울러 당시 작품들이 작자의 남녀를 불문하고 대부분 여성 시점에서 지어진 것이라고 볼 때 희소성이란 측면에서 이 작품은 그 가치를 지니고 있다. 사랑의 감정에 있어 고대라고 어찌 남녀의 구분이 있을 수 있었겠는가? 다만 표현 여부의 차이가 있었을 뿐이리라.

---

312) '漫漫'(만만) : 길게 이어진 모양.

313) '苕苕'(초초) : 어떤 책에는 '迢迢'로 되어 있다. 아득히 먼 모양.

314) '寸陰'(촌음) : 한 치의 光陰[시간]이란 말로, 극히 짧은 시간. '盈尺'(영척) : 한 자가 넘을 정도. 이 구는 시간을 길이를 재는 단위에 비유하였다.

315) '極'(극) : 이르다. 도달하다. '清晨'(청신) : 새벽.

316) '終'(종) : 끝나다. 끝까지 가다. '日夕'(일석) : 저녁때.

317) '信'(신) : 다음 구 '良'자와 같다. 진실로. 정말로. '悠永'(유영) : 아득히 멀다.

318) '願言'(원언) : 늘 말하다. 또는 그리워하다. 여기서는 후자를 따랐다. '弗獲'(불획) : 성취하지 못하다.

319) '訊'(신) : 소식을 알리다. 안부를 묻다. 敦煌唐寫本에는 '訴(하소연하다)'자로 되어 있다.

80. 아내를 그리며 2

「內顧詩」其二

獨悲安所慕?	혼자 슬퍼한다오 사랑하는 사람 어디에 있는지요
人生若朝露.	인생이란 아침 이슬 같은 것
綿邈寄絶域,320)	아득히 먼 세상 뚝 떨어진 곳에 이방인 되었으니
眷戀想平素.321)	못내 그리워 이전의 당신 모습 떠올린다오
爾情旣來追,322)	그대의 마음은 벌써 이곳에 와 나를 따르고
我心亦還顧.	내 마음 역시 고향으로 돌아가 그대를 본다오
形體隔不達,	몸은 떨어져 서로에게 갈 수 없지만
精爽交中路.323)	혼백이야 도중에서 만날 수 있겠지요
不見山上松,	산 위의 소나무를 보지 못했나요
隆冬不易故.324)	엄동설한에도 옛모습 변함없지요
不見陵澗柏,325)	능선 사이 계곡의 잣나무를 보지 못했나요
歲寒守一度.326)	추운 겨울에도 한결같은 법도를 지키지요
無謂希是疏,327)	희망이 이리도 없다고 말하지 마시오
在遠分彌固.328)	먼 곳에 있지만 본분은 더욱 견고하다오

320) '綿邈'(면막) : 아득히 멀다. '寄'(기) : 타향에서 임시로 기거하는 것. '絶域'(절역) : 고향과 뚝 떨어져 있는 異域.

321) '眷戀'(권련) : 사랑하여 못내 그리워하다. '平素'(평소) : 본래. 평소. 예전.

322) '爾'(이) : 2인칭대명사. '旣'(기) : 이미. 벌써. 다음 구 '亦'자와 호응한다. '來追'(래추) : 와서 따르다.

323) '精爽'(정상) : 정신. 혼백. '交'(교) : 서로 만나다. '中路'(중로) : 도중.

324) '隆冬'(륭동) : 한겨울.

325) '陵'(릉) : 산의 언덕. 또는 陵墓. '澗'(간) : 산골짜기의 물. 敦煌唐寫本에는 '間(사이)' 자로 되어 있다.

326) '歲寒'(세한) : 추운 계절인 겨울. '度'(도) : 법도. 법칙.

327) '是'(시) : 이렇게. 이와 같이. 敦煌唐寫本과 『考異』에는 '見'자로 되어 있다.

328) '分'(분) : 아내에 대해 남편으로서 지켜야 할 본분.

해설 이 작품 역시 전편과 마찬가지로 아내에 대한 그리움을 묘사하고 있다. 육신은 비록 멀리 떨어져 서로 함께 하지 못한다 하더라도 정신은 꿈을 타고 서로 내왕하며 만난다고 하였다. 아울러 멀리 떨어져 있기에 아내가 자신을 의심할 수도 있음을 알고, 아내에 대한 자신의 사랑은 멀리 떨어져 있을수록 더욱 굳건하다고 위로하고 있다. 歲寒 연후에라야 松柏의 변치 않는 푸름을 더 잘 알 수 있다고 하면서.

「죽은 아내를 애도하며(悼亡詩)」 2수

81. 죽은 아내를 애도하며 1

「悼亡詩」 其一

荏苒冬春謝,329)　　시나브로 겨울과 봄이 물러가고
寒暑忽流易.　　추위와 더위 어느새 흐르듯 바뀌었건만
之子歸窮泉,330)　　그 사람 깊은 황천으로 돌아간 뒤
重壤永幽隔.　　겹겹 흙으로 영원토록 아득히 막혀 있다
私懷誰克從?331)　　사사로운 이 마음 누구에게 하소연하겠으며
淹留亦何益.332)　　집에 계속 있는 것도 무슨 보탬이 되겠는가
僶仰恭朝命,333)　　부지런히 조정의 명령을 받들어

---

329) '荏苒'(임염): 시간이 시나브로 흘러가는 모양. '謝'(사): 물러가다. 이하 두 구는 아내의 복상 기간인 1년이란 시간이 흘렀음을 의미하고 있다.

330) '之子'(지자): 그 사람. 죽은 아내를 가리킨다. '歸窮泉'(귀궁천): 황천으로 돌아가다. 죽다.

331) '私懷'(사회): 죽은 아내를 슬퍼하는 자기의 마음. '誰克從'(수극종): 의문대명사가 賓語일 때 동사와 도치된 경우. '克'(극): '可'·'能'자와 같이 '……할 수 있다'란 뜻. '從': 聽從하다. 의지하다.

332) '淹留'(엄류): 체류하다. 머물러 있다.

333) '僶仰'(민앙): '俛仰'과 같다. 굽어보고 쳐다보는 것. 즉 이럭저럭 살아가다. 그러나

迴心反初役.[334] 마음을 돌려 이전의 임지로 돌아가리라
望廬思其人, 집을 바라보니 그 사람 그리워지고
入室想所歷. 방에 들어서니 함께 지내던 때가 생각난다
幃屛無髣髴,[335] 휘장과 병풍에는 어른거리는 모습조차 없지만
翰墨有餘迹.[336] 필묵에는 흔적이 남아 있고
流芳未及歇,[337] 흐르는 향기 채 다하지 않았으며
遺掛猶在壁. 유품은 아직도 벽에 걸려 있다
帳幔如或存,[338] 정신이 혼미해져 혹 살아 있는 것 같기도 하여
回遑忡驚惕.[339] 불안한 마음에 근심하고 놀라고 두려워한다
如彼翰林鳥,[340] 수풀에서 날개짓하던 저 새
雙棲一朝隻. 짝을 이뤄 살다가 하루아침에 외톨이가 된 것 같고
如彼游川魚, 냇물에서 헤엄치던 저 물고기
比目中路析.[341] 나란히 다니던 두 마리의 눈이 중도에서 떨어진

『文選』과 『考異』 등에서는 모두 '仰'자가 '勉(힘쓰다)'자로 되어 있기 때문에 여기에서도 이를 따라 애써·부지런히 등의 뜻으로 보았다. '恭'(공): 공손하게 받들다.

334) '迴心'(회심): 아내의 죽음을 슬퍼하는 마음을 돌려서 일에 전념하고자 함을 뜻한다. '反'(반): '返'자와 같다. 돌아가다. '初役'(초역): 아내의 초상 전에 사무를 보던 관직을 가리킨다.

335) '幃'(위): 휘장. '屛'(병): 병풍. '無髣髴'(무방불): 실재가 아닌 어른거리는 모습조차도 없다는 뜻이다. 제2권 傅玄의 「朝時篇 怨歌行」(67)의 주석 '髣髴'을 참조할 것.

336) '翰'(한): 붓.

337) '歇'(헐): 그치다. 다하다.

338) '帳幔'(장만): 『文選』과 『考異』, 敦煌唐寫本 등에 모두 '悵怳(정신이 혼미함)'으로 되어 있어 여기에서도 이를 따랐다. 즉 주야로 죽은 아내를 그리며 슬퍼하다 보니 정신조차 허황해짐을 뜻한다.

339) '回遑'(회황): 두렵고 당혹스러워 마음이 불안한 상태. '忡'(충): 근심하다. '驚'(경): 놀라다. '惕'(척): 두려워하다. 이 구는 아내가 죽은 뒤로 정신이 평형상태를 잃고 때로는 아내의 죽음을 슬퍼하다가도 아내가 곁에 없다는 생각에 갑자기 놀라기도 하고, 또 아내 없이 살아갈 것을 생각하니 두려운 마음도 든다는 의미이다.

340) '翰'(한): 본래 새의 날개를 뜻하는 글자이지만, 동사로 쓰여 날개짓하다는 뜻으로 쓰이기도 하고, (깃으로 만든) 붓을 가리키기도 한다.

341) '比目'(비목): 외눈박이물고기인 比目魚의 준말. 전설에 의하면 이 물고기는 두 마리가 나란히 붙어 다녀야만 되고, 떨어지면 헤엄칠 수 없다고 한다. '中路'(중로): 도중.

	것 같다
春風緣隙來,	봄바람은 문틈을 통해 불어오고
晨霤依簷滴.342)	새벽 낙숫물 처마를 타고 방울지는데
寢息何時忘?	잘 때나 쉴 때나 그 언제 당신을 잊으랴
沉憂日盈積.	깊은 시름은 나날이 더욱 쌓여만 간다
庶幾有時衰,343)	바라건대 이 슬픔 시들해질 때가 있어서
莊缶猶可擊.344)	장자의 질장구라도 칠 수 있었으면

해설 이 작품은 아내의 죽음에 대한 슬픔을 나타낸 시다. 고대 시가 중에서 아내의 죽음에 대한 슬픔을 이처럼 절절하게 표현한 작품은 아마도 없을 것이다. 작자는 임지에서 아내의 죽음을 전해 듣고 달려와 초상을 치룬 뒤 거상 기간 1년 동안 집에 머문다. 1년이 지난 후 服喪을 끝내고 임지로 돌아갈 즈음에 지어진 이 시는 작자의 진실한 체험에서 우러난 작품이기 때문에 자구 하나하나가 독자의 심금을 울린다.

이별은 시가 문학의 중요한 모티브이다. 이별에는 온갖 이유가 있겠으나, 그 어떤 이유의 이별이라도 서로 살아만 있으면 만날 수 있다는 희망이 존재한다. 그러나 사별이란 그 희망이 원천적으로 봉쇄된 절망의 이별이다. 사랑하는 사람이 먼저 죽었을 때 살아 있는 사람은 적어도 사랑에 있어서만큼 존재의 의미가 무엇일까?

'析'(석) : 나뉘다. 갈라지다. 떨어지다.

342) '霤'(류) : 낙숫물. '簷'(첨) : 처마. '滴'(적) : 물방울이 떨어지다.

343) '庶幾'(서기) : 바라다. '衰'(쇠) : 아내의 죽음에 대한 슬픔이 시들해짐을 뜻한다.

344) '缶'(부) : 원시적인 악기인 질장구. 주둥이가 위에 있어 모양이 마치 장군과 같다. 이 구는『莊子』「至樂」중의 "莊子의 아내가 죽자 惠子가 조문을 갔는데, 莊子는 마침 두 다리를 쭉 뻗고 동이를 두드리며 노래를 하고 있었다(莊子妻死, 惠子弔之, 莊子則方箕踞鼓盆而歌)"에서 유래한 것으로, 작자도 莊子처럼 달관할 수 있기를 바란 것이다.

82. 죽은 아내를 애도하며 2

「悼亡詩」 其二

皎皎窓中月,345)	밝디밝게 빛나는 창문 속의 달이
照我室南端.346)	내 방 남쪽을 비추고
淸商應秋至,347)	청상음 같은 맑은 바람이 가을에 맞추어 불어오니
溽暑隨節闌.348)	찌는 듯한 무더위는 계절 따라 누그러진다
凜凜涼風升,349)	오싹오싹한 차가운 바람 일어나니
始覺夏衾單.	그제야 여름 이불 홑겹인 줄 알겠는데
豈曰無重纊,350)	어찌 두터운 솜이불 없다 하랴만
誰與同歲寒?351)	뉘와 함께 추운 겨울 같이 지내랴
歲寒無與同,	추운 겨울에 함께 지낼 사람 없는데
朗月何朧朧.352)	밝은 달은 어찌 저리도 흐릿흐릿한가
展轉眄枕席,353)	뒤척이며 베개와 자리를 바라보니

345) '皎皎'(교교) : 밝게 빛나는 모양.

346) '南端'(남단) : 남쪽 또는 남쪽의 정문. 여기에서는 단순히 방향을 가리키는 것으로 보았다.

347) '淸商'(청상) : 五音 중의 商音의 이칭. 소리가 맑고 은은하기 때문에 그렇게 불린다. 오행설에 의하면 五音과 계절의 관계에 있어 商音은 金音으로서 가을철에 해당한다고 여겼다.

348) '溽暑'(욕서) : 찌는 듯한 무더위. '節'(절) : 절기. '闌'(란) : 줄어들다. 잦아지다. 다하다. 기세가 약화됨을 뜻한다.

349) '凜凜'(름름) : 매우 차가운 모양.

350) '重'(중) : 중첩이란 뜻에서 나온 두텁다란 뜻으로 쓰였다. '纊'(광) : 본래 (가는) 솜 또는 솜옷을 뜻하지만 여기에서는 솜을 넣은 이불, 즉 솜이불을 가리킨다.

351) '歲寒'(세한) : 추운 계절. 다음 구와 연쇄법으로 쓰여 아내가 없는 겨울이 유독 더 춥게 느껴짐을 강조한 것이다.

352) '朗'(랑) : 밝다. '朧朧'(롱롱) : 빛이 흐릿한 모양. 이 구의 의미는 본래는 밝았던 달도 나와 같이 수심에 젖어 빛을 잃고 흐릿해진 것처럼 보인다는 뜻이다.

353) '展轉'(전전) : '輾轉'(전전)과 같다. '輾'은 반신만 도는 것을 가리키고, '轉'은 전신이 다 도는 것을 가리킨다. '輾轉反側'의 준말로, 근심으로 이리 뒤척 저리 뒤척 잠을 이루지 못함을 나타낸다. '眄'(면) : 돌아보다.

長簟竟牀空.[354]	긴 대자리 침상은 끝내 비어 있다
牀空委淸塵,[355]	텅 빈 침상에 맑은 먼지 쌓여 있고
室虛來悲風.	방 공허한데 슬픈 바람이 불어온다
獨無李氏靈,[356]	다만 이씨의 혼령은 없으나
彷彿覩爾容.[357]	그대 모습은 보이는 것 같아
撫衿長歎息,	옷깃 어루만지며 길게 탄식할 제
不覺涕霑胸.[358]	눈물이 가슴을 적시는 줄도 모른다
霑胸安能已?	가슴 적시는 눈물 어찌 그칠 수 있을까
悲懷從中起.	슬픈 생각이 속에서 일어난다
寢興目存形,[359]	자나깨나 눈에는 그대 모습
遺音猶在耳.	남아 있는 목소리는 아직도 귓전에 맴돈다
上慚東門吳,[360]	위쪽으로는 동문오에게 창피하고
下愧蒙莊子.[361]	아래쪽으론 몽 땅 사람 장자에게 부끄러우며

354) '簟'(점) : 대자리.

355) '委'(위) : 쌓이다. 이상 두 구는 연쇄법을 써서 '牀空'이란 의미를 강조하고 있다.

356) '李氏靈'(리씨령) : 漢 武帝의 李夫人의 혼령을 가리킨다. 『漢書』「外戚傳」에 따르면, 李夫人이 병으로 일찍 죽자 武帝가 몹시 애닯아 하였다. 이에 方士 齊少翁이 그녀의 혼령을 불러 올 수 있다고 하면서, 武帝를 다른 장막 안에 있게 한 뒤 촛불과 장막을 설치하고 혼령을 부르니, 정말 李夫人의 형상이 장막 안에 비쳤다고 한다. 이에 관한 기록은 여러 책에서 전한다.

357) '彷彿'(방불) : '髣髴'로도 쓴다. '覩'(도) : '睹'자와 같다. 보다. '爾'(이) : 2인칭대명사.

358) '涕'(체) : 눈물. '霑'(점) : 적시다. 이하 두 구 역시 연쇄법을 써서 눈물이 흘러 앞가슴을 적신다는 것을 강조하고 있다.

359) '興'(흥) : 잠에서 깨어 일어나다.

360) '上'(상) : 다음 구의 '下'자와 호응하는 말. 시대가 앞섬을 말한다. '慚'(참) : 부끄럽다. '東門吳'(동문오) : 인명. 『列子』「力命」에 다음과 같은 기록이 전한다. "魏나라 사람 중에 東門吳란 사람이 있었는데, 자기 아들이 죽어도 근심하지 않았다. 그 나라 재상이 말하기를 '공의 사랑하는 아들이 세상에서 없어졌소. 지금 아들이 죽어도 근심하지 않는 것은 무엇 때문이오?'라고 묻자, 그가 대답하기를, '저는 일찍이 아들이 없었으며, 아들이 없었을 때도 근심하지 않았습니다. 지금 아들이 죽은 것은 전에 아들이 없었을 때와 같으니 어찌 근심하겠습니까?'라고 대답하였다(魏人有東門吳者, 其子死而不憂. 其相室曰, '公之愛子, 天下無有. 今子死不憂, 何也?' 東門吳曰, '吾常無子, 無子之時不憂. 今子死, 乃與向無子同, 臣奚憂焉?')."

賦詩欲言志,	시를 지어 마음을 말하고자 해도
零落難具紀.362)	눈물이 흘러 다 적을 수가 없다
命也可奈何?	운명은 또한 어찌 하면 좋을까
長戚自令鄙.363)	오랜 슬픔이 스스로를 오그라들게 한다

해설 이 작품은 앞 시와 같은 시기에 지어진 시다. 작자는 아내 없는 미래에 대해, 보다 구체적인 상황 설정을 통해 자신의 애통한 심정을 피력하고 있다. 추운 겨울 텅 빈 침상을 지키며 혼자 살아간다는 것은 생각도 하기 싫은 끔찍한 상황이지만 이미 자기 앞에 닥친 현실이 되고 말았다. 아내가 없는 방은 더 넓어 보이고 더 썰렁하게 느껴지게 마련인 것. 그러나 사내대장부란 모름지기 국가를 경륜하는 보다 큰일에 전념해야 될 것, 아녀자와의 자잘한 정에 얽매여서는 더더욱 아니 될 일이라 생각하고, 대범하게 슬픔을 잊어보고자 마음을 다그쳐 본다. 하지만 누가 뭐래도 아내의 죽음은 무시해버릴 수 없는 현실이기에 다시금 흐르는 눈물을 어쩔 수가 없는 모양이다.

석숭(石崇)

◇石崇(249~300) : 자는 季倫이며 渤海 南皮(지금의 河南省 南皮縣) 사람이

361) '愧'(괴) : 부끄럽다. '蒙'(몽) : 지명. 지금의 河南省 商丘縣 동북쪽에 해당한다. 莊子의 고향이다.

362) '零落'(령락) : 눈물이 떨어지다. '具紀'(구기) : 모두 기록하다.

363) '自令'(자령) : 敦煌唐寫本에는 '令自'로 되어 있다. '鄙'(비) : 협소하다. 구 전체는 '아내의 죽음을 오랫동안 애통해 함이 자신의 마음과 관점 등을 대범하지 못하게 만들었다'란 의미가 된다.

다. 지혜롭고 총명하여 散騎郞이 되었으며, 元康 초에는 荊州刺史가 되었는데 일찍이 원행길의 사신과 장사꾼 등을 위협하여 재산을 셀 수 없을 정도로 모았으며, 洛陽에 金谷이란 별장을 지어 당시 그의 부와 사치를 따를 자가 없을 정도였다고 한다. 다시 衛尉가 되었으며, 潘岳과 함께 賈謐의 '二十四友'의 한 사람에 속했고, 또 貴戚인 王愷 등과 더불어 사치를 다했다. 나중에 賈謐이 피살되자 그 또한 관직에서 쫓겨났다. 그에게 아름답고 재주가 뛰어난 綠珠라는 기생이 있었는데, 孫秀가 달라고 했으나 주지 않자 趙王 司馬倫에게 권하여 조서를 고쳐 그를 죽였으며, 綠珠 또한 누각에서 투신하여 죽었다고 한다. 시에 뛰어났는데, 특히 「王昭君辭」는 가장 유명하다. 문집 5권이 세상에 전한다.

「왕소군사(王昭君辭)」 1수

序 : 王明君者, 本爲王昭君, 以觸文帝諱,[364] 故改. 匈奴盛, 請婚於漢, 元帝詔以後宮良家女子, 明君配焉. 昔公主嫁烏孫,[365] 令琵琶馬上作樂, 以慰其道路之思, 其送明君亦必爾也. 其新造之曲, 多哀聲, 故敍之於紙云爾.

王明君은 본래 王昭君인데, 文帝의 휘자를 범한다 하여 고친 것이다. 흉노족이 극성하여 漢나라와 혼사를 요구하였는데, 元帝가 조책을 내려 후궁 중 양가의 여자인 明君을 그의 배필이 되게 하였다. 옛날 공주를 烏孫國에 시집보낼 때, 비파를 가지고 말 위에서 음악을 짓게 하여 그녀의 여로의 사념을 달래 주었었는데, 明君을 전송 할 때도 역시 꼭 그렇게 하였었다. 그때의 새로 지은 곡조는 대부분 애절한 소리를 띠고 있으므로, 그것을 종이에다 펼쳐 쓴다.

---

364) '文帝'(문제) : 晉 文帝 司馬昭.

365) '烏孫公主'(오손공주) : 漢 武帝 때 江都王의 딸 劉細君. 그녀의 작품 한 수가 제9권 서두(429)에 수록되어 있다.

83. 왕소군

「王昭君辭」[366)]

我本漢家子,[367)]	나는 본래 한나라 집안 여자인데
將適單于庭.[368)]	선우의 조정으로 시집가려 한다네
辭決未及終,[369)]	작별의 말 채 끝나지도 않았는데
前驅已抗旌.[370)]	앞장 선 수레 이미 깃발 높이 올렸네
僕御涕流離,[371)]	마부들도 하염없이 눈물 흘리고
轅馬爲悲鳴.[372)]	수레 맨 말도 슬퍼하며 우네
哀鬱傷五內,[373)]	애통하고 답답하여 오장을 에듯 하고
泣淚霑珠纓.[374)]	흐느끼며 흘리는 눈물은 진주 영락을 적시네
行行日已遠,	가고 가니 나날이 더욱 고향과 멀어져
乃造匈奴城.[375)]	이윽고 흉노의 성에 다다랐네
延我於穹廬,[376)]	나를 천막집에 끌어다 넣고

---

366) '辭'(사): 楚나라의 노래라는 의미인 楚辭와 같이, 노래의 歌辭란 의미이다. 相和歌辭 吟嘆曲에 속한다. 『古今樂錄』에 의하면, 石崇의 기녀 綠珠가 춤을 잘 추었는데, 그에게 「明君曲」을 가르침과 아울러 스스로 새로운 노래를 지었다고 한다.

367) 王昭君은 이름이 嬙이고, 자는 昭君이다. 元帝의 궁녀였는데, 竟寧 원년(B.C.33)에 匈奴와 화친하는 과정에서 呼韓邪(호한야) 單于(선우)가 漢나라 종실과 혼인관계를 맺고자 요구하여 그녀가 선택되었다. 흉노 땅으로 가 왕비인 閼氏(염지)가 되어 아들 하나를 낳았으며, 呼韓邪가 죽고 이복 아들이 單于에 즉위하자 그들 풍속대로 그의 왕비가 되었으며, 이후 다시 딸 둘을 낳고 살다가 죽었다고 전한다. '子'(자): 옛날 아들과 딸 모두를 가리키는 말이다.

368) '適'(적): 시집가다. '單于'(선우): 匈奴의 군주를 일컫는 말.

369) '辭決'(사결): 작별. 고별.

370) '前驅'(전구): 앞장 선 수레. '抗'(항): 들다. '旌'(정): 깃발.

371) '僕御'(복어): 마부. '涕'(체): 눈물. '流離'(류리): 줄줄 흐르다.

372) '轅'(원): 수레의 끌채.

373) '哀鬱'(애울): 슬프고 울적하다. '五內'(오내): 오장. 즉 간(肝)·허파[肺]·심장[心]·콩팥[腎]·지라[脾] 등을 가리킨다.

374) '珠纓'(주영): 진주를 꿰어 만든 瓔珞(영락: 목에 두르던 장식인데, 주로 冠에 달아 드리웠음).

375) '造'(조): 이르다.

加我閼氏名. 나에게 염지라는 이름을 붙여 주네
殊類非所安,377) 우리완 다른 족속이라 마음 편치 않으며
雖貴非所榮. 비록 귀한 신분일지라도 영화롭지가 않네
父子見淩辱,378) 아비와 자식이 욕을 보이니
對之慚且驚. 그들과 마주하노라면 부끄럽고도 놀라울 뿐
殺身良未易,379) 스스로 죽는 것도 실로 쉽지가 않으니
默默以苟生.380) 묵묵히 그럭저럭 살아가는 수밖에
苟生亦何聊?381) 구차한 삶 또한 어디에 의지하랴
積思常憤盈. 쌓인 그리움에 항상 울분이 가득하네
願假飛鴻翼,382) 원하건대 날아가는 큰기러기 날개 빌려서
棄之以遐征.383) 이 생활 내버리고 먼 곳으로 떠났으면 하네
飛鴻不我顧,384) 날아가는 저 기러기 나를 돌아보지도 않으니
佇立以屛營.385) 우두커니 서서 서성거리기만 하네
昔爲匣中玉,386) 예전엔 상자 속 구슬
今爲糞土英.387) 지금은 더러운 흙에 핀 꽃

376) '穹廬'(궁려) : 파오. 모포로 만든 유목민들의 천막집.
377) '殊類'(수류) : 다른 민족.
378) 이 구는 흉노의 풍속에 따라, 呼韓邪가 죽고 이어 즉위한 이복 아들이 王昭君을 처로 맞은 사실을 가리킨다.
379) '殺身'(살신) : 자살을 뜻한다.
380) '苟生'(구생) : 억지로 그럭저럭 살아가다.
381) '聊'(료) : 의지하다.
382) '假'(가) : 빌다. '鴻'(홍) : 큰기러기. 오리과에 속하며 몸길이는 76~89cm이다. 일반 기러기보다 짙은 갈색을 띠며 부리는 검은 색이나 끝 가까이에 등황색 띠가 있으며 다리는 오렌지색이다. 겨울에는 남쪽 온대지방까지 내려가 겨울을 난다.
383) '棄'(기) : 『文選』에는 '乘'자로 되어 있다. 『考異』에 따르면 큰기러기를 타다는 해석은 앞 구의 '假'자의 뜻과 중복되기 때문에 '棄'자로 보는 것이 옳다고 하였다. '之'(지) : 흉노에서의 삶을 가리킨다. '遐征'(하정) : 멀리 떠나다.
384) '不我顧'(불아고) : 부정문에서 대명사가 賓語로 올 때 동사와 도치된 경우.
385) '佇立'(저립) : 우두커니 서 있는 모양. '屛營'(병영) : 서성이는 모양.
386) '匣'(갑) : (작은) 상자.
387) '糞土'(분토) : 쇠똥 등이 섞인 더러운 흙. '英'(영) : 꽃. 이상 두 구는 漢나라 궁녀에서

朝華不足歡,	아침 꽃도 즐거워할 만한 처지가 아니니
甘爲秋草幷.388)	기꺼이 가을 풀과 함께 하리라
傳語後世人,	후세 사람들에게 말씀 전하노라
遠嫁難爲情.389)	멀리 가는 시집은 좋은 생각이라 하기 어렵다고

해설 이 작품은 王昭君의 비운을 1인칭시점에서 서술하였다. 王昭君은 본래 漢나라 元帝의 궁녀 중의 한 사람이었다. 『西京雜記』 등의 기록에 의하면 황제는 궁녀가 너무 많았기 때문에 화공들이 그린 초상화를 보고 매번 총애를 결정하였는데, 이에 궁녀들은 화공들에게 다투어 뇌물을 주고 그림을 예쁘게 그려 달라고 부탁하였다. 그러나 王昭君만은 그런 행동을 하지 않아 그림이 실재보다 오히려 추하게 그려졌다고 한다. 그로 인해 흉노왕의 왕비로 선택되어졌는데, 실재 그녀를 본 元帝는 선정이 잘못되었음을 알았으나 이미 국가 간의 약속이라 번복하지 못하고 대신 초상화 청탁사건을 조사케 하여 그에 가담했던 毛延壽 등 화공의 목을 베었다고 한다.

王昭君은 정략결혼에 의한 희생물이라고 볼 수 있다. 漢나라와 匈奴와의 화친정책에 그녀는 자신의 뜻과는 무관하게 국가라는 권력기관에 의해 마음에도 없는 결혼을 하게 된 것이었다. 이러한 그녀의 운명을 노래한 작품은 이 작품이 최초이며, 이후 그녀의 운명을 노래한 작품들이 여러 장르에 걸쳐 많이 탄생하게 되는데, 공통점은 한결같이 그녀의 비참한 운명에 초점이 맞춰져 있다는 점이다. 그러나 각도를 좀 달리해 만약 그녀가 흉노왕의 왕비가 되지 않았더라면 어떤 운명이었을지를

흉노의 왕비가 된 자신의 처지를 비유한 것이다.

388) '爲'(위) : 『文選』과 敦煌唐寫本에는 '與'자로 되어 있으며, 『考異』 또한 이를 따르고 있다. 이상 두 구는 자신은 시름으로 인해 보통 사람처럼 꽃을 보고 즐거워할 처지가 못 됨을 뜻한다.

389) '爲情'(위정) : 요란을 떨다. 감사하게 생각하다 등의 뜻이 있는데, 여기에서는 '좋은 감정으로 받아들이다'란 뜻으로 해석하였다.

생각해보자. 수천 명의 궁녀들 속에서 어쩌면 평생 이성의 생리도 깨닫지 못한 채 후궁에서 늙어갔을 수도 있었을 것이다. 그녀가 흉노의 파오 안에서 낯선 풍속에 적응 못하고 고향을 그리워하며 늙어갈 때, 같은 하늘 아래 漢나라 궁중에서는 또 다른 수많은 여성들이 임금 한 사람의 총애를 기다리며 수심 속에 늙어가고 있었던 것이다.

좌사(左思)

◇ 左思(250~303) : 자는 太沖이며 齊國 臨淄(지금의 山東省 臨淄縣) 사람이다. 일찍이 서예와 거문고 연주를 공부하였으나 완성을 보지는 못했다. 부친의 자극으로 학문에 전념하였으며, 음양의 술법에도 밝았다. 외모는 볼품이 없었으며 말도 어눌했으나 문장만큼은 힘이 있고 화려하였다. 그는 西晉의 대표적 시인으로 이른바 '三張二陸兩潘一左'란 이름에 들었으나, 교유는 좋아하지 않았으며 저작에 힘을 쏟았다. 그가 지은 『三都賦』는 10년이 걸려 완성된 것으로 洛陽의 종이 가격을 올릴 정도였다. 당시 陸機 역시 이 제목의 賦를 지으려고 하던 중 左思가 이미 짓고 있다는 소문을 듣고 비웃으며 술동이를 엎었는데, 나중에 그의 작품을 본 후 감탄을 금치 않으며 賦 짓기를 포기했다고 한다.

누이 左芬이 武帝의 貴嬪이 되자 누이를 따라 洛陽에 들어와 살았으며, 賈謐의 '二十四友' 중의 한 사람으로 그에게 『漢書』를 강의하기도 하였다. 賈謐이 피살되자 벼슬에서 물러나 오로지 저작에만 뜻을 두었으며, 齊王 司馬冏이 그를 불러 記室督에 임명코자 하였으나 병을 핑계로 사양하였다. 나중에 張方이 洛陽을 혼란에 빠트릴 때 冀州(지금의 河北)로 이사하였으며 얼마 후 병사하였다.

작품으로는 『三都賦』와 14수의 시가 있다. 『三都賦』는 「蜀都賦」·「吳都賦」·「魏都賦」를 말하는데, 그 체제는 班固의 『兩都賦』와 張衡의 『二京賦』를 모

방하였으나 사실적이라는 특징이 있어 사료로서 가치가 높다. 시는 「詠史詩」 8수가 대표적인데, 寒士 출신 작가로서 옛날 사람이나 사건을 빌어 당시 귀족들이 농단하던 정권의 불합리함을 드러내었다. 또한 어린 딸들의 모습을 생동감 있게 묘사한 이 작품 「嬌女詩」는 당시로선 나오기 힘든 작품이라고 할 수 있다. 이 시가집 덕분에 후대에 전해질 수 있게 된 작품이기도 하다.

「귀염둥이 딸(嬌女詩)」 1수

84. 귀염둥이 딸

「嬌女詩」[390)]

吾家有嬌女,	우리 집 귀염둥이 딸
皎皎頗白晳.[391)]	맑디맑은 피부가 백옥 같다네
小字爲紈素,[392)]	아명은 환소이며
口齒自淸歷.[393)]	입 안 가지런한 치아는 본래 또렷하기 그지없고
鬢髮覆廣額,[394)]	살쩍은 넓은 이마를 덮었으며
雙耳似連璧.[395)]	두 귀는 나란한 한 쌍의 벽옥 같다네
明朝弄梳臺,[396)]	이른 아침부터 화장대 앞에서 노는데

390) '嬌'(교): 사랑스럽다. 귀엽다. 아름답다. '嬌女'(교녀): 사랑스런 딸. 작가의 두 딸 左芳과 左媛을 가리킨다. 같은 제목의 작품이 『樂府詩集』(권47) 淸商曲辭 吳聲歌曲에도 1수 수록되어 있다.

391) '皎皎'(교교): 희고 깨끗한 모양. 밝게 빛나는 모양. 여기에서는 전자의 의미로 쓰였다. '頗'(파): 매우. '白晳'(백석): 얼굴과 피부가 희고 깨끗하다.

392) '小字'(소자): 아명.

393) '自'(자): 본래. '淸歷'(청력): 분명하고 가지런한 모양.

394) '鬢髮'(빈발): 살쩍. 관자놀이와 귀 사이에 난 털. '廣額'(광액): 넓은 이마. 당시 晉나라 때 여인들은 넓은 이마와 가는 눈썹을 선호했다고 한다.

395) '璧'(벽): 가운데가 비어 있는 고리모양의 옥.

396) '明朝'(명조): 이른 아침. '梳'(소): 빗. '梳臺'(소대): 화장대.

黛眉類掃跡,[397] 눈썹화장은 빗자루 지나간 듯하고
濃朱衍丹脣,[398] 진홍색 연지가 붉은 입술에 번져
黃吻瀾漫赤.[399] 노란 입가가 온통 새빨갛다네
嬌語若連瑣,[400] 사랑스런 말소리가 구슬을 꿴 듯 이어지다가도
忿速乃明懎.[401] 화가 나면 이내 붉으락 푸르락
握筆利彤管,[402] 붓을 쥐어도 붉은 대롱에 더 마음이 가 있으니
篆刻未期益.[403] 글씨 쓰기는 늘 것 같지 않으며
執書愛綈素,[404] 책을 읽을 때도 그 비단 재질을 더 좋아하고
誦習矜所獲.[405] 익힌 것 외우며 공부한 걸 뽐낸다네

其姊字惠芳,[406] 그의 언니 아명은 혜방인데
面目粲如畫.[407] 얼굴이 그린 듯 아름답다네
輕妝喜樓邊,[408] 옅은 화장할 때는 창가를 더 좋아하고
臨鏡忘紡績.[409] 거울 앞에 있으면서 실잣기를 잊는다네

---

397) '黛'(대): 눈썹먹. '類'(류): 비슷하다. '掃跡'(소적): 빗자루로 쓴 흔적.
398) '濃朱'(농주): 입술에 칠하는 붉은 연지. '衍'(연): 퍼지다. 번지다. 넘치다.
399) '黃吻'(황문): 새의 노란 부리와 같은 어린아이의 입술. '瀾漫'(란만): 어지럽게 흩어져 있는 모양.
400) '連瑣'(련쇄): 사슬처럼 이어진 것.
401) '忿速'(분속): 화내다. 성내다. '懎'(획): ① 분명하게 구분하다. ② 어둡다. ③ 어긋나다. 비딱하다 등의 뜻이 있는데, 여기에서는 '明'자와의 결합이란 점에서 ②의 뜻으로 보았다. '明懎'(명획): 화가 났을 때 하는 말의 억양이 높았다 낮았다하며 일정치 않은 상태.
402) '利'(리): 좋아하다. 집착하다. '彤管'(동관): 붉은 색 붓대. 옛날 궁중의 일을 기록하던 '女史'가 쓰던 붓이다.
403) '篆刻'(전각): 글씨 쓰는 것을 비유한 말. '期'(기): 기대하다. '益'(익): 나아지다.
404) '綈'(제): 두터운 비단. 이것으로 책갑(책을 보호하기 위한 책가위 또는 서질)을 만든다. '素'(소): 희고 고운 비단. 여기에다 글자를 쓴다.
405) '矜'(긍): 뽐내다. 자랑하다. '所獲'(소획): 독서를 통해 알게 된 지식.
406) '字'(자): 앞 절 셋째 구의 '小字'와 같은 의미로 쓰였다.
407) '粲'(찬): '粲'자의 당시 俗字. 곱다. 밝다. 아름답다. 어떤 책에는 '燦'자로 되어 있다.
408) '輕妝'(경장): 가벼운[옅은] 화장. '樓邊'(루변): 창가. 이 구는 아이가 거울을 보고 화장을 하기 위해 빛이 잘 들어오는 창가 쪽을 좋아한다는 뜻이다.

擧觶擬京兆,[410]　붓 들어 경조윤 부인의 눈썹 본뜨고
立的成復易.[411]　연지 곤지 화장할 땐 찍었다가 또 지우니
玩弄眉頰間,[412]　눈썹과 뺨 사이의 손놀림은
劇兼機杼役.[413]　베짜기 할 때보다 몇 배나 빠르다네
從容好趙舞,[414]　나긋나긋한 동작은 조나라 춤을 좋아하여
延袖像飛翮.[415]　소매 펼치며 나는 새 날개 흉내내고
上下弦柱際,[416]　아래위로 거문고 줄과 기러기발 조절할 땐
文史輒卷襞.[417]　문학책 역사책은 번번이 말아서 쌓아 둔다네
顧眄屛風畫,[418]　병풍 그림 대충 살피고는

---

409) '紡績'(방적): 방적. 짧은 섬유를 조작하여 적당한 굵기의 기다란 실을 만드는 일.

410) '觶'(치): 뿔잔. 의미가 통하지 않아 吳注에서는 '觚(木簡)'자의 잘못으로 여겼다. 그러나 『考異』에서는 그것 역시 눈썹을 그리는 것과 무관하다고 하며 미상으로 남겨 두고 있다. 일설에 의하면 木簡으로 붓을 만들기도 하기 때문에 '觚'자로 볼 수 있다고 하는데, 여기에서도 이 설을 따랐다. '京兆'(경조): 여기에서 西漢 宣帝 때 京兆尹 張敞이 처의 눈썹을 그린 고사를 가리킨다. 『漢書』「張敞傳」에 "또 아내를 위해 눈썹을 그려 주었는데, 장안 내에는 張京兆尹의 눈썹이 아름답다란 소문이 돌았으며, 담당자가 張敞의 일을 임금에게 아뢰었다. 임금이 그에게 물으니 대답하기를 '소신이 듣건대 안방 안은 부부지간의 사사로운 곳으로 눈썹 그리는 것보다 더한 일도 있다 합니다'라고 하였다. 임금은 그의 능력을 아껴 완벽하라고 꾸짖지는 않았으나 끝내 높은 자리에 오르지는 못했다(又爲婦畫眉, 長安中傳張京兆眉憮. 有司以奏敞. 上問之, 對曰, '臣聞閨房之內, 夫婦之私, 有過於畫眉者.' 上愛其能, 弗備責也. 然終不得大位)"란 기록이 있는데, 여기서는 단지 눈썹을 그린다는 뜻만 따왔다.

411) '的'(적): 여인들이 얼굴에 붉은 점을 찍던 곤지와 같은 화장. '立的'(립적): 곤지를 찍다.

412) '玩弄'(완롱): 장난감을 만지듯 한 손놀림. '頰'(협): 뺨. 볼.

413) '劇'(극): 빠르다. '兼'(겸): 두 배. 또는 두 배 이상. '杼'(저): 베틀의 북.

414) '從容'(종용): 한가롭고 나긋한 모양. '趙舞'(조무): 예부터 유명하였던 趙나라 여인들의 춤.

415) '翮'(핵): 새의 깃(촉).

416) '上下'(상하): 위아래로 줄을 고르는 행동. '弦柱'(현주): 거문고 등 현악기의 줄과 기러기발.

417) '輒'(첩): 매번. 번번이. '卷'(권): (두루마리로 된 책을) 말다. '襞'(벽): 옷의 주름. 또는 접다. 포개다.

418) '顧'(고): 주위를 둘러보다. '眄'(면): 곁눈으로 보다. '顧眄': 자세하게 보지 않음을 의미한다.

如見已指摘.[419] 뭔가 보인다는 듯 가리켜가며 비평하는데
丹青日塵闇,[420] 붉고 푸른 색은 오래 되어 먼지로 흐릿해져
明義爲隱賾.[421] 명확한 의미는 애매하여 알기가 어렵다네

馳騖翔園林,[422] 동산 숲 속을 말 달리듯 새 날듯 내달리며
菓下皆生摘.[423] 아래로 처진 과일은 익지 않았지만 죄다 따고
紅葩掇紫蔕,[424] 붉은 꽃은 보라색 꼭지 채 따며
萍實驟抵擲.[425] 종종 과일을 던지면서 논다네
貪華風雨中,[426] 비바람 속에서도 꽃을 너무 좋아해서
倏忽數百適.[427] 순식간에 수백 걸음 내달리며
務躡霜雪戲,[428] 서리와 눈 위를 열심히 다니며 노니
重綦常累積.[429] 겹겹 들메끈엔 항상 눈이 수북 묻어 있다네

---

419) '如見'(여견) : (실재로는 잘 보이지 않는데도) 마치 잘 보이는 것처럼. '已'(이) : 게다가. 또한. '指摘'(지적) : 손가락으로 가리키며 비평하다.

420) '闇'(암) : 흐릿하다. 어둡다. 이하 두 구는 병풍 속의 그림이 오랜 세월을 거치는 동안 먼지 등이 끼여 색채가 희미해져 그림의 분명한 의미를 알기 어렵다란 뜻이다.

421) '明義'(명의) : 분명한 의미. '賾'(색) : 깊다. 심오하다. '隱賾'(은색) : 모호하여 알기 어렵다.

422) '馳'(치) : 말이 빨리 달리는 것. '騖'(무) : 말이 달리는 것. '翔'(상) : 새가 날아오르는 것.

423) '菓'(과) : '果'자와 같다. 과일. '下'(하) : (과일이) 아래로 늘어뜨려져 있음을 뜻한다. '生摘'(생적) : 익지 않은 것을 따다.

424) '葩'(파) : 꽃. '掇'(철) : 줍다. 따다. '蔕'(체) : 꼭지 부분.

425) '萍實'(평실) : 옛 전적에 기록된 전설의 과일로, 후에 맛있는 과일을 가리키는 말로 쓰였다. 漢 劉向의 『說苑』 「辨物」에 의하면, 옛날 楚나라 昭王이 長江을 건널 때 국자만한 크기의 과일이 배에 부딪힌 후 안으로 들어왔는데, 昭王이 매우 이상히 여겨 사람을 보내 孔子에게 물었다. 孔子는 그것을 '萍實'이라는 과일이라고 하면서 오직 패자만이 얻을 수 있는 것이니 좋은 징조라고 하였다 한다. '驟'(취) : 자주. 빈번히. '抵擲'(저척) : 던지다.

426) '貪華'(탐화) : 꽃을 매우 좋아하다.

427) '倏忽'(숙홀) : 매우 빠른 모양. '適'(적) : 가다.

428) '躡'(섭) : 밟다.

429) '重'(중) : 겹겹이. 중첩되다. '綦'(기) : 들메끈. 신이 벗겨지지 않도록 하기 위해 신발에 묶는 끈.

幷心注肴饌,[430]	한 눈 팔지 않고 음식에만 열중하며
端坐理盤槅.[431]	단정히 앉아서 쟁반에 담긴 과일을 손질하고
翰墨戢閑案,[432]	필묵은 잘 사용하지 않는 책상에 보관해 둔 채
相與數離逖.[433]	둘 다 여러 날 동안 내팽개쳐 둔다네
動爲鑪鉦屈,[434]	걸핏하면 장사꾼의 딸랑이 소리에 이끌려서
屣履任之適.[435]	급히 신발 끌면서 따라 나가고
止爲荼菽據,[436]	집안에 있을 땐 씀바귀와 콩 삶으려고 땅에 손 짚고 웅크려
吹噓對鼎䥶.[437]	솥 아궁이에다 대고 훅훅 입김을 분다네
脂膩漫白袖,[438]	기름때 얼룩덜룩 흰 소매에 너절하고
烟熏染阿錫.[439]	연기 그을음이 고운 비단옷 삼베옷에 묻는데

430) '幷心'(병심) : 정신을 집중하다. '注'(주) : 관심을 가지다. '肴'(효) : 익힌 고기 요리. '饌'(찬) : 여러 가지 음식을 통틀어 일컫는 말.

431) '盤'(반) : 쟁반. '槅'(핵) : '核'자의 이체자. 과일.

432) '翰墨'(한묵) : 붓과 먹. 여기에서는 문구 전체를 뜻한다. '戢'(즙) : 거두어 간수해 두다. '閑案'(한안) : 거의 사용하지 않는 책상.

433) '相與'(상여) : 서로 함께. 두 자매를 가리킨다. '數'(수) : 여러 날. '離逖'(리적) : 멀리 떨어지다. 내팽개치다.

434) '動'(동) : 번번이. 걸핏하면. '鑪'(로) : 향로. '鉦'(정) : 옛날 악기의 하나. 청동으로 만들었으며 종과 비슷하지만 좁고 길며 손잡이가 있어 그것을 쳐 소리를 내어 행군 중의 걸음을 통제하였다고 한다. '鑪鉦'(로정) : 향로 모양의 쇠종. '屈'(굴) : 굴복되다. 이끌리다.

435) '屣履'(사리) : 신을 끌고 나가다. 매우 바쁜 모양을 나타낸다. '任之'(임지) : 그것을 따라서. 즉 장사꾼들이 마을로 들어와 딸랑이 소리를 내면 장사꾼이 떠나기 전에 나가 그것을 구경하려고 신발도 제대로 신지 않고 나간다는 뜻이다.

436) '止'(지) : 머물다. 살다. 쉬다. '爲'(위) : ……를 하기 위하여. '荼'(도) : 국화과의 여러해살이풀인 씀바귀. 산이나 들에 절로 나며, 줄기는 25~50㎝이며, 잎은 가늘고 길며 가장자리에 톱니가 있다. 초여름에 노란 꽃이 피며, 뿌리는 맛이 쓰나 봄에 나물로 먹는다. '菽'(숙) : 콩과에 속하는 식물 전체를 가리킨다. '據'(거) : '跨'자와 같다. 웅크리다. 쭈그리다. 『考異』에서는 『太平御覽』(권867)에 따라 '心爲茶荈劇(마음은 씀바귀와 차를, 몹시 갈망한다)'란 구로 고쳤다.

437) '吹噓'(취허) : 숨을 내뿜는 것. '䥶'(력) : '鬲'자와 같다. 발 사이가 넓은 솥. 또는 발이 굽은 솥.

438) '脂膩'(지니) : 기름때. '漫'(만) : 가득 묻어 있다.

439) '烟熏'(연훈) : 연기 또는 그을음. '染'(염) : 묻다. '阿'(아) : 결이 고운 명주. '錫'(석) :

衣被皆重地,[440] 입은 옷은 모두 두터운 천이라서
難與沉水碧.[441] 물에 넣어 빨아도 깨끗해지기 어렵다네
任其孺子意,[442] 저 아이들 마음대로 하게 내버려 두었으니
羞受長者責. 어른들의 꾸지람 듣는 것도 부끄럽게 여기고
瞥聞當與杖,[443] 문득 매를 맞아야 되겠다는 말을 들을 때면
掩淚俱向壁. 눈물 훔치면서 함께 벽을 향한다네

해설 이 작품은 어린 두 딸의 사랑스런 모습을 아버지의 시선으로 묘사한 시다. 작품의 묘사 대상, 즉 동생·언니·공통 등에 따라 크게 세 단락으로 나눌 수 있으며, 자구 해석상 난해한 시로 꼽힌다.

첫째 단락에서는 동생의 모습을 묘사하고 있다. 내용을 통해 볼 때 동생은 아직 철이 없는 천진난만한 어린아이임을 알 수 있다. 어머니의 화장대를 장난감 삼아 가지고 놀면서 화장을 해보는데 당연히 제대로 될 리가 없다. 재잘대는 말소리가 끝없이 이어지다가도 화가 나면 갑자기 토라지며, 글자를 쓰기 위해 붓을 잡지만 글자보다 붉은 붓대롱에 더 마음이 가 있고, 공부하기 위해 잡은 책 또한 그 내용보다 아름다운 비단 표지에 더 마음이 가 있는 어린아이인 것이다.

둘째 단락에서는 언니의 모습을 묘사하고 있다. 내용을 통해 볼 때 언니는 동생과 같은 어린아이지만 동생보다는 좀 나이가 들었음을 알 수 있다. 일을 배우기보다는 화장하기를 더 좋아하고, 공부보다는 춤추기와 거문고 연주를 더 좋아한다. 또 잘 보이지도 않는 빛바랜 병풍 속

결이 고운 삼베.

440) '衣被'(의피) : 입은 옷가지의 통칭. '重'(중) : 겹겹이. 겹치다. '地'(지) : 재질. 宋刻本에는 '池'자로, 또 다른 책에는 '施'자로 되어 있다.

441) '與'(여) : ……를 통해. ……로써. '沉水'(침수) : 물에 잠기게 하다. 물에 넣다. '碧'(벽) : 맑고 깨끗하다.

442) '任'(임) : 내버려두다. 방임하다. '孺子'(유자) : 아이.

443) '瞥'(별) : 문득. 우연히. '當'(당) : 마땅히. '與'(여) : 받다. '杖'(장) : 매. 회초리.

그림을 보고서는 이것은 무엇이고 저것은 무엇이고 하면서 이러쿵저러쿵 비평을 하는 모습 등은 분명 동생의 행동과는 차이가 있다.

마지막 단락에서는 두 딸의 공통적인 행동에 대해 묘사하고 있다. 사시사철 함께 어울려 집 안팎을 돌아다니며 장난하는 개구쟁이들의 모습을 눈에 선하도록 그리고 있다.

'重男輕女'사상이 철저히 지배하던 고대사회에서 이 시처럼 여아에 대한 사랑을 묘사한 작품의 출현은 거의 기적이 아닌가? 이 작품을 읽고 있노라면 마치 현대의 어느 자상한 아버지의 육아일기 한 편을 읽는 듯한 느낌을 받게 된다. 예나 지금이나 자녀를 그린 이러한 글은 깊은 관심과 사랑이 전제되지 않으면 불가능한 법이다. 특히 아버지란 위치와 역할은 어머니의 그것보다 자녀에 대한 사랑의 표현을 몇 갑절이나 더 어렵게 함은 말할 필요도 없을 것이다.

『옥대신영』 권3

卷3

육기(陸機)

◇陸機(261~303) : 자는 士衡이며 晉代 吳郡(지금의 江蘇省 吳縣 부근) 사람이다. 그는 東吳의 大士族 출신으로, 吳나라 승상 陸遜의 손자이자 大司馬 陸抗의 아들이다. 그는 체구가 장대하고 목소리가 커 어려서부터 출중하였으며, 문장 또한 뛰어났다. 부친이 죽은 뒤 14세 어린 나이로 동생 陸雲과 함께 부친의 군대를 나누어 맡아 牙門將軍이 되었다. 6년 뒤 吳나라가 멸망하자 고향으로 물러나 10년 동안 칩거하며 공부에 전념하였다.

晉 武帝 太康 말년(289)에 그는 동생 陸雲과 함께 洛陽으로 들어와 당시 太常이었던 張華를 만나니, 張華는 그들 형제에 대해 "吳나라 정벌로 두 준재를 얻었다(伐吳之役, 利獲二俊)"라는 칭찬과 함께 太傅 楊駿에게 祭酒로 추천하였다. 이후 太子洗馬·著作郎 등을 역임하였으며, 吳王 司馬晏이 淮南에 출정했을 때 郎中令에 임명되었고, 나중에 尙書中兵郎에 올랐다가 殿中郎으로 옮

겼다.

또한 당시 권신 賈謐이 누각을 열고 인재를 모았는데, 그 집단인 '二十四友' 중에 陸機 형제 또한 포함되었으며, "陸機 형제가 입성하자, 張華·張載·張協의 값이 떨어졌다(二陸入洛, 三張減價)"란 말이 생길 정도였다.

永康 원년(300)에 趙王 司馬倫이 권력을 잡자, 陸機는 相國參軍에 임명되었고, 다음에 趙王이 帝位 찬탈을 음모할 때는 中書郎에 임명되었다. 그러나 趙王이 패하자 그는 붙잡혀 죄를 추궁당하게 되었는데, 成都王 司馬穎과 吳王 司馬晏 등의 도움으로 죽음을 면하였다. 후에 成都王의 막하에 들어가 後將軍·河北大都督 등에 임명되었으나, 長沙王 司馬義와의 대전에서 부하의 배반으로 대패하였으며, 패전 후에는 모함으로 인해 피살되었다. 그는 죽을 때 탄식하면서 "華亭의 학 울음소리, 어찌 다시 들을 수 있으리(華亭鶴唳, 豈可復聞乎)?"라고 했다 한다.

陸機는 西晉 太康·元康 시기의 저명한 문학가로, 潘岳과 함께 '潘陸'으로 병칭되며, 또한 동생 陸雲과 함께 '二陸'으로도 병칭된다. 그의 저작으로는 『晉帝紀』 4권, 『洛陽記』 1권, 『要覽』 몇 권 등이 있었으나 모두 남아 있지 않다. 현재 宋나라 때의 輯本인 『陸士衡集』 10권이 있는데, 시·부·표 등 각종 문체의 작품이 들어 있다.

그의 시는 "재주가 높고 문사가 풍부하며, 일체 작품이 화려하다(才高詞贍, 擧體華美)"라는 평을 받을 정도로 형식적인 측면을 중시하는 太康 시기 문학을 대표한다. 그의 시는 대부분 악부와 고시를 모방한 작품들로, 대개의 경우 아름다운 사조와 수사 등 형식적인 측면에 비중을 두어 진실한 감정은 결여되어 있다. 그러나 그것은 초기 문인시가화의 공헌으로 충분히 긍정될 수 있는 부분이기도 하다.

고시를 본뜬 시(擬古)[1] 7수

85. '서북쪽에 높은 누각 있는데'를 본뜬 시 「擬西北有高樓」[2]

高樓一何峻,[3]	높다란 누각은 어찌 저렇게도 높은지
苕苕峻而安.[4]	아스라이 솟아 있지만 안정된 모습이네
綺窗出塵冥,[5]	화려한 창문은 아득히 허공 밖으로 나 있고
飛階躡雲端.[6]	나는 듯한 계단은 구름 끝을 밟고 있네
佳人撫琴瑟,	한 미인이 거문고와 비파를 다루는데
纖手清且閑.	섬섬옥수는 맑고도 여유롭네
芳草隨風結,	향긋한 풀은 바람 따라 향기를 맺으며
哀響馥若蘭.[7]	슬픈 음악 소리는 난초처럼 향기롭네
玉容誰能顧?	옥 같은 저 얼굴 그 누가 바라보랴
傾城在一彈.	성을 망침도 거문고 한 번 튕기는 그녀 손끝에 달려 있네
佇立望日昃,[8]	우두커니 서서 바라보는데 해는 기울어
躑躅再三歎.[9]	머뭇머뭇 하면서 다시 또 탄식하네

1) '擬古'(의고) : 古詩를 모방하다. 古詩란 魏晉 이전의 무명 문인들이 지은 시로, 『文選』 중의 '古詩 19首'와 이 책 제1권의 '古詩 8首' 등이 이에 해당한다. 陸機의 擬古詩는 『文選』에 모두 12수 수록되어 있는데, 여기에는 그 중 7수가 수록되어 있다.
2) 이 시는 제1권 枚乘의 '雜詩 9수' 중 제1수인 「西北有高樓」(15)를 본뜬 시다.
3) '一何'(일하) : 어찌 저렇게도. '峻'(준) : 산 따위가 높다.
4) '苕苕'(초초) : 높이 솟은 모양. '峻而安'(준이안) : 높지만 위태롭지 않고 안정된 상태임을 뜻한다.
5) '綺窗'(기창) : 그림을 아로새긴 창문. '塵冥'(진명) : 세상 밖. 즉 高遠함을 뜻한다.
6) '階'(계) : 『文選』에는 '陛(섬돌)'자로 되어 있다. '躡'(섭) : 밟다.
7) '馥'(복) : 향기롭다.
8) '佇立'(저립) : 우두커니 서 있는 것.
9) '躑躅'(척촉) : 머뭇거리며 나아가지 않는 모양.

不怨佇立久,	오래 우두커니 서 있는 이내 처지 원망하지 않으며
但願歌者歡.[10]	다만 노래하는 저 여인 즐겁기만 바란다네
思駕歸鴻羽,	큰기러기 날개 타고 돌아갔으면
比翼雙飛翰.	날개 나란히 하고 나르는 한 쌍의 새가 되어서

해설 이 작품은 '古詩 19首' 중의 제5수를 본뜬 시다. 작품 속의 여주인공의 용모와 음악 연주 등을 보고 듣는 제삼자 남성의 시점에서 지어진 시다. 아름다운 여인이 연주하는 슬픈 음악은 듣는 나그네로 하여금 그녀와 함께 하지 못함을 탄식케 만든다. 해는 지고 바라보는 것조차도 끝나가는 저녁 시각, 그래도 나그네는 자리를 뜨지 못한 채 오래 기다려도 좋으니 다만 그녀와 비익조처럼 함께 살고 싶다고 소망한다.

86. '동쪽 성벽은 어찌 저리도 높은지'를 본뜬 시

「擬東城一何高」[11]

西山何其峻,	서산은 어찌 저토록 높은지
層曲鬱崔嵬.[12]	층층이 구비진 봉우리 빽빽하게 솟아 있네
零露彌天墜,[13]	내리는 이슬방울 하늘 가득 떨어지고
蕙葉憑林衰.[14]	향초 잎은 숲의 변화를 따라 시드네

---

10) '歌者'(가자) : 작품의 주인공인 미인을 가리킨다. 이상 네 구 및 끝구까지의 의미는 높은 누각 안에서 거문고를 연주하는 미인을 지나가는 남자가 흠모하며 바라보다가 해가 저물자 어쩔 수 없이 함께 할 수 없음을 탄식하면서 생각으로나마 비익조가 되어 저 멀리 사랑의 보금자리로 함께 날아가고 싶다고 하는 것이다.

11) 이 작품은 제1권 枚乘의 雜詩 중 제2수인 「東城高且長」(16)을 본뜬 시다.

12) '層曲'(층곡) : 겹겹이 구불구불하다. '崔嵬'(최외) : 높고 가파른 모양.

13) '零露'(령로) : 떨어지는 이슬방울.

14) '蕙'(혜) : 향초의 일종. 蕙草. 또는 蕙蘭.

寒暑相因襲,	추위와 더위가 번갈아 찾아들며
時逝忽如遺.[15]	쉼 없이 흐르는 시간은 마치 잃어버린 듯 덧없네
三閭結飛轡,[16]	삼려대부는 나는 듯한 준마의 고삐를 부여잡고
大耋悲落暉.[17]	늙은이는 지는 해를 슬퍼하네
曷爲牽世務,	어찌해 세상사에 얽매여 안달하는가
中心悵有違.	가슴속은 뜻대로 안 되는 인생 때문에 비통해지네
京洛多妖麗,	서울 낙양에는 아리따운 여인 많은데
玉顔侔瓊蕤.[18]	옥 같이 고운 얼굴 옥꽃처럼 예쁘다네
閑夜撫鳴琴,	고요한 밤에 거문고 만지며 연주하는데
惠音淸且悲.[19]	조화로운 그 소리 맑고도 슬프네
長歌赴促節,[20]	느린 노래는 점차 빠른 리듬으로 변해가고
哀響逐高徽.[21]	애절한 소리는 높은 음 내는 줄을 따라서 울리네
一唱萬夫歎,	한 번 노래하니 수만 사내 탄식하고
再唱梁塵飛.[22]	다시 노래하니 대들보의 먼지가 날리네
思爲河曲鳥,[23]	바람은 구비진 강물의 새가 되어
雙遊豐水湄.[24]	짝을 이뤄 풍수 물가에서 함께 노는 것

15) ‘遺’(유) : 잃다. 빠트리다. 『文選』에는 ‘頹(무너지다)’자로 되어 있다.

16) ‘三閭’(삼려) : 전국시대 楚나라 三閭大夫를 역임했던 屈原을 가리킨다. ‘飛轡’(비비) : 나는 듯이 빨리 달리는 말의 고삐.

17) ‘耋’(질) : 80세. 또는 70세. ‘大耋’(대질) : 노인. 연로함. 이 구절은 『易』 「離」의 “세 번째 양효는 해가 막 이지러지는데, 만약 질장군을 치면서 노래하지 않으면, 노인의 탄식으로 이어지니, 흉하다(九三, 日昃之離, 不鼓缶而歌, 則大耋之嗟, 凶)”에서 왔다.

18) ‘侔’(모) : 같다. ‘瓊蕤’(경유) : 옥으로 꾸민 꽃.

19) ‘惠音’(혜음) : 조화로운 소리.

20) ‘長歌’(장가) : 느린 노래. ‘赴’(부) : 향해 나아가다. ‘促節’(촉절) : 높고 빠른 리듬.

21) ‘徽’(휘) : 거문고 등 현악기의 줄. ‘大徽’(대휘) : 높은 음을 내는 줄.

22) ‘梁塵飛’(량진비) : 노래소리가 대들보를 감돌며 진동을 일으켜 먼지가 일어난다는 뜻.

23) ‘河曲鳥’(하곡조) : 여기에서는 원앙을 가리킨다.

24) ‘豐水’(풍수) : 강 이름. 武陵郡의 ‘灃水’. ‘湄’(미) : 강가.

해설 이 작품은 '古詩 19首' 중의 제12수를 본뜬 시다. 세상을 살면서 겪는 번민과 걱정을 낙양의 미인과 노닐며 잊어보고자 함을 나타내었다. 남들처럼 부귀공명을 위해 열심히 살아보지만 성취는 적고 바쁘기만 할 뿐, 세월은 놓친 듯 흘러가버리니 초조함과 함께 인생무상을 느끼게 된다. 인생무상의 한탄 속에서 깨달은 것은 바로 가무에 능한 서울 미인들과 어울려 놀면 시름을 잊을 수 있으리라는 것, 그래서 간절히 소망하는 것이다. 하지만 그 또한 끝내 무상하기는 마찬가지이니 어쩌랴?

87. '난초와 두약이 따뜻한 봄에 나는데'를 본뜬 시

「擬蘭若生春陽」[25)]

嘉樹生朝陽,[26)] 아름다운 나무가 산 동쪽 비탈에서 자라는데
凝霜封其條.[27)] 맺힌 서리가 나뭇가지를 뒤덮고 있네.
執心守時信,[28)] 마음 다잡고 계절 변화의 믿음 지키면서
歲寒不敢彫.[29)] 추운 겨울에도 정녕 시들지 않네
美人何其曠,[30)] 아름다운 사람 어찌 저렇게도 떨어져 있는지
灼灼在雲霄.[31)] 눈부시게 하늘 같이 높은 자리에 계시네

---

25) 이 작품은 제1권 枚乘의 雜詩 중 제6수 「蘭若生春陽」(20)을 본뜬 시다.
26) '嘉樹'(가수): 아름다운 나무. 여기에서는 松柏을 가리킨다. '朝陽'(조양): 산의 동쪽 비탈. 또는 아침 햇빛. 『詩經』「大雅」「卷阿」에 "봉황이 운다네, 저기 높은 언덕에서. 오동나무 자란다네, 저기 산 동쪽 비탈에서(鳳凰鳴矣, 于彼高岡. 梧桐生矣, 于彼朝陽)"라고 했다.
27) '凝霜'(응상): 맺힌 서리. '封'(봉): 칠하다. 덮다.
28) '執心'(집심): 마음을 굳건히 하고 변하지 않는다. '時信'(시신): 겨울이 물러가고 봄이 온다는 시절의 추이에 대한 믿음을 의미한다.
29) '歲寒'(세한): 추운 계절인 겨울. '彫'(조): '凋'자와 같다. 시들다.
30) '曠'(광): 서로 멀리 떨어져 있다. 사이가 멀다.
31) '灼灼'(작작): 환하게 빛나는 모습을 형용하는 말. '雲霄'(운소): 하늘가. 높은 하늘.

隆想彌年時,[32] 간절한 님 생각은 일 년 내내 끝이 없고
長嘯入風飄.[33] 긴 한숨소리는 바람 따라 날리네
引領望天末, 목을 빼고 하늘 끝 바라보는 신세
譬彼向陽翹.[34] 저 해바라기와 같네

해설 이 작품은 『文選』에 '擬蘭若生朝陽'이란 제목으로 수록되어 있다. 하지만 원시는 '古詩 19首'에 포함되어 있지 않다. 작품의 시점은 벼슬자리를 찾아 나선 채 오래도록 집에 돌아오지 않는 남편을 기다리는 여인의 시점이다. 상황이 그녀에게 불리해져 다시 만나게 될 희망이 희박해진다고 하더라도 여인은 끝까지 절개를 지키며 낭군을 기다리겠다고 맹세한다. 엄동설한에도 푸름을 잃지 않는 송백처럼 남편의 사랑을 굳게 믿으면서, 해를 따라 도는 해바라기처럼 오로지 남편만을 바라보고 기다릴 뿐이다.

88. '까마득한 견우성'을 본뜬 시

「擬苕苕牽牛星」[35]

昭昭天漢暉,[36] 밝디밝게 빛나는 은하수
粲粲光天步.[37] 반짝반짝 빛을 내며 하늘을 흐르는데
牽牛西北回, 견우는 서북쪽으로 돌아나오고

여기에서는 은유적으로 높은 벼슬자리란 뜻으로 쓰였다.

32) '隆'(륭): 정도가 심한 것을 나타내는 말. '隆想'(륭상): 애타게 그리워하다. '彌'(미): 가득하다. '年時'(년시): 한 해.

33) '嘯'(소): 입술을 오므리고 내는 한숨. 또는 휘파람.

34) '翹'(교): 꽃. '向陽翹'(향양교): 해바라기.

35) 이 작품은 제1권 枚乘의 雜詩 중 제8수 「苕苕牽牛星」(22)을 본뜬 시다.

36) '天漢'(천한): '天河'와 같다. 은하수.

37) '步'(보): 가다. 흐르다.

織女東南顧.[38]	직녀는 동남쪽으로 고개를 돌린다
華容一何冶,[39]	꽃 같은 얼굴 어찌 저렇게도 고운가
揮手如振素.	손을 흔드니 마치 흰 비단을 날리는 듯
怨彼河無梁,[40]	원망스럽다 저 다리 없는 은하수여
悲此年歲暮.	슬프다 올해도 또 저물어가는구나
跂彼無良緣,[41]	발돋움해 봐도 좋은 연분 없으니
睆焉不得度.[42]	바라만 볼 뿐 건널 수가 없구나
引領望大川,	목을 빼고 멀리 넓은 강물만 바라보는데
雙涕如霑露.[43]	두 줄기 눈물이 이슬처럼 떨어진다

해설 이 작품은 '古詩 19首' 중의 제10수를 본뜬 시다. 사랑하는 남녀 두 사람의 원하지 않는 이별을 '견우직녀'의 전설을 통해 형상화하였다. 예나 지금이나 서정시의 가장 큰 주제는 사랑이다. 나아가 그 사랑의 장애로 인한 이별보다 더 큰 주제는 동서고금을 막론하고 없었다. 그것은 어쩌면 인류의 역사와 함께 시작되었을지도 모를 일이다. 이별 없는, 그리하여 슬픔 없는 사랑! 그것은 도달할 수 없는 인류의 영원한 염원일 뿐인가?

---

38) 牽牛織女는 은하수를 사이에 두고 서로 마주하고 있으므로 방향이 서로 정반대가 된다.
39) '冶'(야) : 요염하다. 아름답다.
40) '梁'(량) : 교량. 다리.
41) '跂'(기) : 발돋움하다.
42) '睆'(완) : 바라보다. '度'(도) : '渡'와 같다. 건너다.
43) '霑露'(점로) : 이슬방울.

89. '푸르디푸른 강가의 풀'을 본뜬 시 「擬靑靑河畔草」[44)]

靡靡江蘺草,[45)] 간들간들 궁궁이 풀이
熠燿生河側.[46)] 반짝반짝 강가에서 자라고
皎皎彼姝女, 희고 고운 저 미녀는
阿那當軒織.[47)] 우아하게 창가에서 베를 짜네
粲粲妖容姿,[48)] 찬란한 저 아리따운 자태
灼灼華美色.[49)] 눈부신 저 꽃 같은 용모
良人遊不歸,[50)] 낭군은 먼 길 떠나서 돌아오지 않으니
偏棲獨隻翼. 홀로 깃든 외로운 새의 신세
空房來悲風, 빈 방에 슬픈 바람 불어오니
中夜起歎息.. 한밤중에 일어나 탄식한다네

해설 이 작품은 '古詩 19首' 중의 제2수를 본뜬 시다. 남편은 집을 나간 뒤 돌아오지 않고, 집안에 있는 아내는 남편에 대한 그리움으로 수심에 젖어 있는 모습을 그리고 있다. 내용과 어휘에 있어 거의 원작을 그대로 모방한 작품이다.

---

44) 이 작품은 제1권 枚乘의 雜詩 중 제5수 「靑靑河畔草」(19)를 본뜬 시다.
45) '靡靡'(미미) : 가늘고 유약한 모양. '江蘺'(강리) : '江離'라고도 쓴다. 또한 '蘼蕪'라고도 한다. 궁궁이. 미나리과에 속하는 여러해살이풀로 냇가에서 자라며 향초의 일종이다.
46) '熠燿'(습요) : 밝게 빛나는 모양.
47) '阿那'(아나) : '婀娜'와 같다. 유순하고 아름다운 모양. 우아한 모양. '軒'(헌) : 창문.
48) '粲粲'(찬찬) : 색채가 선명한 모양.
49) '灼灼'(작작) : 빛나는 모양.
50) '良人'(량인) : 남편.

90. '뜰 안의 아름다운 나무'를 본뜬 시
「擬庭中有奇樹」[51]

歡友蘭時往,[52] 좋은 벗은 난초꽃 필 무렵 떠난 후
迢迢匿音徽.[53] 아득하게 소식 끊어버리네
虞淵引絶景,[54] 서쪽 함지는 지는 해를 끌어들이며
四節遊若飛. 사계절은 나는 듯이 흘러가네
芳草久已茂, 향기로운 풀은 오래 되어 이미 무성해졌건만
佳人竟不歸.[55] 아름다운 그 사람 끝내 돌아오지 않네
躑躅遵林渚,[56] 서성거리며 숲 속 연못가를 거니는데
惠風入我懷. 온화한 바람이 내 품으로 들어오네
感物戀所歡, 사물을 보니 좋은 사람 더욱 생각나건만
采此欲貽誰? 이 꽃 따서 그 누구에게 줄까

해설 이 작품은 '古詩 19首' 중의 제9수를 본뜬 시다. 사랑했던 님은 난초꽃 피는 봄날에 먼 곳으로 떠났으며, 그럭저럭 어느새 1년이란 시간이 흘러 다시금 꽃 피는 봄이 되었다. 그 사이 오지 않을 님을 마음속에서 애써 지우고 살았었는데, 봄이 되어 도처에 꽃 향기가 진동하니 잊고 지내던 사람인들 어찌 생각나지 않겠는가? 봄은 그와 같이 다 아물어가는 상처를 다시 건드린다.

---

51) 이 작품은 제1권 枚乘의 雜詩 중 제7수 「庭前有奇樹」(21)를 본뜬 시다.
52) '歡友'(환우) : 좋은 벗. '蘭時'(란시) : 난초 등의 꽃이 필 때인 봄.
53) '迢迢'(초초) : 『文選』에는 '苕苕'로 되어 있다. 아득히 먼 모양. '匿'(닉) : 숨기다. '音徽'(음휘) : '徽音'을 도치시켜 운을 맞춘 경우. '徽'는 아름답다라는 뜻으로 쓰여 전체적으로 소식을 의미한다.
54) '虞淵'(우연) : 전설상의 해가 지는 곳. 咸池. 여기에서는 황혼을 뜻한다. '絶景'(절경) : 떨어지는 해.
55) '佳人'(가인) : 일반적으로 '美人'과 같이 아름다운 여자를 뜻하지만, 시의 내용 전개상 주인공이 여자일 가능성이 높다고 볼 때 '佳人'은 남자를 가리킨다고 할 수 있다.
56) '躑躅'(척촉) : 배회하는 모양. '遵'(준) : ……을 따라가다. '林渚'(림저) : 숲 속의 연못.

91. '강을 건너며 연꽃을 따는데'를 본뜬 시 「擬涉江采芙蓉」[57)]

上山采瓊蘂,[58)] 아름다운 꽃을 따러 산에 오르니
穹谷饒芳蘭.[59)] 깊은 골짜기에 향기로운 난초 넘치네
采采不盈掬,[60)] 따고 따도 한 움큼을 못 채우고
悠悠懷所歡. 사랑하는 그 사람 생각만 하염없네
故鄕一何曠, 고향은 어찌 그리 멀리 있는지
山川阻且難. 산천이 험난하게 가로막고 있네
沉思鍾萬里,[61)] 마음은 오로지 만 리 밖 고향 생각뿐
躑躅獨吟歎.[62)] 서성대면서 홀로 탄식하네

해설 이 작품은 '古詩 19首' 중의 제6수를 본뜬 시다. 원시와 마찬가지로 멀리 집을 떠나 있는 남편이 고향의 아내에 대한 그리움을 묘사하였다. 비록 그리운 대상이 아내라고 명확하게 나타나 있지는 않지만 길 떠난 남자가 고향을 생각할진대 그 중심엔 당연히 아내가 있으리라. 당시의 작품들 대부분이 그렇듯 이 시에서도 역시 이별의 구체적인 원인은 알 수가 없다. 정녕 그 무엇이 사랑하는 사람들을 이처럼 갈라놓았었던가?

---

57) 이 작품은 제1권 枚乘의 雜詩 중 제4수 「涉江采芙蓉」(18)을 본뜬 시다.
58) '瓊蘂'(경예): 옥으로 아로새긴 것 같은 아름다운 꽃.
59) '穹'(궁): 깊다. '饒'(요): 많다.
60) '掬'(국): 한 움큼.
61) '鍾'(종): 집중하다. 모우다. 기울이다. 쏟다.
62) '吟歎'(음탄): 탄식하다.

92. 고언선을 대신해 그의 아내에게 주는 시 1

「爲顧彦先贈婦」 其一[63]

辭家遠行遊,	고향 떠나 멀리 떠도는 나그네 신세
悠悠三千里.	아득히 먼 천 리 길
京洛多風塵,	서울이라 낙양에는 풍진도 많아
素衣化爲緇.[64]	흰 옷이 변하여 새카맣게 된다네
修身悼憂苦,[65]	자신을 다잡지만 근심과 괴로움으로 슬퍼지고
感念同懷子.[66]	한 마음 같은 당신이 그립기만 하다네
隆思亂心曲,[67]	잡다한 생각에 마음은 어지럽지만
沉歡滞不起.[68]	물 속 깊이 가라앉은 사랑은 일으킬 수 없네
歡沉難克興,[69]	사랑은 깊이 가라앉아 일으키기 어려우니
心亂誰爲理.	어지러운 이 마음 누굴 위해 다잡으랴
願假歸鴻翼,	소원은 돌아가는 큰기러기 날개 타고 집에 가서
翻飛浙江汜.[70]	훨훨 절강 주위를 나는 것

63) 두 수 모두 『文選』에도 수록되어 있다. '顧彦先(고언선)' : ?~312. 이름이 榮이고 자가 彦先이며, 吳나라 사람이다. 젊었을 때 吳나라에서 黃門侍郎·太子輔義都尉 등을 역임했으며, 吳나라가 망한 뒤 陸機 형제와 함께 洛陽으로 왔는데 당시 그들은 '三俊'이라고 불리었으며, 관직을 두루 역임했다.

64) '緇'(치) : 검은 색. 또는 검은 물이 들다.

65) '修'(수) : 어떤 책에는 '循'자로 되어 있는데, 이 경우 전체 구절은 '자신을 위로하며 근심과 고통을 슬퍼한다'란 뜻이 된다.

66) '感念'(감념) : 매우 생각나다. '同懷'(동회) : 마음이 딱 맞다. '子'(자) : 고향에 있는 아내를 가리킨다.

67) '隆思'(륭사) : 번잡한 심사. '心曲'(심곡) : 마음 깊은 곳.

68) '沉歡'(침환) : 깊이 침체된 사랑. '滞'(체) : 막히다. 쌓이다. 엉기다.

69) '歡沉'(환침) : '沉歡'과 의미가 같다. '克'(극) : 할 수 있다.

70) '翻飛'(번비) : 날다. '浙江'(절강) : 지금의 浙江省 杭州의 錢塘江. '汜'(사) : 물가.

해설 이 작품은 작가가 지인이자 함께 吳나라에서 낙양에 와 벼슬하던 顧彦先을 대신해 그의 아내에게 쓴 시다. 고향을 떠나 새로운 나라의 서울에 와서 벼슬하지만 평탄치만은 않았던 듯, 그럴수록 고향과 고향에 두고 온 아내 생각이 간절해진다. 이러한 심정은 작가 陸機도 마찬가지였으리라. 그랬다고 본다면 사실 이 작품은 친구를 핑계로 자신의 심사를 풀어낸 시라고 할 수 있을 것이다.

93. 고언선을 대신해 그의 아내에게 주는 시 2

「爲顧彦先贈婦」其二

東南有思婦, 동남쪽에 근심어린 한 여인 있는데
長歎充幽闥.[71] 긴 탄식 깊숙한 규방에 가득하네
借問歎何爲, 묻노라 왜 탄식하는가
佳人眇天末. 아름다운 님 까마득히 하늘 끝에 계신다네
遊宦久不歸, 객지의 벼슬살이로 오래도록 돌아오지 못하는데
山川修且濶.[72] 산과 강으로 막힌 길 길고도 멀다네
形影參商乖,[73] 몸과 그림자 삼성과 상성처럼 떨어져 있으니
音息曠不達.[74] 소식조차 너무 멀어 전할 수 없다네
離合非有常, 이별과 만남에는 정해진 법칙 없으니
譬彼弦與筈.[75] 저 활시위와 오늬 같다네

71) '幽闥'(유달): 집안 깊숙한 데 위치한 규방.
72) '修'(수): (길이) 길다. '濶'(활): '闊'자와 같다. 멀다.
73) '參商'(삼상): 서로 다른 시간에 출몰하여, 동시에 하늘에 뜨지 않는 두 별자리. 제1권 徐幹의 「室思」 6수 중 제5수(41)의 주석 '參辰'을 참조할 것. 이 구는 '결코 떨어질 수 없는 몸과 그림자 같은 부부 사이가 參星과 辰星처럼 멀어졌음'을 뜻한다.
74) '音息'(음식): 서신 등의 소식. '曠'(광): 서로간의 거리가 매우 멀다.
75) '弦與筈'(현여괄): 활시위와 오늬(시위에 메기는 화살머리 부분). 즉 일단 시위를 떠난 화살은 다시 돌아오지 않는다는 의미로 쓰였다. 이상 두 구는 이들 부부의 이별은

願保金石志,[76]　　소원은 금석 같이 굳은 지조 지키시어
慰妾長飢渴.[77]　　저의 주리고 목마른 그리움을 위로해 주시는 것

해설 이 작품은 앞 시의 답시 성격을 띤 시로, 고향에 남아 있는 아내의 그리움을 서술하였다. 첫 구의 동남쪽은 낙양에서 볼 때 顧彦先의 고향인 浙江, 즉 吳나라 땅을 두고 말한 것이다. 앞 작품이 남편의 입장에서 지어진 시라면 이 작품은 아내의 입장에서 지어진 것이다. 남편 없는 집, 집안 깊숙이 위치한 적막한 규방에는 간간이 한숨 소리만 새어나온다. 응당 몸과 그림자 같이 붙어 다녀야 할 남편은 시위를 떠난 화살처럼 돌아올 줄 몰라 안타깝다. 그런 절망감 속에서도 남편이 딴 마음만 먹지 않는다면 살아 있는 한 언젠가는 다시 만날 수 있으리란 희망도 가져본다.

94. 주씨 부인을 대신해 그 남편 거기장군에게 주는 시 「爲周夫人贈車騎」[78]

碎碎織細練,[79]　　보잘것없는 가는 명주를 짜 누여서
爲君作褠襦.[80]　　당신 위해 홑겹저고리 짧은저고리 짓습니다

'會者定離'니 '去者必返'이니 하는 이합의 이치도 적용되지 않고 한 번 활시위를 떠나면 다시는 돌아오지 않는 활과 화살의 관계에 비유된다는 뜻이다.

76) '志'(지) : 어떤 책에는 '軀'자로 되어 있다.

77) 이상 두 구는 비록 지금 만날 수 없다고 하더라도 남편이 딴 마음 먹지 않고 자기만을 생각하는 지조를 지킨다면 자신의 굶주린 듯 목마른 듯한 그리움도 어느 정도 위로를 받을 수 있을 것이란 뜻이다.

78) 어떤 책에는 '爲'자가 없다. '周夫人'(주부인) : 당시 車騎將軍이었던 周모씨의 부인. '車騎'(거기) : 장군에 대한 호칭으로, 주로 공신이나 총신에게 주어졌는데, 漢나라 文帝 때부터 실시되었으며 唐나라 때 폐지되었다. 이 작품은『文選』에는 수록되어 있지 않다.

79) '碎碎'(쇄쇄) : 가늘다. 자질구레하다. 소량. '練'(련) : 표백을 거친 흰 명주.

80) '褠'(구) : 소매가 좁고 무(양쪽 겨드랑이 밑에서부터 아래 끝까지 댄 딴 폭)가 없는

君行豈有顧,[81]	당신은 떠나셨으니 어찌 저를 돌아보겠습니까마는
憶君是妾夫.	기억 속의 당신은 바로 저의 남편이지요
昔者得君書,	예전에 당신 편지 받았을 때는
聞君在高平.[82]	당신이 고평 땅에 계시다고 했는데
今時得君書,	지금 당신 편지 받아보니
聞君在京城.	서울에 계신다고 하는군요
京城華麗所,	서울은 화려한 곳
璀璨多異端.[83]	찬란한 찬옥 같은 기이한 물건도 많지요
男兒多遠志,	사내대장부에겐 원대한 뜻 많으니
豈知妾念君.	어찌 제가 당신 그리워하는 것을 아시겠습니까
昔者與君別,	예전에 당신과 헤어진 뒤
歲聿薄將暮.[84]	한 해가 또 저물어 가는군요
日月一何速,	세월은 어찌 그렇게도 빠른지요
素秋墜湛露.[85]	가을이 되어 흥건히 이슬이 내립니다
湛露何冉冉,[86]	흥건한 이슬은 어찌 저렇게 천지에 가득한지요
思君隨歲晩.	당신 생각하며 저문 해를 맞습니다
對食不能飧,[87]	밥을 앞에 두고도 먹을 수 없고

홑옷인 홑소창옷. '襦'(유): 길이가 짧은 (속)옷.

81) '顧'(고): 어떤 책에는 '故'자로 되어 있다.

82) '高平'(고평): 지명. 西晉 때 두 곳이 있었는데, 즉 지금의 山東省 濟寧市 남쪽과 湖南省 邵陽市 북쪽이 그곳이다. 당시 중국의 세력범위로 볼 때 山東省의 高平을 가리키는 듯하다.

83) '璀璨'(최찬): 옥의 빛이 찬란한 모양. '端'(단): 종류. 부류. '異端'(이단): 기이한 종류의 물건.

84) '聿'(률): 뜻 없는 어조사. 이 구는 『詩經』「唐風」「蟋蟀」 중의 "귀뚜라미가 안채에서 우니, 한 해가 저물어 가는구나(蟋蟀在堂, 歲聿其莫)"에서 왔다. '歲聿云暮'라고도 한다.

85) '素秋'(소추): 가을. 五行說에 있어서 봄은 청색, 여름은 적색, 가을은 백색, 겨울은 흑색에 속하기 때문이다. '湛'(잠): 두텁다. 진하다. '湛露'(잠로): 흠뻑 내린 이슬.

86) '冉冉'(염염): 가늘게 아래로 처진 모양. 또는 가득 뒤엉킨 모양.

87) '飧'(손): 먹다.

臨觴不能飯.　　　술잔 앞에 있어도 마실 수가 없습니다

해설 이 작품은 벼슬살이 떠난 남편을 기다리는 아내의 그리움을 묘사한 시다. 시골 고향에 남아 있는 아내는 언제 돌아올지도 모를 남편을 위해 보잘것없는 옷을 짓는다. 벼슬을 위해 떠나 자신을 생각지도 않을 것 같은 그 사람이 결국 자신의 남편이란 사실을 혼자 재삼 확인한다. 전에는 지방관이었으나 지금은 서울에서 벼슬한다고 하니 갈수록 자신의 처지와 대조가 되어 버림받을 게 걱정되고 또 슬퍼진다. 이럭저럭 기다림의 세월은 쌓여만 가는데, 그리움이 사무쳐 이젠 식사조차 제대로 할 수 없다. 그러나 어쩌랴? 돌아오겠다는 약속도 없는 남편을 그리다 그리다 늙어가는 수밖에는.

악부(樂府) 3수[88]

95. 사랑노래

「豔歌行」[89]

扶桑升朝暉,[90]　　　부상에서 아침 해 솟아올라

88) 『文選』에는 이 세 수를 포함하여 陸機의 樂府 작품이 모두 17수 수록되어 있다. 그가 이전의 악부제명에 대해 거의 모든 작품을 의작했다는 사실을 통해, 그의 樂府舊題의 모방과 그를 통한 악부의 문인시가화에 쏟은 열정을 감지할 수가 있다.

89) 『文選』에는 「日出東南隅行」이란 제목으로 되어 있으며, 제1권의 古樂府詩 6수 중 제1수의 제목이 「日出東南隅行」(9)이며, 제4수(12)가 이 작품과 같은데, 내용으로 보아 전자에 대한 모방이다.

90) '扶桑'(부상) : 神木의 이름. 전설에 의하면 해가 그 아래에서 나온다고 하여 해가 뜨는 곳을 뜻한다. 『淮南子』「天文」에 "해가 양곡에서 나와 함지에서 목욕을 한 뒤 부상에서 몸을 닦는데, 이때를 새벽이라 한다(日出於暘谷, 浴於咸池, 拂於扶桑, 是謂晨明)"고 했다. '朝暉'(조휘) : 아침 해.

照此高臺端.[91] 저 높은 누대 위를 비추는데
高臺多妖麗, 높은 누대에는 아리따운 여인 많으며
洞房出淸顔.[92] 깊은 규방에선 수려한 미인이 나오네
淑貌曜皎日,[93] 아름다운 모습은 밝은 해에 빛나고
惠心淸且閑.[94] 착한 마음씨는 맑고도 여유롭네
美目揚玉澤, 예쁜 눈동자 옥빛처럼 반짝이고
蛾眉象翠翰.[95] 아미 눈썹은 물총새 깃을 닮았네
鮮膚一何潤, 고운 살결은 어찌 저리도 매끄러운지
彩色若可餐.[96] 아름다운 빛깔은 먹음직스럽기까지 하네
窈窕多容儀,[97] 아리땁기 그지없는 용모와 거동에다
婉媚巧笑言.[98] 온순하고 상냥하며 웃음과 말씨 요염하네
暮春春服成,[99] 늦봄이라 봄옷 다 지어져
粲粲綺與紈.[100] 눈부시게 고운 비단옷을 입었네
金雀垂藻翹,[101] 황금 공작 비녀는 아름다운 꼬리를 드리웠고
瓊珮結瑤璠.[102] 패물로는 갖가지 아름다운 옥을 매었네
方駕揚淸塵,[103] 나란히 가는 수레 맑은 먼지 일으키고

91) '端'(단) : 끝. 위.
92) '洞房'(동방) : 집안 깊숙한 곳에 위치한 규방. '淸顔'(청안) : 빼어난 미모. 또는 미인.
93) '淑貌'(숙모) : 아름다운 용모.
94) '惠心'(혜심) : 착한 마음씨.
95) '蛾眉'(아미) : 나방의 촉수처럼 가늘면서 길게 굽은 미인의 눈썹. '翠'(취) : 물총새. 몸길이 17cm 가량으로 부리가 길며 등은 광택 있는 청색과 녹색이고 목은 흰색, 배는 밤색이다. 물가에 살며 총알처럼 날쌔게 물 속으로 들어가 먹이를 잡아먹는데, 우리나라에서는 흔한 여름새이다.
96) '彩色'(채색) : 어떤 책에는 '秀色'으로 되어 있다. '可餐'(가찬) : 먹음직스럽다.
97) '窈窕'(요조) : 아름다운 모양. '容儀'(용의) : 용모와 행동거지.
98) '婉媚'(완미) : 온순하고 상냥하다. '巧'(교) : 요염하다.
99) 『論語』「先進」편에 "늦봄에 봄옷 다 지어지면(莫春者, 春服旣成)"이라고 했다.
100) '綺'(기) : 무늬가 있는 고운 비단. '紈'(환) : 무늬가 없는 희고 가는 비단.
101) '金雀'(금작) : 여인들의 머리 장식의 하나인 비녀의 이름. '藻翹'(조교) : 아름다운 무늬 아로새긴 새의 꼬리 모양의 首飾.
102) '瓊珮'(경패) : 옥으로 만든 佩物. '瑤璠'(요번) : 둘 다 아름다운 옥의 일종.

濯足洛水瀾.[104]	미인들은 낙수의 물살에 발을 씻네
藹藹風雲會,[105]	뭉게뭉게 바람에 이는 구름처럼 모여드니
佳人一何繁.	미인은 어찌 이렇게도 많은지
南崖充羅幕,[106]	남쪽 강둑에는 비단 장막 속에 가득하고
北渚盈軿軒.[107]	북쪽 강가에도 차양 수레 안에 넘쳐나네
淸川含藻景,	맑은 냇물은 아름다운 경치 머금었고
高岸被華丹.	높은 언덕은 빨간 꽃으로 뒤덮였네
馥馥芳袖揮,[108]	코를 찌르는 향기로운 소매를 휘날리며
泠泠纖指彈.[109]	뚱기둥뚱기둥 가녀린 손가락이 거문고를 타네
悲歌吐淸音,	슬픈 노래는 맑은 소리 토해내고
雅舞播幽蘭.[110]	우아한 춤은 유란곡을 흩날리네
丹脣含九秋,[111]	붉은 입술은 구추곡을 머금었고
姸迹凌七盤.[112]	아리따운 자태는 칠반춤을 능가하네
赴曲迅驚鴻,[113]	곡조 따라 추는 춤은 놀란 기러기처럼 날래고
蹈節如集鸞.[114]	박자 따라 내딛는 발길 모여드는 난새 같네

103) '方駕'(방가) : 두 대의 수레가 나란히 가는 것.

104) '洛水'(락수) : 黃河의 지류의 하나. 宓羲氏의 딸 宓妃가 빠져 죽은 곳이기도 하다. '瀾'(란) : 물결. 물살.

105) '藹藹'(애애) : 번성한 모양.

106) '崖'(애) : 물가의 언덕.

107) '渚'(저) : 물가. '軿軒'(병헌) : 옛날 귀족(여인)들이 타던 위에 차양이 달린 수레.

108) '馥馥'(복복) : 향기가 진한 모양. 이하 끝까지는 봄나들이에 온 미희들의 가무의 아름다움을 형용하였다.

109) '泠泠'(령령) : 악기를 연주할 때 나는 소리를 나타내는 의성어.

110) '幽蘭'(유란) : 옛날 악곡 이름. 宋玉의 「諷賦」에 "제가 거문고를 끌어당겨 연주하면서 「幽蘭曲」·「白雪曲」을 지었습니다(臣援琴而鼓之, 爲幽蘭白雪之曲)"라고 했다.

111) '九秋'(구추) : 옛날 악곡 이름. 張衡의 「南都賦」에 "가슴에 맺힌 「九秋曲」은 상심을 쌓고, 원망스런 「西荊曲」은 자리를 맴돌며 춤추네(結九秋之增傷, 怨西荊之折盤)"라고 했다.

112) '姸迹'(연적) : 아름다운 춤의 자태. '凌'(릉) : 능가하다. 뛰어나다. '七盤'(칠반) : 楚나라 춤의 이름.

113) '赴曲'(부곡) : 곡조에 맞추다. '迅'(신) : 신속하다. 빠르다.

綺態隨顏變,	아름다운 춤동작 안색 따라 바뀌며
澄姿無定源.	맑은 춤의 자태는 정해진 틀이 없네
俯仰紛阿那,[115]	숙였다가 쳐드는 몸은 그지없이 나긋나긋
顧步咸可歡.	눈길 보내며 걷는 걸음 모두가 좋아하네
遺芳結飛飇,	남은 향기는 회오리바람에 엉겨서 날리고
浮景映清湍.[116]	물에 뜬 그림자는 맑은 여울에 어른대네
冶容不足詠,	아리따운 그 모습 다 형용할 수도 없는데
春游良可歎.	봄나들이는 정말로 찬탄할 정도라네

해설 이 작품은 원작에서의 여주인공의 미모를 묘사하는 앞부분에 대한 모방이다. 원작과는 여러 가지로 비교가 되는데, 원작이 유혹을 물리치는 여성의 미덕을 찬미하는데 치중함에 반해 이 작품은 오히려 아름다운 외모와 뛰어난 가무에 대한 찬미에 초점이 맞춰져 있다. 아울러 원작의 묘사 대상이 한 사람이라면 이 작품은 구체적이지 않은 많은 미인들인 것도 차이다. 미인들의 봄나들이 정경을 묘사하고 있는데, 미인의 신분은 짐작컨대 귀족들의 봄나들이에 흥을 돋우기 위해 동원된 기녀들이 아닐까 싶다. 陸機는 비록 이 작품에서와 같이 시의 내용적 측면에서는 큰 기여를 하지 못하였지만, 다양한 어휘와 표현 수법의 개발을 통해 시의 외형적 측면에는 나름대로 기여를 했다고 할 수 있다.

---

114) '蹈節'(도절) : 박자를 맞추다.

115) '紛'(분) : 많다. 무성하다. 정도가 심함을 나타낸다. '阿那'(아나) : '婀娜'와 같다. 몸매가 나긋나긋함을 형용하는 말.

116) '清湍'(청단) : 맑은 여울.

96. 전완성가

「前緩聲歌」[117)]

遊仙聚靈族,	유람하는 신선들 신령한 족속을 모아
高會曾城阿.[118)]	곤륜산 층성 모퉁이에서 성대한 연회를 연다네
長風萬里擧,[119)]	긴 바람 만 리에서 불어오고
慶雲鬱嵯峨.[120)]	상서로운 구름 높은 산처럼 빽빽하네
宓妃興洛浦,[121)]	복비는 낙수 가에서 일어나고
王韓起泰華.[122)]	왕자진과 한중은 태화산에서 일어나네
北徵瑤臺女,[123)]	북쪽으론 옥 누각에 사는 선녀를 불러들이고
南要湘川娥.[124)]	남쪽으론 상수의 여인을 초대하네

---

117) '緩聲'(완성) : 완만한 노랫소리. 이 작품은 漢나라 雜曲歌辭에 속한다. 『樂府詩集』 권65의 古辭 「前緩聲歌」의 해제에 의하면, 이 노래는 신선들이 노는 것을 사모하여 자신의 수명도 길었으면 하는 바람을 노래에 의탁한 것이라고 했다. 그리고 謝惠連에게도 「後緩聲歌」가 있는데, 내용은 높은 벼슬에 있을 때 아첨으로 인해 해를 입는 것을 경계한 것으로 이 노래와는 다르다고 했다. 아울러 '緩聲'은 노래를 두고 말한 것이지 수명을 말한 것은 아니라고 했다.

118) '高會'(고회) : 성대한 연회. '曾城'(층성) : 고대신화에서 말하는 崑崙山 꼭대기의 높은 성. '阿'(아) : 모퉁이.

119) '擧'(거) : 일어나서 날다.

120) '慶雲'(경운) : 상스러운 구름. 『漢書』 「天文志」에 "연기 같으면서도 연기는 아니며, 구름 같으면서도 구름이 아니며, 무성하고 어지러우며, 흩어져 날리며 구불구불하니, 이것을 '慶雲'이라고 한다(若烟非烟, 若雲非雲, 郁郁紛紛, 蕭索輪囷, 是謂慶雲)"라고 했다. '嵯峨'(차아) : 산세가 높고 험준한 모양.

121) '宓妃'(복비) : 본래 伏羲氏의 딸로 洛水에 빠져 죽어 洛水의 신이 되었다. '浦'(포) : 물가.

122) '王韓'(왕한) : 두 신선 王子晉과 韓衆. 『列仙傳』에 따르면 王子喬는 周나라 靈王의 태자인 晉을 가리키는데, 도사 浮丘公이 그를 데리고 嵩山에 올라갔기 때문에 후인들이 王子晉이 신선이 되어 떠났다라고 한다. 韓衆은 韓終이라고도 하는데, 齊나라 사람 韓終이 왕을 위해 약초를 캤는데 왕이 먹지 않자 자기가 먹고 마침내 신선이 되었다고 한다. '泰華'(태화) : 지금의 華山을 가리키며 陝西省 渭南縣 동남쪽에 있다. 華山 서쪽에 少華山이 있기 때문에 華山을 泰華山이라고 한다.

123) '徵'(징) : 부르다. 소집하다. '瑤臺'(요대) : 옥으로 쌓은 누대. 여기에서는 전설상의 신선이 사는 거처.

肅肅霄駕動,[125]　휘이휘이 구름을 몰고 이동하며
翩翩翠蓋羅.[126]　펄럭펄럭 비취깃 장식 차양의 수레 늘어서네
羽旗棲瑣鸞,[127]　깃털 장식 깃발엔 작은 난새 방울 달았으며
玉衡吐鳴和.[128]　옥 장식 수레 횡목은 짤랑대는 방울소리 토해내네
太容揮高絃,[129]　악사 태용은 손 휘저으며 팽팽한 거문고 줄을 타며
洪崖發淸歌.[130]　홍애는 맑은 노래를 부르네
獻酬旣已周,[131]　이윽고 한 순배 술잔이 돌아간 후
輕軒垂紫霞.[132]　가벼운 수레 보랏빛 노을 드리우네
總轡扶桑枝,[133]　말고삐는 부상 가지에 매어 놓고
濯足暘谷波.[134]　양곡 물결에 발을 씻네
淸暉溢天門,[135]　맑은 광채 하늘 대문에 넘쳐나고
垂慶惠皇家.　내리시는 천복을 황실에다 베푸네

---

124) '要'(요) : '邀'자와 같다. 초청하다. 맞이하다. '湘川娥'(상천아) : 湘水에 빠져 죽어 湘水의 신이 된 堯 임금의 두 딸인 娥皇과 女英.
125) '肅肅'(숙숙) : 빠르게 달리는 모양. '霄駕'(소가) : 구름을 타고 가다.
126) '翩翩'(편편) : 펄럭이는 모양. '翠蓋'(취개) : 물총새 깃으로 수식한 수레의 지붕.
127) '羽旗'(우기) : 새의 깃으로 꾸민 깃발. '瑣鸞'(쇄란) : 가늘고 작은 난새 모양의 방울. '棲'(서) : 난새와 호응하는 말로 달다라는 의미이다. '瑣'자는 어떤 책에는 '瓊'자로 되어 있다.
128) '衡'(옥) : 수레의 채 끝에 가로로 댄 나무. '玉衡'(옥형) : 옥으로 수식한 수레가로나무. '和'(화) : 수레에 다는, 쇠로 만든 방울. 『周禮』「夏官」「大馭」의 '鸞和'에 대한 鄭玄의 주석에 의하면 "鸞 방울은 衡에 있고, 和 방울은 軾에 있는데, 모두 쇠로 방울을 만든 것이다(鸞在衡, 和在軾, 皆以金爲鈴)"라고 했다.
129) '太容'(태용) : 전설상의 黃帝의 악사. '高絃'(고현) : 현악기의 줄 중에 높은 음을 내는 팽팽한 줄.
130) '洪崖'(홍애) : 전설상의 신선. 黃帝 때의 신하 伶倫으로, 堯 임금 때 이미 나이가 3천 살이었다고 한다.
131) '獻酬'(헌수) : 술을 마실 때 주인과 손님이 서로 술을 권하는 예. '周'(주) : 한 차례 끝이 남을 뜻한다.
132) 이 구는 연회가 끝난 뒤 신선들이 노을 진 하늘에 수레를 몰고 돌아간다는 뜻이다.
133) '總轡'(총비) : 말의 고삐를 부상의 나뭇가지에 매어 두다.
134) '暘谷'(양곡) : 전설상의 해가 떠오르는 곳. 거기에 扶桑이 있다.
135) '天門'(천문) : 上帝가 사는 紫宮의 대문.

해설 이 작품은 각지의 여러 신선들이 崑崙山 모퉁이에 모여 즐거운 연회를 가지는 것을 찬미한 노래다. 마지막 구의 결국 신선들의 축복이 인간 세상에 내려 황실이 번성하길 기원한다는 내용을 통해 다분히 현실적인 정치적 수요에 의해 지어진 작품으로 볼 수 있다. 그러나 그 원형은 신화의 내용으로, 남녀 신선들이 모여 종족의 번영을 축원하는 구조이다. 특히 그 신선들 중에는 곤륜산의 주인인 西王母를 비롯하여 宓妃, 瑤臺女, 娥皇과 女英 등 여신이 많이 등장하는 것은 종족의 번영에 여성의 역할이 지대하다고 인식한 신화의 원형이 그대로 투영된 것으로 볼 수 있다.

97. 연못가에서

「塘上行」[136]

江蘺生幽渚,[137]　　강리풀은 외진 모래톱에서 자라니
微芳不足宣.[138]　　미미한 그 향기 날리지 못하다가
被蒙風雨會,[139]　　비바람 맞으며 때를 만나
移君華池邊.[140]　　그대 계신 꽃향기 가득한 연못가로 옮겨오니

---

136) 相和歌辭 清調曲에 속한다. 李善은 『歌錄』을 인용하여 "「塘上行」은 고사인데, 어떤 사람은 甄 황후가 지었다고 하고, 또 어떤 사람은 魏 文帝가 지었다고 하고, 또 어떤 사람은 魏 武帝가 지었다고 한다(塘上行, 古辭. 或云甄皇后造, 或云魏文帝, 或云武帝)"라고 주석했다. 晉 惠帝 元康 원년(291) 楊駿이 주살된 얼마 후 陸機가 太子洗馬가 되었으며, 元康 초에 太子舍人이 되었다. 元康 4년(294)에 吳王 司馬晏이 淮南 땅을 鎭撫하였을 때 陸機 형제는 같이 郎中令이 되어 천자를 떠나 제후를 섬기게 되었으며, 이 작품은 이 무렵에 지어졌다.

137) '江蘺'(강리) : '江離'라고도 하며 향초의 일종이다. '幽渚'(유저) : 외져서 잘 드러나지 않는 모래톱.

138) '微芳'(미방) : 미세한 향기. 옛날 시문에서는 주로 자신의 미덕에 대한 비유로 쓰였다.

139) '雨'(우) : 어떤 책에는 '雲'자로 되어 있다. '會'(회) : 기회를 만나다.

140) '君'(군) : 『文選』과 『樂府詩集』에는 모두 '居'자로 되어 있다.

發藻玉臺下,[141]	옥 누각 밑에서 아름답게 피어나
垂影滄浪淵.[142]	짙푸른 큰물에 그림자를 드리우지요
霑潤既已渥,[143]	우로를 맞아 이미 흠뻑 젖었으며
結根奧且堅.[144]	맺힌 뿌리는 깊고도 튼튼하지만
四節逝不處,	사계절이 흘러가며 머물지 않으니
繁華難久鮮.	무성한 꽃들도 아름다움 오래가기 어렵지요
淑氣與時殞,[145]	따뜻한 공기는 시절 따라 없어지고
餘芳隨風捐.	남은 향기도 바람 따라 사라지니
天道有遷易,	자연법칙에는 바뀜이 있고
人理無常全.	인정세태 이치에도 영구불변이란 건 없지요
男歡智傾愚,[146]	남자들은 곧잘 지혜롭다며 바보를 배척하고
女愛衰避妍.[147]	여자들은 곧잘 노쇠하다며 미인을 피하지요
不惜微軀退,	미천한 이 몸 물러나는 것은 안타깝지 않으나
但懼蒼蠅前.[148]	다만 쉬파리 같은 간신배들 나설까 겁나네요
願君廣末光,[149]	바라옵건대 님이시여 남은 광채 넓히시어
照妾薄暮年.[150]	늘그막 이 여인을 비추어 주소서

141) '發藻'(발조) : 빛을 발하다. 싹을 틔우다. 아름답게 자라다.

142) '滄浪'(창랑) : 본래 강 이름이지만 여기에서는 짙은 청색이란 뜻으로 쓰였다.

143) '霑潤'(점윤) : 물에 젖다. 수분을 흡수하다. '渥'(악) : 농도가 진하다.

144) '奧'(오) : 깊다.

145) '淑氣'(숙기) : 온화한 공기. '殞'(운) : 떨어지다. 사라지다.

146) '傾'(경) : 압도하다. 이기다. 배척하다.

147) '愛'(애) : ……하기를 좋아하다. '衰'(쇠) : 용모가 시든 여인을 가리킨다. '妍'(연) : 용모가 예쁜 여인을 가리킨다. '避'(피) : 회피하다. 이상 두 구는 남자란 곧잘 자신이 지혜롭다고 생각하며 남 이기기를 좋아하고, 여자는 곧잘 자신의 용모가 누추하다고 생각하며 미인을 질투하여 함께 하기를 피한다는 뜻이다.

148) '蒼蠅'(창승) : 쉬파리. 주로 소인배·간신배 등에 비유된다. '前'(전) : 동사로 쓰였다.

149) '末光'(말광) : 餘光. 즉 남은 빛.

150) '薄'(박) : 가깝다.

해설 이 작품은 강리초를 빌어 여성의 남성에 대한 사랑 또는 신하의 군주에 대한 충성의 마음을 표현한 노래이다. 후반부의 내용으로 보아 작가 자신의 仕宦 역정에 대한 반영으로 보는 것이 더 타당할 것 같다. 즉 작품은 吳나라 출신의 미미한 자신을 외진 곳에 자라는 강리초의 비유를 시작으로, 다행히 황실의 은혜를 입어 太子洗馬가 되었음을 노래하였고, 이어서 자연과 인정의 변화 원리에 따라 자신의 총애도 시들어 마침내 황실을 떠나 지방직으로 옮겨가게 됨을 노래하였고, 마지막으로 자신이 떠나더라도 임금은 간신배를 멀리 하고 자신에게도 여전히 은총을 베풀어 달라는 바람을 노래하였다.

육운(陸雲)

◇陸雲(262~303) : 자가 士龍이며, 晉代 吳郡(지금의 江蘇省 吳縣 부근) 사람이다. 삼국시대 吳나라 장수 陸遜의 손자로 형인 陸機와 齊名하여 당시 '二陸'으로 불리었다. 吳나라가 망한 뒤 晉나라로 들어와 官內后가 되었으며, 후에 浚儀令 · 淸河內史에까지 올랐다가 陸機와 함께 成都王 司馬穎에게 모함을 받아 죽었다. 『晉書』「陸雲傳」에 따르면 "비록 문장은 陸機에 미치지 못하지만 논리는 더 뛰어났다(雖文章不及機, 而持論過之)"라고 했는데, 문장 340여 편과 『新書』 10편이 전해온다.

「고언선을 대신해 그의 아내와 주고받은 시(爲顧彦先贈婦往返)」 4수[151)]

98. 고언선을 대신해 그의 아내와 주고받은 시 1
「爲顧彦先贈婦往返」 其一

我在三川陽,[152)]	나는 삼천의 북쪽에 있고
子居五湖陰.[153)]	그대는 오호의 남쪽에 사는데
山海一何曠,[154)]	산과 바다에 막혀 어찌나 멀리 떨어져 있는지
譬彼飛與沈.	저 하늘을 나는 새와 물 속에 잠긴 고기 같다오
目想淸惠姿,[155)]	눈에는 맑고 온화한 모습 떠오르고
耳存淑媚音.[156)]	귓전에는 부드럽고 아름다운 목소리 남아 있으니
獨寐多遠念,	홀로 잠드는 밤 먼 곳의 그대 생각 많고
寤言撫空衿.[157)]	잠에서 깨면 공허한 옷깃만 어루만진다오
彼美同懷子,[158)]	마음 맞는 그대 아름다운 사람이여
非爾誰爲心?[159)]	그대 말고 또 누구를 생각하리오

151) 『文選』에는 '往返'이란 글자가 없으며, 4수 중 아내가 답한 형식의 제2수와 제4수가 수록되어 있다.

152) '三川'(삼천) : 북방의 세 줄기의 강. 西周 때는 涇水·渭水·洛水를 말했고, 東周 때는 河水·洛水·伊水를 말했다. 여기에서는 광범위하게 西晉의 서울 洛陽 일대를 가리킨다고 볼 수 있다. '陽'(양) : 산의 남쪽 또는 물의 북쪽 방향을 뜻하며, '陰'은 그 반대이다.

153) '子'(자) : 아내에 대한 호칭. '五湖'(오호) : 옛날 吳越 지역의 호수인 太湖를 가리킨다. 일설에는 太湖를 포함한 부근 四大 호수, 太湖를 제외한 부근 五大 호수, 江南의 五大 호수 등을 가리킨다고도 한다.

154) '海'(해) : 바다. 큰 강과 호수를 가리키기도 한다. '曠'(광) : 서로 멀리 떨어져 있다.

155) '淸惠'(청혜) : 맑고 온화하다.

156) '淑媚'(숙미) : 부드럽고 아름답다.

157) '言'(언) : 내용상 접속사 '而'자와 같은 뜻으로 쓰였다고 볼 수 있다. '寤言'(오언) : 잠꼬대. 또는 잠에서 깨어나 말하다란 뜻으로 보기도 한다.

158) '同懷子'(동회자) : 제3권 陸機의 「爲顧彦先贈婦」 其一(92)에도 보인다.

159) '誰爲'(수위) : '爲誰'의 도치. '누구를 위해'라는 뜻. '心'(심) : 생각하다. 마음 쓰다. 동사로 쓰였다.

해설 이 작품은 앞에 있는 陸機의 작품과 같이 자신과 함께 吳나라에서 洛陽에 와 벼슬하던 顧彦先을 대신해 그의 아내에게 쓴 시다. 비록 멀리 洛陽에서 벼슬을 하고 있지만 마음은 여전히 고향땅 강남의 아내 생각뿐임을 노래하고 있다.

99. 고언선을 대신해 그의 아내와 주고받은 시 2

「爲顧彦先贈婦往返」 其二

悠悠君行邁,[160]	아득히 당신은 먼 길 떠나시고
煢煢妾獨止.[161]	외롭디 외롭게 소첩은 홀로 살고 있답니다
山河安可踰?[162]	산과 강을 어찌 넘을 수 있으리오
永隔路萬里.[163]	끝없이 막힌 길 만 리나 된답니다
京室多妖冶,[164]	서울에는 아리따운 여자 많을 것이며
粲粲都人子.[165]	아름다운 여자들의 용모에 눈이 부시겠지요
雅步嫋纖腰,[166]	우아한 걸음걸이 가는 허리 살랑거리고
巧笑發皓齒.	어여쁜 웃음에 하얀 치아 보이겠지요
佳麗良可羨,[167]	아름다움은 정말로 부러운 것
衰賤焉足紀?[168]	한물간 천한 저야 어찌 기억에 두시리오

160) '行邁'(행매) : 먼 길을 떠나다.
161) '煢煢'(경경) : 외로운 모양. '止'(지) : (남편을 따라 가지 않고) 머물러 살다.
162) '踰'(유) : 넘다. 건너다.
163) '永'(영) : 길다. '隔路'(격로) : 어떤 책에는 '路隔'으로 되어 있다.
164) '京室'(경실) : 서울의 왕실. 광범위하게 洛陽을 가리킨다고 할 수 있다. '妖冶'(요야) : 아리땁다. 요염하다.
165) '粲粲'(찬찬) : 광채가 눈이 부실 정도를 나타내는 말. '都'(도) : 아름답다. '人子'(인자) : 여자를 가리킨다.
166) '雅步'(한보) : 우아한 걸음걸이. '嫋'(뇨) : 간들어지다. 흔들리다. 어떤 책에는 '擢(흔들다)'자로 되어 있다.
167) '羨'(선) : 부러워하다. 『文選』에는 '美(찬미하다)'자로 되어 있다.

遠蒙眷顧言,[169] 멀리서나마 저를 생각해주시는 말씀 받자오니
銜恩非望始.[170] 받은 이 은혜 애초에 생각지도 못했었지요

해설 이 작품은 남편이 보낸 앞 시에 대한 아내의 답시다. 남편은 벼슬을 위해 멀리 서울로 떠나고 자신은 고향에 남아 외롭게 살고 있다. 남편에 대한 그리움은 여러 가지 상상을 낳게 하고, 그 상상은 마침내 서울에는 아름다운 여자가 많아 남편이 자신을 잊을 게 뻔하다는 걱정을 낳는다. 그러던 중에 자신만을 생각한다는 남편의 편지를 받게 되니 그 걱정은 다시금 생각지도 못했던 기쁨으로 바뀐다.

100. 고언선을 대신해 그의 아내와 주고받은 시 3
「爲顧彦先贈婦往返」其三

翩翩飛蓬征, 하늘하늘 쑥은 날아서 멀리 가고
郁郁寒木榮.[171] 울울창창 겨울 나무는 무성하다오
遊止固殊性, 유랑과 고향에 사는 것은 정말이지 천지차이
浮沉豈一情. 떠있고 가라앉은 것처럼 어찌 한마음일 수야 있겠오
隆愛結在昔,[172] 깊은 사랑은 예전에 맺었으며
信誓貫三靈.[173] 진실한 맹세는 천지인의 세 귀신에 통했었다오

168) '衰'(쇠) : 한창 때가 지나 용모가 시듦을 뜻한다. '焉'(언) : 어찌. 의문부사. '紀'(기) : 기억하다. 생각하다.
169) '蒙'(몽) : 은혜를 입다. 편지를 받다. '眷顧'(권고) : 돌보다. 살피다. '言'(언) : 남편이 자신에게 보낸 시를 가리킨다.
170) '銜恩'(함은) : 은혜를 입다. '望始'(망시) : '始望'이 압운 때문에 도치된 경우.
171) '郁郁'(욱욱) : 초목이 무성한 모양. '寒木'(한목) : 겨울에도 시들지 않는 나무. '榮'(영) : 초목이 무성하다.
172) '隆'(륭) : 깊다. 크다. 두텁다.

秉心金石固,[174] 그대 향한 이 마음 금석처럼 견고하니
豈從時俗傾. 어찌 시속 따라 기울어지겠오
美目逝不顧, 아름다운 눈의 미인이 지나가도 쳐다보지 않으며
纖腰徒盈盈.[175] 간들거리는 가는 허리도 나에겐 무의미하기만 하다오
何用結中款,[176] 무엇으로 가슴속 진실을 약속하리오
仰指北辰星. 우러러 하늘의 북극성을 가리킨다오

해설 이 작품은 전편의 아내의 답시에 대한 남편의 시다. 아내가 자신의 사랑을 의심하며 걱정하고 있음을 알고 아내에 대한 사랑이 변함없음을 통해 위로하고 있다. 낙엽수들은 겨울이 오면 시들어 잎이 떨어지지만 소나무나 잣나무 등 상록수는 푸르름을 잃지 않는다. 대도시의 수많은 미인들의 온갖 아름다운 자태도 자신에겐 다 무의미할 뿐이다. 아내에 대한 자신의 마음은 상록수처럼, 금석처럼, 북극성처럼 어떤 환경에서도 변함없음을 재삼재사 강조하고 있다.

101. 고언선을 대신해 그의 아내와 주고받은 시 4

「爲顧彦先贈婦往返」其四

浮海難爲水,[177] 바다에 떠다니면 웬만해선 물이라고 보기 어렵고

---

173) '信誓'(신서) : 진실한 맹세. '貫'(관) : 통하다. '三靈'(삼령) : 天地人의 세 귀신. 일설에는 日・月・星을 가리킨다고도 한다.
174) '秉心'(병심) : 마음을 먹다. 결심하다. 지조.
175) '盈盈'(영영) : 몸매와 거동이 아름다운 모양.
176) '結'(결) : 약속 따위를 맺다. '中款'(중관) : 가슴속의 진실된 마음이나 또는 그 마음에서 우러나오는 말.
177) '浮海'(부해) : 바다에 떠다니다. '難爲水'(난위수) : (웬만한 물은) 물이라고 여기기 어렵다란 뜻이다. 『孟子』 「盡心上」에 "孔子가 동산에 올라서는 魯나라를 작다고 여겼

遊林難爲觀.	숲 속에 노닐면 웬만해선 볼 만한 경치가 되기 어렵지요
容色貴及時,[178]	용모와 자색은 한창 때나 귀한 법
朝華忌日晏.[179]	아침에 피는 꽃은 해 지는 것을 싫어하지요
皎皎彼姝子,[180]	맑고 깨끗한 저 서울의 미인들은
灼灼懷春粲.[181]	발그레한 봄꽃 기운을 머금고 빛나지요
西城善雅舞,[182]	서쪽 성 여인들은 우아한 춤 잘 추고
總章饒淸彈.[183]	음악관서 총장에는 맑은 가락 넘쳐나며
鳴簧發丹脣,[184]	울리는 생황소리는 붉은 입술에서 나오고
朱絃繞素腕.[185]	붉은 거문고 줄은 하얀 손목을 에워싸지요
輕裾猶電揮,[186]	가벼운 치맛자락은 번개처럼 휘날리고
雙袂如霞散.[187]	한 쌍의 소매는 노을인양 흩어져요
華容溢藻幄,[188]	꽃 같은 얼굴 아름다운 장막 안에 넘치고

으며, 泰山에 올라서는 세상을 작다고 여겼다. 그러므로 바다에서 물을 구경한 사람은 웬만해서는 물이라고 여기기 어렵고, 성인의 문하에서 노닐던 사람은 웬만해서는 말씀으로 여기기 어려운 것이다(孔子登東山而小魯, 登太山而小天下, 故觀於海者難爲水, 遊於聖人之門者難爲言)"라고 했다.

178) '及時'(급시): 적당한 때가 되다.

179) '朝華'(조화): 아침에 피었다 저녁에 지는 꽃. '日晏'(일안): 해가 질 때. 『三國志』「魏志」「王昶傳」에 "아침꽃을 피우는 풀은 저녁이 되면 시들어버리는데, 송백의 무성함은 엄동설한에도 시들지 않는다(朝華之草, 夕而零落, 松柏之茂, 隆寒不衰)"라고 했다.

180) '皎皎'(교교): 맑고 깨끗한 모양. '彼'(피): 저기. 여기에서는 도성을 가리킨다.

181) '灼灼'(작작): 빛이 왕성한 모양. '懷春'(회춘): 봄꽃 기운을 머금었음을 뜻한다. '粲'(찬): 빛나다.

182) '西城'(서성): 洛陽의 王宮 서북쪽에 있던 金墉城을 가리킨다. 魏나라의 옛 궁인들이 여기에 살았으며 모두 가무를 잘했다고 한다.

183) '總章'(총장): 옛날 음악관서 이름. '饒'(요): 풍부하다. '淸彈'(청탄): 청아하게 거문고를 연주하다.

184) '簧'(황): 본래 생황 등의 관악기의 진동판인 혀를 가리키는 말인데, 여기에서는 생황 등의 악기를 가리키는 말로 쓰였다. '發'(발): 시작되다. 나오다.

185) '朱絃'(주현): 琴瑟 등의 현악기의 붉은 색 현.

186) '裾'(거): 옷자락. 이 구는 옷자락이 날릴 때 그 무늬나 색채가 번쩍임을 뜻한다.

187) '袂'(메): 소매. '霞'(하): 노을. 『文選』에는 '霧'자로 되어 있다.

哀響入雲漢.[189] 애절한 음향은 높은 하늘로 들어가요
知音世所希, 음악을 아는 사람 세상에 드무니
非君誰能讚? 당신 아니면 그 누가 그들을 칭찬하리오
棄置北辰星, 북극성일랑 내버리고
問此玄龍煥.[190] 이들 빛나는 현룡을 찾으시겠지요
時暮復何言,[191] 해는 저물어가는데 다시금 무슨 말씀하시나요
華落理必賤.[192] 꽃은 지면 천해지기 마련이지요

해설 이 작품은 남편의 두 번째 편지에 대한 답시다. 비록 몸은 멀리 떨어져 있지만 북극성 같이 항상 자기만을 생각한다는 남편의 말에 한편으로는 기뻐하면서도 또 한편으로는 여전히 걱정을 지울 수 없다는 속을 내비치고 있다. 남편이 아무리 자기만을 생각하고 있다 하더라도 이미 서울의 수많은 미인들 속에 둘러쌓여 있으니 시골 촌부인 자신만을 생각한다는 말은 아무리 생각해도 거짓말로 여겨진다. 게다가 말로만 생각하다고 하고서 고향에 오지 않으니 기다리면서 흘러 보내는 세월 따라 늙어가는 자신을 생각하면 남편의 말은 한낱 듣기 좋은 사탕발림에 지나지 않는 것이다. 그래서 이 시에는 자포자기의 체념과 남편의 위로에 대한 냉소가 짙게 베어 있는 것이다.

---

188) '藻幄'(조악) : 아름답게 수식한 장막.
189) '雲漢'(운한) : 은하수 또는 높은 하늘. 여기서는 후자의 뜻으로 쓰였다.
190) '問'(문) : 추구하다. 찾다. '玄龍'(현룡) : 검은 색의 神龍. 여기에서는 미인들을 가리킨다. '煥'(환) : 미색이 눈부시게 빛나다. 이상 두 구는 남편이 북극성 같은 지조를 버리고 빛나는 용모의 미인들에게 빠질 것이라는 뜻이다.
191) '時暮'(시모) : 해는 저물고 그에 따라 자신도 늙어간다는 뜻이다.
192) '理'(리) : 이치. 도리. 常情.

장협(張協)

◇張協(?~307) : 자가 景陽이며, 安平(지금의 河北省 安平縣) 사람이다. 일찍이 秘書郞·中書侍郞·河間內史 등을 역임했으나, 시국의 혼란함을 간파하여 관직을 그만두고 은거하였다. 후에 黃門侍郞을 제수받았으나 병을 핑계로 부임하지 않았다. 형인 張載와 동생인 張亢과 더불어 문장으로 유명하여 당시에 '三張'으로 불리었다. 그는 특히 오언시에 뛰어났으며, 「雜詩」 10수는 그의 대표작이다. 아울러 辭賦도 잘 썼는데, 「七命」은 그의 시와 함께 『文選』에 수록되어 있다.

「잡시(雜詩)」 1수

102. 잡시

「雜詩」

秋夜凉風起,[193] 가을밤에 서늘한 바람 일어
淸氣蕩暄濁.[194] 맑은 공기는 덥고 탁한 공기 씻어내네
蜻蛚吟階下,[195] 귀뚜라미는 섬돌 아래에서 울고
飛蛾拂明燭.[196] 나는 나방은 밝은 촛불 일렁이네
君子從遠役,[197] 남편은 멀리 나가 수자리에 복무하고

---

193) '凉'(량) : 서늘하다. 차다. '冷'보다는 정도가 약하다.
194) '蕩'(탕) : 말끔히 씻어내다. '暄濁'(훤탁) : 덥고 탁한 공기.
195) '蜻蛚'(청렬) : '蟋蟀'과 같다. 귀뚜라미.
196) '蛾'(아) : 각종 곤충의 나방. '拂'(불) : 떨치다. 흔들다.
197) '君子'(군자) : 여기에서는 남편을 가리킨다. '從'(종) : 따르다. 종사하다. 복무하다. '遠役'(원역) : 먼 곳으로 가서 하는 일. 주로 국경 지키는 일을 가리킨다.

佳人守煢獨.[198]	미인은 독수공방 홀로 외롭네
離居幾何時?	헤어져 산 지가 그 얼마이던가
鉆燧忽改木.[199]	불 이는 나무 어느덧 바뀌었네
房櫳無行迹,[200]	집안에는 그 사람 자취도 없고
庭草萋已綠.[201]	뜰 안의 풀은 무성하게 푸르네
青涪依空墻,[202]	푸른 이끼는 빈 담장에 붙어 있고
蜘蛛網四屋.[203]	거미는 온 집안에다 그물을 치네
感物多所懷,	보이는 경물에 느낌이 있으니 그리움 많고
沈憂結心曲.[204]	깊은 시름은 가슴 깊이 서리서리 맺히네

해설 이 작품은 멀리 집을 떠난 남편을 그리워하는 아내의 심경을 묘사한 시다. 남편은 변경에 수자리 복무를 위해 떠나 돌아오지 않고, 아내는 텅 빈 집을 지키며 외롭게 살고 있다. 이 시의 특징은 계절의 변화와 함께 눈에 들어오는 주변 사물의 묘사를 통해 그리움의 깊이를 강화시킨다는 점이다. 즉 전체 작품은 모두 주변 경물에 대한 묘사이지만 그것은 마지막 구의 사무친 그리움에 포커스가 맞추어져 집중되고 있다.

---

198) '煢獨'(경독): 형제 또는 배우자가 없어 외롭다.

199) '鑽燧'(찬수): 송곳으로 나무를 비비어 뚫어[鑽], 그 마찰의 힘으로 불을 일으키는[燧] 것을 말한다. 거기에 쓰이는 나무를 '鑽木'이라고 하는데, 이 나무는 계절이 바뀔 때마다 그 계절에 맞는 나무로 바꾸어 쓰며, 그것을 '改木'이라고 한다. 『周禮』「月令」에 따르면, 봄에는 느릅나무와 버드나무[楡柳], 여름에는 대추나무와 살구나무[棗杏], 늦여름에는 뽕나무와 산뽕나무[桑柘], 가을에는 떡갈나무와 졸참나무[柞楢], 겨울에는 회화나무와 박달나무[槐檀]를 썼다고 한다.

200) '房櫳'(방롱): 여기에서는 집이란 뜻으로 쓰였다.

201) '萋'(처): 무성하다. 우거지다.

202) '涪'(태): 본래 물이끼란 뜻이지만 '苔(이끼)'자와 같은 글자로도 쓰이며, 어떤 책에는 '苔'자로 되어 있기도 하다.

203) '蜘蛛'(지주): 거미. '四屋'(사옥): 집안 전체.

204) '心曲'(심곡): 마음속 깊은 곳.

양방(楊方)

◇楊方(대략 317년 전후 재세) : 자가 公回이며 會稽 사람이다. 학문을 좋아하고 기이한 재주가 있었으며 郡의 작은 벼슬자리에 있었다. 공무를 보는 틈틈이 항상 五經을 애독하였는데, 內史 諸葛恢가 그를 기이하게 여기며 스승으로 대우했다. 서울에서 賀循이 그를 칭찬하자 王導가 그를 불러 속관으로 삼았다. 후에 東安太守 · 司徒 등의 자리로 옮겼으며, 高梁太守로 補任되었다가 늙음을 핑계로 관직을 버리고 고향에 돌아갔다. 저서로는 『五經鉤沈』 10권과 『吳越春秋削繁』 5권 및 문집 2권이 전해온다고 한다.

「합환시(合歡詩)」 5수[205)]

103. 합환시 1

「合歡詩」 其一

虎嘯谷風起,[206)] 호랑이 포효하니 골바람 일고
龍躍景雲浮. 용이 치솟으니 상서로운 구름 뜨네
同聲好相應, 같은 소리는 서로 잘 호응하며
同氣自相求. 같은 기운은 절로 서로를 찾는 법
我情與子親, 내 마음 그대와 친밀하니

205) 제3 · 4 · 5수는 어떤 책에는 「雜詩」라고 되어 있으며, 제5수는 『藝文類聚』에 「合歡樹詩」라고 되어 있다. 晉나라 雜曲歌辭에 속한다.

206) 이하 네 구는 만물이 서로 호응함에 대해 말한 것이다. 『易』 「乾」에 "같은 소리는 서로 호응하고 같은 기운은 서로 불러들인다. 물은 습한 데로 흐르고 불은 마른 데로 붙는다. 구름은 용을 따르고 바람은 호랑이를 따른다. 성인이 일어나니 만물이 본색을 드러내게 된다(同聲相應, 同氣相求. 水流濕, 火就燥. 雲從龍, 風從虎. 聖人作而萬物覩)"라고 했다. 제1권 張衡의 「同聲歌」(30) 주석 참조.

譬如影追軀.	비유하면 그림자가 몸 따르는 것 같다네
食共並根穗,207)	한뿌리에 달린 이삭 함께 먹고
飮共連理杯.208)	연리지 술잔 함께 마신다네
衣用雙絲絹,209)	한 쌍의 실로 짠 비단으로 옷 해 입고
寢共無縫裯.210)	꿰맨 곳 없는 통이불 함께 덮는다네
居願接膝坐,	거처할 땐 무릎 나란히 붙여서 앉길 바라고
行願携手趨.211)	다닐 때는 손잡고 걸어가길 바란다네
子靜我不動,	그대 고요하면 나도 움직이지 않을 테고
子遊我無留.	그대 놀러 나가면 나도 집에 남아 있지 않는다네
齊彼同心鳥,212)	저 하늘의 동심조와 똑 같고
譬此比目魚.213)	이 연못의 비목어에 비유된다네
情至斷金石,214)	사랑이 지극하니 쇠나 돌이라도 끊으며
膠漆未爲牢.215)	아교와 옻인들 이보다 굳지는 않다네
但願長無別,	다만 바라는 것은 오래도록 이별 없이
合形作一軀.	신체 합하여 한 몸처럼 사는 것

207) '食共'(식공) : 식사를 함께 하다. '並根穗'(병근수) : 뿌리가 붙어 있는 곡식의 이삭. 즉 같은 뿌리에서 자란 이삭.

208) '連理'(련리) : 뿌리는 다르지만 가지가 서로 엉겨 붙어서 한 나무가 된 '連理枝'를 가리킨다.

209) '雙絲絹'(쌍사견) : 두 가닥의 실로 짠 비단.

210) '無縫裯'(무봉주) : 재봉선이 없는 이불. 부부의 일심동체를 의미한다.

211) '趨'(추) : 보폭을 좁게 하여 빨리 걷는 종종걸음. 여기에서는 단순히 걸어다니다라는 뜻으로 쓰였다.

212) '齊'(제) : 같다. 나란하다. '同心鳥'(동심조) : 전설상의 吉鳥. 왕의 덕이 멀리까지 미치어 사방의 이민족까지 하나로 어울릴 때 나타난다고 하며, 애정 또는 연인의 상징으로도 쓰인다.

213) '比目魚'(비목어) : 전설상의 외눈박이 물고기. 금슬 좋은 부부를 상징한다. 제1권 徐幹의 「室思」 6수 중 제5수(41)를 참조할 것.

214) 이 구는 두 사람의 애정이 지극하여 쇠나 돌보다 더 견고하다는 뜻이다. 『易』 「繫辭」에 "두 사람이 마음을 같이 하면 그 날카로움은 쇠도 자른다(二人同心, 其利斷金)"라고 했다.

215) '牢'(뢰) : 굳다. 견고하다.

生爲倂身物,　　살아서는 나란한 육신으로 지내다가
死爲同棺灰.　　죽어서는 같은 관의 재가 되는 것
秦氏自言至,[216]　　진씨가 스스로 지극한 사랑이라 말했지만
我情不可儔.[217]　　나의 사랑과 같을 수는 없을 것

해설 이 작품은 '合歡'이란 제목처럼, 남녀 특히 부부의 애정의 중요성에 대해 갖가지 이치와 다양한 비유를 들어 설명한 시다. 특히 마지막 두 구를 통해 이 작품의 시점은 남편의 시점으로 볼 수 있다. 음양의 원리는 만물의 출발이다. 부부가 있은 연후에 부모와 자식이 있고, 임금과 신하가 있는 것이다. 부부의 사랑이 있은 연후에 효가 있고 충이 있는 것이다. 부부의 사랑은 좁게는 가정, 넓게는 사회와 국가의 근간이 된다고 할 수 있다. 그런데도 남성 위주의 고대종법사회에서는 남성의 입으로 그것을 언급하는 자체를 꺼려했으니 얼마나 안타깝고 왜곡된 역사였던가? 사랑이 온 세상을 메우고 있는 듯 보이는 현대사회에 있어서도 실상은 가정해체가 중대한 사회문제로 대두되고 있다. 지금이야말로 사회 구성원 모두가 부부간의 애정의 중요성 및 진실한 사랑을 깨우치고 배울 때가 아니겠는가?

104. 합환시 2

「合歡詩」其二

磁石招長鍼,　　자석은 긴 바늘을 부르고
陽燧下炎煙.[218]　　오목렌즈는 뜨거운 연기를 불러 내리지요

216) '秦氏'(진씨) : 漢代의 시인 秦嘉. 그의 「贈婦詩」 3수(31~33)와 그의 아내 徐淑의 「答詩」 1수(34)가 제1권에 실려 있다.
217) '儔'(주) : 같은 부류.

宮商聲相和,[219]	궁음과 상음은 서로 잘 어울리며
心同自相親.	마음이 같으니 저절로 서로 친해져요
我情與子合,	제 마음 당신과 맞으니
亦如影追身.	또한 그림자가 몸을 따르듯 하지요
寢共織成被,[220]	한 베로 지은 이불 함께 덮으며
絮用同功綿.[221]	이불 속 명주솜도 쌍고치를 쓰지요
暑搖比翼扇,[222]	더위엔 비익조 날개로 만든 부채를 부치고
寒坐併肩氈.[223]	추위엔 비견수 털로 짠 담요를 깔지요
子笑我必哂,[224]	당신이 웃으면 저도 따라 미소 짓고
子慼我無懽.[225]	당신이 근심하면 제게도 즐거움이 없지요
來與子共迹,[226]	올 때도 당신과 발자국 함께 하고

---

218) '陽燧'(양수): '陽遂' 또는 '夫遂'라고도 한다. 옛날 햇빛을 모아 불을 피우던 오목렌즈 거울을 가리킨다.

219) '宮商'(궁상): 五音 중의 宮音과 商音을 가리킨다. 여기에서는 서로 밀접하게 작용한다는 뜻으로 쓰였다. 『毛詩序』의 "악기소리가 조화를 이루면 그것을 음이라고 한다(聲成文, 謂之音)"란 구절에 대한 鄭玄의 주석에 의하면, "악기소리가 조화를 이룬다는 것은 宮商의 각 음이 높고 낮게 서로 호응하는 것이다(聲成文者, 宮商上下相應)"라고 하였다. 또 唐 吳兢의 『樂府古題要解』(卷下)에는 "나의 그대 향한 마음 역시 몸과 그림자, 宮음과 商음이 서로 떨어지지 않는 것과 같다(我情與君, 亦猶形影宮商之不離也)"라고 했다.

220) '織成被'(직성피): 전체를 베를 짜서 만들어 꿰맨 자국이 없는 이불. 앞 시의 '無縫裯'와 같은 뜻이다.

221) '絮'(서): (거친) 솜. '同功綿'(동공면): 쌍고치. 두 마리 누에가 같이 지은 고치.

222) '比翼'(비익): 전설상의 새 比翼鳥. 이 새는 암수 각각 눈도 하나며 날개도 하나뿐이라서 나란히 붙지 않으면 날 수 없다고 한다. 그래서 금슬 좋은 부부에 비유된다. '比翼扇'(비익선): 비익조의 날개로 만든 부채.

223) '併肩'(병견): '比肩獸'와 같다. 전설상의 짐승인 '蟨'을 가리킨다. 『爾雅』「釋地」와 『孔叢子』 등에 의하면, 이 짐승은 맛있는 풀을 발견하면 꼭 그것을 씹어서 邛邛과 岠虛에게도 주며, 邛邛과 岠虛는 사람이 나타나면 반드시 蟨을 업고 도망간다. 이런 관계는 두 짐승이 서로 좋아하기 때문이 아니라 각각 맛있는 먹이를 먹기 위해서 또는 다리를 빌리기 위해서라고 하였다. '氈'(전): 담요.

224) '哂'(신): 웃다. 미소.

225) '懽'(환): '歡'자와 같다. 기뻐하다.

226) '迹'(적): 발자국.

去與子同塵.[227]	갈 때도 당신과 먼지를 같이 날리지요
齊彼蛩蛩獸,[228]	저 공공 짐승과 꼭 같아서
擧動不相捐.	거동할 때 서로 버려두는 일 없지요
惟願長無別,	다만 바라는 건 오래도록 이별 없이
合形作一身.	신체 합하여 한 몸 되는 것
生有同室好,	살아서는 한집에 사는 즐거움 있고
死成倂棺民.	죽어서는 나란한 관 속의 사람 되는 것
徐氏自言至,[229]	서씨가 스스로 지극한 사랑을 말했지만
我情不可陳.	제 사랑은 이루 다 펼칠 수가 없지요

해설 이 작품은 제1수인 남편의 시에 대한 아내의 답시로 볼 수 있다. 앞 시와 마찬가지로 부부 사이의 금슬을 상징하는 참신하고도 선명한 온갖 비유를 다 동원하여 서로의 사랑이 지극함을 노래하고 있다. 현대사회의 부부들 또한 언제나 이러한 마음을 견지하고 산다면 어떨까란 생각이 든다.

105. 합환시 3

「合歡詩」 其三

獨坐空室中,	홀로 빈 방안에 앉아 있노라니
愁有數千端.	수심은 천 갈래 만 갈래
悲響答愁歎,	구슬픈 악기소리는 수심어린 탄식에 답하는 듯

227) '塵'(진) : 길을 갈 때 날리는 먼지.
228) '齊'(제) : 맞다. 일치하다. 같다. '蛩蛩'(공공) : '邛邛'으로도 쓴다. 전설상의 짐승. 사람이 나타나면 蟨을 업고 도망간다고 한다. 이 작품의 '倂肩'의 주석을 참조할 것.
229) '徐氏'(서씨) : 秦嘉의 처인 徐淑. 이 구절은 그녀의 「答詩」의 내용을 가리킨다.

哀涕應苦言.[230]　　애달픈 눈물은 쓰라린 말에 응하는 듯
彷徨四顧望,　　서성이면서 사방 둘러보니
白日入西山.　　흰 해가 서산으로 들어가네
不覩佳人來,　　아름다운 님 오는 건 보이지 않고
但見飛鳥還.　　다만 나는 새들 둥지로 돌아가는 것만 눈에 띄네
飛鳥亦何樂,　　나는 새들은 또한 무엇이 즐거울까만
夕宿自作羣.　　밤에 잘 때는 저절로 무리를 짓는다네

해설 이 작품은 부부 사이가 조화를 이루지 못하고 서로 헤어져 있으며 근심하는 것을 서술한 시다. 부부 중 어느 쪽의 시점에서 지어진 것인지는 밝혀져 있지 않지만 앞 네 구의 내용으로 보아 아내의 시점이라고 추측할 수 있다. 사랑하던 부부 사이도 살다 보면 어떤 이유로 해서 뜻하지 않은 이별을 맞을 때가 있다. 그러나 두 사람의 마음이 끝내 변하지 않는다면 이러한 그리움도 사랑의 다른 표현이자 나아가 사랑을 더욱 성숙시키는 요소가 되리라.

106. 합환시 4

「合歡詩」 其四

飛黃銜長轡,[231]　　비황마는 긴 고삐를 매고
翼翼回輕輪.[232]　　힘차게 가벼운 수레를 끌며

---

230) '言'(언) : 어떤 책에는 '心'자로 되어 있다.

231) '飛黃'(비황) : 일명 '乘黃'이라고도 한다. 전설상의 神馬. 모양이 여우와 같고 등에 뿔이 있으며 천 년을 산다고 한다.

232) '翼翼'(익익) : 가지런한 모양. 웅장한 모양. 약동하는 모양. '回'(회) : 돌리다. 사동사로 쓰였다. '輕輪'(경륜) : 가벼운 수레바퀴. 여기에서는 경쾌하게 나아가는 수레를 뜻한다.

俯涉綠水澗, 아래로는 푸른 물의 개울을 건너고
仰過九層山.[233] 위로는 아홉 겹 높은 산을 지나는데
脩途曲且險,[234] 아득히 긴 길은 구불구불 험하고
秋草生兩邊. 가을 풀은 길 양쪽에서 자라네
黃華如沓金,[235] 노란 꽃은 겹겹이 황금 같고
白花如散銀. 하얀 꽃은 흩어놓은 은 같네
青敷羅翠彩,[236] 푸른 잎은 비취색을 펼쳐 놓은 듯
絳葩象赤雲.[237] 빨간 꽃은 붉은 구름을 닮았네
爰有承露枝,[238] 이에 가지에는 이슬을 받으며
紫榮合素芬.[239] 보랏빛 꽃은 하얀 꽃과 어울리네
扶疎垂清藻,[240] 무성한 가지는 맑고 아름다운 색을 드리우고
布翹芳且鮮.[241] 무성하게 펼쳐진 잎은 향기롭고도 곱다네
目爲豔彩迴,[242] 눈은 아름다운 색깔 때문에 이리저리 돌아가고
心爲奇色旋. 마음은 신기한 색채 때문에 빙글빙글 돈다네
撫心悼孤客, 가슴 어루만지며 외로운 나그네 신세를 슬퍼하며
俯仰還自憐.[243] 잠시 잠깐 사이에 다시금 자신이 불쌍해지니
峙嶹向壁歎,[244] 머뭇머뭇 망설이다 벽을 향해 탄식하며

233) '九層'(구층) : 매우 높다란 뜻으로 쓰였다.
234) '脩'(수) : 길다. 멀다.
235) '沓'(답) : 겹치다.
236) '青敷'(청부) : 푸른 잎. '翠彩'(취채) : 비취색. 짙은 녹색.
237) '絳'(강) : 진홍색. '葩'(파) : 꽃.
238) '爰'(원) : 어기사.
239) '榮'(영) : 꽃. '芬'(분) : 향기. 또는 꽃. '合'(합) : 어울리다.
240) '扶疎'(부소) : '扶疏'·'扶踈'라고도 쓴다. 가지에 잎이 무성하게 덮여 있는 모양. '清藻'(청조) : 맑고 곱다.
241) '布'(포) : 펼쳐져 있다. '翹'(교) : 무성하다.
242) '爲'(위) : …… 때문에. '豔彩'(염채) : 고운 색깔. '迴'(회) : 돌다.
243) '俯仰'(부앙) : (고개를 숙였다 들었다 할 정도의) 짧은 시간.
244) '峙嶹'(치도) : '踟躕'와 같다. 머뭇거리며 나아가지 못하거나 결단을 내리지 못하는 모양.

攬筆作此文.　　　붓 잡고 이 글을 짓는다네

해설 이 작품은 표면적으로 볼 때 집을 떠나 있는 남편이 여행을 상상하며 그 여행을 통해 본 아름다운 경물을 서술한 시로 볼 수 있다. 그러나 어쩌면 이러한 상상은 오랫동안 그리던 아내와 만났을 때의 환희를 우회적으로 표현한 것일 수도 있고, 더 나아가 아내와 만나 밤새도록 운우의 정을 나누는 황홀한 경지를 상상한 우회적인 표현으로 볼 수 있을 것이다. 특히 후반부의 '目爲……' 두 구는 그 가능성을 더욱 높여준다. 아울러 마지막 네 구는 그러한 환상에서 깨어난 뒤의 아쉬움을 표현한 것으로 볼 수 있다.

107. 합환시 5

「合歡詩」 其五

南鄰有奇樹,[245)]　　남쪽 이웃에 진기한 나무 있는데
承春挺素華.[246)]　　봄기운 받아 하얀 꽃을 피우네
豐翹被長條,[247)]　　무성한 꽃은 긴 가지를 덮었고
綠葉蔽朱柯.　　푸른 잎사귀는 붉은 가지를 가렸네
因風吐微音,　　바람 불어서 가녀린 소리 토해내고
芳氣入紫霞.　　향기는 보랏빛 노을 속으로 들어가는데
我心羨此木,　　나는 속으로 이 나무가 부러워
願徙著余家.[248)]　　우리 집에 옮겨 심었으면 한다네
夕得遊其下,　　저녁에는 그 밑에서 놀 수가 있을 테고

245) '鄰'(린) : 어떤 책에는 '林'자로 되어 있다. '奇'(기) : 진기하다. 아름답다.
246) '挺'(정) : 솟아나오다. 빼내다.
247) '豐翹'(풍교) : 무성하다.
248) '徙著'(사착) : 옮겨다 심다.

朝得弄其葩.	아침이면 그 꽃을 감상할 수 있을 텐데
爾根深且堅,	그 뿌리 깊고도 튼튼하며
余宅淺且洿.[249]	우리 집은 얕고도 우묵하여
移植良無期,	옮겨 심는 것은 실로 기약도 없으니
歎息將如何?	탄식하네 장차 어찌 하면 좋으리

해설 이 작품은 이웃에 있는 진기한 꽃나무를 부러워하는 마음을 통해 이성에 대한 연모를 은유적으로 그리고 있다. 나무로 묘사된 이성이 남자인지 여자인지는 분명하지 않으나, '爾根……' 두 구를 통해 볼 때 남자일 가능성이 더 높다고 하겠다. 이 시는 앞의 시와 마찬가지로 어쩌면 은유가 정도가 매우 심한 에로틱한 작품이었을 가능성이 있다.

왕감(王鑒)

◇王鑒(?) : 생졸년 미상. 자가 茂高이며 堂邑 사람이다. 젊어서부터 문필로 유명하였으며, 처음에는 元帝의 琅琊國侍郎이 되었는데, 杜弢가 반란을 일으키자 元帝에게 정벌을 권하였고, 이후 東晋이 건국되자 駙馬都尉가 되었다. 나중에 永興令이 되었다가 대장군 王敦이 記室參軍으로 초빙하였는데 부임하지 못하고 죽었다. 저서로는 문집 5권이 전해온다.

---

249) '洿'(오) : 오목하다. 움푹 패이다.

「칠석날 직녀성을 보면서(七夕觀織女)」 1수

108. 칠석날 직녀성을 보면서

「七夕觀織女」

牽牛悲殊館,[250]	견우는 직녀와 다른 집에 사는 걸 슬퍼하고
織女悼離家.[251]	직녀는 제 집 떠나 사는 걸 슬퍼하네
一稔期一霄,[252]	일 년 중 하룻밤의 만남
此期良可嘉.	이 날은 정말로 기쁜 날
赫奕玄門開,[253]	환하게 하늘 대문 활짝 열리니
飛閣鬱嵯峨.[254]	나는 듯한 누각은 빽빽하게 높이 솟아 있네
隱隱驅千乘,[255]	우르르 탕탕 천 대의 수레를 몰아
闐闐越星河.[256]	넘실넘실 은하수를 건너가네
六龍奮瑤轡,[257]	여섯 마리 용은 옥돌로 꾸민 고삐를 휘날리고
文螭負瓊車.[258]	찬란한 이룡은 미옥으로 꾸민 수레를 등에 매었네
火丹秉瑰燭,[259]	선녀 화단은 구슬로 장식한 촛대를 잡고
素女執瓊華.[260]	여신 소녀는 진기한 꽃을 잡고 있네

250) '殊館'(수관): 다른 집. 여기에서는 직녀가 자신과 떨어져 사는 집을 가리킨다.

251) '悼'(도): 어떤 책에는 '怨'자로 되어 있다. '離家'(리가): 집을 떠나 있다. 여기에서는 직녀가 견우와 결혼해서 함께 살던 집을 떠나 친정에 와 있음을 의미한다.

252) '稔'(임): 본래 곡식이 익다라는 뜻인데, 여기에서는 곡식이 한 번 익는 기간, 즉 한 해를 가리킨다. '霄'(소): 밤.

253) '赫奕'(혁혁): 빛나는 모양. '玄門'(현문): 깊고 그윽한 문. 여기에서는 天門을 가리킨다.

254) '嵯峨'(차아): 높이 솟은 모양.

255) '隱隱'(은은): 천둥소리를 나타내는 의성어. '乘'(승): 수레를 세는 양사.

256) '闐闐'(전전): 왕성한 모양을 나타내는 의태어. 또는 큰 소리를 나타내는 의성어.

257) '奮'(분): 떨치다. 세게 흔들다. '瑤'(요): 옥돌. '轡'(비): 고삐.

258) '文'(문): 화려하다. '螭'(리): 뿔 없는 용인 螭龍. '瓊'(경): 아름다운 옥. 이상 두 구의 '瑤轡'와 '瓊車'는 모두 미칭으로 볼 수도 있다.

259) '火丹'(화단): 신화전설상의 선녀의 이름. '瑰'(괴): 구슬. 또는 진기하다.

260) '素女'(소녀): 신화 중의 여신. 黃帝와 같은 시대에 살았다고 한다. '瓊華'(경화): 신

絳旗若吐電,	빨간 깃발은 번개를 토하는 듯
朱蓋如振霞.261)	붉은 지붕은 노을을 뒤흔들 듯
雲韶何嘈嗷,262)	운문과 소 음악은 얼마나 시끌벅적한지
靈鼓鳴相和.263)	신령스런 북 소리 조화롭게 울리네
亭軒紆高盼,264)	수레 멈추고 사방을 빙 둘러 높이 바라보니
眷余在岌峩.265)	높디높은 데서 나를 보고 계시네
澤因芳露霑,	은택은 향기로운 이슬 따라 젖어들고
恩附蘭風加.266)	은혜는 난초향 바람 타고 더해지네
明發相從遊,267)	새벽까지 함께 붙어 노는데
翩翩鸞鷟羅.268)	펄럭펄럭 봉황새가 늘어서 있네
同遊不同觀,269)	함께 놀지만 똑같이 즐겁지는 않으니
念子憂怨多.	그대 생각에 근심과 원망만 많아지네
敬因三祝末,270)	삼가 세 가지 축원을 끝으로
以爾屬皇娥.271)	이로써 어머니를 따라간다네

화에 나오는 옥나무의 꽃.

261) '蓋'(개) : 햇빛 차단용으로 수레의 좌석 위에 단 덮개인 지붕.

262) '雲'(운) : 黃帝 때 지어진 것으로 전하는 天神의 제사용 음악인 雲門을 가리킨다. '韶'(소) : 舜 임금 때의 음악 이름. '嘈嗷'(조오) : 어지러이 떠들썩한 소리를 나타내는 의성어.

263) '靈鼓'(령고) : 육면으로 된 옛날의 북.

264) '亭'(정) : 『考異』에서는 '停'자로 보았다. 여기에서도 그것을 따랐다. '紆'(우) : 두르다. 돌다. 어떤 책에는 '佇'자로 되어 있다. '高盼'(고반) : 높이 바라보다.

265) '眷'(권) : 관심을 가지고 보는 것을 뜻한다. '余'(여) : 여기에서 직녀를 가리킨다. '岌峩'(급아) : 높이 솟아 있는 모양.

266) '附'(부) : 따르다. 좇다. '蘭風'(란풍) : 7월의 바람. 옛날 7월을 蘭月이라고도 했다.

267) '明發'(명발) : 새벽.

268) '鸞'(란) · '鷟'(작) : 모두 전설상의 신령스런 새. 鳳凰의 일종이다.

269) '觀'(관) : 『考異』에서는 '歡'자의 잘못이 아닌가 하였는데, 여기에서도 그것을 따랐다. 이 구의 뜻은 비록 서로 만나 함께 놀지만 직녀는 헤어질 때를 생각하며 즐거워하지 않는다는 뜻이다.

270) '三祝'(삼축) : 옛날의 세 가지의 축원하던 말. 즉 장수하는 것, 부자되는 것, 아들 많은 것.

271) '爾'(이) : 대명사. 이것. 저것. '屬'(속) : 따르다. '皇娥'(황아) : 전설상의 황제인 少昊氏

해설 이 작품은 견우직녀에 관한 전설을 내용으로 한 시다. 작가는 칠월칠석날 하늘의 별을 보면서 견우직녀의 만남을 상상하였으며, 그러한 상상의 내용을 풍부한 어휘를 통해 묘사하고 있다. 긴 이별 끝의 짧은 만남은 얼마나 기쁜 일인가. 하지만 곧 닥칠 긴 이별을 생각하면 만남의 순간에도 기쁨만 있는 게 아니리라.

이충(李充)

◇李充(대략 323년 전후 재세) : 자가 弘度이며 江夏 사람이다. 어려서 아버지를 여의었는데, 아버지의 무덤가에 심어진 측백나무를 도적들이 베어가자 직접 칼로 도적들을 베어 유명해졌다. 해서를 잘 썼으며, 刑名學을 애호하여 허울뿐인 선비들을 싫어했다. 승상 王導의 속관이 되었으며 記室參軍으로 옮겼다. 또 褚裒에게 불리어 가 參軍이 되었는데, 그는 집안이 가난하여 지방관이 되고자 하여 이에 剡縣의 현령을 제수 받았다. 얼마 후 어머니 상을 마친 뒤 大著作郎이 되었는데, 당시 혼란했던 전적들을 정리하여 정연하게 四部로 분류하였다. 그로 인해 永制가 되었으며 中書侍郎으로 옮겼다가 죽었다.

저서로는 문학론집인 『翰林論』 3권 및 『尙書』와 『周易』의 뜻을 주석한 글 6편 및 『釋莊論』 상하 2편, 시부와 잡문 등 240편을 수록한 문집 14권이 전해오는데, 그 중 「學箴」 1편이 더욱 중시를 받는다.

의 어머니. 여기에서는 함께 왔던 직녀의 어머니를 가리킨다.

109. 친구를 비웃다

「嘲友人」[272)]

同好齊歡愛, 서로 똑같이 기뻐하며 사랑하니
纏綿一何深.[273)] 얽히고설킨 정이 얼마나 깊은지
子旣識我情, 당신은 이미 제 마음 알고
我亦知子心. 저 또한 당신 마음 알지요
嬿婉歷年歲,[274)] 알콩달콩 즐겁게 세월을 보내니
和樂如瑟琴. 사이좋기가 금슬 같지요
良辰不我俱, 좋은 날은 나와 함께하지 않는지
中闊似商參.[275)] 중도에서 상성과 삼성처럼 서로 멀어져
爾隔北山陽, 당신은 북쪽 산 남쪽에 막히어 있고
我分南川陰. 나는 남쪽 강 남쪽에 떨어져 있지요
嘉會罔克從,[276)] 즐거운 만남 이룰 수 없으니
積思安可任. 쌓인 그리움은 어디에다 의지할까요
目想妍麗姿, 눈앞에는 아름다운 모습 떠오르고
耳存淸媚音. 귓전에는 맑고 고운 목소리 남아 있지요
修晝興永念,[277)] 긴긴 낮에는 오래도록 그리운 생각 일어나고
遙夜獨悲吟.[278)] 기나긴 밤에는 홀로 슬피 신음하지요
逝將尋行役,[279)] 떠나서 장차 멀리서 일자리를 찾겠다며

---

272) '嘲'(조): (잘못된 것을 보고) 비웃다.
273) '纏綿'(전면): 얽히고설키어 있는 모양.
274) '嬿婉'(연완): 즐겁게[사이좋게] 지내는 모양.
275) '闊'(활): 사이가 벌어지다. '商參'(상삼): 같은 하늘에 뜨지 않는 두 별자리인 辰星과 參星을 가리킨다.
276) '罔克'(망극): ……할 수 없다.
277) '修'(수): 길다.
278) '遙夜'(요야): 긴 밤.
279) '行役'(행역): 병역이나 부역 또는 기타 일로 멀리 나가는 것.

言別涕霑襟. 이별을 말씀하니 눈물이 옷깃을 적신답니다
願爾降玉趾,280) 바라옵건대 당신이여 옥 같은 발 내디디소서
一顧重千金. 한 번 돌아봐 주시는 것이 천 금만큼 귀하답니다

해설 이 작품은 친구가 핑계를 대고 아내를 버리고 떠난 것을 그의 아내의 입장에서 쓴 시다. 처음 만나 사랑할 때는 세상에 둘도 없듯 소중히 여기다가도 시간이 지나고 사랑이 식으면 이 핑계 저 핑계를 대면서 아내를 버리던 당시의 세태를 풍자한 것이다. 이 시에서처럼 남자의 사랑은 가변적이지만 여자의 마음은 그와 무관하게 일편단심이었던 것은 애정에 관한 한 남성은 넓은 세계로 열려 있었던 반면에 여성은 남편이란 1인에게로 폐쇄되어 있었던 당시의 시대상 때문이었으리라.

조비(曹毗)

◇曹毗(대략 317년 전후 재세) : 자가 輔佐이며 譙國(지금의 安徽省 亳縣) 사람이다. 그의 고조부는 魏의 大司馬였던 曹休이며, 어려서부터 문장과 전적을 애호하였고 사부를 잘 지었다. 군 일대에 孝廉으로 알려져 郎中이 되었으며, 蔡謨가 佐著作郎으로 천거하였다. 아버지가 죽자 관직을 떠났다가 상을 마치고 다시 불리어 가 太學博士가 되었으며, 후에 從事中郎下邳太守로 옮겼다가 光祿勳에까지 이르렀다.

그의 시문은 대부분 영물의 작품으로 간혹 생동적인 시구가 있다. 작품으로 시로는 이 선집의 시, 산문으로는 「對儒」, 부로서는 「魏都賦」·「揚都賦」·「涉

280) '爾'(이) : 2인칭대명사. '趾'(지) : 발. '降玉趾'(강옥지) : 왕림하다.

江賦」 등이 비교적 유명하며, 문집 15권이 전해온다.

110. 밤에 다듬이 소리를 듣고

「夜聽擣衣」[281)]

寒興御紈素,[282)]	한기가 이니 비단 옷 장만할 때
佳人理衣襟.[283)]	미인은 옷과 이불을 짓네
冬夜淸且永,	겨울밤은 맑고도 긴데
皓月照堂陰.[284)]	밝은 달은 안채의 어두운 곳을 비추네
纖手疊輕素,	섬섬옥수로 가벼운 비단 겹겹이 쌓아
朗杵叩鳴砧.[285)]	경쾌한 방망이로 다듬잇돌을 두드리는데
淸風流繁節,[286)]	맑은 바람은 복잡한 리듬을 따라 흐르며
迴飇灑微吟.[287)]	허공을 감도는 바람은 가녀린 신음을 뿌리네
嗟此往運速,[288)]	슬프네 이처럼 가는 세월 빠르기도 하고
悼彼幽滯心.[289)]	애달프네 저기 깊은 시름에 빠진 여심이여

281) '擣衣'(도의) : 옷감 따위의 구김살을 펴거나 반드럽게 하기 위하여 방망이로 두드리는 일인 다듬이(질)를 가리킨다. 옛날 이를 소재로 한 시들은 대부분 집을 떠난 남편을 위해 옷을 준비하는 아내의 남편에 대한 그리움을 내용으로 하고 있다.

282) '寒'(한) : 한기. 냉기. '御'(어) : 다음 구의 '理'와 같다. 만들다. 다루다. '紈'(환)·'素'(소) : 모두 결이 고운 비단의 일종. 제1권 班婕妤의 「怨詩」(27)에도 보인다.

283) '襟'(금) : 옷깃. 다른 책에는 '衾(이불)'자로 되어 있으며, 『考異』도 이를 따랐다. 내용상 '衾'자로 보는 것이 더 타당할 것 같다.

284) '堂'(당) : 부인이 거처하는 안채. '陰'(음) : 보통 햇빛이나 달빛이 잘 안 드는 깊숙한 곳. 이 구는 깊숙한 곳까지 달빛이 비칠 정도로 밤이 깊었음을 나타낸다.

285) '朗'(랑) : 밝다. 맑다. '鳴'자와 호응하는 말이다. '杵'(저) : 다듬잇방망이. '叩'(고) : 두드리다. '砧'(침) : 다듬잇돌.

286) '繁節'(번절) : 복잡한 다듬이질 소리의 리듬.

287) '迴'(회) : 다른 책 및 『考異』에는 '回'자로 되어 있는데 뜻은 같다. '飇'(표) : '飆'자와 같은 글자이다. (회오리)바람. '灑'(쇄) : 뿌리다. 씻다. 불다.

288) '往運'(왕운) : 가는 세월.

289) '幽滯'(유체) : 깊은 시름에 빠져 있음을 뜻한다.

二物感余懷,[290]	두 사물이 내 마음을 감상에 젖게 하는데
豈但聲與音.	어찌 단지 다듬이 소리와 탄식 소리뿐이리

해설 이 작품은 밤에 다듬이질 소리를 들으면서 마음속에 일어나는 느낌을 서술한 시다. 작가는 결혼한 지 얼마 안 되어 벼슬을 구하기 위해 한동안 객지를 떠돌아 다녔다. 이 시를 지을 당시 때는 겨울밤, 이웃집에서 들려오는 다듬이질 소리와 여인의 탄식 소리는 고향에 두고 온 아내를 생각나게 하였고, 나아가 가족과 이별한 자신의 처지를 한탄하게 하였다.

도잠(陶潛)

◇陶潛(372~427) : 자가 淵明이며 尋陽 柴桑(지금의 江西省 九江縣) 사람이다. 일설에는 자가 元亮이라고도 한다. 본래 고상한 성품에 박학다식하였고 얽매이기를 싫어하였다. 집이 가난하여 州의 祭酒가 되었는데 성품에 맞지 않아 얼마 못 가 그만두었다. 主簿로 임명되었으나 나아가지 않고 몸소 농사를 지으며 살았다. 그러나 가난 때문에 어쩔 수 없이 다시 鎭軍建威參軍이 되었으며, 이후 다시 彭澤縣令이 되었을 때는 公田에서 나는 곡식으로 술을 충분히 마시고자 차조를 심도록 했는데, 부인이 한사코 메벼를 심으라고 하여 반씩 나누어 심었다고 한다. 평소 귀인을 대수롭게 생각지 않았으며, 상관을 잘 섬기지 못하였는데, 한 번은 군에서 파견한 督郵가 온다고 하여 이방이 의관을 갖추고 맞으라고 하자, 탄식하면서 "내 어찌 다섯 말 쌀 때문에 허리를 굽

290) '二物'(이물) : 다음 구에 나오는 '聲與音', 즉 이웃집에서 들려오는 다듬이 소리와 신음소리를 가리킨다. 이하 두 구는 들리는 소리는 단지 이 두 가지 소리뿐이지만 그 소리를 듣는 작가의 마음에는 온갖 느낌이 다 일어난다는 뜻이다.

히며 충성을 다해 시골의 소인배를 섬기랴!"라고 하면서 사직하고 고향으로 돌아가 죽을 때까지 농촌 생활을 하였다. 저서로는 문집 10권이 있으며, 또한 기이한 이야기를 적은 『後搜神記』 10권이 전해온다.

「고시를 본뜬 시(擬古詩)」 1수[291)]

111. 고시를 본뜬 시

「擬古詩」

日暮天無雲,	날은 저물고 하늘엔 구름 없는데
春風扇微和.[292)]	봄바람은 가녀린 온기를 일렁이네
佳人美淸夜,[293)]	미인은 맑은 밤을 좋아하여
達曙酣且歌.[294)]	동이 틀 때까지 술 마시며 노래하네
歌竟長歎息,	노래 끝나자 긴 탄식
持此感人多.[295)]	이런 광경을 보노라니 느낌도 많네
皎皎雲間月,[296)]	밝디밝은 구름 사이의 달
灼灼葉中華.[297)]	반짝반짝 잎사귀 속의 꽃
豈無一時好,	어찌 한 때 좋은 시절 없으랴만

291) 陶潛에게는 모두 9수의 擬古詩가 있는데, 연구에 따르면 대략 宋 武帝 永初 2년(421) 전후에 지어진 것이라고 한다. 그 중 이 작품은 제7수에 해당하며, 『文選』에도 수록되어 있다.

292) '扇'(선) : 부채질하다. 불어보내다. '微和'(미화) : 약한 온기.

293) '美'(미) : 좋아하다.

294) '達曙'(달서) : 새벽이 되다. '酣'(감) : 기분 좋게 술을 마시다.

295) '持'(지) : 의지하다. 처하다. '此'(차) : 처음 넷 구의 내용을 가리킨다. 이 구는 맑고 따뜻한 봄날에 미인이 술을 마시며 노래하다가 탄식하는 광경이 사람들로 하여금 많은 것을 느끼게 한다는 뜻이다.

296) '皎皎'(교교) : 매우 밝은 모양.

297) '灼灼'(작작) : 찬란히 빛나는 모양.

不久當如何.	오래 가지 못하니 어찌 해야 하나

해설 이 작품은 봄날 달 밝은 밤에 미인이 술 마시고 노래하다가 탄식하는 광경을 보고서 느낀 청춘의 무상함을 노래한 시다. 예나 지금이나 동서를 막론하고 인생무상에 대한 탄식은 시의 제1 주제임을 부인하지 못하리라. 아울러 이 작품이 이 선집에 수록될 수 있었던 것은 작품 속 주인공이 미인이기 때문이었을 것이다.

순창(荀昶)

◇荀昶(대략 420년 전후 재세) : 자가 茂祖이며 潁川 潁陰 사람이다. 사적 또한 상세하지 않으며 다만 元嘉 초에 문장으로 中書郞이 되었다고 전한다. 저서로는 문집 14권이 전해온다.

112. '좁은 길에서 서로 만나니'를 본뜬 시

「擬相逢狹路間」[298]

朝發邯鄲邑,[299]	아침에 한단읍을 출발해
暮宿井陘間.[300]	저녁에 정형산 부근에서 묵는다

---

298) 이 작품은 제1권 古樂府詩 6수 중 제2수인 「相逢狹路間」(10)을 모방한 시로서, 相和歌辭 淸調曲에 속한다. 『樂府詩集』에는 「長安有狹邪行」이라는 제목으로 실려 있다.

299) '邯鄲'(한단) : 春秋戰國시대 衛·趙 등의 서울이었으며, 지금의 河北省 邯鄲市에 해당한다. '邑'(읍) : 서울 또는 행정단위의 하나이다.

300) '井陘'(정형) : 太行山의 한 지맥인 산 이름이기도 하며, 戰國시대 趙나라 지역에 속했던 井陘山 부근의 縣 이름이기도 하다.

井陘一何狹, 정형산은 길이 어찌나 좁은지
車馬不得旋. 수레가 방향을 틀 수도 없다
邂逅相逢値, 우연히 어떤 사람을 만나
崎嶇交一言.301) 위태위태 몸을 기울인 채 한마디 나눈다
一言不容多, 한마디 말이라 많이 하지는 못하고
伏軾問君家.302) 수레 손잡이에 기대어 그대의 집을 물어본다
君家誠難知, 그대의 집은 정말 찾기 쉬운데
難知復易博.303) 찾기 쉬우니 또한 쉽게 찾는다
南面平原居,304) 남으로는 평원군의 거처를 보고 있고
北趣相如閣.305) 북으로는 인상여의 누각을 향해 있다
飛樓臨名都, 나는 듯 높은 누각은 이름난 도시에 임해 있고
通門枕華郭.306) 드나드는 대문은 화려한 성곽과 가깝다
入門無所見, 대문에 들어서니 보이는 사람 아무도 없고
但見雙棲鶴. 단지 한 쌍의 학만 보인다
棲鶴數十雙, 둥지에 깃든 수십 쌍의 학에다
鴛鴦羣相追. 원앙새가 무리를 지어 서로 따른다
大兄珥金璫,307) 큰 형님은 황금 수술을 관에 달았고
中兄振纓緌.308) 중간 형님은 갓끈을 휘날린다

---

301) '崎嶇'(기구) : 본래 지세나 길의 높낮이가 평탄하지 않은 모양을 나타내는 말. 여기에서는 몸을 기울이다란 뜻으로 쓰였다.

302) '伏'(복) : 의지하다. 기대다. '軾'(식) : 수레 안에서 절을 할 때 손으로 잡는 앞턱의 가로나무를 가리킨다.

303) 이상 두 구의 '難'자는 『考異』에서는 『樂府詩集』을 따라서 '易'자로 고쳤는데, 여기에서도 이를 따랐다. '博'(박) : 찾다.

304) '平原'(평원) : 戰國시대 趙나라 재상으로 식객을 3천 명이나 두었다고 하는 平原君 趙勝을 가리킨다.

305) '趣'(취) : 향하다. '相如'(상여) : 戰國시대 趙나라의 명신이었던 藺相如.

306) '通門'(통문) : 통행하는 대문. '枕'(침) : 임하다. 가깝다. '華郭'(화곽) : 화려한 성곽.

307) '珥'(이) : 꽂다. 달다. '金璫'(금당) : 漢代 侍中·中常侍 등 관직의 관 수식을 가리킨다. 즉 관의 앞쪽에 늘어뜨린 황금으로 된 귀고리 모양의 수식.

伏臘一來歸,[309]	복제와 납제 때 한번씩 집에 돌아오는데
隣里生光輝.	이웃 마을까지 빛이 난다
小弟無所作,	어린 동생은 하는 일 없이
鬪雞東陌逵.[310]	동쪽 한길에서 닭싸움에 빠져 있다
大婦織紈綺,[311]	큰며느리는 비단을 짜고
中婦縫羅衣.[312]	중간 며느리는 비단옷을 짓는다
小婦無所作,	어린 며느리는 하는 일 없이
挾瑟弄音徽.[313]	비파 끼고서 음악을 연주한다
丈人且卻坐,[314]	어르신은 잠시 조용히 앉아 있는데
梁塵將欲飛.[315]	대들보의 먼지가 날리려 한다

해설 이 작품은 원작을 거의 그대로 모방한 것으로 원작에서처럼 귀족 집안의 호화로운 모습을 묘사하고 있다. 고래등 같은 대저택에 삼형제가 있었다. 그 중 위로 두 형들은 서울에서 벼슬을 하고 있으며, 일 년에 두 번씩 명절 때 집으로 돌아와 제사를 지낸다. 그들의 모습과 위용은 이웃 마을에까지 소문이 자자하다. 그러나 철없는 막내아들은 하는 일 없이 투계 등의 노름에 빠져 지낸다. 며느리도 마찬가지다. 위로 두 며느리는 열심히 베를 짜고 옷을 짓는 등 婦功에 힘쓰는 반면, 어린 막내며느리는 시아버지 앞에서 음악이나 연주하며 세월을

---

308) '纓緌'(영유) : '纓綏'라고도 쓴다. 갓끈과 갓의 장식.
309) '伏臘'(복랍) : 여름의 복날과 겨울 음력 12월인 臘月에 지내던 두 제사. 모두 명절이었다.
310) '陌'(맥) : 길. '逵'(규) : 사통팔달한 큰길.
311) '紈'(환) : 결이 고운 흰 비단. '綺'(기) : 무늬가 있는 비단.
312) '羅'(라) : 얇고 가벼운 비단.
313) '音徽'(음휘) : 거문고·비파 등을 연주할 때 음을 알기 쉽게 해 놓은 표시.
314) '丈人'(장인) : 노인에 대한 존칭. '且'(차) : 잠시. '卻'(각) : '却'자와 같은 글자. 머물다. '卻坐'(각좌) : 조용히 앉아 있다.
315) 이 구는 비파의 소리가 대들보를 감돌며 흐른다는 뜻이다.

보낸다. 이러한 집안 모습이 어쩌면 당시 귀족 집안의 전형적인 모습이었을 수도 있겠다.

113. '푸르디푸른 강가의 풀'을 본뜬 시

「擬靑靑河邊草」[316)]

熒熒山上火,[317)]	약한 빛 반짝반짝 산 위의 봉홧불
苕苕隔隴左.[318)]	까마득히 농산 동쪽에 떨어져 계시네
隴左不可至,	농산 동쪽이라 갈 수는 없지만
精爽通寤寐.[319)]	혼백은 꿈속에서 통한다네
寤寐衾幬同,[320)]	꿈에서는 이불과 커튼을 같이 썼는데
忽覺在他邦.	문득 깨어보니 타향에 계시네
他邦各異色,	타향이라 각기 다른 지역이니
相逐不相及.	쫓아간들 만날 수가 없네
迷墟在望煙,[321)]	가물거리는 땅 멀리 보이는 연기 속에 있지만
木落知冰堅.	나뭇잎 떨어지니 얼음 두꺼워진 줄 알겠네
升朝各自進,[322)]	조정에 등청하면 각기 제 앞길을 도모할 뿐
誰肯相攀牽?	그 누가 남을 위해 이끌어주려 하겠는가

316) 제1권의 枚乘의 「雜詩」 9수 중 제5수(19)의 제목이 이와 같지만 원작이 아니며, 蔡邕의 「飮馬長城窟行」(35)을 모방한 것이다. 相和歌辭 瑟調曲에 속한다.

317) '熒熒'(형형) : 약한 불빛이 반짝이는 모양.

318) '苕苕'(초초) : 아득히 먼 모양. '隴'(롱) : 甘肅省과 陝西省에 걸쳐있는 산 이름. 또는 그 일대를 가리키는 말. '左'(좌) : 동쪽.

319) '精爽'(정상) : 정신. 혼백. '寤寐'(오매) : 잠자다. 꿈꾸다.

320) '衾幬'(금주) : 이불과 휘장.

321) '迷墟'(미허) : 가물가물 분명치 않는 곳. '望煙'(망연) : 멀리 보이는 안개 또는 연기.

322) '升朝'(승조) : 조정에 등청하다. '自進'(자진) : 스스로 벼슬을 도모하다. 이하 두 구는 원작의 '入門各自媚, 誰肯相爲言(대문에 들어서면 각자 제 가족 사랑할 뿐, 누가 남을 위해 말해주려 하겠는가)'란 구절을 본뜬 것이다.

客從北方來, 손님이 북방에서 오셨는데
遺我端弋綈.[323] 내게 한 단의 검은 명주 보자기를 주셨네
命僕開弋綈, 하인에게 명하여 검은 명주 보자기 열어 보니
中有隱起珪.[324] 그 안에 글자 새겨진 홀이 있네
長跪讀隱珪, 공손히 무릎 꿇고서 홀에 새겨진 글자 읽는데
辭苦聲亦悽. 하신 말씀 괴로우니 읽는 소리도 슬프네
上言各努力, 위에는 각자 노력하자고 말했고
下言長相懷. 아래엔 오래도록 그립다고 하셨네

해설 이 작품은 원작과 마찬가지로 병역을 위해 변경에 있는 남편에 대한 아내의 그리움을 그린 시다. 전쟁의 고통은 전장에서는 장정들의 피로, 후방에서는 여인들의 눈물로 나타나게 마련이다.

왕미(王微)

◇王微(415~443) : 자가 景玄이며 琅琊 臨沂 사람이다. 어려서부터 학문을 애호해 박학다식하였고 글을 잘 지었으며 서화에도 능하였고 음률·의술·음양·술수 등에도 밝았다. 16세 때 州에서 秀才로 천거되어 司徒祭酒가 되었다가 主簿로 옮겼으며, 南平王 劉鑠의 右軍諮議參軍이 되었다. 그는 평소 관직에 뜻이 없어 병을 핑계로 나아가지 않았으니, 즉 中書侍郎·擬南琅琊·義興太守 등의 관직을 모두 고사하였다. 항상 문간방 한 칸에 살면서 책을 읽고 옛것을 감상하며 하루 종일 단정히 앉아 지내니, 앉은 자리를 제외하고 모든 자리에

323) '端'(단) : 옛날의 베의 길이를 재는 단위. 2丈(1丈은 10尺이었음) 또는 6丈에 해당. '弋綈'(익제) : 올이 굵고 두터운 검은 색의 비단.
324) '隱起'(은기) : 돋을새김. '珪'(규) : 옥으로 만든 홀.

먼지가 자욱 끼어 있었다고 한다. 동생 王僧謙이 병에 걸리자 친히 치료를 하였는데, 약을 잘못 써서 동생이 죽자 자기의 허물로 생각하고 슬퍼하다가 병이 들었으나 약을 처방하지 않고 40일이 지난 후 죽었다고 한다. 저서로는 문집 10권이 전해온다.

「잡시(雜詩)」 2수

114. 잡시 1

「雜詩」 其一

桑妾獨何懷? 뽕 따는 여인은 혼자 무슨 생각하는지
傾筐未盈把.[325] 비스듬한 바구니는 아직 한 움큼도 차지 않았네
自言悲苦多, 스스로 하는 말 슬프고 괴롭기 그지없건만
排卻不肯捨. 밀쳐서 기꺼이 떨쳐버릴 수가 없네
妾悲叵陳訴,[326] 이 여인의 슬픔은 하소연할 수도 없고
填憂不銷冶.[327] 가슴 가득 맺힌 근심은 풀리지 않네
寒雁歸所從,[328] 겨울 기러기 따라 돌아가려 하지만
半途失憑假. 도중에 필경 의지할 데를 잃고 말 것
壯情抃驅馳,[329] 장하신 뜻은 힘차게 말 내달리는 것 좋아했고
猛氣捍朝社.[330] 용맹한 기세는 조정과 사직을 수호하네
常懷雪漢慙,[331] 항상 한나라의 치욕을 씻고자 생각했고

325) '傾筐'(경광) : 입구가 비스듬한 작은 바구니. '把'(파) : 한 손으로 잡는 적은 분량.
326) '叵'(파) : '不可(……할 수 없다)'와 같다.
327) '銷冶'(소야) : 녹이다.
328) '寒雁'(한안) : 겨울철의 기러기. '所從'(소종) : 가는 곳.
329) '抃'(변) : (손뼉) 치다. '驅馳'(구치) : 말을 몰고 내달리다.
330) '捍'(한) : 호위하다. 수호하다. '朝社'(조사) : 조정과 사직.

常欲復周雅.[332]	항상 주나라의 아시를 회복하고자 했다네
重名好銘勒,[333]	소중하신 이름은 금석에 새겨지길 좋아했고
輕軀願圖寫.[334]	가벼운 몸은 초상화로 그려지길 원했다네
萬里度沙漠,	만 리 길 사막을 지나
懸師蹈朔野.[335]	외로운 원정군은 북녘들판을 밟네
傳聞兵失利,	소문 들리기로 병사들은 날카로운 기세 꺾였다 하며
不見來歸者.	귀향하는 사람은 보이지 않는다네
奚處埋旍麾?[336]	어느 곳에다 군기를 묻었으며
何處喪車馬?	어디에서 수레와 말을 잃었는가
拊心悼恭人,	가슴 치며 공경하는 그 사람 애도하니
零淚覆面下.	떨어지는 눈물이 얼굴 가득히 흐르네
徒謂久別離,	단지 오랜 이별만을 말하면서
不見長孤寡.	오래도록 독수공방하는 과부는 보지 못하네
寂寂揜高門,[337]	하염없는 적막은 높은 대문을 감싸고
寥寥空廣厦.	그지없는 쓸쓸함에 넓은 저택은 공허하네
待君竟不歸,	기다리는 당신은 끝내 돌아오지 않으니
收顏今就檟.[338]	희망을 거두며 이제 죽음으로 향할 뿐이네

---

331) '雪漢慙'(설한참) : 漢나라의 치욕을 씻다. 어떤 책에는 '雪'자가 '雲'자로 되어 있는데, 그에 따라 어떤 학자들은 '雪漢'을 『詩經』「大雅」 중의 「雲漢」을 가리키는 것이라고 보고 나라를 위해 걱정을 분담하지 못해 부끄러움을 느낀다고 해석하였다.

332) '周雅'(주아) : 『詩經』의 風雅頌 중 周나라의 성세를 반영하는 雅詩를 가리킨다.

333) '銘勒'(명륵) : 금석 따위에 새겨져 길이 남음을 뜻한다.

334) '圖寫'(도사) : 모양 그대로 그리다. 여기서는 초상화를 뜻한다.

335) '懸師'(현사) : 외로운 원정군.

336) '旍'(정) : '旌'자와 같다. '旍麾'(정휘) : 군기.

337) '揜'(엄) : 가리다.

338) '收顏'(수안) : 체념하고 물러나다. '檟'(가) : 개오동나무. 주로 무덤 주위에 심으며, 그 목재는 관을 짜는데 썼다고 한다.

해설 이 작품은 서북 변경의 전쟁터로 출정 나가서 돌아오지 않는 남편을 그리는 아내의 심경을 쓴 시다. 기다리던 아내는 패전의 소문을 접하고 마침내 희망마저 버린 채 죽음을 향해 늙어갈 수밖에 없는 처지가 된다. 남성 위주의 종법질서가 지배하던 옛날에는 남자란 공명을 중시하며 나라를 위해 충성을 다하며, 여자는 애정을 중시하며 남자를 위해 정조를 지키는 것을 표상으로 여겼었다. 이러한 양성의 어긋난 관심은 항상 슬픔을 잉태할 수밖에 없었던 근본적 요인이었다.

115. 잡시 2

「雜詩」 其二

思婦臨高臺,	시름겨운 부인이 높은 누각에 올라
長想憑華軒.339)	화려한 난간에 기댄 채 오래 생각에 빠져 있네
弄弦不成曲,	거문고 줄을 타 보지만 곡조가 되지 않고
哀歌若苦言.	슬픈 노래는 쓰라린 말 같네
箕帚留江介,340)	아내는 장강 동쪽에 남아 있고
良人處雁門.341)	낭군은 북방 안문 땅에 있는데
詎憶無衣苦?342)	어찌 생각이나 하랴 겨울옷 없는 괴로움을

339) '華軒'(화헌) : 화려한 난간.

340) '箕帚'(기추) : 쓰레받기와 빗자루. 여기에서는 부인을 가리키는 말로 쓰였다. '江介'(강개) : 강둑 또는 長江의 동쪽 지역. 여기에서는 후자의 뜻으로 쓰였다고 보았다.

341) '雁門'(안문) : 山西省 代縣의 서북쪽에 위치한 산 이름이자 그 일대의 郡 이름으로, 외적 방비의 요충지였다.

342) '詎'(거) : 어찌. 의문부사. 이하 두 구는 『晏子春秋』(권1) 중의 내용에서 온 것으로, 景公 때 3일 동안 눈비가 내려 날씨가 추웠는데 景公은 여우가죽옷을 입고 있으며 晏子에게 날씨가 춥지 않다고 했다. 이에 晏子가 景公에게 옛날 어진 임금들은 배가 불러도 남의 굶주림을 알고, 따뜻해도 남의 추위를 알며, 편안해도 남의 수고를 안다고 말했다. 曹植의 「贈丁議」에도 "여우가죽옷으로 추위를 막을 수 있으니, 어찌 옷 없는 나그네를 생각이나 하겠는가(狐白足御冬, 焉念無衣客)"라고 했다. 여기에서는 바로

但知狐白溫.	다만 흰여우가죽옷이 따뜻한 줄을 알 뿐
日暗牛羊下,	날 어두워져 소와 양들이 산을 내려오고
野雀滿空園.[343]	들판의 참새들도 텅 비었던 동산을 채우는데
孟冬寒風起,	초겨울에 찬바람은 일고
東壁正中昏.[344]	동벽성은 한창 황혼의 하늘에 떠 있네
朱火獨照人,	붉은 촛불이 외롭게 사람을 비추니
抱景自愁怨.[345]	그림자 끌어안고 혼자 근심하고 원망하네
誰知心曲亂?[346]	그 누가 알리오 마음속 깊은 심란함을
所思不可論.	그리움을 다 말할 수가 없다네

해설 이 작품은 서북 변경인 雁門으로 출정간 남편을 기다리는 아내의 그리움을 묘사한 시다. 수심, 외로움, 쓰라림, 애닯음, 원망……. 어쩌면 여인의 가슴은 녹아서 없어져 버렸는지도 모를 일이다.

사혜련(謝惠連)

◇謝惠連(397~433) : 자는 밝혀져 있지 않으며, 陳郡 陽夏(지금의 河南省 太康縣) 사람이다. 어려서부터 총명하여 열 살 때 이미 글을 잘 지었으며 서화에 모두 뛰어나 族兄인 謝靈運에게 특히 칭찬을 받았다. 처음에 고향에서 主簿에 임용되었으나 사양하고 취임하지 않았다. 나중에 아버지의 상을 당했을 때는

이러한 典故를 쓴 것으로, 남편이 아내의 외로움과 그리움을 모름을 뜻한다.
343) 이상 두 구는 날이 저물어 짐승과 새들이 제 집으로 찾아드는 것을 말한다.
344) '東壁'(동벽) : 玄武七宿 중의 하나인 별자리 이름. '中昏'(중혼) : 황혼 때.
345) '景'(영) : '影'자와 같다.
346) '心曲'(심곡) : 마음속 깊은 곳.

會稽郡의 관리인 杜德靈에게 오언시 10여 수를 주었는데, 시는 세상에 크게 유행하였으나 정작 자신은 비방을 받게 되어 오랫동안 벼슬에 나아가지 못하게 된다. 후에 尙書僕射 殷景仁이 宋 文帝에게 사정을 해명해 줘 비로소 彭城王 劉義康의 法曹參軍이 될 수 있었다.

그의 시는 전해오는 게 많지 않으며, 일부 작품들이 그의 정치적인 불우와 불만을 표현하고 있다. 謝靈運과 함께 '大小謝'로 병칭되며, 원래 있던 문집은 망실되었고 明나라 때의 輯本인 『謝法曹集』이 현존한다.

116. 칠월 칠일에 견우직녀를 노래하다

「七月七日詠牛女」[347)]

落日隱櫩楹,[348)] 지는 해는 처마와 기둥 뒤로 숨고
升月照房櫳.[349)] 떠오르는 달은 방의 창문에 비치네
團團滿葉露,[350)] 동글동글 잎사귀에 가득한 이슬
析析振條風.[351)] 쓸쓸하게 가지마다 이는 바람
蹀足循廣塗,[352)] 넓은 길 따라 발걸음 내디디며
瞬目矖層穹.[353)] 높디높은 하늘 바라보며 눈을 반짝이네
雲漢有靈匹,[354)] 은하수 너머에 멋진 배필 있건만
彌年闕相從.[355)] 한 해가 다 가도록 만날 수가 없네

347) 『文選』에는 「七月七日夜詠牛女」라는 제목으로 실려 있다.
348) '櫩'(염) : 어떤 책에는 '簷'자로 되어 있다. 둘 다 처마란 뜻이다. '楹'(영) : 기둥.
349) '櫳'(롱) : 창문.
350) '團團'(단단) : 동글동글한 모양.
351) '析析'(석석) : 어떤 책에는 '淅淅'으로 되어 있다. 둘 다 쓸쓸한 바람소리를 나타내는 말이다.
352) '蹀'(접) : 밟다. 디디다. '塗'(도) : '途'자와 같이 쓰였다. 길. 『文選』에는 '除(계단)'라고 되어 있으며, 『考異』도 이를 따랐다.
353) '瞬目'(순목) : 눈을 깜박이다. '矖'(희) : 바라보다. 응시하다. '層穹'(층궁) : 높은 하늘.
354) '雲漢'(운한) : 은하수. '靈匹'(령필) : 신선의 배필. 또는 아름다운 배필. 여기에서는 牽牛와 織女를 가리킨다.

遐川阻暱愛,[356] 아득히 긴 저 강은 다정한 사랑 가로막고
脩渚曠淸容.[357] 긴 모래톱은 청아한 님의 모습 막고 있네
弄杼不成彩,[358] 베틀 북을 다루지만 채색 비단은 완성되지 않고
聳轡驚前蹤.[359] 고삐 흔들며 앞길 향해 말을 재촉하네
昔離秋已兩, 지난번 헤어진 뒤 가을은 이미 두 번
今聚夕無雙. 오늘 만나는 밤은 오직 한 밤뿐인데
傾河易迴斡,[360] 기운 강은 쉽게도 방향이 돌아가 새벽이 오니
款顔難久悰.[361] 마주보며 나누는 정담도 즐거이 오래가기 어렵네
沃若靈駕旋,[362] 장엄하다 님을 태운 신령한 수레 돌아가니
寂寥雲幄空.[363] 쓸쓸하고 적막하네 구름 장막 텅 비었네
留情顧華寢,[364] 아쉬운 마음에 꽃 침실 둘러보며
遙心逐奔龍.[365] 멀리로 님 향한 이 마음 달리는 용을 좇아가네

---

355) '彌年'(미년) : '終年'과 같다. 한 해가 다 가다. '闕'(궐) : 없다. 빠지다. 모자라다. '相從'(상종) : 함께 하다.

356) '遐川'(하천) : 긴 강. 여기에서는 은하수를 가리킨다. '暱愛'(닐애) : '昵愛'와 같다. 매우 친애하다.

357) '脩'(수) : 길다. '渚'(저) : 모래톱. 삼각주. '曠'(광) : 서로 멀리 떨어져 있음을 뜻한다. '淸容'(청용) : 청아한 자태.

358) '杼'(저) : 베틀의 북. 베를 짤 때 씨실[緯絲]의 꾸리를 넣고 북바늘로 고정하여 날실[經絲]의 틈으로 왔다갔다하게 하며 씨실을 풀어 주는 구실을 하는 배(舟)처럼 생긴 나무통이다. '彩'(채) : 여기에서는 무늬가 있는 비단을 뜻한다.

359) '聳'(용) : 상하로 움직이는 것을 뜻한다. '轡'(비) : 고삐. '驚'(경) : 『文選』에는 '騖(빠르게 말을 몰다)'자로 되어 있고, 『考異』도 이를 따랐으며, 여기에서도 이를 따랐다. '蹤'(종) : 길.

360) '迴斡'(회알) : 돌다. 이 구는 은하수가 시간의 흐름에 따라 방향을 돌리어 시간상으로 새벽이 되었음을 뜻한다.

361) '款顔'(관안) : 얼굴 마주하며 정담을 나누는 것을 뜻한다. '悰'(종) : 즐겁다. 즐기다.

362) '沃若'(옥약) : 태도나 모양이 장엄함을 나타낸다. '靈駕'(령가) : 牽牛織女의 수레를 가리킨다. '旋'(선) : 돌아가다.

363) '寂寥'(적료) : 쓸쓸한 모양. '雲幄'(운악) : 牽牛織女의 침실을 꾸몄던 구름으로 된 휘장을 가리킨다.

364) '留情'(류정) : 미련이 남다.

365) '遙心'(요심) : 멀리 떠나는 임을 따르고자 하는 마음. '奔龍'(분룡) : 달리는 용. 여기에서는 임이 타고 가는 수레를 가리킨다.

沈吟爲爾感,[366] 깊이 신음하며 그대 때문에 마음 아프고
情深意彌重. 정이 깊으니 마음 더욱 무겁네

해설 이 작품은 견우직녀 고사를 소재로 한 부부 사이의 이별을 노래한 시다. 작품 전체의 시점이 견우와 직녀 중 누구인지는 명확하지 않다. 따라서 굳이 구분할 필요가 없이 어느 한 쪽으로 봐도 무방할 것이다. 일종의 영물시라고 할 수 있지만, 영물의 대상이 견우와 직녀라는 인격체이기 때문에 오히려 서정시라고 보는 것이 더 타당할 듯하다.

117. 다듬이질

「擣衣」[367]

衡紀無淹度,[368] 북두성은 쉼 없이 흐르고
晷運倏如催.[369] 해그림자의 이동은 재촉하듯 빠르네
白露滋園菊,[370] 흰 이슬은 동산의 국화를 적시고
秋風落庭槐.[371] 가을바람은 뜨락의 회화나무 잎을 떨구네
肅肅莎鷄羽,[372] 쓰륵쓰륵 베짱이 날개 떠는 소리
烈烈寒螿啼.[373] 쓰르쓰르 쓰르라미 우는 소리

366) '爾'(이): 2인칭대명사. 어떤 학자는 이하 두 구는 작가의 시점이라고 보고, 牽牛와 織女를 병칭한다고 했으며, 해석 또한 '그들 때문에 내가 감상에 젖으니, 정이 깊어 슬픔이 가슴에 가득하네'라고 했다.
367) 『文選』에도 실려 있다.
368) '衡紀'(형기): '玉衡', 즉 북두칠성 중의 제5성. '無淹'(무엄): 멈추지 않다.
369) '晷'(구): '日影'과 같다. 해그림자. '倏'(숙): 매우 빠르다.
370) '滋'(자): 축축하다.
371) '槐'(괴): 콩과의 낙엽교목인 회화나무.
372) '肅肅'(숙숙): 곤충이 날개를 떨며 내는 소리의 의성어. '莎鷄'(사계): 베짱이.
373) '寒螿'(한장): 메미과의 곤충인 쓰르라미.

夕陰結空幕,[374]	저녁 음산한 기운은 빈 장막에 엉겨 있고
霄月皓中閨.[375]	하늘에 걸린 달은 규방 안을 비추네
美人戒裳服,[376]	미인들은 겨울옷 지을 준비해서
端飾相招攜.[377]	단정히 치장한 뒤 서로 불러 손에 손잡고
簪玉出北房,	옥비녀를 지르고 북쪽 방에서 나와
鳴金步南階.[378]	황금 노리개 울리며 남쪽 계단을 걸어 오르네
櫩高砧響發,	처마 높은데 다듬잇돌 소리 울리고
楹長杵聲哀.	기둥은 긴데 방망이 소리 애절하네
微芳起兩袖,	은은한 향기는 양 소매에서 일고
輕汗染雙題.[379]	가벼운 땀방울은 두 이마를 적시네
紈素既已成,	고운 비단 벌써 다 지었건만
君子行未歸.	낭군은 먼 길 떠난 뒤 돌아오질 않네
裁用笥中刀,[380]	상자 속의 칼로 마름질하여
縫爲萬里衣.	만 리 길 떠난 낭군의 옷을 만드네
盈篋自余手,[381]	상자 가득한 이 옷은 모두 내손으로 지은 것
幽緘俟君開.[382]	꼭꼭 보관했다가 낭군 오신 날 연다네
腰帶準疇昔,[383]	허리띠 치수는 옛날대로 했는데

374) '夕陰'(석음) : 저녁의 음산한 기운. '結'(결) : 맺히다. 엉기다.

375) '霄'(소) : 하늘. '皓'(호) : 희다. 밝다. 여기에서는 동사로 쓰였다. '中閨'(중규) : 압운상 '閨中'이 도치된 경우.

376) '戒'(계) : 준비하다. '戒裳服'(계상복) : 겨울옷을 지을 준비를 하다. 어떤 학자는 '戒' 자를 '알리다'란 뜻으로 보고, '戒裳服'을 '겨울옷 지을 때가 되었음을 알린다'라고 보기도 한다.

377) '端飾'(단식) : 단정하게 치장하다.

378) '金'(금) : 여기에서는 옷에 다는 장식의 하나로, 쇠 또는 금으로 만든 노리개를 가리킨다.

379) '題'(제) : 이마.

380) '笥'(사) : 옷가지를 담는 대나무 상자.

381) '篋'(협) : 대나무 상자의 일종.

382) '幽緘'(유함) : 단단히 봉하다. '俟'(사) : 기다리다.

383) '腰帶'(요대) : 허리띠와 같이 옷을 여며 묶는 띠. '準'(준) : 표준으로 삼다. '疇昔'(주

不知今是非.　　지금은 맞을지 안 맞을지 모르겠네

해설 이 작품은 여인들이 모여 다듬이질하는 광경을 묘사한 시다. 여인들의 남편은 대부분 부역 등으로 집을 떠나 있다. 함께 모여서 담소를 나누며 다듬이질을 하고 옷을 짓는 행위를 통해 여인들은 남편에 대한 그리움, 그로 인해 유발된 스트레스를 해소한 것이리라.

특히 이 작품은 전체적인 내용 전개나 시어, 대우, 표현법 등에 있어 거의 흠잡을 데 없는 명작으로, 일찍이 鍾嶸의 『詩品』에서도 오언시 중의 걸작[警策]으로 평가된 작품이다.

118. 고시를 계승한 시

「代古」[384)]

客從遠方來,　　손님이 먼 곳에서 오셨는데
贈我鵠文綾.[385)]　　내게 고니새 무늬의 고운 비단을 선물하네
貯以相思篋,　　그리움이란 상자에 넣어
緘以同心繩.　　한마음이란 끈으로 봉해두었다가
裁爲親身服,[386)]　　마름질하여 몸에 맞는 옷을 지어
著以俱寢興.[387)]　　함께 자고 깨는 사람에게 입히리라
別來經年歲,　　이별한 뒤 세월은 흘렀지만

석) : 옛날.

384) '代古'(대고) : 古詩의 뜻을 계승한다는 뜻. '擬古'와 같은 의미이다. 이 작품은 제1권 古詩 8수 중 제5수인 「客從遠方來」(5)를 모방한 것으로, 相和歌辭 瑟調曲에 속한다. 鮑照와 鮑令暉에게도 각각 한 수씩 있는데 그 중 鮑令暉의 작품(142)은 제4권에 실려 있다.

385) '鵠文'(곡문) : 고니의 무늬. '綾'(릉) : 얇고 가늘며 광택이 있는 비단.

386) '親身'(친신) : 몸에 맞다. 여기에서는 남편의 몸에 맞다란 뜻으로 쓰였다.

387) '俱寢興'(구침흥) : 잠들고 깨어남을 함께 한다는 뜻. 부부 사이를 가리킨다.

歡心不可淩.[388]　좋아했던 그 마음은 버릴 수가 없네
瀉酒置井中,　술을 우물 속에 쏟아부으면
誰能辨斗升?[389]　누가 그 술을 구분할 수 있을 것이며
合如杯中水,　잔 속의 물처럼 합쳐 놓으면
誰能判淄澠?[390]　누가 두 강의 물을 구별할 수 있으랴

해설 이 작품은 먼 길 떠나 돌아오지 않는 남편에 대한 아내의 투정을 묘사한 시다. 선물 받은 옷감으로 길 떠난 남편을 위해 옷을 지었으나 남편은 돌아올 줄 모른다. 아무리 깊은 사랑이라고 하더라도 표현되지 않으면 잘 모르듯이, 자신과 남편의 사랑 역시 오래 만나지 못하게 되면 깊은 사랑인지 모르게 된다라고 하고 있다. 세월이 더 가기 전에 빨리 집으로 돌아오기를 바라는 간절한 소망을 표현한 것이다.

유삭(劉鑠)

◇劉鑠(431~453) : 자가 休玄이며 彭城縣 綏里 사람이다. 宋 文帝의 넷째 아들로 南平王에 봉해졌으며 豫州刺史가 되었다가 安蠻校尉로 옮겼다. 태자 劉劭가 文帝를 시해하고 즉위하자 그는 中軍將軍・使持節都督・征南將軍・開府儀同三司 등을 역임하였다. 孝武帝가 반란을 진압함에 그는 侍中・司空에 임명되었다가 후에 사약을 받고 죽어 요절하였다. 문집 5권이 전해온다.

388) '淩'(릉) : 초월하다.
389) '斗升'(두승) : 각각 부피를 재는 단위인 되와 말. 여기에서는 적은 양의 술을 가리킨다.
390) '淄澠'(치승) : 각각 강 이름으로, 모두 山東省에 있는데, 전해오기로 두 강의 물맛이 서로 다른데 섞으면 구별하기 어렵다고 한다.

119. '가고 가고 또 가고 가'를 계승한 시

「代行行重行行」[391]

眇眇陵羨道,[392]	까마득히 긴 길을 지나
遙遙行遠之.[393]	아득히 멀리 길을 떠나네
迴車背京里,	수레 돌려서 서울을 등지고
揮手從此辭.[394]	손 흔들며 이로부터 이별이네
堂上流塵生,[395]	대청에는 떠도는 먼지 일고
庭中綠草滋.[396]	뜰 안에는 푸른 풀 무성하네
寒螿翔水曲,[397]	쓰르라미는 구비진 물가를 날고
秋兔依山基.[398]	가을 토끼는 산기슭에 몸을 의지하네
芳年有華月,[399]	꽃다운 나이 아름다운 한창 때이건만
佳人無還期.[400]	멋진 그 사람 돌아올 기약 없네
日夕涼風起,	날 저물어 싸늘한 바람 이는데
對酒長相思.	술잔 앞에 놓고 오래도록 그리움에 잠겨 있네
悲發江南調,[401]	슬픔은 '강남곡' 리듬을 따라 일어나고
憂委子襟詩.[402]	근심은 '자금' 시에다 의탁하네

---

391) 이 작품은 제1권 枚乘의 雜詩 9수 중 제3수(17)를 모방한 것이다. '代'(대) : 이하 2수 모두 『文選』에는 '擬'자로 되어 있다.

392) '眇眇'(묘묘) : 멀다. 요원하다. '陵'(릉) : 지나가다. 넘어가다. '羨'(선) : 길다. 『文選』에는 '長'자로 되어 있다.

393) '遙遙'(요요) : 아득히 먼 모양. '之'(지) : 가다.

394) '辭'(사) : 떠나다. 이별하다.

395) '堂'(당) : 대청. 또는 안채.

396) '滋'(자) : 우거지다. 무성하다.

397) '寒螿'(한장) : 매미과의 쓰르라미. '水曲'(수곡) : 구비진 물가.

398) '山基'(산기) : 산기슭.

399) '華月'(화월) : 밝게 빛나는 달. 여기에서는 꽃다운 시절 또는 한창 때를 가리킨다.

400) '佳人'(가인) : 여기에서는 내용상 남편을 가리킨다.

401) '江南調'(강남조) : 相和歌辭에 속하는 「江南(曲)」을 가리킨다.

402) '委'(위) : 의탁하다. '子襟詩'(자금시) : 『詩經』 「鄭風」의 「子衿」편을 가리킨다. 이 작

臥看明鐙晦,[403]　누웠을 땐 밝은 등잔불 희미해짐을 느끼고
坐見輕紈緇.[404]　앉았을 땐 가벼운 비단옷 검어진 게 눈에 띄네
淚容不可飾,　눈물 젖은 얼굴이라 화장도 못하고
幽鏡難復治.　희미해진 거울은 다시 닦기도 어렵네
願垂薄暮景,[405]　원하건대 그대 엷은 황혼의 빛 드리워
照妾桑榆時.[406]　지는 해 같은 늘그막의 저를 비춰주소서

해설 이 작품은 먼 길 떠나 돌아오지 않는 남편을 기다리다 늙어가는 여인의 슬픔을 그린 시다. 한 번뿐인 인생, 그 꽃다운 때를 남편도 없이 홀로 시름 속에 흘려보낸다. 이제 한창 때도 지나 황혼이 드리워진 나이이지만 그래도 돌아만 온다면 하는 실낱같은 희망을 버리지 못하고 있다.

120. '밝은 달은 휘영청하게'를 계승한 시

「代明月何皎皎」[407]

落宿半遙城,[408]　떨어지는 별자리는 먼 성곽에 반쯤 걸쳐 있고
浮雲藹層闕.[409]　뜬구름은 높은 궐문을 감싸고 있네

품은 관점에 따라서는 연인을 기다리는 여인의 애타는 심정을 묘사한 작품으로 보기도 한다.

403) '看'(간) : 『文選』에는 '覺'자로 되어 있다. '鐙'(등) : '燈'자와 같다. 등잔(불). '晦'(회) : 어둡다.

404) '緇'(치) : 검다.

405) '薄暮景'(박모경) : 황혼의 햇빛.

406) '桑榆'(상유) : 뽕나무와 느릅나무. 전하기로 해가 질 때 그 빛이 이 나무들 끝에 비치기 때문에 '해질 무렵'을 뜻하기도 하며, 나아가 '노년'에 비유되기도 한다.

407) 이 작품은 제1권 枚乘의 雜詩 9수 중 제9수를 모방한 것이다.

408) '落宿'(락숙) : 지는 별(자리). '半'(반) : 반쯤 걸쳐 있음을 뜻한다. 어떤 학자는 '흩어져 있다'라는 뜻으로 해석하기도 한다.

玉宇來淸風,[410] 허공에는 맑은 바람 불어오고
羅帳延秋月. 고운 비단 장막은 가을달을 끌어들이네
結思想伊人,[411] 가슴에 맺힌 그리움에 그 사람 생각나
沈憂懷明發.[412] 깊은 시름으로 새벽까지 생각에 잠겨 있네
誰爲客行久,[413] 누구 때문에 오래도록 객지를 떠도는지
屢見流芳歇.[414] 몇 번이나 흐르던 향기 그치던 것 보았던가
河廣川無梁, 강은 넓은데 다리는 없고
山高路難越. 산이 높아 길을 넘어가기가 어렵네

해설 이 작품은 먼 길 떠나 돌아오지 않는 남편을 그리워하는 여인의 심경을 묘사한 시다. 기다리다 못해 직접 찾아나설 생각을 해보지만 멀고 험한 길은 엄두조차 낼 수 없으니 어찌 하면 좋겠는가?

121. '초겨울에 추위가 닥치니'를 계승한 시

「代孟冬寒氣至」[415]

白露秋風始,[416] 백로가 되니 가을바람 불기 시작하고

---

409) '藹'(애): 뒤덮다. 에워싸다. '層'(층): 높다. '闕'(궐): 궁문이나 성문 양편의 높은 누대.
410) '玉宇'(옥우): 허공. 하늘.
411) '伊'(이): 대명사. 이. 저.
412) '懷'(회): 생각하다. '明發'(명발): 새벽.
413) '誰爲'(수위): '爲誰'가 도치된 형태. 누구 때문에. '客行'(객행): 집을 떠나 객지를 떠도는 것.
414) '屢'(루): 자주. 여러 번. '流芳'(류방): 흐르는 꽃향기. '歇'(헐): 쉬다. 그치다. 이 구는 남편이 떠난 뒤 이미 여러 차례 봄이 지났음을 의미한다.
415) 이 작품은 제1권 古詩 8수 중 제4수(4)를 모방한 것이다.
416) '白露'(백로): 여기에서는 절기의 이름. 處暑와 秋分 사이에 들며, 24절기 가운데 열다섯째에 해당한다. 양력으로는 9월 8일 경부터 9월 23일 경 사이이다. 이때가 되면 밤 기온이 크게 떨어지며, 대기 중의 수증기가 엉겨서 풀잎에 이슬이 맺히며, 완연한 가을로 접어들어 선선하고 차가운 기운이 돈다.

秋風明月初.	가을바람 부는데 밝은 달이 막 떠오르네
明月照高樓,	밝은 달은 높은 누각을 비추고
白露皎玄除.[417]	흰 이슬은 검은 섬돌에 빛나네
迨及凉雲起,[418]	서늘한 구름 이는 계절로 접어들어
行見寒林踈.[419]	길을 가다보니 차가운 숲 휑한 게 눈에 띄네
客從遠方至,	손님이 먼 곳에서 오셨는데
贈我千里書.	나에게 천 리 먼 데서 보낸 편지를 주시네
先敍懷舊愛,	제일 먼저 옛날 사랑 그립다 썼고
末陳久離居.	끝에는 오래 떨어져 사는 슬픔을 묘사했네
一章意不盡,[420]	한 단락이라 마음을 다 표현하지 못했지만
三復情有餘.[421]	세 번 반복해 읽으니 애정이 넘쳐나네
願遂平生眷,[422]	바라옵건대 옛날의 사랑 따르며
無使甘言虛.[423]	달콤한 그 말씀 헛되게 하진 마소서

해설 이 작품은 먼 길 떠나 돌아오지 않는 남편에 대한 아내의 그리움을 묘사한 시다. 가을이 오고 세상이 적막해질 무렵 마침 인편을 통해 남편의 편지를 받게 된다. 비록 짧은 글이지만 읽는 사람은 가슴 가득 사랑과 기쁨이 넘친다. 그러나 편지의 사연이 혹시나 입에 발린 달콤한 말일지도 모른다는 일말의 우려 또한 없을 수는 없을 것이다.

---

417) '皎'(교) : 빛나다. 동사로 쓰였다. '除'(제) : 섬돌. 계단.
418) '迨及'(태급) : …… 때가 되다. '雲'(운) : 어떤 책에는 '風'자로 되어 있다.
419) '踈'(소) : '疏' · '疎'자와 같다. 성기다. 드물다. 트이다. 이 구는 여름에 무성하던 숲이 가을이 되어 낙엽이 져 속이 훤하게 보이는 것을 뜻한다.
420) '一章'(일장) : 시문 등의 한 편 또는 한 단락.
421) '三復'(삼복) : 세 번.
422) '遂'(수) : 따르다. 응하다. '平生'(평생) : 이전. 평소. '眷'(권) : 은혜. 사랑.
423) '甘言'(감언) : 편지의 내용을 두고 하는 말이다.

122. '푸르디푸른 강가의 풀'을 계승한 시
「代青青河畔草」[424]

凄凄含露臺,[425] 서늘서늘 이슬 머금은 누각
肅肅迎風館.[426] 으슬으슬 바람 부는 별당
思女御欞軒,[427] 그리움에 사무친 여인이 창가에 기대 있는데
哀心徹雲漢.[428] 애통한 마음은 은하수까지 이르네
端撫悲弦泣, 단정히 앉아 거문고 슬픈 곡조 타며 울다가
獨對明鐙歎. 홀로 밝은 등잔 앞에서 탄식하네
良人久徭役,[429] 낭군은 오래 전에 군대 가시어
耿介終昏旦.[430] 굳은 지조 지키며 하루하루 살아가네
楚楚秋水歌,[431] 근심스레 '추수곡'을 노래하고
依依採菱彈.[432] 아련한 그리움에 '채릉곡'을 연주하네

해설 이 작품은 원정을 떠난 뒤 돌아오지 않는 남편을 기다리는 여인의 심경을 노래한 시다. 근심과 그리움을 음악으로 달래보지만 탄식만 더해질 뿐이다.

---

424) 이 작품은 제1권 枚乘의 雜詩 9수 중 제5수(19)를 모방한 것이다.
425) '凄凄'(처처): 한랭한 모양. '含露臺'와 다음 구의 '迎風館'(영풍관): 모두 關中(지금의 陝西省의 渭水와 黃河 유역 일대) 땅에 있었던 궁전 이름이기도 하다.
426) '肅肅'(숙숙): 음산하거나 소슬한 모양.
427) '御'(어): 기대다. 의지하다. '欞'(령): 격자창. '軒'(헌): 창문. 또는 난간.
428) '徹'(철): 이르다. 통하다.
429) '徭役'(요역): 부역. 또는 병역.
430) '耿介'(경개): 지조를 굳게 지키다. '終'(종): 다하다. '昏旦'(혼단): 본래 저녁부터 아침까지란 뜻인데, 여기에서는 시간이란 뜻으로 쓰였다.
431) '楚楚'(초초): 근심스런 모양. '秋水'(추수): 거문고 곡조의 이름.
432) '依依'(의의): 사모하는 모양. 또는 차마 떨치지 못하는 모양. '採菱'(채릉): 樂府 중 淸商曲에 속하는 곡조 이름.

123. 견우직녀를 읊다

「詠牛女」

秋動淸氛扇,[433] 가을 기운 태동하니 맑은 바람 일고
火移炎氣歇.[434] 대화성 자리 옮기니 뜨거운 공기 그치네
廣欄含夜陰, 넓은 난간은 밤의 음산한 공기를 머금었고
高軒通夕月.[435] 높은 회랑에는 저녁 달빛이 들어오네
安步巡芳林,[436] 느린 걸음으로 향기로운 숲 속 한 바퀴 돌면서
傾望極雲闕.[437] 비스듬히 구름 속 궁궐까지 쳐다보니
組幕縈漢陳,[438] 화려한 장막은 은하수에 가득 펼쳐 있고
龍駕凌霄發. 용이 끄는 수레는 하늘을 지나며 달려가네
誰云長河遙, 누가 말했던가 긴 은하수 아득히 멀다고
頗覺促筵越.[439] 쉬이 느낀다네 짧은 시간의 잔치 끝나감을
沉情未申寫, 깊은 사랑 다 펴지도 못했는데
飛光已飄忽.[440] 나는 듯한 시간은 벌써 쏜살같이 지나가네
來對眇難期,[441] 다시 만날 날 까마득히 기약하기 어렵고

---

433) '淸氛'(청분) : 맑은 기운. 『藝文類聚』(卷4)에는 '風'자로 되어 있으며, 『考異』도 이를 따랐다. '扇'(선) : 동사로 쓰였다. 일다.

434) '火'(화) : 여기에서 大火星, 즉 '心宿'를 가리킨다. 이 별자리의 이동은 시간의 변화를 나타낸다.

435) '高軒'(고헌) : 마루 좌우로 창이 있는 높은 회랑.

436) '安步'(안보) : 천천히 걷다. '巡'(순) : 돌아다니다.

437) '傾望'(경망) : 비스듬히 바라보다. '雲闕'(운궐) : 구름 속의 궁궐. 여기에서는 牽牛가 사는 곳을 의미한다.

438) '組幕'(조막) : 화려한 휘장. '縈'(영) : 얽히다. 둘러싸다. '漢'(한) : 은하수.

439) '促筵'(촉연) : 짧은 시간의 잔치(자리). '越'(월) : 지나가다. 떠나다. 이상 두 구는 은하수가 비록 넓게 가로막혀 있지만 순식간에 넘어갈 수 있으며, 짧은 시간의 만남이 금방 끝나려함을 나타낸다. 『考異』에 따르면 『初學記』와 『藝文類聚』에 모두 이 작품이 실려 있지만 이 두 구는 없다고 했다.

440) '飄忽'(표홀) : 시간이 매우 빨리 지나감을 뜻한다.

441) '來對'(래대) : 미래의 재회를 가리킨다.

今歡自玆沒.　　오늘 즐거움도 이로부터 사라지네

해설 이 작품은 견우직녀 고사를 소재로 한 영물시이다. 앞에 나오는 謝惠連의 「七月七日詠牛女」(116)와 마찬가지로 순수한 영물시이지만 영물의 대상이 견우직녀라는 인격체이기 때문에 서정시로 볼 수 있다. 순식간의 짧은 사랑의 시간이 끝나면 다시금 기약도 하기 어려운 재회를 꿈꾸는 고통의 세월이 이어진다. 그러나 어찌하랴 그것이 운명인 것을.

작가 작품 목록

※ '작가 작품 목록'과 '기타 작품 목록', '찾아보기'는 목차의 혼란을 피하고 독자들에게 색인의 편의를 제공하기 위해 작성한 것이다.

양(梁) 무제(武帝) __ (2冊) 283

황태자(皇太子) __ (2冊) 304

기타 작품 목록

※ 이 '기타 작품 목록'은 '작가 작품 목록'에서 제외된 것으로 작가가 없는 작품으로 구성되어 있다.

『옥대신영』 권10

찾아보기

※ 이 찾아보기는 앞에 나오는 원서 수록순에 따른 작가 및 작품의 목록과는 다르게 우리말 독음(두음법칙 적용) 가나다순으로 정리하여 찾아보기 쉽도록 만든 것이다.

작가명

작품명